# 國際商法
## （第二版）

主編 ● 施新華

# 前 言

　　國際商法作為現代法律的一個分支,正如施米托夫所言「是我們時代最重要的法律方面的發展之一」。國際商法作為一門正在興起的法律學科,是國際法學的一個重要組成部分;國際商法作為高等院校的一門課程,是法學專業、國際經濟與貿易專業、經濟學專業、管理學專業、國際商務專業、商務英語專業等的必修課程,是法學教育中的一門實用性很強的重要學科,尤其是隨著中國加入世界貿易組織,國際商法在實務中發揮的作用越來越大。為了滿足中國高等院校相關專業國際商法課程教學以及對外貿易實際工作的需要,特別是考慮到世界貿易組織法律制度對國際商務的重要影響,我們編寫了這本《國際商法》教材。

　　國際商法主要解決國際商事活動中複雜的相關法律關係問題,為從事國際商事活動的人們所普遍關注和肯定。隨著經濟全球化進程加快,國際分工和國際商事活動的深化,國際商事活動中的各種法律關係也越來越複雜,越來越需要國際商事規則的協調與規範。踏踏實實地研究國際商事規則,解決日益豐富的國際商事活動中大量複雜的法律問題是當前國際商事活動的迫切要求。

　　本教材具有以下幾方面的特點:

　　1. 在內容的編排上

　　過去人們普遍注意國際商法的應用性特色,而忽視了國際商法所具有的理論性和素質培養功能。本教材在保持傳統教材應用性和操作性的基礎上,力求吸納和反應當代國際經濟與貿易領域的最新發展實踐和理論成果,凸顯教材的基礎性、理論性和前沿性。

　　2. 在材料的取捨上

　　本教材在國內前人研究成果的基礎上,反應了編著者們多年從事國際商法教學研究的心得,在借鑑國內外眾多的國際商法教材與論著的基礎上,力求做到全面、系統、準確地介紹和闡述國際商法的基本理論、基本知識和主要制度。

　　3. 在寫作方法上

　　本教材採用比較的方法,介紹大陸法系、英美法系、國際公約以及中國有關的國際商事法律的基本制度,為便於讀者掌握更多的知識,對一個問題進行全方位的思考,本教材加強了對大陸法系和英美法系相關內容的比較。

本教材共分十章。由施新華負責總體策劃、提出大綱、組織編寫、統稿、定稿。具體分工如下：

施新華：第一、二、三、九章。

張銳：第四、五、六章。

郭耿陽：第七、八、十章。

由於編者水平有限、時間倉促，不足之處在所難免，真誠歡迎各位專家和讀者不吝賜教。

施新華

# 目 錄

### 第一章　國際商法導論 ……………………………………………（1）
　　第一節　國際商法概述 …………………………………………（1）
　　第二節　國際商法的淵源 ………………………………………（5）
　　第三節　兩大法系的比較 ………………………………………（7）
　　第四節　中國現代法律制度概述 ………………………………（13）

### 第二章　商事組織法 …………………………………………（16）
　　第一節　商事組織法概述 ………………………………………（16）
　　第二節　獨資企業法 ……………………………………………（17）
　　第三節　合夥企業法 ……………………………………………（19）
　　第四節　公司與公司法概述 ……………………………………（27）
　　第五節　有限責任公司 …………………………………………（31）
　　第六節　股份有限公司 …………………………………………（37）

### 第三章　商事代理法 …………………………………………（53）
　　第一節　商事代理法概述 ………………………………………（53）
　　第二節　商事代理的法律關係 …………………………………（62）
　　第三節　承擔特別責任的代理人 ………………………………（67）
　　第四節　中國的外貿代理制度 …………………………………（70）

### 第四章　合同法 ………………………………………………（74）
　　第一節　合同法概述 ……………………………………………（74）
　　第二節　合同的訂立 ……………………………………………（76）
　　第三節　合同的效力 ……………………………………………（88）
　　第四節　合同的內容和解釋 ……………………………………（95）
　　第五節　合同的履行 ……………………………………………（100）
　　第六節　合同的消滅 ……………………………………………（116）

## 第五章　國際貨物買賣法 ················································· (126)
### 第一節　國際貨物買賣法概述 ········································· (126)
### 第二節　國際貿易術語解釋通則 ······································· (133)
### 第三節　聯合國國際貨物銷售合同公約 ································· (139)

## 第六章　知識產權法 ···················································· (155)
### 第一節　知識產權法概述 ············································· (155)
### 第二節　著作權法 ··················································· (161)
### 第三節　專利法 ····················································· (171)
### 第四節　商標權法 ··················································· (184)
### 第五節　與貿易有關的知識產權協議 ··································· (194)

## 第七章　產品責任法 ···················································· (202)
### 第一節　產品責任法概述 ············································· (202)
### 第二節　美國產品責任法 ············································· (206)
### 第三節　歐盟產品責任法 ············································· (220)
### 第四節　產品責任的國際立法 ········································· (226)

## 第八章　國際貨物運輸與保險法 ·········································· (230)
### 第一節　國際海上貨物運輸法 ········································· (230)
### 第二節　國際航空運輸法 ············································· (248)
### 第三節　國際鐵路貨物運輸法 ········································· (251)
### 第四節　國際貨物多式聯運相關法律制度 ······························· (253)
### 第五節　國際貨物運輸保險法 ········································· (256)
### 第六節　國際航空運輸保險法 ········································· (267)
### 第七節　國際陸上貨物運輸保險法 ····································· (268)

## 第九章　票據法 ························································ (271)
### 第一節　票據與票據法概述 ··········································· (271)

第二節　票據的基本法律原理 …………………………………………… (277)
　　第三節　匯票 ……………………………………………………………… (286)
　　第四節　本票和支票 ……………………………………………………… (293)

第十章　國際商事仲裁法 ………………………………………………………… (297)
　　第一節　國際商事仲裁法概述 …………………………………………… (297)
　　第二節　國際商事仲裁協議 ……………………………………………… (307)
　　第三節　國際商事仲裁程序 ……………………………………………… (313)
　　第四節　國際商事仲裁裁決的承認和執行 ……………………………… (320)

# 第一章　國際商法導論

**本章要點：**

- 掌握國際商法的概念。
- 把握國際商法的調整對象。
- 掌握國際商法的淵源。
- 比較兩大法系的結構、淵源和特點。
- 瞭解中國現代的法律制度。

## 第一節　國際商法概述

### 一、國際商法的概念與特徵

　　國際商法是正在發展中的概念，要想準確界定國際商法，的確非常困難。但我們可以作一個盡可能完整和準確的勾勒。一般來說，這並不會影響我們對國際商法的認識，相反還可以給我們一種進一步探索的動力，這是符合事物本身的認識規律的。

　　國際商法（International Commercial Law）是指調整國際商事交易和商事組織關係的法律規範的總稱。國際商法有三個特徵：第一，國際商法調整的是國際商事交易，通常是指國際貨物的買賣或交易活動；第二，商事組織是指個人、合夥和公司這三種企業的組織形式；第三，國際商法是法律規範，指法律明文規定的標準或範圍。

　　國際商法具有國際性。這裡的「國際」不再只是「國家與國家之間」（International）的概念，而是跨越國界（Transactional）的意思。這裡的「國際」是一個非常廣泛的概念，只要在有關商事關係的主體、客體或內容中涉及不同國家，即可能被認為具有國際性。具體在一個法律關係中，涉外因素一般有以下三種情形：

　　首先，國際商事法律關係的主體（以下簡稱商主體）具有涉外因素，即具有國際性。商主體是在商事法律關係中享有權利、承擔義務的當事人或參加者。國際商事關係的當事人的國籍不同，或當事人的營業地位於不同國家。前者一般稱為國籍標準，后者稱為營業地標準；中國、法國、義大利、日本以及許多大陸法系國家一般採取國籍標準，而英國、美國、德國以及其他英美法系國家一般採取住所地、營業地標準。

　　其次，國際商事法律關係的客體具有涉外因素。國際商事法律關係的客體是指在

商事法律關係中，商主體的權利和義務所指向的對象。此處的客體，既包括物、行為，也包括智力勞動成果等無形的財產權。

最後，商事法律事實具有涉外因素。商事法律事實是指由商事法律規範所規定，能夠引起商事法律關係產生、變更和消滅的客觀現象。若產生、變更或消滅商事法律關係的法律事實發生在國外，我們也稱此商事法律關係具有涉外性。如合同的簽訂地、合同的履行地發生在國外的，此法律關係也屬於涉外的商事法律關係。

國際商法具有商事性。商事性體現在國際商法法律關係的主體是商主體。商主體是指依照所在國的法律具有商法上的權利能力和行為能力，參與商事法律關係，能夠以自己的名義從事商事行為，享有權利並承擔義務的組織或個人。商主體主要包括商自然人、商法人和商合夥。商主體不同於民事主體。商主體與民事主體的主要區別有：第一，商主體是以從事盈利性的商事活動或商事行為為職業；而民事主體偶爾也從事盈利性活動，但不是以此為職業。第二，為了保證交易安全，商主體一般需要進行商業登記取得營業資格；而民事主體一般不需要登記，一般也無經營的固定場所。因此，營利性和營業性將商主體與民事主體區分開來。

國際商法的調整對象是國際商事交易和商事組織關係，其主要是各國商人、企業及其他組織從事商事活動的法律關係。其本質上屬於國際商事交易法，屬於私法範疇，具有任意法的性質。

傳統的商法範圍主要包括公司法、票據法、海商法、保險法等，然而，隨著國際經濟貿易的發展和商事交易的多樣化、複雜化，在國際貿易方面出現了許多新的領域，如國際技術轉讓、知識產權轉讓、國際投資、國際融資、國際工程承包、國際服務貿易，等等。這些交易已遠遠超過了傳統的商法範疇。很顯然，現代國際商法的調整對象和範圍比傳統的商法廣泛得多，內容越來越豐富。

## 二、國際商法的發展歷史

國際商法是隨著國際商事法律關係的出現而產生並發展的，是為了適應國家間商事交往的需要而產生的。國際商法從產生之日起，就是一個獨立的法律部門。近代以來，國際商事法律規範的表現形式出現了多樣化、複雜化的發展趨勢。

從歷史上看，國際商法的發展經歷了以下三個階段：

(一) 第一階段：萌芽與形成階段

商法起源於中世紀的地中海沿岸的自治城市。在中世紀以前，古羅馬的萬民法中已經有了調整羅馬公民與非羅馬公民之間商事交易的習慣法規則。由於商事交易不夠發達，商事習慣法規則僅涉及商事活動的一些具體規範，散見於羅馬法的若干文獻中。11世紀晚期，歐洲農業的發展為商品貿易和城市建立奠定了物質基礎。十字軍東征打通了亞洲茶葉、香料、絲綢貿易的商路，與亞洲國家間的貿易在很大程度上推動了地中海海上貿易和商業的發展。在通往東方的地中海沿岸發達的商業城市（如威尼斯、熱那亞、佛羅倫薩等）中，經濟上具有優勢地位的商人為了擺脫封建領主的司法管轄權和宗教勢力的束縛，自發組成了商人基爾特（Merchant Guild），即商人自治行業組

織。商人基爾特擁有廣泛的自治權和司法裁判權，有權訂立自治的商事規約，由商人擔任法官的商事法院有權審理和裁判解決商事爭議。在逐步累積的大量自治規約以及司法裁判的基礎上，形成了商人習慣法。[1]

國際商法是以商人習慣法的形式出現的，即商人在歐洲各地的港口或集市用以調整他們之間的商事交易的法律和商業慣例。這種商業慣例的典型特徵有三：一是它具有國際性和統一性，即它普遍適用於各國從事商業交易的商人；二是它具有自治性和簡易性，即它純粹為商人間的習慣規則，由商人自己組成法庭以簡易、迅速的程序來審理和執行；三是它強調以公平合理的原則來處理案件。

(二) 第二階段：演變與發展階段

中世紀之后，隨著民族國家的興起，歐洲中央集權國家日益強大，國家主權極大程度上被強化了。從這個時候，商法開始被各國納入到國內法體系中，失去了原有的國際性和跨國性。

各個國家的立法模式有三種：一是以法國、德國、日本等國為代表的民商分立形式，即把民法與商法分別編為兩部獨立的法典，將商法從民法中分立出來。如法國先后於1673年、1681年頒布《商事條例》《海事條例》，其后，在借鑑、修訂、整理羅馬法和《民法典》的基礎上，於1807年頒布了《法國商法典》。德國也先后於1861年和1897年制定了兩部《德國商法典》。1807年《法國商法典》和1897年《德國商法典》的頒布完善了大陸法系商法，使其成為現在資本主義商法的典型。大陸法系習慣將民法稱為普通私法，而將商法稱為民法的特別法，商法中有規定的適用商法的規定，商法中沒有規定的，則適用民法的規定。二是以瑞士、荷蘭、義大利為代表的民商合一形式，即把商法作為民法典的一部分。如1881年的《瑞士債務法典》，1934年的《荷蘭民法典》和1942年的《義大利民法典》就屬於民商合一的典型代表。三是以英國、美國為代表的國家，沒有商法的概念。英國歷史上只有普通法（Common Law）與衡平法（Equity Law）之分，無民法與商法的區別。中世紀以后，英國的首席法官曼斯菲爾特才通過判例的形式把商人習慣法吸收到普通法，使其成為普通法的一部分。隨著英國殖民主義的擴張，以普通法為特徵的商法制度，被帶到英國昔日的殖民地，成為美國以及英聯邦國家的商法表現形式。美國雖於1952年通過了一部由各州自由採納的《統一商法典》（Uniform Commercial Code），但它並非大陸法意義上的法典，而只是一系列商事法規的匯編而已。

在這個階段，調整國際商事法律關係和處理國際商事糾紛的主要依據是各國的國內法。由於各國的國內商法主要根據本國經濟的發展要求而制定，而不是根據國際商事活動的需要而制定，因此不但很難涉及國際商事方面的所有問題，有時還會和國際商事習慣相違背。再加上各國的政治、經濟、文化、歷史等的不同，各國的法律制度的衝突在所難免，雖然這種衝突可以通過衝突規範加以解決，但畢竟不利於國際商事活動的發展。

---

[1] 吳興光，朱兆敏. 國際商法 [M]. 北京：中國商務出版社，2006：4-5.

(三) 第三階段：國際化與統一化階段

第一次世界大戰以後，許多世界組織、民間組織、學術團體，如國際法協會、國際商會，發起了國際貿易、國際商事交易統一立法的運動。第二次世界大戰之後，特別是20世紀60年代之後，國際商法進入了一個新的發展階段，出現了國際化、統一化趨勢，國際貿易統一法逐步形成和發展，並不斷取得突破性進展。聯合國國際貿易法委員會（UNI-TRAL）主持制定的《聯合國國際貨物銷售合同公約》（1980年）和《聯合國國際貿易法委員會仲裁規則》（1976年），國際統一私法協會（UNIDROIT）主持制定的《國際商事合同通則》（1994年），國際法協會發起制定的《統一提單的若干法律規則的國際公約》（海牙規則），國際商會（ICC）制定的《國際貿易術語解釋通則》《跟單信用證統一慣例》等，都是這一時期國際貿易法統一的突出成就，也充分體現了經濟全球化時代，商法從各國主權的約束下走出，逐步迴歸了國際性與統一性的本質屬性。

### 三、國際商法與其他相關法律部門的關係

(一) 國際商法與國際公法

國際公法是調整國家之間的政治、經濟、外交等法律關係的行為規範的總稱，其主體是國家、國際組織和類似國家的政治實體等，其法律淵源主要包括國際條約、國際慣例等實體法規範，其傳統內容包括和平法、爭議法、戰爭法、中立法四大部分，第二次世界大戰後又增加了條約法、外交使節法、海洋法等分支部門；國際商法調整國際經濟和商事交易關係，其主體為自然人、法人和合夥等商事組織，法律淵源包括國際條約、國際貿易慣例等統一實體規範、各國國內法規範、程序法規範、衝突法規範等。

兩者的密切聯繫主要有：國際商法是國際法的一個法律部門，所以它的一些基本原則和制度來源於國際公法，兩者是相同的或近似的。比如國際公法中的國家主權、國家及其財產豁免、條約必須遵守等原則同樣適用於國際商事法律關係。

(二) 國際商法與國際私法

國際私法的內容以衝突規範為主，主要調整涉外民事關係，其內容主要包括統一實體法規範、國際民事訴訟和仲裁等程序性規範，其調整方法為間接調整，並不直接規定必須如何解決某一問題，而僅僅指出適用什麼樣的法律，因此國際私法又稱「衝突法」；而國際商法的內容以實體法為主，既包括國際實體法規範，亦包括國內實體法規範，調整方法為直接調整，直接規定瞭解決某一問題應適用的法律。

兩者也有密切的聯繫，比如兩者的主體均為自然人、法人、合夥等商事組織；兩者均調整涉外法律關係；兩者都具有較強的私法性等。

(三) 國際商法與國際經濟法

國際經濟法是國際公法的分支，是一門新興的法律邊緣學科，其主體主要是國家、國際組織及具有獨立國際法律人格的其他實體，調整的層面為國際經濟法律關係，法

律淵源主要是關於國際經濟交往的國際條約、國際慣例等國際法規範、各國涉外經濟法等國內法規範，強調國家、國際社會對國際經濟活動的干預，屬於強行性法律規範；國際商法的主體是從事國際商事交易的自然人、法人、合夥等商事組織，調整商事組織之間私法層面的商事交易行為，法律淵源以國際商事條約、國際貿易慣例及主要國家的商事法律為主，強調意思自治，屬於任意性法律規範。

兩者的聯繫為：均調整經濟交往關係，聯繫密切，且互為補充。

## 第二節　國際商法的淵源

### 一、國際商法淵源的概念

國際商法的淵源是指國際商法產生的依據及其表現形式。一般認為國際商法的淵源主要包括國際條約、國際貿易慣例和各國國內法。

### 二、國際商法的淵源

(一) 國際條約

1969年《維也納條約法公約》第2條第1款（甲）規定：「稱『條約』者，謂國家間所締結而以國際法為準之國際書面協定，不論其載於一項單獨文書或兩項以上相互有關之文書內，亦不論其特定名稱如何。」[1] 因此，國際條約的概念可以定義為：兩個或兩個以上的國家，為確定相互之間的權利、義務而達成的協議。其中，兩個國家簽訂的國際條約稱雙邊條約，兩個以上的國家共同締結或參加的國際條約稱多邊條約，亦稱公約。本書所涉及的國際條約一般是指國際商事多邊條約（國際商事公約），因為雙邊條約沒有普遍適用性。

國際商事公約按照性質可以分為實體法規則的國際公約和衝突法規則的國際公約。前者主要有1967年的《成立世界知識產權組織公約》，1978年的《聯合國海上貨物運輸公約》，1980年的《聯合國國際貨物銷售合同公約》等；后者主要有1985年的《國際貨物銷售合同法律適用公約》，歐洲經濟共同體1980年制定的《關於合同之債的法律適用公約》，等等。

國際商事公約按照內容分為貨物買賣國際公約、貨物運輸國際公約、貿易支付國際公約、知識產權和技術轉讓國際公約、商事爭議解決國際公約等。調整國際貨物買賣關係的公約主要有：1964年海牙《國際貨物買賣合同成立統一法公約》，1964年海牙《國際貨物買賣統一法公約》，1974年《聯合國國際貨物買賣時效期限公約》，1980年《聯合國國際貨物買賣合同公約》，1985年《國際貨物買賣合同適用法律公約》。調整國際貨物運輸的國際公約主要有：1924年《統一提單的若干法律規則的國際公約》（海牙規則），1968年《關於修改統一提單的若干法律規則的國際公約的議定書》（維

---

[1] http://www.npc.gov.cn/wxzl/wxzl/2000-12/07/content_3752.htm

斯比規則），1978年《聯合國海上貨物運輸公約》（漢堡規則），1929年《統一國際航空運輸某些規則的公約》（華沙公約）以及1955年《海牙議定書》，1938年《國際鐵路貨物運輸公約》，1951年《國際鐵路貨物運輸協定》，1980年《聯合國國際貨物多式聯運公約》。調整國際貿易支付的國際公約主要有：1930年《本票和匯票統一法的日內瓦公約》，1930年《關於統一票據和本票的日內瓦公約》，1931年《關於支票的日內瓦公約》，1931年《關於解決支票的若干法律衝突的日內瓦公約》，1988年《聯合國國際匯票和國際本票公約》。調整知識產權和技術轉讓的國際公約主要有：1883年《保護工業產權巴黎公約》，1886年《保護文學藝術作品伯爾尼公約》，1891年《商標國際註冊馬德里協定》，1952年《世界版權公約》，1994年《與貿易有關的知識產權協定》。調整商事爭議的國際公約主要有：1923年《日內瓦仲裁條款議定書》，1927年《關於執行外國仲裁裁決的公約》，1958年《承認和執行外國仲裁裁決的公約》等。

(二) 國際貿易慣例

國際貿易慣例是指國際貿易領域中常用的被交易當事人共同遵守的習慣做法。從歷史角度看，國際商法最初萌芽於國際貿易慣例，這些慣例與國內法無關，並獨立於國內法，它反應了從事商事活動的商主體間促進交易、保證交易安全與效率的內在要求，體現了國際貿易和商事交易的規律。國際貿易慣例不是法律，不具有法律的普遍約束力，但是如果交易當事人在合同條款中選擇適用或者事後達成協議適用某種國際貿易慣例，該慣例對合同當事人具有法律約束力。

在國際商法的發展過程中，民間組織、行業組織、學術團體整理和編撰的成文國際貿易慣例在國際商事交易中具有很大的影響力和公信力。特別是20世紀以來，一些國際組織堅持不懈地致力於國際貿易慣例的編撰和修訂工作，使得國際貿易慣例的影響力大大增強。目前，比較有影響力的國際貿易慣例有國際商會（ICC）制定的2000年的《國際貿易術語解釋通則》與2007年的《跟單信用證統一慣例》（UCP600），國際法協會1932年《華沙—牛津規則》（C. I. F. 買賣合同的統一規則）等。這些國際貿易慣例在國際貿易中影響最大，已被廣泛採用，對於便利和促進國際貿易起了重要作用。

(三) 各國國內法

在21世紀，國際商法雖然得到了長足發展，但是由於各國的法律傳統、經濟發展水平、政治制度、社會文化、宗教歷史等的差異和各個國家的具體情況不同，現有的有關國際公約和國際貿易慣例還不能涉及國際商事交易各領域中的一切問題，同時也尚未被參加國際商事交易活動的所有國家普遍承認和採用，因此在有些時候還要借助衝突規範的指引適用某一國家的國內民商法或判例來解決問題；再加上有些國家並不直接適用世界貿易組織規則，而是將國際條約和國際貿易慣例轉化成國內法來適用，同時商事主體在商事交易時也有可能選擇某一國的國內商法，所以各國的國內法也是國際商法的主要淵源之一，特別是商法制度較為完善的國家的商法。

## 第三節　兩大法系的比較

　　法系（Legal Family, Legal System, Legal Group）是根據法在結構上、形式上、歷史傳統等外部特徵以及法律實踐的特點、法律意識和法在社會生活中的地位等因素對法進行的基本劃分。[①] 通常把具有一定特點的某一國的法律和仿效這一法律的其他國家的法律，劃為同一法系。

　　關於法系的劃分，有各種不同的標準和主張，有的學者主張將世界法律制度劃分為英美法系、大陸法系和社會主義法系；有的學者則主張將世界上的法律制度分為：英美法系、大陸法系、伊斯蘭法系和社會主義法系。[②] 中國學者則較多地傾向於將世界各國的法律制度分為五大法系，即中華法系、印度法系、伊斯蘭法系、大陸法系和英美法系。[③] 由於影響世界上各個國家法律制度最深的是大陸法系和英美法系，因此本節只講述大陸法系和英美法系。

### 一、大陸法系

　　大陸法系（Civil Law System），又稱羅馬法系、民法法系、成文法系，形成於13世紀的西歐，主要以羅馬法為基礎，以法國法和德國法為代表。許多歐洲大陸國家，如瑞士、義大利、比利時、盧森堡、荷蘭、西班牙、葡萄牙等的法律均屬於大陸法系，中美、南美、亞洲、非洲的許多國家和地區的法律也屬於大陸法系，甚至在英美法系中的個別地區，如美國的路易斯安那州和加拿大的魁北克省以及波多黎各的法律都屬於大陸法系。中國的法律也屬於大陸法系。

（一）大陸法系的形成與發展

　　大陸法系的起源可以遠溯至公元前450年，即羅馬的《十二銅表法》（Lex Duodecim Tabularum）頒布的時代，但作為一個體系，則出現於13世紀羅馬法的復興時期。這一時期，歐洲各國法學家均承認註釋法學派的權威，開始形成歐洲普通法（Jus Commune）。歐洲普通法中源於羅馬法的法律思想、法律體系、共同的法律術語、概念、範疇及其共同的法律教學和著述方式，通過司法實踐對各國法律產生了深遠的影響，並逐步成為各國國內法的組成部分。

　　歐洲中世紀，教會法曾經盛行一時，羅馬法與教會法既相互競爭又相互滲透。17世紀和18世紀，隨著資產階級革命在歐洲各國先後完成，科學與人文主義思想的發展，教會法的管轄範圍逐漸縮小到精神與信仰的領域。此時的大陸法系發生了重大變化，其性質從封建法律制度轉變成資本主義法律制度，各國通過法典的編撰，實現了法律的統一，為大陸法系的最終形成奠定了基礎。1804年，法國頒布《法國民法典》，

---

[①] 周曉唯，楊林岩．國際商法［M］．西安：西安交通大學出版社，2008：5.
[②] 吳興光，朱兆敏．國際商法［M］．北京：中國商務出版社，2006：12.
[③] 陶凱元．國際商法［M］．廣州：暨南大學出版社，2002：14.

即《拿破侖法典》，該法典是資本主義社會第一部完備的民法典，在歐洲產生了巨大影響。隨后，德國於1900年，制定了《德國民法典》，成為繼《法國民法典》之后最重要的一部民法典。《法國民法典》和《德國民法典》的頒布，可以說促成了大陸法系的最終形成。

20世紀之后伴隨各國政治經濟的發展，大陸法系產生了新的變化：國家干預經濟活動造成公法、私法相互滲透，並且出現了經濟法、勞動法、土地法等公私混合的法律部門；分權開始動搖，判例的作用大大提高，立法、司法機關的權力和地位開始發生某種程度的交叉；隨著歐洲一體化的發展，各國法制趨於統一，特別是英美法系國家（英國、愛爾蘭等）的加入使歐盟法的普通法傾向更加明顯，並使西歐各大陸法國家的法律更加接近普通法。①

(二) 大陸法系的結構、淵源及特徵

1. 大陸法系的結構

大陸法系在結構上強調系統化、條理化、法典化和邏輯性，強調成文法的作用，重視法典的編撰，承襲了羅馬法對法的分類方法，將全部法律分為公法和私法兩大部分。其中，公法是指以保護國家或公共利益為目的的法律，主要包括憲法、行政法、刑法、訴訟法和國際公法等；私法是指以保護私法利益為目的的法律，主要包括民法、商法、家庭法等。

2. 大陸法系的淵源

大陸法系國家是成文法國家，各國都強調成文法的作用，其主要淵源有法律、習慣法、判例法等

（1）法律。大陸法系國家的法律包括憲法、法典、法律和條例等。這些法律制定的機關不同，其效力也有差異。一般來說，憲法具有最高權威和最高效力，其他法律均不得與憲法相抵觸。

（2）習慣。大多數大陸法系國家承認習慣是法的淵源之一，但各國對習慣在法律淵源中的地位和在生活實際中的作用有不同理解。一般來說，都認為習慣必須是具有法律意義的習慣，並且不得與法律相抵觸。如法國、義大利、奧地利等國認為，習慣只有在法律明文規定法官必須援用習慣的情況下才能適用。②

（3）判例。大陸法系各國重視成文法，原則上不承認判例具有法律同等的效力。但是，進入20世紀后，大陸法系各國開始重視判例的作用，一些國家開始作出一些例外規定，以使法官受某種判例的約束。如聯邦德國規定，聯邦憲法法院的判例在「聯邦公報」上發表後即具有約束力，並承認由「經常的判例」所形成的規則即屬於習慣法規則，法官應予實施。在阿根廷、哥倫比亞、瑞士、西班牙等國也有相關的規定。③

（4）學理。一般來說，學理不是法的淵源，但在大陸法系的發展過程中，學理也

---

① 由嶸. 外國法制史 [M]. 北京：北京大學出版社，1992.
田東文. 國際商法 [M]. 北京：機械工業出版社，2008：10.
② 熊瓊. 國際商法 [M]. 上海：立信會計出版社，2003：11.
③ 陶凱元. 國際商法 [M]. 廣州：暨南大學出版社，2002：19.

曾起了重要作用。如羅馬法復興時期先后產生的「註釋學派」「后註釋學派」及「自然法學派」，其理論對大陸法系的形成具有不可忽視的作用。[①] 學理對大陸法系的影響主要表現在三個方面，一是學理為立法者提供法學理論、詞彙和概念，通過立法者的活動制定為法律；二是學理能夠解釋法律，分析和評論判例；三是學理能夠培訓法律人才，影響法律實施進程。

3. 大陸法系的特徵

大陸法系的特徵具體體現在以下幾個方面：

（1）大陸法有公法與私法之分。大陸法系是在羅馬法的直接影響下發展起來的，大陸法系不僅繼承了羅馬法成文法典的傳統，而且採納了羅馬法的體系、概念和術語。由於羅馬法有公法與私法之分，所以大陸法也把法律分為公法與私法。

（2）大陸法有實體法與程序法之分。實體法是以規定和確認權利和義務以及職權和責任為主要內容的法律，如憲法、行政法、民法、商法、刑法等；程序法是以保證權利和職權得以實現或義務和責任得以履行的有關程序為主要內容的法律，如行政訴訟法、行政程序法、民事訴訟法、刑事訴訟法、立法程序法等。大陸法系國家一般嚴格區分實體法與程序法，並且實體法與程序法也分別編撰。

（3）大陸法系各國非常重視法典編撰。在法律形式上，大陸法系國家一般不存在判例法，主要採用成文法的立法模式，對重要的部門法制定法典，並輔之以單行法規，構成較為完整的成文法體系。法國自 1804 年的《法國民法典》之後，又編撰了商法典、刑法典、民事訴訟法典和刑事訴訟法典。歐洲大陸其他國家也相繼開展了廣泛的立法活動，特別是編撰綜合性的法典。但各國在法典的編撰的體制上不完全相同。就民商法而言，有些國家把民法和商法分別編撰成兩部法典，即民商分立，如法國、德國等；而另外一些國家則把商法並入民法中，即採用民商合一的立法體制，如義大利、荷蘭、瑞士等。

（4）大陸法系國家的法官沒有立法權。大陸法系國家的立法和司法分工明確，強調制定法的權威，制定法的效力優先於其他法律淵源，法律體系完整，概念明確。法官只能嚴格執行法律規定，不得擅自創造法律，違背立法精神。雖然大陸法也允許法官在審理案件時有一定的自由裁量權，並承認判例和習慣在解釋法律方面的作用，但一般不承認法官的造法職能，強調立法是議會的權限，法官只能適用法律，判案只能援引制定法。

（5）法律推理形式採取演繹法。由於司法權受到重大限制，法律只能由代議制的立法機關制定，法官只能運用既定的法律判案，因此，在大陸法系國家，法官的作用在於從現存的法律規定中找到適用的法律條款，將其與事實相聯繫，推論出必然的結果。

## 二、英美法系

英美法系（Anglo‐American Law System），又稱普通法系或英吉利法系，是指英國

---

[①] 陶凱元. 國際商法 [M]. 廣州：暨南大學出版社，2002：19.

中世紀以來的法律，特別是以它的普通法為基礎，逐漸形成的法律制度體系。「普通法」一詞具有多重含義：泛指以英格蘭法為基礎、以判例法為主要淵源的法律體系，相對於以制定法尤其是法典法為特徵的大陸法系；廣義上是指 12 世紀後中央集權下形成、國王領導下的國家法院統一適用的英格蘭法律，區別於領主法院等適用的習慣法及僅適用於特殊階層與行業的商人法；狹義上是指 12 世紀後英格蘭皇家法院創立、適用並發展的判例法，形成途徑及形式有別於立法機關的制定法，適用主體有別於衡平法院適用的衡平法。① 英美法系以英國和美國為代表，除英國（除蘇格蘭）和美國（除路易斯安那州）外，還包括加拿大（除魁北克省）、澳大利亞、新西蘭、印度、巴基斯坦、馬來西亞、新加坡、中國香港地區、岡比亞、尼日利亞、加納、肯尼亞、烏干達、讚比亞等國家或地區。此外，還有許多國家或地區的法律不同程度地受英美法系的影響，比如南非、斯里蘭卡、菲律賓的法律兼有大陸法和英美法的特徵。

（一）英美法系的形成與發展

英美法系形成於英國，習慣上以公元 1066 年諾曼底公爵威廉徵服英格蘭為其開端。威廉徵服初期，英國還沒有一套完善的法律制度，為了維護中央集權制，迫切需要創立一種全新的法律制度。威廉宣布尊重盎格魯·撒克遜原有的習慣，首先從整頓和改革司法制度開始，建立了「國王法庭」，擴大國王的審判權，將法院牢牢控製在自己手中。亨利一世（1100—1135 年在位）時期，又創建了對普通法的形成具有重要作用的巡迴審判制度，即由中央派出司法長官，以監督國王的訴訟的名義到全國去巡迴審案。② 巡迴法官以國王的名義行使審判權，有權撤銷地方法院的判決。為了解決糾紛，巡迴法官不得不依照已形成的習慣和他們認為公正的原則，對糾紛作出判決。久而久之，這種以判例形式的規則便形成了英國歷史上最早的法律，即普通法，又稱不成文法或判例法。「普遍適用的習慣法」也是普通法名稱的由來。但從 15 世紀末開始，普通法的弊端越來越明顯，人們發現普通法院審理一些糾紛不公正，便向國王提出申訴，於是國王便委託大法官處理。大法官在審理案件中，建立了自己的法院，即大法官法院，又稱衡平法院，並依據「良知」和「公平正義」的規則來審理案件。這樣一來，通過大法官的審判活動所形成的法律規範，便成了與普通法相平行的一種新的法律體系——衡平法（Equity Law）。衡平法因號稱「公平」「正義」而得名，其主要作用是為普通法無法救濟的權利提供保護。

美國法的發端在北美的殖民統治時期。由於歐洲各殖民國家的激烈爭奪，北美殖民地出現過一個短暫的法的多元化局面。伴隨著英國對北美殖民地統治的確立，英國普通法被帶到北美並在北美殖民地推行。但美國在 17 世紀並未大規模接受英國法，直至 18 世紀各殖民地才開始大量採用英國法。在美國獨立戰爭之前，英屬北美 13 個殖民地都實行了英國法律；美國獨立戰爭勝利後，在對法律的取向上有兩種主張：一種是採用大陸法系的立法模式；另一種是採用英國的普通法立法模式。由於美國受英國的

---

① 由嶸. 外國法制史 [M]. 北京：北京大學出版社，1992.
田東文. 國際商法 [M]. 北京：機械工業出版社，2008：11.
② 鄭祝君. 外國法制史 [M]. 北京：北京大學出版社，2007：154.

影響較深，又加上兩國語言相通，美國最終還是選擇了英國法。不過美國獨立之后，法律的發展基本上是獨立的，因此美國法與英國法也有許多不同的地方。

(二) 英美法系的結構、淵源及特徵

1. 英美法系的結構

英美法系不像大陸法系那樣強調系統性和邏輯性，因此英美法系的結構和大陸法系的結構截然不同，英美法主要以判例法的形式存在。

英美法系的結構特徵主要體現在四個方面：一是實體法和程序法界限不清，混合規定在一起；二是制定法中多數是單行法規，概括性的法典很少；三是不按法律的內部有機聯繫制定系統的法律，而是將許多習慣規定為一個法律，甚至直接引用判例中的語言來制定成文法；四是法律解釋以判例為準，若只有制定法，而沒有判例加以解釋，這些制定法法官在審判時是不能援引的。

2. 英美法系的淵源

英美法系各國都強調判例法的作用，因此英美法系的主要淵源是判例法，但除判例法之外，還有制定法、習慣和學理等。

（1）判例法。基於法院的判決而形成的具有法律效力的判定，這種判定對以後的判決具有法律規範效力，能夠作為法院判案的法律依據，這種判定就是判例法。判例法的來源不是專門的立法機構，而是法官對案件的審理結果。它不是立法者創造的，而是司法者創造的，因此，判例法又稱為法官法或普通法。需要注意的是，在英美法國家，並不是所有法院的判決都可以作為判例法，而且不同判例的約束力也不盡相同。

（2）制定法。19世紀末20世紀初以來，制定法在英美法系國家的比重和作用不斷上升，成了英美法系的重要淵源。制定法包括國會立法和從屬性立法。國會立法是英美法系國家近現代最主要的立法形式，以制定法為主的公法範疇的法律大部分屬於此類，一些私法關係亦由其調整；從屬性立法包括委託立法和地方或自治團體立法，均受司法部門監督。制定法為邏輯性和系統性較強的成文法，其效力優於判例法，但法官對制定法的解釋往往受判例法的限制。

（3）習慣與學理。習慣與學理作為法律淵源的地位次於普通法、衡平法和制定法。普通法形成於習慣，「遵循先例」原則的確立往往需要求諸於習慣。學理是法學家對法律的解釋，一般不具有約束力，但在缺乏制定法和判例法，確定或解釋先例存在困難的情況下，學理根據其權威性亦可成為法律淵源。

3. 英美法系的特徵

英美法系的特徵體現在以下幾個方面：

（1）以判例法為主要表現形式，遵循先例。英美法系的主要淵源是判例法，但作為英美法系的代表國家的英國和美國的判例法的形成也不盡相同。英國法中的判例法，是由高等法院的法官以判例的形式發展起來的。它的基本原則是：高等法院在判決中所包括的判決理由必須得到遵循，即對作出判例的法院本身和對下級法院日後處理同類案件均具有約束力。它包括三個方面：一是上議院的判例具有約束力，對全國各級審判機關都有約束力；二是上訴法院的判決對上訴法院本身和下級法院均有約束力；

三是高級法院每個法庭的判決對一切低級法院均有約束力。

美國法中的判例法也強調遵循先例，但具體表現不同於英國：一是在州法方面，州的下級法院須受上級法院判決的約束，特別是受州最高法院判決的約束；二是在聯邦法方面，須受聯邦法院判決的約束，特別是受美國最高法院判決的約束；三是聯邦法院在審理涉及聯邦的案件時，須受其上級聯邦法院判例的約束，而在涉及州法的案件時，則須受相應的州法院判例的約束，但以該判例不違反聯邦法為原則；四是聯邦和州的最高法院不受它們以前確立的先例的約束，可以推翻以前的先例，並確立新的法律原則。

（2）以英國為中心，英國普通法為基礎。英國的法律有普通法和衡平法之分，但以普通法為基礎，衡平法是普通法的補充，當普通法和衡平法衝突時，衡平法優先適用。美國法也採用英國法的範疇、概念和分類方法，也存在普通法和衡平法的區分，但由於美國是聯邦制國家，因而主要將法律分為聯邦法與州法兩大部分。原則上，聯邦法的效力高於州法，但聯邦僅在聯邦憲法授權的範圍內行使立法權，各州有相當大的立法權。各州的立法不得違反憲法，也不得對州際貿易設置障礙。

（3）在法律發展中，法官具有突出作用。由於英美法系都是以判例為法律的主要淵源，而判例主要是法官「造法」，因此在英美法系的發展歷史中，法官起了突出作用。

（4）體系龐雜，缺乏系統性。英美法系中的各個法律規則主要散見於各個判例中，成文法較少，即使是成文法，也缺乏大陸法系那種系統性和邏輯性，因此英美法系從形式上看具有體系龐雜，缺乏系統性、邏輯性的特徵。

（5）注重程序的「訴訟中心主義」。英美法系的訴訟程序中強調當事人主義，不像大陸法系那樣注重糾問式的審理方式。

### 三、兩大法系的演變及其發展

兩大法系無論是形成的歷史背景，還是其法的結構、淵源和特徵均有重大的區別。但19世紀末以來，為了適應社會政治、經濟的發展，兩大法系也發生了一些變化，兩者有著彼此滲透、彼此靠近的趨勢。

（一）大陸法系國家的「判例法」及其作用的加強

19世紀末到20世紀初，大陸法系國家為了適應政治、經濟的發展，開始重視判例的作用，形成了判例法。但大陸法系國家的判例法和英美法系的判例法是不同的，其主要表現有兩種：一是通過最高法院的判決確立新的法律原則；二是法官在判案中對法典的某些條款作擴展解釋而創造的法律原則。

（二）英美法系國家成文法的數量日益增多

19世紀末20世紀初以來，英美法系的結構也發生了重要變化，成文法的數量日益增多。但英美法系國家的成文法與大陸法系的成文法是不同的，其主要表現有兩種：一是由立法機關制定的法律；另一種是由行政機關按照法律制定的條例。

## （三）兩大法系的發展趨勢

近年來兩大法系的差別有所緩和，比如大陸法系雖不像英美法系那樣遵循先例，但在舊法條文不適用的情況下，特別是法典沒有明文規定的情況下，判例往往也成為法官判案的參考和依據；而英美法系的成文法數量也日益增多，判例法有所減少，有些判例所反應的法律原則，通過制定法律變成了成文法。但兩大法系的這種逐步靠近的趨勢，並不意味著兩大法系已經走向統一；相反，由於兩大法系的形成和發展是基於不同的歷史傳統、社會政治、經濟和思想文化，因此，兩大法系的差別還將長期存在。

# 第四節　中國現代法律制度概述

## 一、中國法律的淵源

中國法律的淵源是指中國法律規範借以存在和表現的形式，其主要表現在各國家機關根據其權限範圍所制定的各種規範性文件之中。中國法律的淵源主要有：

（一）制　定　法

1. 憲法

憲法是國家根本大法，由全國人民代表大會（以下簡稱全國人大）制定，具有最高法律效力。一切法律、法規、規章、決議和命令等均不得與憲法相抵觸。憲法的修改必須經過特別的法律程序，應由全國人大常委會或者 1/5 以上的全國人大代表提議，並由全國人大以全體代表的 2/3 以上多數通過方為有效。

2. 法律

法律是由全國人大及其常委會制定的規範性文件，其地位和效力僅次於憲法，主要規定和調整國家、社會生活某一方面的問題。法律分為基本法和基本法以外的法律。中國的基本法律主要有：選舉法、人民法院組織法、國務院組織法、人民法院組織法、人民檢察院組織法、刑法、民法通則、民事訴訟法、刑事訴訟法和行政訴訟法等。此外，全國人大授權國務院對於有關經濟體制改革和對外開放方面的問題，必要時可以根據憲法，在同有關法律和全國人大及其常委會的有關決定的基本原則不相抵觸的前提下，制定暫行規定或者條例，頒布實施。

3. 法規

法規包括行政法規和地方性法規，其效力次於憲法和法律。行政法規是國務院為執行法律規定及履行憲法規定的行政管理職權的需要而制定的規範性文件。地方性法規是省、自治區、直轄市以及較大的市的人民代表大會及其常委會根據本行政區域的具體情況和實際需要，在不同憲法、法律、行政法規相抵觸的前提下制定的規範性文件。其中，較大的市的人民代表大會及其常委會制定的地方性法規需報省、自治區的人民代表大會常務委員會批准後施行。經濟特區所在地的市的人民代表大會及其常委

會也可以根據全國人民代表大會的授權決定制定法規，並在經濟特區範圍內實施。

### 4. 規章

規章包括國務院的部門規章和地方政府規章。部門規章是指國務院各部、委員會、中國人民銀行、審計署和具有行政管理職能的直屬機構，根據法律和國務院的行政法規、決定、命令，在本部門的權限範圍內制定的規章。地方政府規章是指省、自治區、直轄市和較大的市的人民政府根據法律、行政法規和本省、自治區、直轄市的地方性法規制定的規章。規章是法律、行政法規的補充，對正確適用和執行法律、行政法規具有重要意義。因此，規章也是中國法律的重要淵源之一。

### 5. 民族自治地方的自治條例和單行條例以及特別行政區的法

民族自治地方的自治條例和單行條例是指民族自治地方的人民代表大會依照當地民族的政治、經濟和文化的特點，依法制定的自治條例和單行條例。民族自治地方的自治條例和單行條例可以依照當地民族的特點，對法律和行政法規定的某些規定作出變通規定，但不得違背法律和行政法規的基本原則，不得對憲法和民族區域自治法的規定以及其他有關法律、行政法規專門就民族自治地方所作的規定作出變通規定。特別行政區的法是指特別行政區基本法、依法予以保留的特別行政區原有法律和特別行政區立法機關依法制定的法律。

## （二）法律解釋

### 1. 立法解釋

根據中國憲法的規定，全國人大常委會對憲法和法律擁有解釋權。凡是屬於憲法或法律的條文本身需要進一步明確界限或需要作出補充規定的，由全國人大常委會進行解釋或以法律的形式加以規定。省、自治區、直轄市人大常委會有權對地方性法規進行解釋。

### 2. 司法解釋

司法解釋是法院在審判工作和檢察院在檢察工作中具體應用法律的問題，分別由最高人民法院和最高人民檢察院進行解釋。它們所作的解釋對下級法院及檢察院的審判和檢察工作均具有約束力。

### 3. 行政解釋

行政解釋是國務院及其授權的部門對有關法律和法規所作的解釋。行政解釋主要包括兩個方面的內容：一是對不屬於審判和檢察工作中的其他法律如何具體應用的問題所作的解釋；二是國務院及其主管機關在行使職權時對國務院及其主管機關本身所制定的行政法規所作的解釋。

## （三）判例

在中國，判例在法律上和理論上不被認為是中國法律的淵源，最高人民法院及其他上級法院所作的判例對下級法院沒有拘束力，只能起到參考作用。1985年以來，《最高人民法院公報》開始刊登一些被認為適用法律正確、判決證據和理由充分、處理得當的典型案例，並要求各級法院加以借鑑。隨著中國加入WTO，及時公布涉外經貿案例已成為中國必須遵守的一項義務。這就意味著，判例在中國的司法實踐中也將發揮

出日益重大的作用。

（四）國際條約、協定

國際條約、協定是指中國作為國際法主體締結和參加的國際條約、雙邊或多邊協定及其他具有條約、協定性質的文件。國際條約、協定在中國生效後，對中國國家機關、公民、法人或者其他組織就具有法律上的約束力，因此，其也屬於中國法律的淵源之一。

## 二、中國的司法制度

（一）人民法院的組織系統

中國的法院組織系統包括普通法院和專門人民法院。

普通法院包括最高人民法院和地方各級人民法院。最高人民法院是中國的最高審判機關。它由院長一人、副院長、庭長、副庭長和審判員若干人組成。最高人民法院設有刑事審判第一庭，刑事審判第二庭，民事第一、第二、第三、第四審判庭，行政審判庭，交通運輸審判庭，告訴申訴審判庭以及執行庭等。地方各級人民法院由基層人民法院、中級人民法院和高級人民法院組成。

專門人民法院包括軍事法院、海事法院、鐵路法院、森林法院、農墾法院、石油法院等。其中，海事法院相當於中級人民法院。

（二）民商事案件的審判制度

根據《中華人民共和國民事訴訟法》，中國的民商事案件實行兩審終審制。對地方各級人民法院的判決或裁定，當事人如有不服，可以提起上訴，上級人民法院應當審理。經過二審作出的判決或裁定屬於生效的法律文書，當事人應當執行。若一方當事人不執行，另一方當事人可申請人民法院強制執行。

人民法院審理案件注重調解，是中國民事案件審判的一個重要特點。經調解達成協議後，由人民法院製作調解書，經雙方簽收後，調解書即具有法律效力，當事人應當執行。

## 復習思考題：

1. 如何理解國際商法的概念？
2. 簡述國際商法的淵源。
3. 簡述兩大法系的區別與聯繫。

# 第二章　商事組織法

**本章要點：**

- 掌握商事組織的基本形式及其法律特徵。
- 掌握獨資企業、合夥企業的概念、特徵和設立條件。
- 掌握公司的概念與種類。
- 瞭解有限責任公司和股份有限公司的設立、組織機構、解散、清算及其對內對外法律關係。

## 第一節　商事組織法概述

### 一、商事組織的概念和特徵

商事組織，又稱商事企業，是指依法設立，以自己的名義從事經營活動，以營利為目的的經濟組織。商事組織以其經濟實力和影響而成為國際商事法律關係中最重要的主體。

商事組織是國民經濟運行的主體和基本單位，一個國家國民經濟的運行，是通過為數眾多的商事組織的生產經營活動而實現的。商事組織是適應商品經濟發展的需要而逐漸形成的，各個國家在實踐中採取各種各樣的組織形式，不同類型的商事組織在法律特徵、設立程序、內外部關係等方面均有較大差異。一般來說，商事組織具有以下特徵：

（一）商事組織必須以營利為目的

投資者設立商事組織的目的是為了通過生產經營活動獲取利潤。因此，商事組織無論是何種經濟性質，無論從事何種行業或以何種方式進行經營，其最終目的都是為了最大限度地獲得利潤，可以說營利性是商事組織的最重要特徵。

（二）商事組織必須依法設立

各個國家的法律都規定，商事組織要從事經營活動必須得到國家法律的確認，否則不得進行經營活動。一般來說，商事組織的設立有兩種方式：一種須經國家主管部門審批後，方可註冊登記；另一種是直接向國家主管部門登記。

（三）商事組織必須具有一定的組織形式

商事組織是商人的組織表現，各國法律都規定商事組織應當具備一定的法定形式。一般來說，商事組織的形式有獨資、合夥和公司，是商自然人和商法人的具體體現。

（四）商事組織應當持續營業

營業是以營利為目的而進行的連續的、有計劃的、同種類的活動。商事組織必須持續營業，連續從事同一性質的經營行為。是否營業，是商事組織與其他偶然從事經營行為的其他組織的一個重要區別。偶爾從事營利性活動的其他組織，雖有營利性，因不具有連續性和有計劃性，不屬於營業。

## 二、商事組織的種類

商事組織的種類依據不同的分類方法劃分的種類也不同。商事組織的分類方法有經濟分類法和法律分類法。經濟分類法是以所有制類型和行業分佈為標準的一種分類方法，這種分類方法曾盛行於前蘇聯、東歐各國，現在俄羅斯和東歐各國已摒棄。依照經濟分類法，商事組織分為國有企業、集體企業、私有企業。現在，幾乎所有西方發達國家都採用法律分類法，這種分類法的標準依據除財產責任形式外還有投資來源、組織結構等。依據法律分類法，商事組織可以分為獨資企業、合夥企業和公司。

## 三、商事組織法的概念

商事組織法，是指調整各類商事組織的設立和活動的法律規範的總稱。商事組織法規定了商事組織的法律地位、內部機構，商事組織的設立、變更、終止和商事組織的特有行為，以及商事組織法的調整對象等。

商事組織法在傳統上屬於商法的一部分，在近代立法習慣中，大陸法系國家習慣上將商事組織法包括在商法典中。但20世紀以來，隨著國際經濟貿易的發展，商事組織不斷出現，為了適應社會經濟生活的變化，強化國家的干預功能，各國逐漸趨向商事組織的單獨立法模式。

中國目前仍然屬於民商合一的法律體系，商事法屬於民法的特別法，在特別法有規定的時候，適用特別法的規定，特別法沒有規定時，適用民法的一般原理。中國商事組織法中主要的單行法律有：《個人獨資企業法》《合夥企業法》《公司法》。

# 第二節　獨資企業法

## 一、獨資企業的概念

獨資企業，亦稱個人獨資企業，是指由一個自然人單獨出資設立，企業財產歸投資人所有，同時投資人對企業債務承擔無限責任的企業。獨資企業是最早、最原始的商事組織形式，也是商事組織創立和營運最為簡單的形式。依據投資人的不同，獨資

企業可以分為國內自然人設立的獨資企業和境內外國自然人設立的獨資企業。二者雖同為獨資企業，但卻由不同的法律規範來調整。比如中國境內自然人設立的個人獨資企業由《個人獨資企業法》調整，而中國境內外國自然人設立的獨資企業由《中華人民共和國外資企業法》調整。

## 二、獨資企業的法律特徵

獨資企業一般規模比較小，主要從事零售、服務和農業等行業，是對法人組織必不可少的補充。與其他商事組織相比，具有如下法律特徵：

(一) 獨資企業由一個自然人設立

獨資企業的存在價值在於其結構和關係上的簡單，各國立法中均規定獨資企業的投資人限定為自然人，此自然人應依據其國內法，具備相應的條件。如德國商法中規定獨資企業的投資人應為個人商人，法國商法典也規定獨資企業的投資人應為自然人商人[①]，中國《個人獨資企業法》規定獨資企業的投資人應為自然人，僅限中國公民，並且應具備完全行為能力。

(二) 獨資企業的投資和收益歸投資人所有

投資人擁有獨資企業的財產所有權，對其享有佔有、使用、收益和處分的權利。投資人對獨資企業可以自己獨立經營，也可以委託其他人經營管理，但獨資企業的收益歸投資人所有。

(三) 獨資企業不具備法人資格

法人，一般具有三個特徵：一是人格獨立，二是財產獨立，三是責任獨立。而獨資企業的全部財產歸投資人所有，投資人以其個人擁有的全部財產對獨資企業的債務承擔無限責任，因此獨資企業的財產和責任是不獨立的。雖然其可以擁有自己的名稱或商號，可以以其自身的名義進行民事活動，但卻不具備法人資格。作為獨資企業的投資人，因其承擔無限責任，所以其投資風險與法人投資者的有限責任相比，風險比較大。

在此有必要指出的是，獨資企業與一人公司是不同的。一人公司是指一個投資人設立，投資人擁有公司的全部股份，對公司債務承擔有限責任的法人組織形式。一人公司與獨資企業最明顯的區別是是否具有法人性。一人公司具有法人性，投資人對公司債務承擔有限責任，而獨資企業不具備法人性，其投資人對獨資企業的債務承擔無限責任。

## 三、各國關於獨資企業的法律

在西方發達國家中，大多數國家並無專門的獨資企業法，對獨資企業的法律規定比較分散，主要規定在憲法以及稅收、專賣、合同和破產等的法律中。在美國，沒有

---

① 熊瓊. 國際商法 [M]. 上海：立信會計出版社，2003：32.

獨資企業的單獨立法，相關的法律制度規定在代理法等普通法中，完全由判例法組成。德國也不存在單獨的獨資企業法，因為立法者認為，個體完全控製著企業，沒有企業內部的關係及其利益可以考慮，也就沒有必要單獨立法來調整獨資企業的組織和營運，因此，德國以民法和商事法律對獨資企業進行調整。[①]

中國對獨資企業採用單獨立法的模式。1999年8月30日，中國的《個人獨資企業法》由第九屆全國人民代表大會常務委員會第十一次會議通過，2000年1月1日起施行。該法主要規定了：個人獨資企業的設立，個人獨資企業的投資人及事務管理，個人獨資企業的解散和清算，個人獨資企業的法律責任等。當出現《個人獨資企業法》沒有規定的情形時，適用《民法通則》及其他法律、法規中對獨資企業作出的相關規定。

## 第三節　合夥企業法

### 一、合夥企業概述與特徵

（一）合夥企業的概念

合夥企業，是指兩個或兩個以上的合夥人為了共同的經營目的，以合夥協議為約定，共同出資、共同經營、共享收益、共擔風險所組成的商事組織。美國《統一合夥法》定義：合夥企業是兩個或兩個以上的人以營利為目的、而以共同所有人的身分經營一項商業的社團。[②] 中國的《合夥企業法》第2條規定：合夥企業，是指自然人、法人和其他組織依照本法在中國境內設立的普通合夥企業和有限合夥企業。[③]

大陸法系根據經營的規模與專門化的不同，將合夥企業分為「民事合夥」和「商事合夥」，分別適用民法典和商法典或有關的商事法規來調整。多數國家不承認合夥企業具有法人資格，而有些國家則承認其具有法人資格，如法國、荷蘭、比利時和日本等。英美法系對合夥企業的規定與大陸法系有所不同，如美國《統一合夥法》將合夥企業分為普通合夥與有限合夥，而且均不承認其具有法人地位；英國的合夥法中，普通合夥是從事共同經營的人之間為營利而存在的一種關係，限定於商事合夥，突出合夥的團體性。

（二）合夥企業的特徵

合夥企業與其他的商事組織相比，具有如下特徵：

1. 合夥企業具有契約性

合夥人應以書面形式訂立合夥協議，規定各合夥人在出資、利潤分配、風險及責任承擔、合夥企業的經營管理等方面的權利義務。沒有合夥協議，合夥企業不能成立。合夥協議是合夥人之間的內部法律文件，僅具有對內的效力，是合夥企業得以成立的

---

① 熊瓊．國際商法［M］．上海：立信會計出版社，2003：32.
② 美國《統一合夥法》第6條。
③ 《中華人民共和國合夥企業法》第2條。

法律基礎，此即合夥企業的契約性。

2. 合夥企業具有人合性

在法律上，合夥企業仍被大多數國家視為自然人的聯合，但近年來個別國家，如法國、比利時、日本等，已允許法人成為合夥人①，中國亦允許法人成為合夥人。合夥企業的設立主要是基於合夥人之間的信任而建立的，合夥人的死亡、破產以及退出都將直接影響合夥企業的存續。

3. 合夥企業具有合夥性

合夥人對合夥企業具有共同出資、共同經營、共享收益、共擔風險的權利和義務，除合夥協議另有約定外，合夥人均享有平等參與管理合夥事務的權利，均有權對外代表合夥企業從事正常業務活動的權利。如美國《統一合夥法》第18條規定：「就合夥事務的管理和行為，所有合夥人享有同等的權利」；「就與合夥事務有關的日常事件而引起的任何爭議，可由多數合夥人決定；但是未經所有合夥人的同意，則做出違反合夥人之間的任何協議的行為是不正當的。」② 中國《合夥企業法》第26條亦規定：「合夥人對執行合夥事務享有同等的權利。」③

4. 合夥企業具有非法人性

如前所述，雖說法國、荷蘭、比利時和日本等國承認合夥企業的法人資格，但縱觀世界各國的法律，大多數國家不承認合夥企業的法人性，中國亦如此。英美國家雖不承認合夥企業的法人性，但在某些特定場合也可以把合夥企業視為法人。如美國法律規定，合夥企業可以合夥企業的名義起訴、應訴。根據英國《1890年合夥法》第4條的規定，在蘇格蘭，商行在法律上有別於其他合夥成員，具有獨立人格。中國法律也規定，合夥企業雖不具有法人資格，但可以經核准登記的字號參與民事商事活動，在一定範圍內成為法律關係的主體。

5. 合夥人的責任具有無限連帶性

無限連帶責任，是指合夥人均以其個人所有的全部財產對合夥企業的全部債務承擔清償責任，當合夥企業的財產不足以清償全部債務時，債權人有權要求任何一個合夥人清償全部債務，並且，當任何一個合夥人無力清償自己應承擔的債務時，其他合夥人有代替其清償的義務。無限連帶責任是合夥企業存在與發展的依據之一，大多數國家都有合夥人承擔無限連帶責任的規定，但在有限合夥企業中，有限合夥人承擔的卻是有限責任，即只以其出資額為限承擔責任。

## 二、合夥企業的設立與合夥財產

（一）合夥企業的設立

1. 設立條件

合夥企業的設立，是指合夥人依照法律的規定條件和程序，進行一定的準備工作，

---

① 金春. 國際商法［M］. 北京：北京大學出版社，2005：16.
② 美國《統一合夥法》第18條.
③ 《中華人民共和國合夥企業法》第26條.

並向有關國家主管機關申請設立合夥企業的行為。各國法律對合夥企業的設立都規定了一定的條件。一般來說，設立合夥企業應當具備以下條件：

（1）須有兩個以上的合夥人。合夥企業至少要有兩個合夥人，至於上限，大陸法系沒有規定，英美法系則有規定，如英國合夥企業人數上限為 20 人[1]，中國對普通合夥企業人數的上限沒有規定，對有限合夥企業的人數的上限規定為 50 人[2]。

（2）須有合夥協議。合夥協議是確定合夥人權利義務的依據，設立合夥企業應當有合夥協議，否則合夥企業不能成立。合夥協議一般應當載明下列事項：合夥企業的名稱和主要經營場所的地點；合夥目的和合夥經營範圍；合夥人的姓名或者名稱、住所；合夥人的出資方式、數額和繳付期限；利潤分配、虧損分擔方式；合夥事務的執行；入伙與退伙；爭議解決辦法；合夥企業的解散與清算；違約責任等。合夥協議經全體合夥人簽名、蓋章后生效。

合夥協議是否必須是書面形式，各個國家的規定不太一致，如中國《合夥企業法》要求合夥協議必須採用書面形式，而美國的《統一合夥法》卻不要求合夥協議必須採用書面形式簽訂，只要兩個或兩個以上的人決定以營利為目的，以共有的形式來經營企業，法庭就會認為合夥協議已經存在。

（3）須有合夥人實際繳付的出資。合夥人應當按照合夥協議的約定向合夥企業實際繳付出資，出資方式可以是貨幣、實物、土地使用權、知識產權和其他財產權利。承擔無限責任的合夥人，經其他合夥人同意，也可以用勞務出資。對於貨幣以外的出資需要評估作價的，可以由全體合夥人協商確定，也可以由全體合夥人委託的仲介機構評估作價。

（4）須有合夥企業的名稱。合夥企業應當有自己的名稱，但名稱中不得使用「有限」「有限責任」及「公司」字樣。中國《合夥企業法》規定，合夥企業名稱發生變更，應當徵得全體合夥人同意，並須到有關國家機關申請變更登記。

（5）須有經營場所和經營條件。合夥企業要進行商事活動，各國法律都規定要具有固定的經營場所和必備的經營條件和設施。

2. 設立程序

合夥企業的設立程序一般比較簡便，但各國的規定不盡相同。如美國《統一合夥法》規定，合夥企業以合夥協議為依據而組成，無須政府批准，但必須有合法的目的；若某些行業要有執照才能開業的，必須向有關國家主管部門申領開業執照。德國法律規定，合夥企業必須在商業登記冊辦理登記，全體合夥人必須事先提出合夥申請，在申請書中應載明合夥人的姓名、職業和住所以及企業的名稱、開設地點、開始營業時間等。中國《合夥企業法》規定，申請設立合夥企業，應當向企業登記機關提交登記申請書、合夥協議書、合夥人身分證明等文件。合夥企業的經營範圍中有屬於法律、行政法規規定在登記前須經批准的項目的，該項經營業務應當依法經過批准，並在登記時提交批准文件。申請人提交的登記申請材料齊全、符合法定形式，企業登記機關

---

[1] 熊瓊．國際商法［M］．上海：立信會計出版社，2003：36．
[2] 《中華人民共和國合夥企業法》第 14、61 條。

能夠當場登記的，應予當場登記，發給營業執照。除當場發給營業執照的情形外，企業登記機關應當自受理申請之日起20日內，作出是否登記的決定。予以登記的，發給營業執照；不予登記的，應當給予書面答復，並說明理由。合夥企業的營業執照簽發日期，為合夥企業成立日期。

(二) 合夥企業的財產

合夥企業的財產，是指合夥企業存續期間，合夥人出資的財產、合夥企業以自己的名義取得的財產和其他收益。

合夥企業具有自己的財產，但是各個國家的規定不盡相同。英美法系的一些國家和地區通過頒布合夥企業的單行法律，確認合夥企業的團體資格，合夥企業可以商號的名義購置動產和不動產。歐洲大陸法系一些國家乾脆通過修改立法直接確認合夥企業的法人地位，承認其擁有獨立的財產權，如1978年修改的《法國民法典》。[①] 中國《合夥企業法》第20條規定，合夥人的出資、以合夥企業名義取得的收益和依法取得的其他財產，均為合夥企業的財產；第21條規定，除法律另有規定外，合夥人在合夥企業清算前，不得請求分割合夥企業的財產。合夥人在合夥企業清算前私自轉移或者處分合夥企業財產的，合夥企業不得以此對抗善意第三人。[②] 從上述規定可以看出，中國《合夥企業法》突出了合夥企業財產的相對獨立性。

### 三、合夥企業的內部關係與外部關係

(一) 合夥人的內部關係

合夥企業的內部關係，是指合夥人為了實現共同的目的而進行的各種內部運作活動的總稱。由於合夥企業是具有人合性的商事組織，合夥企業與合夥人沒有完全分離。合夥人之間首先是一種合同關係，同時也是一種相互信任的忠實關係。合夥人之間的權利義務關係，合同（合夥協議）有規定的適用合同的規定，合同沒有規定的適用法律的規定。合夥企業的內部關係主要體現在合夥人的權利和義務兩個方面。

1. 合夥人的權利

合夥人主要擁有以下四種權利：

（1）合夥事務的執行權。合夥企業的人合性，決定了合夥企業一般沒有嚴格的組織機構。規模比較小、合夥人人數比較少的合夥企業可以由全體合夥人共同管理合夥事務，對外都可以代表合夥企業；規模比較大或合夥人人數比較多的合夥企業，全體合夥人可以委託部分合夥人執行合夥事務，也可以委託合夥人以外的第三人執行合夥事務。

（2）合夥事務的決策權。合夥企業中，各合夥人無論出資多少，都承擔無限責任，因此，合夥企業的事務決策權由全體合夥人共同行使，有限合夥人除外。在決定合夥企業重大事務時，須經全體合夥人一致同意，其他合夥事務則實行少數服從多數的原

---

① 周曉唯，楊林岩. 國際商法 [M]. 西安：西安交通大學出版社，2008：21.
② 《中華人民共和國合夥企業法》第20、21條。

則。中國《合夥企業法》第 31 條規定，除合夥協議另有約定外，合夥企業的下列事項應當經全體合夥人一致同意：改變合夥企業的名稱；改變合夥企業的經營範圍、主要經營場所的地點；處分合夥企業的不動產；轉讓或者處分合夥企業的知識產權和其他財產權利；以合夥企業名義為他人提供擔保；聘任合夥人以外的人擔任合夥企業的經營管理人員。

（3）合夥事務的監督權。為了維護全體合夥人的共同利益，各國合夥企業法都賦予合夥人內部監督的權利。合夥人的監督權主要包括：每個合夥人都有權瞭解、查閱合夥企業的經營狀況；檢查其他合夥人執行合夥事務的情況；查閱合夥企業的帳目；提出質詢等。

（4）分配利潤的權利。合夥人無論出資多少，出資方式如何，都有分配利潤的權利。除合夥協議另有約定外，各國合夥法分配利潤的方式主要有：一是平均分配，如英國、美國、德國等；二是按照出資比例分配利潤。[1] 中國《合夥企業法》第 33 條規定，合夥企業的利潤分配、虧損分擔，按照合夥協議的約定辦理；合夥協議未約定或者約定不明確的，由合夥人協商決定；協商不成的，由合夥人按照實繳出資比例分配、分擔；無法確定出資比例的，由合夥人平均分配、分擔。合夥協議不得約定將全部利潤分配給部分合夥人或者由部分合夥人承擔全部虧損。[2]

2. 合夥人的義務

合夥人主要擁有以下四種義務：

（1）實際繳付出資的義務。合夥人應當按照合夥協議的約定，實際繳付出資，並不得隨意抽回出資。若合夥人不按照合夥協議實際繳付出資，其他合夥人可以追究其違約責任。為了保證合夥企業的相對穩定性，各國法律都對合夥人轉讓其在合夥企業的財產份額作了限定：合夥人對其內部人員轉讓出資時，須通知其他合夥人；合夥人對合夥人外部的人員轉讓其出資時，應當經其他合夥人一致同意。

（2）忠實義務。各國合夥法都規定了合夥人的忠實義務，其主要包括：除合夥協議另有約定或全體合夥人同意外，不得自營或同他人合夥經營與本企業相競爭的業務（競業禁止），不得與本企業進行交易（交易禁止）；不得損害合夥企業的利益；不得與第三人惡意串通，泄漏合夥企業的商業秘密等。也有些國家的合夥法，對有限合夥人的忠實義務規定較為寬鬆，如中國的《合夥企業法》規定，有限合夥人可以同本有限合夥企業進行交易；有限合夥人可以自營或者同他人合作經營與本有限合夥企業相競爭的業務。[3]

（3）注意義務。執行合夥事務的合夥人，在執行合夥事務時，應當謹慎、小心，做到最大的注意義務，減少對合夥企業的損害。若執行合夥事務的合夥有故意或重大過失行為，給合夥企業造成了損害，其他合夥人有權要求賠償。

（4）分擔虧損的義務。合夥人應當依據合夥協議或法律規定，分擔虧損，不得由

---

[1] 金春．國際商法［M］．北京：北京大學出版社，2005：20．
[2] 《中華人民共和國合夥企業法》第 33 條。
[3] 《中華人民共和國合夥企業法》第 70、71 條。

部分合夥人承擔全部虧損。有限合夥人以其出資額為限承擔責任。

(二) 合夥人的外部關係

合夥企業的外部關係是指合夥企業同與之交易的第三人以及企業債權人之間的關係。主要包括：合夥企業與第三人之間的關係、合夥企業的債務承擔等。

1. 合夥企業與第三人之間的關係

合夥人或合夥人委託的合夥事務執行人，執行合夥事務時，應當受合夥協議或法律規定的約束，但不能對抗善意第三人①，即合夥人或合夥人委託的合夥事務執行人，在執行合夥事務時，若超越職權或法律的限制，此時合夥企業不能主張此行為無效、可撤銷或效力待定，只能先對外承擔責任，再依據合夥協議約定或法律規定，向有過錯的合夥人或合夥人委託的合夥事務執行人追償。若第三人明知合夥人或合夥人委託的合夥事務執行人超越職權或法律規定，仍與之建立法律關係，則此法律行為為效力待定或無效。

2. 合夥企業的債務承擔

合夥企業的財產具有相對獨立性，合夥企業的債務應當先由合夥企業的財產承擔責任，不足部分再由承擔無限責任的合夥人承擔連帶責任，有限合夥人以其出資額為限承擔責任。第三人對合夥人享受的個人債權，不得與其所負合夥企業的債務相抵消。合夥人所負個人債務，合夥人的自有財產不足清償時，可以用其在合夥企業分得的收益償還，也可由人民法院拍賣其出資份額來償還。但拍賣前應當通知全體合夥人，同等條件下，其他合夥人享有優先購買權。承擔無限責任的合夥人，未經全體合夥人一致同意或合夥協議約定，不得將其在合夥企業的財產份額設定抵押，否者，該行為無效。

## 四、合夥企業的入伙與退伙

(一) 入伙

入伙是指在合夥企業存續期間，合夥人以外的第三人加入合夥企業，成為合夥人的法律行為。入伙一般有兩種情況：一是新合夥人加入合夥企業，不伴隨原合夥人轉讓出資；二是第三人接受了原合夥人轉讓的出資，成為合夥人。入伙，各國法律一般均規定須經全體合夥人一致同意。但英美法系則規定，對合夥人加入的程序可由合夥協議約定。中國《合夥企業法》第43條也規定，新合夥人入伙，除合夥協議另有約定外，應當經全體合夥人一致同意，並依法訂立書面入伙協議。

新入伙的合夥人是否對合夥企業以前的債務承擔責任，各國法律規定也不盡一致。法國、瑞士、日本等大陸法系，大多規定新合夥人對合夥企業的債務承擔連帶責任，

---

① 通常意義上的善意第三人，是指不知道或不可能知道自己取得的財產是無權處分人所為，取得財產時支付了相應對價，並且無過錯的人。這裡的「善意第三人」是指本著誠實信用原則、合法交易的目的，通過合夥人或合夥事務執行人，與合夥企業建立民事、商事法律關係的自然人、法人或其他組織。對於他們而言，每一個合夥人都有權代表合夥企業，若讓他們查清合夥人或合夥事務執行人是否超越職權或法律規定，無疑增加了他們的交易成本。

而英美法系國家則規定新合夥人對入伙前的債務不承擔責任。[①] 中國《合夥企業法》第44條規定，新合夥人對入伙前合夥企業的債務承擔無限連帶責任。

（二）退伙

退伙是指在合夥企業存續期間，合夥人退出合夥企業，喪失合夥人資格的法律行為。退伙一般分為：任意退伙、法定退伙和除名。

1. 任意退伙

任意退伙，也稱聲明退伙，是指基於合夥人單方的意思表示而為的退伙行為。各國法律一般對任意退伙有一定限制，依據合夥協議中有無經營期限的約定來區別對待。

中國《合夥企業法》第45條規定，合夥協議約定合夥期限的，在合夥企業存續期間，有下列情形之一的，合夥人可以退伙：

（1）合夥協議約定的退伙事由出現；
（2）經全體合夥人一致同意；
（3）發生合夥人難以繼續參加合夥的事由；
（4）其他合夥人嚴重違反合夥協議約定的義務。

第46條規定，合夥協議未約定合夥期限的，合夥人在不給合夥企業事務執行造成不利影響的情況下，可以退伙，但應當提前30日通知其他合夥人。

2. 法定退伙

法定退伙，是指基於法律的規定以及法定事由出現而當然退伙的情況。

中國《合夥企業法》規定的法定退伙事由包括：

（1）作為合夥人的自然人死亡或者被依法宣告死亡；
（2）個人喪失償債能力；
（3）作為合夥人的法人或者其他組織依法被吊銷營業執照、責令關閉、撤銷，或者被宣告破產；
（4）法律規定或者合夥協議約定合夥人必須具有相關資格而喪失該資格；
（5）合夥人在合夥企業中的全部財產份額被人民法院強制執行。

退伙事由實際發生之日即為退伙生效之日。

3. 除名

除名，是指合夥人因嚴重違反合夥協議的規定或有其他重大違法行為，損害了合夥企業的利益或威脅合夥企業的生存或發展，而被其他合夥人一致決定開除的行為。

中國《合夥企業法》第49條規定，合夥人有下列情形之一的，經其他合夥人一致同意，可以決議將其除名：

（1）未履行出資義務；
（2）因故意或者重大過失給合夥企業造成損失；
（3）執行合夥事務時有不正當行為；
（4）發生合夥協議約定的事由。

---

[①] 周曉唯，楊林岩. 國際商法［M］. 西安：西安交通大學出版社，2008：23.

對合夥人的除名決議應當書面通知被除名人。被除名人接到除名通知之日，除名生效，被除名人退夥。被除名人對除名決議有異議的，可以自接到除名通知之日起30內，向人民法院起訴。

合夥人退夥時應當進行財產清算，退還退夥人的財產份額，分配合夥盈餘和分擔合夥債務。退夥人對其退夥前已經發生的合夥企業債務，應與其他合夥人承擔連帶責任。

### 五、合夥企業的解散與清算

（一）合夥企業的解散

合夥企業的解散，是指合夥企業因某些法律事實的發生而使其民事主體資格消失的行為。各國法律大都規定合夥企業的解散包括自願解散和依法解散。自願解散是指依合夥企業全體合夥人的決定或合夥協議約定而解散。依法解散是指合夥企業依據有關法律規定而解散。

美國的合夥法規定，合夥企業會因下列原因而解散：如果它經營的業務成為非法；如果業務只能在虧損的狀態下經營；如果一個合夥企業面臨破產；如果一個合夥人死亡、變得精神失常或者破產；如果法庭判令解散。[①]

中國《合夥企業法》第85條規定，合夥企業有下列情形之一的，應當解散：

（1）合夥期限屆滿，合夥人決定不再經營；
（2）合夥協議約定的解散事由出現；
（3）全體合夥人決定解散；
（4）合夥人已不具備法定人數滿30天；
（5）合夥協議約定的合夥目的已經實現或者無法實現；
（6）依法被吊銷營業執照、責令關閉或者被撤銷；
（7）法律、行政法規規定的其他原因。

（二）合夥企業的清算

合夥企業解散後，應當對合夥企業的財產進行清算。清算可以由全體合夥人進行，也可以由全體合夥人指定的部分合夥人或委託第三人擔任清算人。清算人在清算期間負責清理合夥企業財產，處理與清算有關的合夥企業未了結的事務，清理債權債務以及處理合夥企業清償債務后的剩餘財產等。中國《合夥企業法》第87條規定，清算人在清算期間執行下列事務：

（1）清理合夥企業財產，分別編製資產負債表和財產清單；
（2）處理與清算有關的合夥企業未了結事務；
（3）清繳所欠稅款；
（4）清理債權、債務；
（5）處理合夥企業清償債務后的剩餘財產；

---

① 美國《統一合夥法》第31、32條。

（6）代表合夥企業參加訴訟或者仲裁活動。

合夥企業解散后，財產的清償順序，各國的規定也不完全相同。如美國合夥法規定，合夥企業財產應當按照下列順序分配：

（1）對合夥人以外的債權人的債務；
（2）由於合夥人向合夥提供貸款而產生的對合夥人的債務；
（3）由於融資而欠合夥人的資金；
（4）合夥人應得的利潤。①

中國《合夥企業法》規定，合夥企業財產清償的順序是：在支付清算費用和職工工資、社會保險費用、法定補償金以及繳納所欠稅款、清償債務后的剩餘財產，可以依照合夥協議或法律的規定進行分配或返還合夥人的出資。

清算結束后，中國法律還規定，清算人應當向原企業登記機關報送清算報告，辦理企業的註銷登記。原普通合夥人對合夥企業存續期間的債務仍承擔連帶責任，但是債權人在5年內未向債務人提出清償請求的，該責任消滅。

## 第四節　公司與公司法概述

**一、公司的概念和種類**

（一）公司概念

公司是依法設立的、以營利為目的的法人組織。公司屬於法人組織，其具有以下法律特徵：

1. 公司是獨立的法人組織

各國的公司法都賦予公司法人地位。公司作為法人，具有獨立的法律人格，具體表現在：一是公司具有獨立的人格。公司作為法律擬制的產物，具有獨立的權利能力和行為能力，能夠以自己的名義進行法律行為等。公司一旦成立，必須具備健全的組織機構，其法律行為具體由內部的組織機構來完成。二是公司具有獨立的財產。公司的財產由公司股東出資的財產構成，一旦股東完成出資，股東就與其出資的財產相分離，股東再也不能直接處理其出資的財產，除非公司解散，股東又重新取得該出資的財產。三是公司責任獨立。公司責任獨立意味著公司以其全部財產承擔責任，即使公司的全部財產不足償還債務，作為投資人的股東也不再承擔責任，股東只以其出資額為限承擔責任。股東的有限責任被稱為公司法人的基石。

2. 公司具有營利性

公司的營利性體現在兩個方面，一是設立公司的目的是為了獲得利潤，實現資產的保值增值；二是設立公司是為了連續不間斷地從事同一性質的經營活動，不是偶然地從事一兩次營利活動。公司的營利性特點使之與機關法人、社團法人區別開來。

---

① 美國《統一合夥法》第40條。

3. 公司是依照公司法的規定設立的

各國大都有成文的公司法。公司設立的目的、條件和程序等必須符合公司法和其他有關法律的規定。只有依照法定條件、法定程序，經法定的國家機關登記註冊的公司才能具有獨立的法律人格。

(二) 公司的分類

按照不同標準，可以將公司分為不同的種類。

1. 以公司資本結構和股東承擔責任的方式不同，公司可以分為有限責任公司、股份有限公司、無限公司、兩合公司、股份兩合公司

(1) 有限責任公司。有限責任公司是指由一定人數的股東組成，股東只以其出資額為限承擔責任的公司。其主要特點是，所有股東只以其對公司的出資額為限來承擔責任；公司以其全部財產承擔責任。有限責任公司只在有限當事人間籌集資本，具有相對的封閉性，經營管理的組織機構也相對簡單，一般屬於中小型的企業。有限責任公司是一種主要的公司類型，逐漸被國際投資者所廣泛採用。

(2) 股份有限公司。股份有限公司是指由一定人數以上的股東組成，公司全部資本分為等額股份，股東以其所認購的股份為限承擔責任的公司。其主要特點是，公司的全部資本分為等額股份；股東只以其認購的股份為限承擔責任；公司以其全部財產承擔責任。股份有限公司是最重要的公司類型，它對於加速資本的集中和社會化，促進市場經濟的發展具有十分重要的作用。

(3) 無限公司。無限公司是指由兩個以上的股東組成，股東對公司債務負無限連帶責任的公司。其主要特點是，股東以個人財產對公司的債務承擔無限連帶責任。無限公司是一種以人的信用為基礎的公司，類似於合夥企業。大部分國家不承認無限公司的法人資格，但是法國、日本等國家承認無限公司是獨立的法人。

(4) 兩合公司。兩合公司是指由一個以上承擔無限責任的股東和一個以上承擔有限責任的股東所組成的公司。兩合公司具有有限責任公司和無限公司的雙重特點，並且也具有人合兼資合的雙重特點。無限責任股東對公司債務承擔無限責任，對內執行公司業務，對外代表公司。有限責任股東只以其出資額為限承擔責任。各國法律一般都承認兩合公司的法人地位。

(5) 股份兩合公司。股份兩合公司是指由一個以上承擔無限責任的股東和一個以上以其認購的股份為限承擔責任的股東所組成的公司。其主要特點是，有限責任股東以其認購股份承擔有限責任；無限責任股東以其個人財產承擔無限責任；公司資本分為等額股份。股份兩合公司是西歐和日本等大陸法系國家的一種公司形式。

2. 按照信用基礎不同，公司分為人合公司、資合公司和人合兼資合的公司

(1) 人合公司。人合公司是指設立和經營建立在股東個人信用基礎上的公司。人合公司的財產及責任與股東的財產及責任沒有完全分離，公司的所有權和經營權一般也不分離。這種公司由於籌集資本的封閉性以及責任的無限性，一般是些小型的企業。

(2) 資合公司。資合公司是指設立和經營建立在公司資本基礎上的公司。其僅以資本的實力取信於人，股東個人信用如何與公司無關。股東以其出資額為限承擔責任。

最典型的資合公司是股份有限公司。

（3）人合兼資合的公司。人合兼資合的公司是指設立和經營既以股東的個人信用為基礎，又以公司的資本為基礎的公司。其典型的公司有兩合公司和股份兩合公司。

3. 按照公司間的控製或依附程度不同，公司分為母公司與子公司；總公司與分公司

（1）母公司。母公司是指持有另一個公司一定數量的股份，並直接控製其經營權的公司。母公司是一種控製性的公司，可以分為純粹的控股公司和混合控股公司。

（2）子公司。子公司是指股份受另一公司控製，業務也受該公司控製的公司。子公司具有法人資格，能夠獨立承擔責任。

（3）總公司。總公司又稱本公司，是指管轄全部組織機構，統一指揮決定業務的經營、資金的調度和人事的安排的公司。

（4）分公司。分公司是指受總公司管轄的分支機構或者僅是一個附屬機構。分公司不具備法人資格，其責任由總公司承擔。

4. 按照公司的國籍不同，公司分為本國公司、外國公司

（1）本國公司，是指依照本國法律設立、登記、並位於本國境內的公司。

（2）外國公司，是指依照外國法律設立、登記、並位於本國境外的公司。

對於外國公司的認定，各個國家法律的規定也不太一致，如美國所謂的外國公司，其概念與其他國家不同。凡是按照美國州法和聯邦法所設立的公司為本國（州）公司，這個公司在其他希望從事業務的州被登記為「外州公司」。而外國公司是指來自美國之外的，在美國從事業務的公司。[1]

在世界各國或地區的公司立法中，因為情況不同，往往只是在法律上規定幾種類型的公司，如日本《商法》第53條規定，「公司為無限公司、兩合公司與股份有限公司三種。」韓國《商法典》第170條規定，公司分為無限公司、有限公司、兩合公司、股份有限公司四種。英國公司法把公司分為：有限公司和無限公司；股份有限公司和保證有限公司；公眾公司和私人公司；一人公司；小公司、中等規模公司和大公司；公司集團等。[2] 中國《公司法》中規定的公司類型僅包括有限責任公司和股份有限公司。

## 二、各國公司法概述

公司法是指各國規定公司的設立、組織、經營、解散、清算以及調整公司對內對外關係的法律規範。公司法主要是規定公司的組織與活動的法律，具有組織法和行為法的雙重特徵。

公司法與公司的產生和發展有緊密聯繫，因此，公司法也是隨著公司的不斷發展而日益完善起來的。縱觀世界各國的公司立法，大致有三種模式：

---

[1] Herbert M Bohlman, Mary Jane Bundas. 商法：企業的法律、道德和國際環境［M］. 張丹，等，譯. 北京：清華大學出版社，2004：679.

[2] 葛偉軍. 英國公司法原理與判例［M］. 北京：中國法制出版社，2007：24－26.

一是編入民法典，如瑞士的債務法典和《俄羅斯聯邦民法典》等。

二是編入商法典，如日本、德國、法國、義大利等。

上述兩種立法模式是大陸法系國家早期的公司立法。隨著公司在社會經濟生活中的作用和影響日益擴大，以及公司本身問題的複雜性與特殊性，大陸法系許多國家又將公司法從民商法中分離出來而單獨立法。如法國於1867年正式頒布了《公司法》，1925年制定了《有限公司法》，1966年又重新制定、頒布了統一完整的公司法。德國於1892年專門頒布了《有限責任公司法》，1937年頒布《股份法》，包括股份有限公司和股份兩合公司，代替了1897年《商法典》中對這兩種公司的有關規定，確立了德國的公司法制度。目前，只有日本、義大利、瑞士、瑞典等少數國家仍將公司法放在民商法典中。[①]

三是採用單獨立法的模式。主要由英美法系國家所採用。如英國公司立法最早於1720年頒布了有關公司制度的《布伯爾法》。該法於1825年廢止後，英國又頒布了一系列的單行公司法，包括：1835年的《貿易公司法》、1844年的《共同股份法》、1855年的《有限責任法》、1890年的《合夥法》、1907年的《有限責任合夥法》、1908年的《公司合併法》等。這些法規後來經過多次修改，形成較完備的1948年公司法。[②] 英國1948年的公司法又於1967年進行了修改。[③]

美國各州均有獨立的公司法，共有50個公司法。1933年由美國律師協會公司法委員會首次發布了《模範商業公司法》，以後美國各州都紛紛據此修訂了各自的公司法，使美國公司法在一定程度上得到了統一。

近年來，由於經濟全球化的發展，各國公司法出現了國際統一化趨勢。其中最有代表性的是歐洲經濟共同體委員會為統一各成員國公司法所發布的一系列「關於共同體公司法的指令」，希望各成員國以此為藍本制定修正本國公司法，直至最後統一各成員國的公司法。

## 三、中國公司法

中國的公司法概念有廣義與狹義之分。狹義的公司法，僅指專門調整公司問題的法典，如《中華人民共和國公司法》。廣義的公司法，除包括專門的公司法典外，還包括其他有關公司的法律、法規、行政規章、司法解釋以及其他各法之中的調整公司組織關係、規範公司組織行為的法律規範，如《中華人民共和國公司登記管理條例》《民法通則》《中外合資經營企業法》等法律中的相關規定。本書所講公司法，採用公司法的狹義概念。

《中華人民共和國公司法》由第八屆全國人民代表大會常委會第五次會議於1993年12月29日通過，自1994年7月1日起施行。1999年12月25日，根據第九屆全國人民代表大會常務委員會第十三次會議《關於修改〈中華人民共和國公司法〉的決

---

① 林光祖，等．國際商法［M］．廈門：廈門大學出版社，2006：20．
② 熊瓊．國際商法［M］．上海：立信會計出版社，2003：50．
③ 林光祖，等．國際商法［M］．廈門：廈門大學出版社，2006：21．

定》，第一次修正了《中華人民共和國公司法》。2004年8月28日，又根據第十屆全國人民代表大會常務委員會第十一次會議《關於修改〈中華人民共和國公司法〉的決定》，第二次修正了《中華人民共和國公司法》。2005年10月27日第十屆全國人民代表大會常務委員會第十八次會議又對《中華人民共和國公司法》進行大的修訂。2005年10月27日中華人民共和國主席令第四十二號公布，自2006年1月1日起施行

　　2005年的《中華人民共和國公司法》共十三章二百一十九條，原《公司法》中只有二十余條內容未變。其他條款內容均有所添加或刪改。新法條款數量略有減少，但立法體系與法律結構更合理嚴謹，立法理念更適應市場經濟之需要，體現了鼓勵投資、簡化程序、提高效率的精神，取消了諸多不必要的國家干預的條款，廢除了股份公司設立的審批制，減少了強制性規範，強化當事人意思自治，突出了公司章程的制度構建作用，為進一步完善公司治理結構，加強對股東權益的保護提供了制度保障。[1]

## 第五節　有限責任公司

### 一、有限責任公司的概念和特徵

　　有限責任公司的定義，各國的公司法大都有明確的規定，基本含義沒有多大差異。中國《公司法》第3條規定：「公司是企業法人，有獨立的法人財產，享有法人財產權。公司以其全部財產對公司的債務承擔責任。有限責任公司的股東以其認繳的出資額為限對公司承擔責任。」由此我們可以把有限責任公司定義為：有限責任公司是股東以其所認繳的出資額為限對公司承擔有限責任，公司以其全部財產對其債務承擔責任的企業法人。而德國的《有限責任公司法》規定：「有限責任公司可按照本法規定的任何合法目的，由一人或數人設立。」

　　有限責任公司起源於19世紀后半葉，並在1892年德國通過《有限責任公司法》之后得到了迅速發展。目前，它已成為各國數量最多的一種公司形式。有限責任公司具有資合性，同時又具有人合性，其主要特徵有：

　　第一，人數有法定限制。各國公司法一般都對有限責任公司的股東人數有最高限額的規定，如英國、日本等國都規定有限責任公司的股東人數不得超過50人，美國某些州的公司法則規定不得超過30人。只有少數國家，如德國等對有限責任公司的人數沒有最高限額。中國《公司法》第24條規定：有限責任公司由50個以下股東出資設立。

　　第二，股東承擔有限責任。有限責任的股東與個人獨資企業和合夥企業的出資人最大的不同是承擔責任的方式不同。有限責任的股東只以其出資額為限對公司承擔有限責任，而個人獨資企業和合夥企業的出資人以其個人財產對企業承擔無限責任，有限合夥人除外。

---

[1] http://baike.baidu.com/view/33348.htm

有限責任是公司的一個重要特徵。有限責任的優點主要有：一是促進股東投資，因為他對投資失敗的最大風險是可以預測的；二是分散風險，如果只有少數股東投資公司，個人分擔經營風險的系數要高得多，而如果增加投資者，則可以把集中的風險轉移給他人；三是所有權與經營權分離，股東的義務主要是出資，然后委託管理層進行管理；四是降低成本，若是無限責任，債權人貸款給公司前必然要調查每一個股東的資信情況，而若是有限責任，債權人只需調查公司本身的資信就可以了；五是促進股份流通，若是無限責任，股份的受讓者在取得股份之前需要考慮的重要因素是其他股東是否有足夠的償債能力，但若是有限責任，受讓者無須考慮此類問題；六是有效規避了后果嚴重的侵權責任，特別是在集團訴訟的情況下，被侵權人的索賠數額往往很高，股東個人難以承受，有限責任制度很好地為股東規避責任提供了法律上的保護。[1]

第三，股東轉讓出資有嚴格限制。基於有限責任公司的人合性，各個國家一般都對有限責任公司的股東轉讓其出資有嚴格的限制。有限責任公司的股東轉讓其出資，一般要經過股東會討論決定，變更公司的股東名冊，並修改公司章程。即使股東之間相互轉讓出資，也要履行嚴格的法律程序。

中國《公司法》第72條規定：「有限責任公司的股東之間可以相互轉讓其全部或者部分股權。股東向股東以外的人轉讓股權，應當經其他股東過半數同意。股東應就其股權轉讓事項書面通知其他股東徵求同意，其他股東自接到書面通知之日起滿30日未答復的，視為同意轉讓。其他股東半數以上不同意轉讓的，不同意的股東應當購買該轉讓的股權；不購買的，視為同意轉讓。經股東同意轉讓的股權，在同等條件下，其他股東有優先購買權。兩個以上股東主張行使優先購買權的，協商確定各自的購買比例；協商不成的，按照轉讓時各自的出資比例行使優先購買權。公司章程對股權轉讓另有規定的，從其規定。」由此可以看出中國《公司法》對有限責任公司股東轉讓出資也有嚴格的限制。

第四，不能募集設立。有限責任公司由全體股東共同訂立公司章程，由全體股東認繳出資，不需要向社會募集，也不得發行股票。各股東的出資比例和出資方式由全體股東協商確定。

第五，設立程序較簡便。設立有限責任公司，相對於股份有限公司來說比較簡便，只要訂立公司章程，認繳股款，公司就可成立，不需要主管部門的批准。

## 二、有限責任公司的設立

(一) 公司設立的原則

公司設立，是指為使公司成立、取得公司法人資格而依照法定條件和程序所進行的一系列行為的總稱。公司設立不完全等同於公司成立。設立是指創辦公司的行為或過程，成立則表明合法有效行為完成后所產生的取得法人資格的事實。從公司發展的

---

[1] 葛偉軍. 英國公司法原理與判例 [M]. 北京：中國法制出版社，2007：57.

歷史看，公司的設立原則主要有：

1. 自由主義原則

自由主義原則，又稱放任主義原則，即創辦人可以自由設立公司，無須任何條件，國家完全不予干涉。這一原則在公司制度處於萌芽時期的羅馬曾經採用過。由於這一原則極易造成公司的任意濫設，難以保證交易安全，有害於社會秩序的穩定，很快被特許主義原則所代替。

2. 特許主義原則

特許主義原則，是指公司只有經過國王或國會的特許才可設立。在這一原則下，設立公司是一種由國家元首或法令賦予的特權。這種公司在17—18世紀的英國、荷蘭等國十分盛行，如1600年經英國國王批准設立的東印度公司。雖然這種設立方式杜絕了濫設公司的現象，但公司設立過於嚴格，特別是從19世紀以後，實行特許方式設立公司已不能適應資本主義經濟迅速發展的要求，因而導致了西方國家的公司由特許設立向核准設立的轉變。

3. 核准主義原則

核准主義原則，又稱許可主義原則，即公司設立除符合有關法律規定外，還須經有關行政機關審查批准。這一原則首創於1673年法國路易十四頒布的《商事敕令》，其優點是便於國家對公司的設立進行統籌安排和管理。但在這一原則下，公司的設立程序較為嚴苛，有礙於公司的發展。

4. 準則主義原則

準則主義原則，又稱登記主義，即設立公司只要符合法律規定的條件，不需經任何行政機關的審批，公司即可設立。首先採用這一原則的是英國1862年頒布的《公司法》，到20世紀該原則已被西方國家廣泛採用。中國的《公司法》也採用這種設立原則。

(二) 有限責任公司設立的程序

有限責任公司的設立一般包括以下三個程序：

1. 依法制定公司章程

有限責任公司的章程是由全體股東共同制定，規定公司的重大問題，規範公司的活動，是公司內部的「憲法」。公司章程的內容，依據各國公司法的規定，大致有絕對必要記載事項、相對必要記載事項和任意記載事項。絕對必要記載事項一般包括：公司名稱；經營範圍；股東姓名、住所或居所；公司資本總額和各股東的出資額；盈餘和虧損的分配比例或標準；公司所在地；公司的公告方法；董事人數、姓名，以及董事長的姓名；訂立章程的日期等。相對必要記載事項則一般包括：股東會議的召集及表決方法；以非貨幣財產出資時，該出資的種類、數量、價格或估價方法；公司的存續期間及解散事由等內容。

當然，對於公司章程的記載事項各個國家公司法的規定也有所不同。如英國1985年公司法沒有要求公司章程必須具備特定的內容。公司章程可以依據公司性質和經營

目的不同而有不同內容，具體內容取決於組建公司的人。① 中國《公司法》第 25 條規定：有限責任公司章程應當載明：公司名稱和住所；公司經營範圍；公司註冊資本；股東的姓名或者名稱；股東的出資方式、出資額和出資時間；公司的機構及其產生辦法、職權、議事規則；公司法定代表人；股東會會議認為需要規定的其他事項。股東應當在公司章程上簽名、蓋章。

2. 認繳出資

大部分國家的公司法都要求有限責任公司的股東全部繳足出資，同時，各國立法都規定了有限責任公司的最低資本額。這一規定的目的是為了防止濫設有限責任公司。如法國有限責任公司的最低資本額為 7,500 歐元，德國為 2.5 萬歐元，日本為 100 萬日元。英美國家一般無最低資本額的規定。但英國規定，設立公司必須支付保險金，保險金最低數額為 5,000 英鎊。美國一些州曾規定公司的最低資本額為 1,000 美元，但是美國《標準公司法》在 1969 年取消了最低資本額的規定。②

股東出資可以是貨幣、實物或其他財產性權利，但是不得用勞務、信用作為出資。關於出資的時間主要有兩種方式：一次性足額繳納和分期繳納。德國、義大利等國規定可以分期繳納，但是對股東首次出資有最低限額的限制。大多數國家的公司立法要求有限責任公司的股東應當於公司設立前繳足其認繳的出資，不得分期繳納。但是，近年來，隨著公司法改革浪潮的掀起，越來越多的國家開始承認有限責任公司的股東可以分期繳納出資。

3. 註冊登記

各國法律皆規定，只有經註冊登記后公司才告成立。但是在註冊登記方面，英美法系要求的程序相對簡單，大陸法系則較複雜。大陸法系國家一般要求由全體股東指定的代表或共同委託的代理人向公司登記機關申請設立登記，符合條件的給予核准，發給營業執照。營業執照上面簽發的日期為公司成立的日期。中國《公司法》規定，股東的首次出資經依法設立的驗資機構驗資后，由全體股東指定的代表或者共同委託的代理人向公司登記機關報送公司登記申請書、公司章程、驗資證明等文件，申請設立登記。

## 三、有限責任公司的資本

(一) 有限責任公司的資本

有限責任公司的資本是指公司股東出資的總額。各國法律都規定股東必須一次性認繳公司章程規定的資本總額，即使有些國家允許股東分期繳納出資，但也必須在設立時一次認足，然后對公司負按期繳納的義務。公司增加或減少資本，必須修改公司章程，並向原登記機關辦理變更登記。中國《公司法》允許股東分期繳納，但全體股東的首次出資額不得低於註冊資本的 20%，也不得低於法定的註冊資本最低限額，其餘部分由股東自公司成立之日起兩年內繳足；其中，投資公司可以在五年內繳足。

---

① 葛偉軍. 英國公司法原理與判例 [M]. 北京：中國法制出版社，2007：34.
② 熊瓊. 國際商法 [M]. 上海：立信會計出版社，2003：54.

## (二) 有限責任公司的股份

有限責任公司的股份是有限責任公司的資本構成的基本單位，是股東在公司承擔義務和享受權利的依據。有限責任公司的股份一般不是等額的，因而每個股東實際在公司股本中只持有一股。股份的量化是通過股東出資在公司資本總額中所佔比例來決定的，股東根據其出資在公司資本總額中所佔比例，享受權利和承擔義務。有限責任公司的股份不表現為股票，而是公司開具的出資證明書。有限責任公司的股份，不像股份有限公司的股票那樣可以自由流通，但在一定條件下可以轉讓。

## (三) 有限責任公司股份的轉讓

有限責任公司的股份轉讓往往會受到一定限制，須經符合法定人數的股東的同意才可以。股東向其他股東轉讓股份和向非股東轉讓股份的限制有所不同。如日本《有限公司法》第 19 條規定，股東可以將其股份全部或部分轉讓與其他股東；如股東欲將其股份全部或部分轉讓與非股東時，則須經股東會承認，而且其他股東在同等條件下有優先購買權。中國《公司法》第 72 條規定：有限責任公司的股東之間可以相互轉讓其全部或者部分股權。股東向股東以外的人轉讓股權，應當經其他股東過半數同意。股東應就其股權轉讓事項書面通知其他股東徵求同意，其他股東自接到書面通知之日起滿 30 日未答復的，視為同意轉讓。其他股東半數以上不同意轉讓的，不同意的股東應當購買該轉讓的股權；不購買的，視為同意轉讓。經股東同意轉讓的股權，在同等條件下，其他股東有優先購買權。兩個以上股東主張行使優先購買權的，協商確定各自的購買比例；協商不成的，按照轉讓時各自的出資比例行使優先購買權。

## 四、有限責任公司的組織機構

有限責任公司設立有一定的組織機構，對公司的生產經營活動進行管理與控製。有限責任公司的組織機構一般包括股東會、董事會和監事會。

### (一) 股東會

有限責任公司的股東會由全體股東組成，傳統上屬於公司的最高權力機關，決定董事的任免、公司章程的變更、公司的合併與解散等重大事項。

按照各國公司法的規定，股東會的決議採用資本多數決原則，由出席會議的股東所持表決權的過半數或 2/3 的同意才能通過。而股東會的召集方式有定期會議和臨時會議之分。定期會議按照公司章程的規定召開，每年至少召集一次。股東會臨時會議於必要時召集，可以由董事、監察人、少數股東或清算人召集或請求召集。日本《有限公司法》規定，董事召集股東會時應由董事過半數的決議。德國《有限責任公司法》規定，為公司利益必要時，應召集股東會，在特殊情況下，如資本總額損失一半時，應毫不遲延地召集股東會。[①]

各國公司法一般對股東會的職權都有規定，如英美國家一般承認股東會有下列職

---

① 熊瓊. 國際商法 [M]. 上海：立信會計出版社，2003：55.

權；選舉董事；討論、決定並宣布股息；審查批准公司的年度報告、資產負債表、損益表、會計報表與審計員的報告；審查批准和追認公司的某些交易等。中國《公司法》第38條規定股東會行使下列職權：決定公司的經營方針和投資計劃；選舉和更換非由職工代表擔任的董事、監事，決定有關董事、監事的報酬事項；審議批准董事會的報告；審議批准監事會或者監事的報告；審議批准公司的年度財務預算方案、決算方案；審議批准公司的利潤分配方案和彌補虧損方案；對公司增加或者減少註冊資本作出決議；對發行公司債券作出決議；對公司合併、分立、解散、清算或者變更公司形式作出決議；修改公司章程；公司章程規定的其他職權。

（二）董事會

董事會是公司的業務管理機構，負責處理公司的經營管理，是公司的執行機構。近年來，隨著董事會地位和作用的加強，董事會逐漸成為公司的最重要的決策和領導機構，是公司對外進行業務活動的全權代表。各國法律都特別重視董事會的規定，並對董事長的職權和義務都作了詳細的規定。法國、德國都規定有限責任公司的董事不以公司股東為限，只要是適合管理公司業務的人才都可以被選為公司的董事。德國公司法規定雙層董事會制度，由股東會選舉產生監事會，董事由監事會選任，並對股東會和監事會負責。

中國《公司法》第47條規定，董事會對股東會負責，行使下列職權：召集股東會會議，並向股東會報告工作；執行股東會的決議；決定公司的經營計劃和投資方案；制訂公司的年度財務預算方案、決算方案；制訂公司的利潤分配方案和彌補虧損方案；制訂公司增加或者減少註冊資本以及發行公司債券的方案；制訂公司合併、分立、解散或者變更公司形式的方案；決定公司內部管理機構的設置；決定聘任或者解聘公司經理及其報酬事項，並根據經理的提名決定聘任或者解聘公司副經理、財務負責人及其報酬事項；制定公司的基本管理制度；公司章程規定的其他職權。

（三）監事會

監事會又稱監察委員會，是對公司財務會計及業務活動進行監督的機關，多由3名以上監事組成。有些國家不採取會議制形式，而是設置監察人行使監督職能。英、美兩國沒有實行監事會或監察人制度，而是採用外部董事或審計員擔任監事會的職責。

中國《公司法》規定，監事會是公司的必設機構，股東人數較少或規模較小的有限責任公司，可以不設監事會，只設1~2名監事。監事每屆任期3年，任期屆滿，可以連選連任。監事會應當有股東代表和適當比例的公司職工代表，其中職工代表的比例不得低於1/3，具體比例由公司章程規定。董事、高級管理人員不得兼任監事。監事會具體行使下列職權：檢查公司財務；對董事、高級管理人員執行公司職務的行為進行監督，對違反法律、行政法規、公司章程或者股東會決議的董事、高級管理人員提出罷免的建議；當董事、高級管理人員的行為損害公司的利益時，要求董事、高級管理人員予以糾正；提議召開臨時股東會會議，在董事會不履行本法規定的召集和主持股東會會議職責時召集和主持股東會會議；向股東會會議提出提案；依照本法第一百五十二條的規定，對董事、高級管理人員提起訴訟；公司章程規定的其他職權。

### 五、有限責任公司的解散清算

有限責任公司出現下述情況時應當解散：公司章程規定的存續期已經屆滿或其他所規定的解散事由發生；股東會作出解散決議的；公司合併的；公司破產的；主管機關命令或法院判決解散等。有限責任公司解散時必須向原登記機關履行登記手續，並予以公告。

有限責任公司解散，必須進行清算。清算應當按照法定的清算方式進行，以法定選任或選派方式選定清算人。清算人的職責主要是：瞭解公司的業務，收取債權，清償債務，分配剩餘財產等。清算人應當在法律規定的期限內，完成清算事務，並編製結算表冊，送交各股東確認，清算即告完成，有限責任公司終止。

## 第六節　股份有限公司

### 一、股份有限公司的概念和特徵

股份有限公司，是指由一定人數以上的股東依法設立，其全部資本等分為股份，股東以其認購的股份為限對公司承擔責任的一種公司形式。

股份有限公司最早出現於古羅馬時代。1602 年在荷蘭成立的東印度公司和 1603 年在英國成立的東印度貿易公司是歷史上最早的股份有限公司。1807 年《法國商法典》第一次對股份有限公司作了明確規定。以後，荷蘭、德國等國家，相繼制定了有關股份有限公司的立法，形成了股份有限公司的制度體系。到目前為止，股份有限公司已成為世界上占統治地位的公司形式。

股份有限公司具有如下法律特徵：

第一，股份有限公司的資本等分為金額相等的股份。股份有限公司的資本以股票為計量單位，每一單位股票在註冊資本中所代表的金額相等。股東根據所持有的股份對公司享有權利和承擔義務。

第二，股份有限公司可以公開發行股票，股票可以自由轉讓。股份有限公司可以向特定的人或不特定的人公開發行股票來籌集資金，因此，任何人都有可能購買股份有限公司的股票而成為股東。股票的轉讓手續也相當簡單，各國一般規定可以自由轉讓。股東的死亡或股票的轉讓都不影響公司的存續。

第三，股份有限公司的股東人數有法定限制。股份有限公司的股東，各國法律一般都對其人數作了限制。如法國、英國、美國和日本等國都規定最低股東人數為 7 人，德國法律規定最低人數為 5 人，中國《公司法》規定最低人數為 2 人。

第四，股東以其認購的股份對公司承擔有限責任。股份有限公司的債務以公司的全部財產承擔責任，股東僅以其認購的股份對公司的債務承擔責任。股東個人的財產與公司的財產是分離的，股東在向公司繳足股金後，即從公司財產中脫離出來，股東對公司財產不再享有佔有、使用、收益和處分等所有權權能，與公司的債權、債務也

不再有直接關係。

第五，股份有限公司的所有權與經營權分離。股份有限公司的日常經營管理活動，由董事會和經理等經營管理人員管理，股東作為公司的所有人，不能直接參與公司的日常經營管理。

第六，股份有限公司的帳目必須公開。各國法律一般都規定，股份有限公司必須在每個會計年度終了時將公司董事會的年度報告、公司損益表、資產負債表、現金流量表、財務情況說明書及利潤分配表等向政府主管部門、股東及公眾公開。股東一般也有權要求檢查公司帳目，瞭解公司的財務和管理狀況。

## 二、股份有限公司的設立

股份有限公司一般規模較大，對社會經濟生活和秩序有較大影響，因此各國對股份有限公司的監督和管理都比較嚴格，尤其在設立程序上比其他公司要複雜得多。各國公司法規定，一般而言，公司的設立都要經過以下步驟：設立股份有限公司必須有一定數目的發起人；發起人負責制定公司章程及認購股份；由發起人召開公司創立大會並選出公司的第一屆管理機構；向政府有關主管部門辦理註冊登記，公司即告成立。

（一）公司的發起人

公司的發起人，是指負責籌建公司的人員，他們的任務是採取一切必要的步驟，以達到設立公司的目的。其具體任務包括：組織對所設立的公司進行可行性研究；認購公司股份；負責起草公司章程；通過一定方式籌集資金；辦理公司設立申請等有關手續；召集創立大會，選舉公司機構等。

發起人的資格，各國規定可以是自然人，也可以是法人，一般不加以限制。發起人的國籍，發達國家一般也不限制，中國規定半數以上的發起人在中國境內有住所。發起人的人數，多數國家有最低限制。如法國、愛爾蘭、盧森堡、比利時和日本都規定為 7 人；挪威、瑞士為 3 人；義大利、瑞士、奧地利為 2 人；美國大多數州要求至少為 3 人，但也允許由 1 人負責辦理公司設立程序；英國公司法則區分上市公司和不上市公司，上市公司為 7 人，不上市公司為 2 人；中國規定股份有限公司發起人的人數為 2～200 人。發起人對他們所設立的公司負有忠實的義務。對於發起人在發起公司的過程中以公司的名義所訂立的合同，即所謂「發起人合同」（Promoter's Contract）或「設立前合同」（Preliminary Contract），對其效力各國公司法有不同的規定。英美法認為，「發起人合同」無效，公司在成立後也不得追認；而德國法律認為，「發起人合同」由行為人個人負責。[①]

（二）公司章程

公司章程，是指規定公司的宗旨、資本、組織結構與名稱等對內、對外事務的法律文件，是規範公司活動的根本大法。公司章程是由公司發起人制訂的，在公司創立階段，它主要是作為申請募股和申請設立的必要文件來使用，經公司登記機關審核批

---

① 熊瓊. 國際商法［M］. 上海：立信會計出版社，2003：59.

准后，才成為對公司具有法律約束力的文件。

在大陸法國家，公司章程是由一份單一的文件構成，各國法律大都以明確的條款形式列舉了公司章程必須具備的內容。其內容根據重要的程度分為以下幾類：

1. 絕對必要記載事項

如果缺少絕對必要記載事項，公司章程就是無效的，公司就不能成立。絕對記載事項包括下列具體項目：

（1）公司名稱；
（2）經營事項；
（3）股份總額與每股金額；
（4）本公司（即公司總部）所在地；
（5）公告方法；
（6）董事、監事的人數與任期；
（7）訂立章程的具體時間。

2. 相對必要記載事項

如果缺少相對必要記載事項，公司章程仍然有效，但是不發生該事項規定的效力。相對必要記載事項包括一般相對必要記載事項與個別相對必要記載事項：

（1）一般相對必要記載事項包括以下內容：第一，分公司的設立；第二，如果股份總額分期發行，則第一次發行的數額；第三，解散事由；第四，特別股的種類以及權利與義務；第五，發起人可以享受的特別利益與受益者名單。

（2）個別相對必要記載事項包括以下內容：第一，無記名股的發行；第二，董事的報酬；第三，副董事長或常務董事的設置；第四，經理人的設置、種類與職權；第五，建議股息的分派；第六，分派股息與紅利的標準；第七，特別盈余公積金的提存；第八，清算人的人選。

3. 任意記載事項

所謂任意記載事項，是指其他法律不禁止的事項。例如，股款繳納的方式、股份轉讓的方法、股東大會召開的時間與地點等。

在英美法系國家，公司章程都是採用強制性和靈活性相結合的方式，其主要由以下兩個文件組成：

（1）組織大綱（英 Memorandum，美 Articles of Association）。組織大綱是規定公司對外關係的綱領性文件，其目的是使公司的投資者及與公司進行交易的第三人知曉公司的基本情況。因此，組織大綱一般包括公司的名稱、資本、經營範圍等。根據美國《標準商事公司法》的規定，發起人必須將組織大綱報請有關州政府批准並登記註冊。

（2）內部細則（英 Articles of Association，美 By-Laws）。內部細則是在組織大綱的基礎上訂立的，處理公司的內部各部門的設置及其關係、各自的權限及其責任以及業務的執行等內部事務的法律文件。內部細則的內容不得與組織大綱的內容相衝突，並且一般只能在公司內部有效，不能對抗善意第三人。內部細則一般由董事會制定、修改或廢除。英美公司法中的這兩個文件結合起來，相當於大陸法系國家公司法中的公司章程。

儘管英美法系各國對公司章程內容的規定存在一定差異，但一般都包括以下內容：
（1）公司名稱。
（2）公司的目的與經營範圍。
（3）公司的註冊所在地。
（4）公司資本的總額以及每股的金額。
（5）董事會或董事會的人數以及第一屆董事會和（或）監事會成員的名單及其地址。

（三）認購與繳納股份

從認購股份的角度看，公司的設立有兩種認股方式：一種是由發起人認足全部股份，稱為一次認股設立，亦稱發起設立；另一種是在社會上公開募股設立，稱為招股設立，亦稱漸次設立、募集設立。

各國公司法對認股、招股程序和審核手續都有具體的規定。如義大利和比利時的法律規定，無論採用哪種方式設立公司，認股方式都必須採用公認文書，由公證人認證，並在招股說明書中必須詳細載明法律規定的事項。法國股份有限公司法要求認股和繳納股金都必須經公證人的證明。英國公司法規定，公司在向公司招募股份時，必須出具招股書，招股書必須由每個董事簽字，並向公司登記處申報。

認股人認股后，應當按照規定繳納股款。股款一般為貨幣，但也可用實物。英美法系股份有限公司的資本募集要求最為寬鬆，各種出資方式均有存在。大陸法系國家，如德國股份有限公司法規定，股款可以一次繳清，也可以分期繳納。德國股份有限公司法還規定，發起人以實物作價抵作股款的，應由法院在徵求商會意見后指定獨立的審查員進行審查。中國《公司法》規定，發起人認購股份不得少於註冊資本總額的35%。

（四）公司的註冊登記

股份有限公司的設立必須向政府有關主管部門辦理註冊登記。註冊登記是公司取得法人資格的關鍵步驟，是公司成立並開展業務的必要條件。各國公司法為防止濫設公司以及利用公司從事非法活動，都規定公司設立必須經過嚴格的法律審查程序。

德國公司法要求，公司的設立必須經過三個步驟：第一，必須由發起人把公司章程以及有關辦妥授權的聲明和審查報告提交公證人予以證明；第二，發起人必須將上述文件報請註冊地法院進行司法審查；第三，發起人向公司營業場所所在地進行註冊登記。法國公司法要求，公司的設立必須經過雙重審查，即公司的內部審查和政府機關的審查。內部審查是指發起人及公司的有關機構應先檢查其是否履行了設立公司的必要手續，並作出聲明。然後，發起人將有關文件向商業登記處的書記官進行公司登記，再由登記處進行政府審查，符合法定條件，則予以登記核准。英美國家的公司法要求，發起人設立公司應當向公司登記機關提交組織大綱和內部細則等有關文件，登記機關應對申請文件進行審查，符合法定條件，即發給登記證書，公司即告成立。

中國《公司法》也規定，設立公司，應當依法向公司登記機關申請設立登記，符合法定設立條件的，由公司登記機關予以登記。但是若設立股份有限公司，中國《公

司法》對發起人認購的股份、發起人的責任以及股票的發行事宜亦有更為嚴格的要求。

### 三、股份有限公司的組織機構

股份有限公司的組織機構由公司的權力機構即股東大會、公司的決策和日常經營管理機構即董事會及經理、由股東大會選舉產生的對董事會及經理的活動進行監督監察的機構即監事會三部分組成。

（一）股東大會

1. 股東大會的性質與組成

股東大會由股東組成，大多數國家認為股東大會是股份有限公司的最高權力機構，但實際上，現代各國股東大會的地位和作用日益下降。許多國家的公司法都以不同的方式把公司的經營權交給董事會或高級管理人員處理，實行所有權與經營權分離。股東大會會議分為：定期股東大會與臨時股東大會兩種。定期股東大會每年召開一次；臨時股東大會由董事會認為必要時，應超過股本總額一定百分比的股東請求而召開。股東大會一般由董事會召集，董事長就是股東大會的主席。

2. 股東大會的權限

股東大會的權限，各國公司法的規定不完全相同。根據大部分國家的公司法的規定，股東大會的權限主要有以下六項：

（1）選任與解任董事；
（2）決定紅利的分派；
（3）變更公司的章程；
（4）增加或減少公司的資本；
（5）審查董事會提出的營業報告書、資產負債表及其他表冊；
（6）決定公司的合併或解散。

應當指出，根據某些國家公司法的規定，選任董事與解任董事的權力已不屬於股東大會，而是屬於監察大會。如《德國股份有限公司法》規定，股份有限公司設有監察會與董事會兩重機構，監察會的成員由股東大會選任與解任，而董事會的成員則由監察會選任與解任，股東大會不能直接干預。又如，按照法國1966年《公司法》的規定，股份有限公司可以採取董事會制，也可以採取監察會與執行會制，究竟採用哪種管理制度，可在公司註冊時作出決定，也可在日后由股東大會決定。如採取董事會制，則由股東大會選任與解任董事會的成員；如採取監察會與執行會制，則股東大會只能任命和解任監察會的成員，而不能參與執行會成員的任命，執行會的成員由監察會任命，但執行會成員的解任權屬於股東大會，股東大會有權根據監察會的建議解任執行會的成員。[①]

中國《公司法》在第38條規定了有限責任公司的股東會有11項職權，而有限責任公司股東會的職權的規定適用於股份有限公司的股東大會。

---

[①] 沈四寶，劉剛仿.國際商法［M］.北京：中國人民大學出版社，2005：42.

3. 股東大會的表決

股東有權參加股東大會，對有關事項進行表決，表決方式一般採用資本多數決和一股一權原則。從各國的公司法來看，在規定一股一權原則的同時，亦規定了兩種其例外情形：

（1）無表決權股份。無表決權股份是指股東對公司一切事務均無表決權的股份，大多表現為優先股。

（2）多數表決權股份。多數表決權股份是指一股享有多個表決權的股份。由於其給予特定股東以超過其擁有股份數的表決權，嚴重有悖於一股一表決權之通則，因此是否允許設立多數表決權股份，各個國家的公司法規定有所不同。如義大利、比利時和奧地利等國反對設立多數表決權股份，而瑞士、荷蘭、丹麥和瑞典等允許設立多數表決權股份，只不過對每股表決權的數額設有限制，德國則規定為了保護國民經濟利益時才可以設置多數表決權股份。①

為了維護少數股東的利益，有些國家，例如，美國各州的公司法都允許股東大會在選舉董事會成員時，可以實行累積投票制。但是，有些國家，例如，英國等國家的公司法則不採取這種制度，根據這些國家的法律，在選舉董事時嚴格實行一股一票制。中國《公司法》第106條規定：「股東大會選舉董事、監事，可以根據公司章程的規定或股東大會的決議，實行累積投票制。本法所稱累積投票制，是指股東大會選舉董事或監事時，每一股份擁有與應選董事或者監事人數相同的表決權，股東擁有的表決權可以集中使用。」

股東大會的決議必須由出席大會有表決權的股東的過半數或2/3的同意才能通過。如《日本商法典》第239條第1款規定：「除本法及章程另有規定者外，股東全會的決議，應有代表已發行股份總數過半數的股東出席，並經出席股東表決權的過半數通過方能形成。」中國《公司法》規定，股東大會作出決議，必須經出席會議的股東所持表決權過半數通過。但是，股東大會作出修改公司章程、增加或者減少註冊資本的決議，以及公司合併、分立、解散或者變更公司形式的決議，必須經出席會議的股東所持表決權的2/3以上通過。

為了防止股東濫用權利，許多國家的公司法對公司股東表決權的行使作出了限制與例外規定。如中國《公司法》規定，公司持有的本公司股份沒有表決權。

在股東權的行使方式方面，為了讓股東關心公司、積極行使表決權，許多國家規定股東可以採用多種方式行使表決權。如中國《公司法》規定：「股東可以委託代理人出席股東大會會議，代理人應當向公司提交股東授權委託書，並在授權範圍內行使表決權。」

(二) 董事會

董事會是公司的最重要的決策和領導機構，是公司對外進行業務活動的全權代表。各國公司法都專門對董事和董事會的基本問題作出規定，這些規定通常包括但不限於

---

① 趙萬一，吳曉鋒．商事思維下的公司法實務研究[M]．北京：中國法制出版社，2009：47．

如下內容：董事的資格，董事的產生及數量，董事的任期、解任，董事的報酬，董事的行為標準，董事的責任，以及董事的職權、董事會會議、董事會的會議通知、董事會分組和董事會的專門委員會等。

1. 董事會的性質與組成

董事是由股東在股東大會上選舉產生的，代表他們對公司的業務活動進行決策和領導的專門人才。根據公司初始章程的有關規定，所有董事組成的一個集體領導班子，就是董事會。董事會一般設有董事長與副董事長，公司的大政方針一般由董事會決定。在董事人數較多的情況下，還可以設立常務董事、執行委員會或經理，負責主持企業的日常業務。

關於董事的資格，各國的公司法都有規定。大多數國家規定，董事可以是自然人，也可以是法人。但法人充當公司董事的，必須指定一名有行為能力的自然人作為代理人；瑞士公司法與法國公司法規定，董事必須由股東擔任，非公司的股東不得擔任董事的職能；英國、美國、德國公司法及日本公司法則允許由非股東擔任董事，其立法目的是為了讓擅長企業管理的專家充當董事，以提高企業的效率。中國《公司法》第147條規定：有下列情形之一的，不得擔任公司的董事、監事、高級管理人員：

（1）無民事行為能力或者限制民事行為能力；

（2）因貪污、賄賂、侵占財產、挪用財產或者破壞社會主義市場經濟秩序，被判處刑罰，執行期滿未逾五年，或者因犯罪被剝奪政治權利，執行期滿未逾五年；

（3）擔任破產清算的公司、企業的董事或者廠長、經理，對該公司、企業的破產負有個人責任的，自該公司、企業破產清算完結之日起未逾三年；

（4）擔任因違法被吊銷營業執照、責令關閉的公司、企業的法定代表人，並負有個人責任的，自該公司、企業被吊銷營業執照之日起未逾三年；

（5）個人所負數額較大的債務到期未清償。

在董事會的人數上，各國公司法規定也不盡相同，就是同一國家的不同類型的公司，規定也會有所不同。董事會人數太少或太多都不利於公司的管理。因此各國只規定最高和最低人數，具體人數由各公司章程或內部細則予以決定。如美國大多數州的公司法規定，董事會人數至少為3人，但也有些州規定，董事會可以由1人或2人組成；德國、法國和比利時等國公司法規定，董事會人數應在3人以上。法國、德國還規定了董事會人數的最高限額。中國《公司法》規定，股份有限公司董事會人數為5～19人，有限責任公司董事會人數為3～13人。

在董事的任期上，根據各國的實踐，一般為3年左右。美國公司法則往往有董事分組的規定，這樣可以保證董事會成員的穩定性和公司政策的連續性。中國《公司法》第46條規定：「董事任期由公司章程規定，但每屆任期不得超過三年。董事任期屆滿，連選可以連任。董事任期屆滿未及時改選，或者董事在任期內辭職導致董事會成員低於法定人數的，在改選出的董事就任前，原董事仍應當依照法律、行政法規和公司章程的規定，履行董事職務。」

2. 董事會的權限

董事會作為股份有限公司的管理機構，具有十分廣泛的權限。現代公司法上的一

個重要特徵就是公司機關權力分配上由股東大會中心主義向董事會中心主義變遷。董事會在公司治理中的權力越來越大，地位也越來越重要。董事會在行使職權時必須以一個集體來行使，單個董事，如果不兼任公司高級職員，不能單獨進行活動。

許多國家的公司法規定，除公司法或公司章程規定應由股東大會決議的事項外，公司的全部業務均可以由董事會執行。如《美國標準公司法》第35條規定，除本法或公司章程另有規定外，公司的一切權力都應由董事會行使或由董事會授權行使。董事會有權決定公司的方針、政策，並有權選派負責管理公司日常業務的高級職員。歐洲許多國家也有類似的規定。中國《公司法》規定，股份有限公司董事會的職權適用於有限責任公司董事會職權的規定。

但是，董事會的權力一般也要受三個方面的限制：第一，董事會作為公司的代理人，不得從事整個公司業務活動範圍以外的活動，否則無效。第二，董事會在權限之內行使職權時，不得超出公司授予他們的具體權限範圍；否則，此類活動造成的損失由董事會負責。第三，如果股東大會的決議和董事會的發生衝突，一般以股東大會的決議為準。

3. 獨立董事

獨立董事是英美法系國家，尤其是美國判例法中的一個創造，它產生的主要原因是這些國家實行單一的董事會制度，公司的實際經營管理權掌握在董事會和管理層手中，股東的管理作用日趨形式化，從而產生了如何監督董事會以及高級管理人員的問題。再加上從20世紀60年代起，美國的許多大公司對外國官員行賄等醜聞不斷曝光以及一些公司董事的性質惡劣的不當行為被不斷披露，公司的監督問題成了公眾關注的焦點，所以獨立董事制度應運而生。

獨立董事，是指獨立於公司股東且不在公司中內部任職，並與公司或公司經營管理者沒有重要的業務聯繫或專業聯繫，並對公司事務作出獨立判斷的董事。也有觀點認為，獨立董事應該界定為只在上市公司擔任獨立董事之外不再擔任該公司任何其他職務，並與上市公司及其大股東之間不存在妨礙其獨立作出客觀判斷的利害關係的董事。中國證券監督委員會在《關於在上市公司建立獨立董事制度的指導意見》中認為，上市公司獨立董事是指不在上市公司擔任除董事外的其他職務，並與其所受聘的上市公司及其主要股東不存在可能妨礙其進行獨立客觀判斷關係的董事。

獨立董事制度最早起源於20世紀30年代，1940年美國頒布的《投資公司法》是其產生的標誌。1976年美國證監會批准了一條新的法例，要求國內每家上市公司在不遲於1978年6月30日以前設立並維持一個由專門的獨立董事組成的審計委員會。由此獨立董事制度逐步發展成為英美公司治理結構的重要組成部分。據科恩—費瑞國際公司2000年5月份發布的研究報告顯示，美國公司1,000強中，董事會的年均規模為11人，其中內部董事2人，佔18.2%，獨立董事9人，佔81.1%。另外，據經合組織（OECD）的1999年世界主要企業統計指標的國際比較報告，各國獨立董事佔董事會成員的比例為：英國34%，法國29%，美國62%。獨立董事制度的迅速發展，被譽為獨立董事制度革命。

英國倫敦證券交易所於1991年專門成立了公司財務治理委員會，該委員會在其報

告中建議，上市公司董事會至少要有 3 名外部董事，該委員會在 1992 年提出的「標準行為準則」（the Code of Best Practice）中建議上市公司的董事會應該包括足夠數量的具有足夠才能、其觀點能對董事會決策起重大影響的非執行董事。

4. 董事會會議

董事會會議和股東大會一樣，也分為普通會議和特殊會議。各國公司法一般規定，召開董事會會議前，必須給全體董事發出通知。至於何時發出通知，各國的公司法的規定也不盡相同。有的要求會議召開前半個月，有的要求會議召開前一個星期。英國的公司法則比較靈活，要求應在足夠的時間內送達董事手中，以便他們參加會議。中國《公司法》規定：「董事會每年度至少召開兩次，每次會議應當於會議召開十日前通知全體董事和監事。代表十分之一以上表決權的股東、三分之一以上董事或者監事會，可以提議召開董事會臨時會議。董事長應當自接到提議後十日內，召集和主持董事會會議。董事會召開臨時會議，可以另定召集董事會的通知方式和通知時限。」

各國公司法一般還規定了董事會議的法定人數，就是由法律規定的參加董事會的最低人數。不滿法定人數的董事會會議作出的決議無效，對公司沒有拘束力。如美國特拉華州公司法規定：「除公司章程和內部細則另有更高人數要求外，董事總人數的多數應構成從事交易活動的董事會的法定多數，除公司章程另有規定外，公司內部細則可以規定低於董事簡單多數的人數為法定人數，但無論如何法定人數不得低於董事總人數的 1/3。僅有一人為董事的董事會，該董事應成為當然的法定人數。」中國《公司法》規定：「董事會會議應有過半數的董事出席方可舉行。」

董事會的表決與股東在股東大會上的表決是不同的，實行一人一票，一般不得委託他人投票，但可以棄權，也可以不出席會議。會議的表決方式一般實行簡單多數通過。在投票時，萬一出現僵局，董事長往往有權行使裁決權，即進行決定性的投票。但中國的《公司法》第 113 條規定：「董事會會議，應由董事本人出席；董事因故不能出席，可以書面委託其他董事代為出席，委託書中應載明授權範圍。」第 125 條規定：「上市公司董事與董事會會議決議事項所涉及的企業有關聯關係的，不得對該項決議行使表決權，也不得代理其他董事行使表決權。」

董事會會議的進程和實質性內容應當作出記錄。會議記錄一旦被會議主席簽署，就當做會議已經召開，記錄在案的決議就是已通過的證明。會議記錄應當公開，隨時接受董事的審查和檢閱。中國《公司法》也規定董事會應當對會議所議事項的決定作成會議記錄，出席會議的董事應在會議記錄上簽名。

5. 董事的責任

英美法系認為，董事的責任是從公司所處的地位中派生出來的。它們認為董事與公司的關係是一種信賴關係，應負最大善意的注意義務。如英國公司法認為，董事兼有公司的受託人與代理人雙重身分，不僅應盡到代理人對委託人應盡的義務，而且應當承擔受託人對受益人應盡的義務。董事在管理公司的業務時，應當小心、謹慎行事，並以自己的技能為股東與公司謀利益。

具體而言，董事的責任主要有以下六項：

（1）以應有的謹慎與技能履行其職責；

（2）不能使自己個人的利益與對公司的責任發生衝突，不能從事與公司相競爭的業務；

（3）不能把公司的金錢借貸給董事；

（4）不能以董事的身分牟取個人的利益；

（5）如果董事在與公司簽訂合同時直接或間接地涉及個人的利益，必須把有關情況在董事會上作出說明；

（6）董事對涉及其個人利益的合同或其他安排，不得在董事會上參與投票，如果他參加了投票，則不得計算票數。

如果董事違反其職責，則可以依法罰款或判處徒刑；董事違反職責所取得的利益，根據衡平法上有關信託的法律應全部屬於公司所有；如果董事違反法律或違反職責而使公司或第三人遭受損失，則董事必須承擔損害賠償責任。德國股份有限公司法與日本商法對董事的責任都有詳細的規定。例如，根據1950年修改的《日本商法》第266條的規定，董事必須對下列事項負有償還或賠償的責任：

（1）違法分配股息；

（2）不得將公司的款項墊借給其他董事；

（3）不得從事與公司相競爭的業務；

（4）董事為個人的利益與公司進行交易時，如果使公司遭受損失，就應對公司承擔損害賠償的責任。

中國《公司法》規定：「董事應當對董事會的決議承擔責任。董事會的決議違反法律、行政法規或者公司章程、股東大會決議，致使公司遭受嚴重損失的，參與決議的董事對公司負賠償責任。但經證明在表決時曾表明異議並記載於會議記錄的，該董事可以免除責任。」

（三）監事會

隨著股份有限公司董事會權力的不斷擴大，各國公司法都採取各種不同的形式加強對公司業務執行機構的檢查與監督，防止它們濫用職權，危及股東與第三人的利益。有些國家的法律規定股份有限公司必須設立監事會，有些國家的法律則要求設立監察人或審計人，情況不完全相同。

英、美兩國並沒有實行監事會或監察人制度。在美國，大公司的會計帳目審查由一名高級職員負責，公司的監督主要由證券交易委員會（SEC）從外部監督。在英國，股份有限公司的會計監督職能主要由審計人擔任。審計人的地位屬於合同性質，只向公司負責，其任務主要是審查公司帳目是否符合事實，是否反應公司的真實情況。

在德國、法國、義大利等西歐國家，存在著一種雙重董事會制度。所謂「雙重」是指在股東大會下面設有監察委員會和董事會（執行會）兩個機構。前者的職責是監督董事會對公司行使管理權，而董事會則作為一個專門委員會來執行監督委員會的決議，具體地負責管理公司業務。因此，公司的主要決策權在監察委員會。有的西歐國家的公司法規定，一個公司是採用雙重董事會制度還是單個董事會制度，一般可以由公司自己作出選擇。如法國的《公司法》就有這方面的規定。

中國《公司法》規定，監事會是股份有限公司的必設機構，其成員不得少於三人。監事會應當包括股東代表和適當比例的公司職工代表，其中職工代表的比例不得低於三分之一，具體比例由公司章程規定。監事會中的職工代表由公司職工通過職工代表大會、職工大會或者其他形式民主選舉產生。監事會設主席一人，可以設副主席。監事會主席和副主席由全體監事過半數選舉產生。監事會主席召集和主持監事會會議；監事會主席不能履行職務或者不履行職務的，由監事會副主席召集和主持監事會會議；監事會副主席不能履行職務或者不履行職務的，由半數以上監事共同推舉一名監事召集和主持監事會會議。董事、高級管理人員不得兼任監事。監事可以列席董事會會議，並對董事會決議事項提出質詢或者建議。監事會、不設監事會的公司的監事發現公司經營情況異常，可以進行調查；必要時，可以聘請會計師事務所等協助其工作，費用由公司承擔。監事會每年度至少召開一次會議，監事可以提議召開臨時監事會會議。監事會的議事方式和表決程序，除法律有規定的外，由公司章程規定。監事會決議應當經半數以上監事通過。監事會應當對所議事項的決定作成會議記錄，出席會議的監事應當在會議記錄上簽名。股份有限公司監事會的職權適用有限責任公司監事會的職權。

## 四、股份有限公司的資本

股份有限公司的資本是通過向社會公開發行股票而募集的，一般稱為股份資本，簡稱股本，是公司開展業務的物質基礎，是公司對第三人的最低財產擔保。廣義的公司資本，是指公司用以從事經營與開展業務的所有資金和財產，包括公司自有資本（亦稱衡平資本）與借貸資本這兩部分。狹義的公司資本，則僅指公司的自有資本。

(一) 股份有限公司的股份

股份有限公司的股份，是股份有限公司資本劃分的最基本的計量單位，每一股份代表的金額相同，也是股東行使其權利的基礎。

1. 股份的基本特徵

股份有限公司的股份具有以下基本特徵：

（1）股份是公司資本的最小單位。股份公司的特點在於將資本分為均等的單位，每一單位稱為一股，每股所代表的金額相等，這樣便於公司在股東之間分配公司的權益。同次發行的股票的價格和條件一般也是相同的。

（2）股份代表著股東的權利和義務。股東以其所持有的公司的股份對公司享有權利並承擔義務，亦稱股東權。股份代表股東對於公司具有一定的地位，股東的這種地位不是以人來表示，而是以股東所擁有的股份來表示。股東對公司所擁有的權利以其股份的多少而定。

（3）股份是不可分割的。股份是股東地位的表示單位，原則上不得分割。比如股東把一個股份分出一半轉讓給他人，而把決議權、利益分配請求權都讓出一般是不允許的。但在一定條件下（如繼承），股份可以共有。股份共有時，必須以一人為代表行使權利。

2. 股份的分類

股份有限公司的股份按照不同的劃分標準有如下分類：

（1）普通股和優先股。

普通股是相對於優先股而言的，屬於通常的股份。普通股是股份有限公司最重要的一種股份，是構成公司資本的基礎，也是公司中風險最大的股份。普通股的股東在公司把紅利分派給優先股股東后，有權享有公司的紅利分配請求權。在公司解散或清算時，也有權在公司財產滿足其他債權人的請求權后，參與公司剩余財產的分配。普通股的股東具有表決權，可以選舉董事和監事，可以對公司的其他重要事項進行表決。

優先股是指對公司資產、利潤享有優越或特殊權利的股份。優先股相對於普通股一般具有以下兩方面的特權：一是優先獲得股息權。優先股股東獲得的股息往往是固定的；二是優先獲得分配公司資產權。當公司破產或結業而被清算時，優先股有權優先參加分配公司的剩余資產。縱觀世界各國的公司法，優先股往往無表決權，但是涉及優先股權利保障時，優先股可以享有表決權。

根據不同情況，優先股又可以分為：

①累積優先股和非累積優先股。累積優先股是指在某個營業年度內，若公司所獲得的盈利不足以分派規定的股利時，日后優先股的股東對往年未給付的股利，有權要求如數補給。非累積優先股，是指公司所獲盈利不足以支付優先股的股利時，所欠的部分，非累積優先股的股東無權要求公司在以后所獲得的盈利中要求補發。

②參與優先股和非參與優先股。參與優先股，是指股東不但有權優先分配事先規定的紅利，還有權和其他普通股的股東一起平等地按比例參與分配其余的盈利，即可以取得雙重的分紅權。非參與優先股，是指股東雖說可以優先分配事先規定的紅利，但是無權參與公司盈利的再分配。

③可調換優先股。可調換優先股，是指允許股份持有人在某些情況下要求調換為一定數額的普通股的股份。

（2）記名股和無記名股。

記名股是指在股票上載有股東的姓名，並記載於公司股東名冊上的股份。記名股的轉讓受到一定的限制，中國法律規定記名股的轉讓需要背書才能轉讓。

無記名股是在股票上不需要記載股東姓名的股份。無記名股份的轉讓相對比較寬松，一般只要交付即可。股票持有人只要持有無記名股份，就享有股東資格，行使股東權利。

（3）有面額股和無面額股。

有面額股是指在股票票面上載明一定金額的股份。

無面額股是指在股票的票面上不載明金額，以公司財產價值的一定比例為其劃分標準的股份。無面額股僅僅表示其占公司全部資產的比例，其價值隨著公司財產的增減而增減。目前，允許發行無面額股的國家並不多，只有美國、加拿大以及盧森堡等少數國家。[①] 中國法律不允許發行無面額股。

（4）回收股和發行在外股。

回收股亦稱庫存股，是指公司回購自己的股票而把它存入公司的金庫的股份。關

---

① 田東文．國際商法［M］．北京：機械工業出版社，2008：57．

於公司是否有權用公司的資本或法定公積金回購自己發行的股份，各國法律有不同的規定。英國和法國原則上禁止公司回購已發行的股份，但優先股不在此限。美國各州的公司法原則上都允許公司在不影響其資金的正常使用的情況下，回購其已發行的股份。但是有兩點限制：一是這種回收股沒有表決權；二是這種回收股不得領取紅利。[①]

發行在外股是指公司發行在外，尚未被回購的公司的股份。

(二) 股份有限公司的股票

股票是股份有限公司股份的表現形式，屬於股份有限公司公開發行的證明股東在公司中擁有權益的一種有價證券。美國《標準公司法》第2條第4款規定，股票「是指公司所擁有的權益的計量單位」。中國《公司法》規定：「股份有限公司的資本劃分為股份，每一股的金額相等。公司的股份採用股票的形式。股票是公司簽發的證明股東所持股份的憑證。」

1. 股票的發行

對於股票的發行各國都有嚴格的限制，一般要符合一定的條件，並嚴格遵循一定的程序。由於各國對股份有限公司以及證券市場的管制力度和管理方式不同，所以各國對股份有限公司股份的發行條件和程序也不同。中國《證券法》第13條規定了公司發行新股的條件：

（1）具備健全且運行良好的組織機構；

（2）具有持續盈利能力，財務狀況良好；

（3）最近財務會計文件無虛假記載，無其他重大違法行為；

（4）經國務院批准的國務院證券監督管理機構規定的其他條件。

在程序上，公司發行新股，依照公司章程的規定由股東大會或董事會作出決議，並經國務院證券監督管理機構批准。公開發行新股時，應當公告新股招股說明書和財務會計報告，並製作認股書。發行新股應當由依法設立的證券公司承銷，簽訂承銷協議，並和銀行簽訂代收股款協議。公司發行新股募足股款後，必須向公司登記機關辦理變更登記，並進行公告。

2. 股票的轉讓

股票是一種可以轉讓的有價證券，在股份有限公司中，股份的轉讓都是以交付股票的形式進行的。但是對於股票的轉讓問題，各國規定不一。有的國家持放任態度，股票的買賣環境比較寬松；有的國家則進行了較為嚴格的限制。如英國公司法規定，如把英國公司的股票轉讓給聯合王國、英法海峽各島、馬恩島、愛爾蘭和直布羅陀以外的居民，必須事先取得財政部的同意。英國和美國對於不上市公司的股票轉讓也有所限制，通常要求股東首先把股票轉讓給本公司的其他股東，若本公司的股東不願接受轉讓，再轉讓給股東以外的人。[②]但是不管如何，各國法律都是為保護當事人和股份有限公司的合法權益作為立法初衷，只是依據各國不同國情制定相應的法律規範而已。

---

① 田東文. 國際商法 [M]. 北京：機械工業出版社，2008：58.
② 熊瑾. 國際商法 [M]. 上海：立信會計出版社，2003：64.

3. 股票市場

股票市場是指進行股票買賣的場所。股票市場是股份公司籌集資本的主要場所，同時也是公司、企業與個人運用閒散資金進行投資的重要場所。

股票市場由股票發行市場與股票交易市場兩級市場組成。

股票發行市場亦稱一級市場，是指通過發行股票進行籌資活動的市場。股票發行市場一方面為資本的需求提供籌集資金的渠道，另一方面為資本的供應者提供投資場所。新公司的成立，老公司的增資，都要通過股票發行市場，使資金從供給者手中轉入需求者手中。

股票交易市場是指已經發行的股票按時價進行轉讓、買賣和流通的市場，包括場內市場和場外市場兩部分。所謂場內市場亦稱二級市場，也叫有組織的市場，它是在證券交易所場內進行的有組織交易的市場，也是公開競價交易的市場。所謂場外市場主要是指櫃臺市場，其次也指三級市場和四級市場。櫃臺市場也稱店頭市場，它是在證券交易所場外，在證券商的櫃臺上進行交易的市場。該市場交易的對象主要是上市掛牌股票和已發行但尚未上市掛牌的股票。櫃臺市場有固定的場所，櫃臺市場的交易不是競價交易，而是通過協商議價確定成交。三級市場是指投資者買賣雙方在證券交易所場外直接買賣上市掛牌股票的市場。在三級市場進行交易的多為非交易所會員的機構大戶，在第三市場交易收取的手續費較低，可以降低交易成本。四級市場是指在證券交易所場外通過電子計算機網絡進行大宗股票交易的場外交易市場。利用四級市場進行交易的都是一些大企業、大公司，它們進行大宗股票買賣時，如果通過交易所就會暴露交易目標。為了不暴露目標，就通過電子計算機網絡，直接進行交易。這種交易方式有兩個好處：一是不斷影響股市價格；二是節省大量的佣金。

(三) 股份有限公司的債券

股份有限公司的債券是指股份有限公司依照法定程序發行的、約定在一定期限還本付息的有價證券。公司債券是公司債的表現形式，基於公司債券的發行，在債券的持有人和發行人之間形成了以還本付息為內容的債權債務法律關係。因此，公司債券是公司向債券持有人出具的債務憑證。

各國法律規定，發行公司債券應當符合一定條件，具體體現在以下幾個方面：

(1) 資本或淨資產額的要求。中國《證券法》要求股份有限公司發行公司債券，淨資產不得低於人民幣 3,000 萬元。

(2) 發行額的限制。公司債券的發行總額應有一定限制，通常不得超過公司資本與法定準備金的總和。中國《證券法》規定累計債券余額不得超過淨資產的 40%。

(3) 經營業績或營業表現。中國《證券法》規定，公司最近三年平均可分配利潤足以支付公司債券一年的利息，並要求籌集的資金投向符合國家的產業政策、債券利率不超過國務院限定的利率水平等。

公司發行債券的程序各國一般也有嚴格限制，主要需要下列程序：

(1) 股東大會或董事會決議通過。發行公司債券，是由股東大會決定還是由董事會決定，各國規定不同，但目前大多數國家只需董事會決議即可。

（2）提出申請。許多國家規定，發行公司債券要申請許可或向政府機關登記與核准。中國《證券法》規定：「公開發行證券，必須符合法律、行政法規規定的條件，並依法報經國務院證券監督管理機構或者國務院授權的部門核准；未經依法核准，任何單位和個人不得公開發行證券。」

（3）辦理招募等相關手續。中國《證券法》規定：「發行人向不特定對象公開發行的證券，法律、行政法規規定應當由證券公司承銷的，發行人應當同證券公司簽訂承銷協議。證券承銷業務採取代銷或者包銷方式。」

（4）辦理公告事宜。主要是公告公司財務狀況與公司債券募集方法，上市公司還要遵循信息持續披露規則。中國《證券法》規定：「發行申請經核准，發行人應當依照法律、行政法規的規定，在證券公開發行前，公告公開發行募集文件，並將該文件置備於指定場所供公眾查閱。發行證券的信息依法公開前，任何知情人不得公開或者洩露該信息。」

## 五、股份有限公司的解散與清算

（一）股份有限公司的解散

股份有限公司解散是指現存的股份有限公司基於公司章程或有關公司立法所規定的事由的發生而依法消滅的法律行為。各國公司法對股份有限公司解散的原因都有具體的規定。如德國、法國股份有限公司法與日本商法典規定，股份有限公司的解散主要有以下七個方面的原因：

（1）公司章程所規定的解散事由的發生，例如，公司章程規定的期限已經屆滿；
（2）公司經營的事業已經成就或不能成就；
（3）股東會議的決議；
（4）公司的股東人數或資本總額低於法定的最低數額；
（5）被其他公司合併；
（6）公司破產；
（7）政府主管部門下令解散。

中國《公司法》第181條規定，公司可因下列原因而解散：
（1）公司章程規定的營業期限屆滿或者公司章程規定的其他解散事由出現；
（2）股東會或者股東大會決議解散；
（3）因公司合併或者分立需要解散；
（4）依法被吊銷營業執照、責令關閉或者被撤銷；
（5）人民法院依照本法第183條的規定予以解散。

公司一旦宣告解散，必須停止正常的經營活動。但是公司在解散過程中，其法人資格仍然存續，並不馬上消滅。為了保證公司解散的順利進行，法律對處在解散階段的公司的權利能力進行限制。

（二）股份有限公司的清算

股份有限公司的清算是指股份有限公司進入解散程序后，為了終結公司現存的各

種法律關係，瞭解公司債務，而對公司資產、債權債務關係進行清理、處分的行為。清算是消滅公司法人資格的必經程序。

　　清算有法定清算和任意清算之分。法定清算是指依照法律規定的程序處分公司財產所進行的清算；任意清算是指依照公司章程或股東大會的決議而進行的清算。在公司的清算階段，應指定清算人對公司的債權、債務與公司財產進行清理，由清算人全權代表公司進行法律行為。中國《公司法》規定清算組在清算期間行使下列職權：①清理公司財產，分別編製資產負債表和財產清單；②通知、公告債權人；③處理與清算有關的公司未了結的業務；④清繳所欠稅款以及清算過程中產生的稅款；⑤清理債權、債務；⑥處理公司清償債務后的剩余財產；⑦代表公司參與民事訴訟活動。

　　公司經過清算，應當向主管機關注銷公司。中國《公司法》規定，公司清算結束后，清算組應當製作清算報告，報股東會、股東大會或者人民法院確認，並報送公司登記機關，申請註銷公司登記，公告公司終止。

## 復習思考題：

1. 獨資企業的法律特徵是什麼？
2. 合夥企業的法律特徵是什麼？
3. 簡述合夥企業的內部關係與外部關係。
4. 簡述公司的概念與法律特徵。
5. 公司的設立應當經過哪些程序？
6. 簡述公司的組織機構？

# 第三章　商事代理法

**本章要點：**

- 掌握代理的一般概念、特徵和種類。
- 瞭解代理權的產生和代理關係的終止。
- 瞭解代理關係中代理人、本人和第三人的權利和義務。
- 認識中國的代理制度和外貿代理的法律問題。

## 第一節　商事代理法概述

### 一、代理的起源、概念與特徵

早期，原始的貿易方式為直接交易，買賣雙方親力親為。此時，代理制度得不到充分的發展。隨著商品經濟的發展，社會關係日益複雜多樣，商品交換也高度發達，由於人們知識、技能、經驗和精力等方面的限制，不可能事事親力親為。於是，17世紀，商事代理關係產生了。商事代理關係的出現，增強了商事主體的活動能力和競爭能力，使市場主體能將觸角伸到各個領域和地區。

在國際貿易中，代理人對於溝通當事人之間的業務聯繫，促進國際經濟貿易的發展，起到了相當重要的作用，同時也使國際貿易產生了更為複雜的多方面的關係。為此，各國都十分重視代理與代理人的法律地位問題。在現代國際貿易中，代理制度被廣泛應用於國際貨物買賣、運輸、保險、支付、證券交易等領域。為了消除由於代理法律制度規定的不同而造成的障礙，國際統一私法協會於1979年成立政府專家委員會，起草了有關國際貨物銷售代理的統一規則。1983年2月15日在日內瓦召開了由49個國家代表參加的外交會議，正式通過了《國際貨物銷售代理公約》（以下簡稱《代理公約》）。[1]目前，國際上與代理有關的國際公約除《代理公約》外，還有《代理統一法公約》《代理合同統一法公約》和《商業代理指南》，這些國際公約，對於各國代理制度的發展起到了很重要的作用。

---

[1] 吳興光，朱兆敏．國際商法 [M]．北京：中國商務出版社，2006：66.

(一) 代理的起源

羅馬早期的商品經濟完全以家庭為單位，奴隸和家庭成員常常代表家長進行交易，所以早期的羅馬法中沒有代理制度。后來隨著商品經濟的發展，才逐漸形成萌芽期的代理制度。到了羅馬帝國后期，家長制更加松弛，再加上外來商人的進入，代理制度開始在后期的羅馬法出現。但是，這個時候的代理制度和現代的代理制度是不同的，它認為被代理人一律向和他簽約的代理人承擔個人責任，而被代理人和第三人是不存在直接責任的。也就是說被代理人相當於現代意義上的擔保人，是為借款人提供擔保的。

《法國民法典》把代理關係規定在委任契約之中，「委任或委任書為一方授權他方以委任人的名義處理其事務的行為。委任契約須經受任人的承諾」。這個規定很明顯是繼承了羅馬法關於代理的規定，所不同的是《法國民法典》中對委任契約涉及第三人的權利義務作了明確規定，「委任對於受任人依授予的權限所締結的契約，負履行的義務。委任人對於受任人權限之外的行為，僅在其明示或默示追認時，始負責任」。這樣一來使本人直接對第三人負責，免除了代理人因享有代理權而對第三人負責。《法國民法典》只規定了一般經紀人和證券經紀人、居間商、運輸行紀商等，實際上仍沒有把代理從委任中分離出來。

在德國，商事代理制度在 1861 年的《德國商法典》中就有規定，但是，直到 1896 年的《德國民法典》才對代理和委任進行了區分，將代理和代理權的概念和內容規定在總則中。如《德國民法典》第 164 條和第 181 條規定：「代理人在其代理權限內，以被代理人所作的意思表示，直接對被代理人發生效力。無論是明確表示以被代理人的意思表示所作的意思表示，還是根據情況可以斷定是被代理人的名義所作的意思表示，均無區別。事先不能明辨以他人名義行事的意願的，即使欠缺以自己名義行事的意願，對此欠缺也不予考慮。」「不經被代理人許可，代理人不得以被代理人的名義與自己或作為第三人的代理人採取法律行為，但該法律行為系轉為清償債務的除外。」在德國的法律中，代理的內部關係（委任契約）與代理的外部關係，以及委任授權的單方法律行為與代理人、委託人之間的契約行為是區分開的。委任（委託人和代理人之間的合同）與授權（代理人與第三人的法律行為的權利）相分離。相比大陸法系的其他國家，德國的代理制度較完備，並被日本和舊中國仿效。

代理法在英國確立較早，在 12 世紀中期，伴隨著教士在訴訟中的主體資格不合格，產生了代理制度。當時的教會法規認為，修道士在法律上被宣告為民事死亡，但他的一些民法上的權利仍然保留，並規定由修道院的院長行使。大約同一時期，律師業的出現，也促進了代理制度的發展。12 世紀直到 13 世紀初，指定代理人仍是一項特權，必須經過王室特許，並在法院履行正式手續之后才能完成。1235 年，英國頒布了《莫頓法案》后，指定代理人才成為每一個人的權利，到 13 世紀末期，代理人才頻繁地在法庭上出現。

(二) 代理的概念

大陸法系國家與英美法系國家從不同的理論角度出發，建立了不同的代理概念。

大陸法系國家的代理制度是以「區別論」為基礎的。這裡的「區別」是指委任和授權的嚴格區別，其中委任是指委託人與代理人之間的合同，用以調整本人與代理人的內部關係；授權是指委託人授予代理人與第三人簽訂合同的權力，它所調整的是代理人、本人與第三人的外部關係。建立在「區別論」基礎上的代理概念可以概括為：一人以他人名義為他人進行的法律行為。

在英美法系國家，代理制度建立在「等同論」的基礎上，該理論主要內容可以表述為「通過他人去做的行為視同自己親自做的行為」。建立在此理論基礎上的代理概念是指當一個人（代理人）根據委託人的授權而與第三人訂立合同時，該代理人與委託人之間發生法律關係。代理人所訂立的合同對委託人和該第三人發生法律效力。

儘管兩大法系對於代理的概念有不同的表述，但都揭示了代理關係是一個三方關係這一特徵，因此代理的概念可以定義為：代理人按照本人（被代理人）的授權，代表本人同第三人訂立合同或為其他法律行為，由此產生的權利義務直接或間接對本人發生效力。其中，經他人授權或依照法律規定代表他人完成某項法律行為的人稱為代理人；由代理人依照自己的授權或法律規定代表自己完成某項法律行為者稱被代理人或本人；與代理人實施法律行為的人稱為第三人。

(三) 代理的特徵

代理具有以下特徵：

1. 代理是代理人自己的意思表示

代理人在代理權限範圍內，可以獨立地表現自己的意志，他可以以自己的理解和判斷進行民事法律行為。在這一點上，代理人與使者不同，使者沒有自己獨立的意思表示，只是起到傳達的作用；代理人與委託合同中的受託人也不同，受託人接受委託，所處理的委託事務，可以是民事行為，也可以是非民事行為。嚴格說來，代理只適用於民事行為。

2. 代理行為是具有法律意義的行為

代理人所為的代理行為，能夠在被代理人與第三人之間產生、變更或消滅某種民事法律關係的行為，如簽訂合同、代為訴訟等，能夠在當事人之間產生法律關係。

3. 代理行為的后果由本人承擔

在大陸法系國家，代理行為在直接代理的情況下直接歸屬於本人。但在間接代理時，只有當代理人將合同的權利義務轉讓給本人后，本人才能向第三人主張權利。而在英美法系國家，發生顯名代理和隱名代理時，代理行為的法律后果直接歸屬於本人。當出現不公開本人身分的代理時，要使代理行為的法律后果歸屬於本人，只要本人行使介入權即可，無須代理人將合同的權利義務轉讓給本人。

4. 代理行為具有可代理性

大多國家都規定，代理人代理的行為必須是法律上可以代理的，對於違法行為或法律禁止代理的行為不得代理。法律規定某些具有人身性質的民事行為不得代理，如遺囑、收養、離婚等事項是不允許代理的，必須由本人親自為之。

(四) 代理的國際立法

長期以來，對於國際商事代理一直沒有有效的國際統一法規定，實踐中發生的代理都由各國國內法進行調整。由於各國的政治、經濟、歷史及代理理論的不同，各國有關代理制度的法律規定差別也較大。各國代理法律制度的差異給國際商事交易和處理國際商事代理糾紛帶來了諸多不便。為了統一代理法規範，適應國際貿易的迅速發展，制定了以下國際公約：

1. 《代理統一法公約》和《代理合同統一法公約》

1961 年國際統一私法協會制訂了《國際私法關係中的代理統一法公約》（簡稱《代理統一法公約》）、《國際貿易買賣代理合同統一法公約》（簡稱《代理合同統一法公約》）和《國際貨物運輸代理統一法公約》（簡稱《運輸代理法公約》）。

《代理統一法公約》規定，代理人是指代表他人和以他人名義行使法律行為的人。其所調整的關係僅限於直接代理關係。適用於代理人的代理行為地與本人的營業地或慣常居所地（無營業地時）位於不同國家的情況。此外，公約規定了各國代理法律制度中沒有爭議的問題，列舉了代理制度的基本原則。

《代理合同統一法公約》規定佣金代理人是指任何以自己名義但代表他人（本人）從事貨物買賣並以此為職業的人。其所調整的是間接代理關係。適用於營業地、慣常居所地（無營業地時）位於不同國家的本人和代理人之間訂立的代理合同。其主要特點是代理人必須是以佣金代理人為職業和從事貨物買賣活動公約規定承認的本人與第三人之間的直接合同關係，並授予本人對抗其代理人的債權人的特殊權利。公約還涉及信用擔保代理，規定佣金代理人可在「作為第三人的擔保人」，或者依其營業地的習慣性做法通常應給予擔保的情況下，才對第三人的付款或合同履行承擔個人責任。

以上兩公約是建立在大陸法直接代理和間接代理區別的基礎之上。前者主要規定了多數國家法律制度中一些比較明顯和沒有爭議的規則；后者則試圖就一些難以解決和有爭議的問題規定的一些可行性的方案。由於以上公約未能協調大陸法和英美法之間的分歧，故未能得到廣泛採納。

2. 《商業代理指南》

國際商會於 1960 年制定了《商業代理合同起草指南》（以下簡稱《指南》）。該指南旨在提供統一的諮詢意見，提出調整本人與代理人之間的內部關係時應該注意的若干問題，它適用於以本人名義活動的直接代理人。但《指南》提出的各項建議，可以被充分利用。它要求雙方當事人簽訂合同時應採用書面形式。對於代理法律上的衝突，《指南》建議雙方應在合同中就法律適用條款作出約定。《指南》採取意思自治原則。針對某些國家在國內立法上強制性的保護性規定，《指南》向當事人指出：在某些國家，對於顧客的損失以及由於期限屆滿，任何一方的行為等而導致合同終止等原因，代理人都有權得到補償。《指南》在告示中還向當事人指出：必須牢記，商業代理人在其代理權限內所為的行為，對本人有拘束力。在一些國家中，此項代理權可以明示，也可以由該國強制性法規授予默示，並且合同也應該按該國法律解釋並受該國法律支配。

《指南》雖然僅在於試圖實現本人與代理人的代理合同標準化，並不能從實質上統一國際代理法，但其提供的諮詢意見本身，對促進國際代理交易慣例的發展無疑是個重要因素。根據國際商會提供的信息，《指南》已得到商業界的廣泛應用。

3. 《國際貨物銷售代理公約》

1983年2月在日內瓦的外交會議上，通過了《國際貨物銷售代理公約》。依該公約，經10個國家核准一年后，公約立即生效。該公約尚未生效，但目前仍然開放加入，該公約與聯合國《國際貨物銷售合同公約》有密切聯繫，是有關代理方面最為成功、完備的國際公約。中國雖未加入，但也應研究該公約的內容，以便在公約生效后與該公約的締約國進行商業交易。公約共5章35條。5章依次是：總則及適用範圍、代理權的設定及範圍、代理行為的法律效力、代理權的終止、最后條款。

## 二、代理權的產生

代理權是代理人以本人的名義進行國際民商事活動的一種資格。它是代理制度的核心內容，在國際商事代理中首先必須取得代理權才能進行代理活動。對於代理權的產生，大陸法系國家、英美法系國家和《國際貨物銷售代理公約》各有不同的觀點。

(一) 大陸法系

大陸法系國家將代理權產生的原因分為兩種：一種是意定代理；另一種是法定代理。

1. 意定代理

意定代理，是指由於本人的意思表示產生的代理。具有這種代理權的人稱為意定代理人。此種意思表示可以用書面形式，也可以用口頭形式；既可以向代理人表示，也可以向第三人表示。如《德國民法典》第167條規定：「代理權的授予應向代理人或向代理人對其為代理行為的第三人的意思表示為之。」[1]

本人授予代理人代理權時須表明是一般授權還是特別授權。一般授權是指授予代理人處理一項或數項事務的代理權；特別授權是指授予代理人處理一切事務的代理權。如《法國民法典》第1988條規定：以概括詞句委任者，僅包括管理行為；委任如有關所有權轉讓、抵押權或其他所有權行為的設定時，以明示授權為之。[2]

2. 法定代理

法定代理，是指非本人的意思表示，而以法律規定為根據所產生的代理。具有這種代理權的人稱為法定代理人。法定代理權的產生主要有以下幾種：

①根據法律的規定而產生，如各國法律通常規定父母是未成年子女的代理人；

②根據法院的選任而產生的代理權；

③根據私人的選任而產生的代理權，如親屬所選任的監護人及遺產管理人。

---

[1] 吳薇，彭彩虹. 國際商法 [M]. 北京：對外經濟貿易大學出版社，2007：54.
[2] 金春. 國際商法 [M]. 北京：北京大學出版社，2005：179.

(二) 英美法系

英美法系上的代理主要是契約代理，也稱委託代理。因此，本人與代理人之間的代理關係可以通過協議產生，但在某些情況下，即使本人沒有授權給代理人，本人也受其代理行為的約束，另外代理關係也可以因事后追認而產生。

英美法系的代理一般分為以下幾種：

1. 實際授權的代理

實際授權的代理，是指本人與代理人之間通過協議或合同給予代理人代理權。它包括明示授權的代理和默示授權的代理。

（1）明示授權的代理。明示授權的代理，是指由本人以明示的方式指定某人為其代理人。按照英美法的規定，明示代理權的表達形式一般是授權委託書或合同中的授權條款。代理協議的成立並不要求特定形式，既可以採用書面形式，也可以採用口頭形式。即使代理人需要以書面形式同第三人簽訂合同，本人仍然可以採用口頭形式授予代理權。但如果本人要求代理人用簽字蠟封的方式代表其同第三人簽訂合同，需要採用簽字蠟封的形式授予代理權。這種要式的文書稱為「授權書」。英國《1971年授權書法》（The Power of Attorney Act 1971）對此有專門規定。[1]

（2）默示授權的代理。根據英美法系國家的判例原則，默示授權，是指本人雖然沒有明示授權，但代理人有合理的根據相信自己有代理權的行為。代理人所依據的合理根據是本人使用的言語、當事人的行為、法律的規定以及行業慣例等。

默示授權主要包括三種情況：

①由默示而存在的代理權。這是指從當事人在一特定場合的行為或從當事人之間的某種關係，可以推定當事人之間存在真實有效的代理關係。如配偶間的默示代理與合夥人之間的默示代理。

②附帶授權。由於本人的明示授權並一定能詳盡地說明代理人在代理活動中所應具有的一切權力，因此受託從事代理活動的代理人，可以推定其享有合理地附屬於其履行代理權所必不可少的默示行為的權利。

③習慣授權。在代理人被本人授權在某一特殊市場進行代理活動的情況下，他享有按照市場的相關習慣進行活動的默示代理權，無論本人是否知道此習慣，本人均受其約束。

2. 職業代理權

職業代理權，是指儘管沒有明示或默示授權，本人都願意受其代理人行為拘束的情況。如拍賣商、律師、經銷商等，在其經營範圍內享有代理權。

根據英國判例法原則，職業授權的適用範圍是有限的。如果代理人所為行為不屬於其職業慣常權力範圍之內，或者代理人所為行為非為本人利益或根本不屬於本人業務範圍，則不適用職業授權規則。[2]

---

[1] 金春．國際商法［M］．北京：北京大學出版社，2005：180．
[2] 吳薇，彭彩虹．國際商法［M］．北京：對外經濟貿易大學出版社，2007：55．

## 3. 表見代理

表見代理，是指代理人雖然沒有代理權，但是第三人有充分的理由相信其有代理權，然后與之進行法律行為。代理人一般是通過其言行使第三人有理由相信其是本人的代理人，而此時進行的法律行為必須由本人來承擔。但如果代理人確無代理權，本人可訴請損害賠償並否認其取得報酬與費用的資格；如果第三人明知該代理人無權代理，則本人對該代理人的行為不負責任。

表見代理的具體表現為以下情形：

①本人向第三人表示代理人有代理權或者代理人向第三人表示有代理權而本人不表示反對；

②本人對代理人的權限有限制，但未通知第三人；

③本人已撤回代理人的代理權或代理人的代理權已終止，但未通知第三人。

各國法律一般都規定，一旦表見代理成立，就產生與有權代理相同的法律效力，即在本人和第三人之間產生法律關係，本人對第三人負授權的責任。

## 4. 必要的代理

必要的代理，是指在特定緊急情況下，某人依法律推定取得一種代理別人進行活動的代理，他所實施的處分行為由本人承擔。在這種情況下，雖然代理人沒有得到明示授權，但由於客觀情況的需要視代理人有代理權。

根據英美法院的判例，行使這種代理權必須具備以下條件：

①行使這種代理權是實際上和商業上所必需；

②代理人在行使這種權利前無法與本人聯繫，以得到本人的指示；

③代理人所採取的措施必須是善意的，並且必須考慮到所有有關各方當事人的利益。

## 5. 追認的代理

追認的代理，是指代理人未經授權或超出授權範圍而以本人的名義實施代理行為，本人可以於事后承認該代理人的行為，從而使該行為對本人產生約束力。相對表見代理而言，追認的代理是在代理行為發生后予以認可，本人承擔的責任是其真實意圖；而表見代理權是在「代理行為」造成對第三人的損害時，由法律規定而非本人的意願，本人對「代理行為」的結果承擔責任。

追認的代理通常用來矯正代理人權利的輕微瑕疵，把技術性答辯減至最低限度，阻止不必要的訴訟。大陸法也讚同某些商業代理人行為的追認，具體做法是：本人一旦知道代理人實施某項無權代理行為，應馬上予以拒絕，否則即視為追認了此項行為。英美法的追認方式較為自由，既可由本人明示，也可以其作為或不作為默示，但追認不得破壞或損害第三人在追認時的既得利益。[①]

追認的代理產生的條件及其后果：

①代理人必須申明其為代理人，追認應當由代理人指明的本人或未指明的本人進行；

---

[①] 周曉唯，楊林岩．國際商法［M］．西安：西安交通大學出版社，2008：57．

②代理人在完成法律行為時，本人必須存在；
③偽造簽名不能被追認；
④本人在追認時，必須充分瞭解代理人代理行為的全部；
⑤追認必須是針對代理人行為的全部內容，不能只追認對本人有利的部分；
⑥追認具有溯及力。

(三)《國際貨物銷售代理公約》

《國際貨物銷售代理公約》規定，代理權授予可以明示，也可以默示。在授予的形式上不受要式行為的限制，可以非書面形式或其他包括證人在內的任何方式作成或加以證實。代理人無權或超越代理權的行為，本人和第三人一般不受代理人行為的約束；但是，若本人的行為使第三人合理地並善意地相信代理人有權代理本人為某種行為並且相信代理人是在該項授權範圍內為某種行為時，本人不得以代理人無代理權而對抗第三人。① 如《國際貨物銷售代理公約》第九、十條規定：「(1) 本人對代理人的授權可以是明示的或是默示的。(2) 代理人為實現授權之目的，有權從事一切必要行為。」；「授權無須用書面形式，也無須用書面證明，亦不受其他任何形式要求的限制。授權可以任何方式證明，包括人證。」②

公約對代理權的適用具有較大的機動性，規定在代理權確定之後，代理人有權採取一切必要行為以實現授權意圖。

公約規定：委託人或代理人營業地的締約國在批准公約時，可以對上述規定加以保留。

### 三、代理關係的終止

在代理關係中，大陸法與英美法對代理關係的終止規定不同，現分別予以介紹。

(一) 大陸法中的有關規定

大陸法系國家有關代理關係的終止的法律規定，主要有以下幾種情況：

1. 意定代理關係的終止

大陸法系各國意定代理的關係的終止主要有以下幾種情況。

(1) 因被代理人或代理人的行為終止而終止。

意定代理主要是基於本人的委託，代替本人完成某項任務。如果本人所請求的代理事項業已完成，或者他已經撤銷了該代理請求，或該請求的代理事項無法履行，或者法人已解散等，在這種情況下，代理關係就可以依據被代理人或代理人的行為終止而終止。大陸法系各國原則上都允許被代理人在代理關係存續期間單方面撤回代理權，或代理人單方面辭去代理權。

(2) 因委託人或受託人死亡或喪失行為能力而終止。

《法國民法典》第2003條第3款規定，委託終止的事由包括「因委託人或受託人

---

① 《國際貨物銷售代理公約》第14條。
② 《國際貨物銷售代理公約》第9、10條。

的自然死亡或民事上死亡、成年人受監護或破產。」可見委託人或受託人死亡或喪失行為能力是代理關係終止的一項重要原因。然而，對於委託人死亡或喪失行為能力而終止代理關係的問題，根據德國法的規定，如果委託人授予代理權後死亡，或者喪失法律行為能力，代理人所享有的代理權並不一定歸於消滅。在這種情況下，代理關係是否存續取決於代理的內部關係是否存續。如果委託代理的內部關係因委託人的死亡或者喪失法律行為能力而終止，那麼委託代理關係就得終止，委託代理權也要終止。相反，如果代理的內部關係在委託人死亡後因繼承而繼續存在，那麼委託代理關係就不得終止，委託代理權也就依然存在。

（3）委託代理關係因條件成就或期限屆滿而終止。

在附條件或附期限的委託代理中，如果雙方當事人在代理合同中規定有代理任務或代理期限，則代理關係因代理任務完成或期限的屆滿而代理關係終止。如果代理合同中沒有規定代理期限，當事人也可以通過雙方的意思表示終止他們的代理關係。

2. 法定代理關係的終止

大陸法系各國民法典或債務法典一般將法定代理關係終止的情況分為以下幾種：

（1）被代理人取得或恢復民事行為能力。

（2）被代理人死亡、破產或喪失行為能力。但是，根據某些大陸法國家民商法的規定，上述情況只適用於民法上的代理關係，至於商事上的代理關係，則應適用商法典的特別規定，代理關係不能因被代理人的死亡或喪失行為能力而終止。

（3）代理人的死亡、破產或喪失行為能力。

（4）其他原因引起的被代理人與代理人之間的特定關係的解除。

（二）英美法中的有關規定

英美法系國家將代理關係的終止分為基於法律程序而終止和基於當事人行為而終止兩種。

1. 基於法律程序而終止

依據英美法的規定，在發生下列法定事由時，代理人的代理權依法律程序自動消滅，代理關係自動終止：

①本人死亡；

②本人破產；

③本人精神失常；

④本人成為本國的敵對國臣民。

2. 基於當事人行為而終止

依據英美法規定，對基於代理合同形成的代理關係，在代理合同終止條件成就之前或代理合同期限屆滿之前，當事人之間可以通過協議終止代理關係，委託人也可以通過單方行為隨時撤銷代理人的代理權。如果委託人撤銷代理權的行為違反代理合同的規定，他應當賠償代理人的佣金損失和其他費用損失，不過委託人撤銷行為的效力原則不受影響。但是，英美法系規定，委託人撤銷代理權行為的效力不是絕對的，應受以下兩種特殊限制：

（1）對表見代理權撤銷的限制。代理人具有表見代理權的情況下，委託人撤銷其代理權的行為只有在通知送達訂約第三人之后才對該第三人發生效力。

（2）對附條件代理權撤銷的限制。在委託人已經授予代理人某種與其利益相聯繫的代理權的情況下，該代理權不能基於委託人單方面行為而撤銷。

## 第二節　商事代理的法律關係

### 一、本人與代理人之間的關係

本人與代理人之間的關係，又稱代理的內部關係，是基於合同而產生的代理關係，指本人與代理人之間的權利義務關係。在整個代理關係中，本人與代理人之間的關係是最基本的關係，它是代理關係產生的基礎。一般情況下，本人與代理人通過簽訂代理合同確定他們之間的權利義務，以及代理人的代理權限和報酬。代理合同中的未盡事宜依據各國法律的規定來確定。

（一）代理人的義務

代理人的義務，可以分為以下幾個方面：

1. 履行義務

（1）親自履行代理職責。代理關係是一種信任關係，在一般情況代理人不得將本人授予的代理權轉委託他人。在國際商事活動中，由於本人在選擇代理人時一般是基於對代理人的知識、專業技能的信賴，或者是為了降低跨國交易的信用風險，所以特別強調代理人親自履行代理職責這一義務。

如果處在特殊的情況下，代理人也可以轉委託，比如本人明示或默示的授權或遇到緊急情況或貿易習慣允許，可在無事先授權的情況下轉委託他人，但代理人應當及時通知本人以取得本人的追認。需指出，在英國法上凡被授予「獨家代理權」的房地產代理人在任何條件下均不得轉委託。[1]

（2）謹慎、勤勉地履行其代理職責。代理關係建立后，代理人應當本著謹慎、勤勉的態度，以自己的技能履行職責。在各國的法律中，「謹慎、勤勉」的程度視有償和無償有所區別。對無償代理的代理人，對「謹慎、勤勉」的程度要求比較低，而有償代理對「謹慎、勤勉」的程度要求較高，必須達到一個職業代理人所要完成的代理事務的要求，否者應承擔相應的賠償責任。在國際商事活動中，代理人多具有專業技能，並且提供有償服務。

（3）服從本人指令。代理人有義務遵循本人的指示完成受託事項，沒有酌情處理的權力。但是代理人發現本人的指示無法實現時，應當及時通知本人。歐共體理事會《關於協調成員國間有關獨立商事代理人法律的指令》第3條規定，商事代理人必須遵

---

[1] 周曉唯，楊林岩. 國際商法 [M]. 西安：西安交通大學出版社，2008：60.

循本人的合理指令。①

在商事活動中，如果無法得到本人指示或由代理人自己決定代理事項時，代理人必須以誠實的且竭盡所能的判斷力決定代理事項，尤其是承擔特殊事務的專業人員，如律師、證券經紀人，否者本人遭受到的損失，代理人應當賠償。

（4）在授權範圍內履行職責。如果本人在代理合同中明確了代理權的範圍，代理人應當在代理權限內履行職責。當本人的授權不明時，代理人有義務明確確定授權內容。在默示授權時，代理人的行為除了和他所從事業務的一般性質相一致外，還必須和交易習慣、慣例相符合。若既沒有本人的明確指令，又沒有習慣或慣例時，代理人進行代理活動時應當考慮本人的利益，只要代理人是為了本人的利益，代理人可以自行行事。

2. 忠誠義務

（1）禁止自己代理和雙方代理。自己代理，是指代理人以本人的名義與自己實施法律行為。雙方代理又稱同時代理，是指一個代理人同時代理雙方當事人進行法律行為。在自己代理和雙方代理的情形下，代理人的「道德危機」很可能犧牲本人的利益，與代理制度的宗旨向悖。因此各國的法律均明文禁止自己代理和雙方代理。如《日本民法典》第108條規定：「任何人，不得就同一法律行為任其相對人的代理人或當事人雙方的代理人。但是關於債務履行者，不在此限。」若發生自己代理和雙方代理，本人有權隨時撤銷代理合同，並有權要求賠償損失。

（2）不得密謀私利。代理人不得牟取超出其本人除給他的佣金或報酬以外的任何私利。如果代理人接受了賄賂，本人有權向代理人索還，並有權不經事先通知而解除代理關係，或撤銷該代理人同第三人訂立的合同，或拒絕支付代理人在受賄交易上的佣金，本人還可以對受賄的代理人和行賄的第三人起訴，要求他們賠償由於行賄受賄訂立合同而使他遭受的損失。即使代理人在接受賄賂或圖謀私利時，並未因此而影響他所作的判斷，也沒有使本人遭受損失，但本人仍然可以行使上述權利。根據英國1906年《反貪污法》的規定，受賄的代理人和行賄的第三人都犯有刑法上的犯罪行為，情節嚴重者可追究刑事責任。②

（3）保密義務。代理協議存續或終止后的一段合理的時間內，代理人對本人提供的秘密資料，負有保密義務，不得向第三人泄漏。代理人違反此義務，本人有權訴請賠償和撤銷合同。但是，如果本人的秘密資料構成犯罪、詐騙或嚴重違反公共利益，則代理人不負保密義務。代理合同終止後，除經雙方同意的合理的貿易限制外，不得限制代理人使用他在代理過程中獲得的技術和經驗。

（4）公開客戶信息。代理人應當向本人公開他所掌握的一切有關客戶的信息，以便本人考慮是否同該客戶進行法律行為。特別是代理人對某項交易參有個人利益時，更應向本人公開。

---

① 《關於協調成員國間有關獨立商事代理人法律的指令》第3條。
② 沈四寶，王軍，焦津洪. 國際商法［M］. 北京：對外經濟貿易大學出版社，2003：27.

3. 管理義務

（1）申報帳目義務。代理人有義務將其所交易事項做成帳目，並在本人要求時向其提示和申報，代理人為本人收取的一切款項應全部交給本人，即使該交易本身無效或違法也不例外。但是代理人沒有義務提交與本人無關的交易記錄。

（2）財產區分義務。代理人應將自己的財產和本人的財產分開，如果發生混淆以致無法分開，本人可以向代理人主張全部財產。但代理人的財產區分義務也有例外，如：當本人與代理人協商免除代理人的財產區分義務或眾多本人委託代理人出售財產時，可以免除代理人的財產區分義務。

（二）本人的義務

1. 支付佣金

在代理關係中，本人的最主要的一項義務就是按照代理合同中的約定向代理人支付佣金。根據英美法院的判例，如果本人與第三者的交易是代理人努力的結果，本人就應當支付佣金；如果本人沒有經過代理人的介紹而直接同代理地區的買方達成交易，代理人一般無權獲得佣金。但這些法律規則往往可以通過雙方的協議或行業習慣而改變，特別是在指定地區的獨家代理協議中，代理人對所有來自代理地區的訂貨單都可以獲得佣金。如果代理合同沒有規定期限，只要本人在合同終止後接到買方的再次訂貨，仍須向代理人支付佣金；如果代理合同規定了一定的期限，則在期限屆滿合同終止後，代理人對買方向本人再次訂貨就不能要求佣金。

大陸法國家的法律規定，凡是在指定地區有獨家代理權的獨家代理人，對於本人同指定地區的第三者所達成的一切交易，不論該代理人是否參加其事，該代理人都有權要求佣金。《德國商法典》第87條還有一項強制性的規定，即商業代理人已經設定，他就有權取得佣金，即使本人不履行訂單，或者履行的方式同約定有所不同，代理人都有權取得佣金。但是如果由於不可歸責於本人的原因出現了履行不能的情況，則不能適用上述規則。此外，有些大陸法國家為了保護商業代理人的利益，在法律中還規定，在本人終止商業代理合同時，商業代理人對其在代理期間為本人建立的商業信譽，有權請求給予補償。

2. 補償代理人因履行代理職責而產生的費用

作為代理人的正常業務費用，通常已被記入佣金中，除合同另有規定外，代理人一般不能要求本人償還。但如果是代理人為完成本人的特殊業務，提供特殊勞務而支出或遭受的損失，代理人有權要求本人進行補償。

3. 讓代理人檢查核對其帳冊

這主要是大陸法國家的規定。有些大陸法國家在法律中明確規定，代理人有權核查本人的帳冊，以便核對本人付給他的佣金是否準確無誤。這是一項強制性的規定，當事人不得在代理合同中作出相反的規定。

## 二、本人、代理人與第三人之間的關係

本人、代理人與第三人之間的關係被稱為代理的外部關係。按照代理的一般原則，

代理人是代替本人同第三人訂立合同或作其他法律行為的，合同已經生效，其權利義務均歸屬於本人，應由本人直接對第三人負責，代理人一般不承擔責任。但實際情況卻並非如此簡單，特別是本人及代理人與第三人的關係往往是錯綜複雜的，而在此方面，大陸法和英美法的處理也不盡相同。

(一) 大陸法

在大陸法國家，以名義標準來確定合同關係的當事人，也就是看代理人是以自己的名義同第三人訂立合同，還是以本人的名義同第三人訂立合同。

當代理人是以本人的名義同第三人訂立合同時，這種代理就是直接代理，合同的當事人就是本人與第三人，合同的權利義務直接歸屬於本人，由本人直接對第三人負責。如果代理人為了本人的利益，以自己的名義從事代理行為，則該代理為間接代理，合同的當事人是代理人與第三人，代理人必須對合同負責。在這種情況下，本人原則上同第三人沒有直接的法律上的聯繫，只有當代理人把有關權利轉讓給本人時，才對本人發生效力。

間接代理在大陸法國家又稱行紀。至於行紀的從業範圍，因國家不同，規定有所差異，《德國民法典》將行紀人僅限於「以自己的名義為他人購買或銷售貨物、有價證券，並以其作為職業性經營」，而法國法則沒有這種限制。

(二) 英美法

與大陸法不同，英美法中的代理的概念和範圍比較寬泛。其代理法的基礎是「等同論」，認為代理人的行為等同於本人的行為，無論是以本人的名義還是以代理人的名義從事代理行為，其結果都是一樣，由本人來承擔責任。因此在英美法中沒有直接代理和間接代理的區分，甚至在大陸法中不認為是代理行為的居間行為，在英美法中也被納入代理的範圍。

在英美法中，對第三人而言，如何確定由本人還是代理人承擔合同責任，採取的是義務標準，即看究竟是誰應當對該代理行為承擔責任。具體分為以下三種不同情況：第一，代理人在同第三人訂約時具體指出本人的姓名；第二，代理人表示出自己的代理身分，但不指出本人的姓名；第三，代理人事實上有代理權，但他在訂約時不披露代理關係的存在。根據這三種情況，可以將代理分為：顯名代理、隱名代理和不公開本人身分的代理。

1. 顯名代理

顯名代理，又稱披露本人的代理，是指代理人既披露本人的存在，也公開本人的具體姓名或名稱和身分，並以本人的名義進行法律行為。

顯名代理的情況下，所訂立的合同就是本人與第三人的合同，本人應當承擔合同的權利義務，但下列情況除外：

(1) 如果代理人在簽字蠟封合同上簽名，他就對該合同負責；
(2) 如果代理人以自己的名字在匯票上簽字，他就要對匯票負責；
(3) 一些行業慣例要求代理人承擔責任的；
(4) 第三人要求代理人在締約前承擔責任，代理人願意的。

英國法規定了三種合同必須使用簽字蠟封形式：
（1）沒有對價的合同；
（2）轉讓地產或地產權益的合同，包括租賃土地超過三年的合同；
（3）轉讓船舶的合同。

簽字蠟封的合同簽訂的儀式比較隆重，一般包括：簽字、蓋章、密封、交存等。

2. 隱名代理

隱名代理，又稱不公開本人姓名的代理，是指代理人雖然有代理權，但他在同第三人訂立合同時，只公開本人的存在，而不公開代理人的姓名或名稱。

隱名代理的情況下，合同為本人與第三人之間的合同，應由本人對合同負責，代理人對該合同不承擔責任。但下列兩種情況，代理人要承擔責任：

（1）代理人在合同上簽上了自己的名字，但未註明自己是代理人，或僅註明自己是經紀人或經理人；

（2）代理人在簽字蠟封合同上簽了名，即使註明自己是代理人，也要對此合同負責。

3. 未披露本人的代理

未披露本人的代理，又稱不公開有代理關係存在的代理，是指代理人雖然得到本人的授權，但他在同第三人訂立合同時，根本不披露有代理關係存在，更不指出本人是誰。

在未披露本人的代理的情況下，究竟是應當由代理人還是本人承擔責任，確實比較複雜。但在這種情況下，代理人對合同是應當負責的，因為他在同第三人訂約時根本沒有披露有代理關係存在，這樣他實際上就是把自己置於本人的地位，所以他應當對合同負責。但是，本人能否直接依據這個合同取得權利、承擔義務呢？英美法認為，在未被披露的代理情況下，具體有兩種方式：

（1）本人的介入權。未被披露的本人有權介入合同，並直接對第三人行使請求權或在必要的時候對第三人起訴，無須像大陸法的間接代理那樣，通過另一個合同轉移權利義務。如果他行使了介入權，他就應當承擔義務。

英美法對本人的介入權有限制，下列幾種情況本人不能行使介入權：

①合同中排除本人的介入權的；
②代理人沒有代理權的；
③第三人訂約時基於對代理人的特別信賴的。

（2）第三人的選擇權。第三人在發現了本人後，就享有了選擇權，他可以要求本人或代理人承擔義務，也可以向本人或代理人起訴。但第三人一旦選定了本人或代理人，他就不能改變主意。第三人對他們中的任何一個提起訴訟的程序，就是他作出選擇的初步證據；這種證據可以被推翻，如果被推翻，則第三人仍可對他們中的另一個起訴。但一旦法院作出了判決，便成為第三人作出抉擇的定性證據，即使第三人對判決結果不滿意，也不能再對他們中的另一個起訴。

## 第三節　承擔特別責任的代理人

　　一般情況下，代理人根據本人的指示在授權範圍內完成代理活動后，即退居合同之外，代理人只要勤勉、誠信地履行了代理義務，就不需要對本人和第三人承擔個人責任。但是，各國法律和商業慣例也承認在一定的條件下，代理人需要對本人和第三人承擔個人責任，這樣的代理人被稱為承擔特別責任的代理人。這些代理人與第三人往往建立了固定的模式，代理人同時還為幾個不同的本人工作。

　　按照承擔特別責任的代理人的承擔責任的對象不同，承擔特別責任的代理人可以分為：對本人承擔特別責任的代理人和對第三人承擔特別責任的代理人。

### 一、對本人承擔特別責任的代理人

　　對本人承擔特別責任的典型代理人主要有信用擔保代理人和出口保理人等。

（一）信用擔保代理

　　信用擔保代理人，是指代理人充當他所介紹的買方的信用擔保人，當買方不付款時，由代理人賠償本人因此而遭受的損失的代理。代理人所承擔的特別責任實質上是擔保責任。在國際貿易中，由於本人對國外市場瞭解不多，無法判斷代理人所在地區的買方的資信，而且由於競爭的需要，往往要用賒銷方式銷售貨物，一旦買方破產或拒付貨款，本人就會遭受重大損失。因此，如果代理人同意為國外的買方保付，本人就可以避免這種風險。

　　在大陸法國家，如德國、瑞士、義大利等國，都對信用擔保人作出了專門規定。信用擔保代理無論是在直接代理中，還是在間接代理中均可成立。瑞士和德國法律還要求必須以書面形式訂立信用擔保合同。在英美法國家，判例法對代理人信用擔保形成了一套完整的規則。

　　目前，西方國家信用擔保代理人制度已逐步被淘汰，取而代之的是出口信貸保險機構。這種機構由政府經營，是專門辦理國外買主無清償能力的保險業務的機構，它代替了過去信用擔保代理人的作用。

（二）出口保理人

　　保理，是在20世紀60年代發展起來的一種國際貿易結算方式。它是國際貿易中在承兌交單、賒銷方式下，保理公司對出口商應收帳款進行核准或購買，從而使出口商獲得出口后收回貨款的保證。

　　在國際保理中，對委託人承擔特別責任的代理人（保理公司），被稱為出口保理人。出口保理人是在信用擔保代理人的基礎上發展起來的，在歐美國家的貿易結算中，大有取代信用證的趨勢。出口保理人向出口商提供一套包括對買方資信調查、全額的風險擔保、催討債款、進行財務管理及資金融通等綜合性的代理服務。

## 二、對第三人承擔特別責任的代理人

對第三人承擔特別責任的代理人主要包括保付代理人、保險代理人、運輸代理人等。

（一）保付代理人

保付代理人，是指代理人代理國外的買方（本人），向本國的賣方（第三人）訂貨，並在訂單上提供保證，當國外的買方不履行合同或拒付貨款時，由保付代理人負責向本國的賣方支付貨款的代理。保付代理人在付清貨款後，有權要求國外的買方償還其支付的貨款。如有損失，還可向國外買方追償。保付代理人的付款承諾是一種絕對的付款保證，只要買方不付貨款，無論何種原因，保付代理人都必須對賣方承擔付款責任。

信用擔保代理人與保付代理人的不同之處在於：前者是對本人承擔擔保責任，后者則對第三人承擔擔保責任。

（二）保險代理人

保險代理人，通常又稱保險經紀人，是指經紀人代被保險人（本人）與保險人（第三人，如保險公司）簽訂貨物保險合同生效后，經紀人應對保險費直接負責，當本人不交保險費時，經紀人須直接對保險人交納保險費。如果保險標的因承保範圍內的風險發生損失，則保險人直接賠付被保險人（本人）。根據保險行業的慣例，訂立保險合同必須由保險經紀人代為辦理，經紀人的佣金由保險人支付而不是本人支付。與其顯著不同的是，其他行業的代理人的佣金或報酬通常由本人承擔。

（三）運輸代理人

運輸代理人，是指根據客戶（本人）的委託，為客戶的利益而辦理貨物運輸業務，並從承運人處收取佣金或向貨主收取代理費的仲介人。原則上運輸代理人自己不是承運人。這些運輸代理人非常精通海、陸、空運輸的複雜知識，特別是關於國內外海關手續，運費和運費回扣，海港和機場的習慣、慣例和業務做法，海空貨物裝箱運輸的組織以及出口貨物的包裝和裝卸等。運輸代理人有時還代理代驗商品、代辦投保和催收貨款的業務。

根據國際貨物運輸的慣例和參照英國的運輸代理機構制定的標準交易條件，運輸代理人受客戶（本人）的委託，向運輸公司（第三人）預訂艙位。若屆時客戶未裝貨，代理人須向承運人支付空艙費。若客戶拖欠代理人佣金、手續費等，代理人有權留置客戶的貨物，直到付清各項費用為止。

總之，無論是對本人承擔特別責任的代理人，還是對第三人承擔特別責任的代理人，從以上可以看出，承擔特別責任的代理人除了為本人與代理人簽訂一般的代理合同之外，還存在另一個合同，即擔保合同，代理人根據擔保合同對本人或第三人承擔個人責任。承擔特別責任的代理人既可由法律予以規定，也可由合同約定，還可依貿易慣例產生。這些為適應國際貿易發展新形勢需要的新的代理概念，豐富和發展了傳

統的代理理論，代理人承擔雙重責任的情況將對本人或第三人有更大的保障。

### 三、獨家代理與獨家經銷

(一) 獨家代理

獨家代理人，是指代理人在約定的地區和期限內，對指定商品享有唯一的專營權的代理人。它是通過與本人簽訂獨家代理合同來實現的。獨家代理建立在一般代理的基礎上，本人、代理人除承擔一般代理的義務外，還要承擔特定的義務。在獨家代理合同中，應對代理權限、指定地區、指定商品、佣金、最低代理數額、期限、本人需要保留的權利等作出明確的規定。此外，還應注意，獨家代理合同是否違反某些國家的反壟斷法規定。因為在有些國家，獨家代理可能被認為帶有壟斷性，有礙自由競爭。

1. 獨家代理人的義務

代理人應當盡最大努力促進商品推銷。除徵得本人同意外，不得在指定的地區內製造、買賣、再經營或代理其他廠商生產的、與指定商品同類或相競爭的商品。代理人應承擔推銷商品的一切費用，如廣告費、電信費、差旅費等。代理人應定期向本人提供市場報告。

2. 本人的義務

本人不得向指定地區的第三者直接銷售指定的商品。在指定的地區只能設立一名代理人。如指定地區的第三者直接向本人詢購或訂購，本人應當將詢購或訂購情況轉告獨家代理人。代理人有權在指定地區代表本人與客戶進行活動、進行廣告宣傳、為本人徵集訂單。本人應當支付佣金，代理人不負盈虧。未經獨家代理人仲介而從獨家代理指定地區達成的交易，本人應向獨家代理人支付獲得的佣金。本人提供給代理人的交易條件應當是最優惠的。

(二) 獨家經銷

獨家經銷，又稱包銷，是指經銷人在協議中規定的期限和地域內，對指定的商品享有獨家經營權，即指供貨人將商品的專賣權在一定時期和地域內轉讓給經銷人，供貨人不可以在同一時期和統一地區同意其他經銷人經銷此商品。獨家經銷人享有在唯一的指定地區銷售指定商品的權利，除另有規定外，供貨人在指定的地區不得直接銷售或通過第三人間接銷售指定商品。獨家經銷協議一般會明確雙方當事人的權利義務、經銷的數量和金額以及保密條款等。從此可以看出，獨家經銷人以及供貨人都會有一定的特殊義務。

(三) 獨家經銷與獨家代理的區別

獨家代理與獨家經銷都是一種契約性銷售合作，都是在指定地區和期限內獨家經營某種商品。但是兩者也有明顯的區別：

1. 理論上的區別

(1) 獨家經銷的雙方是一種買賣關係，獨家代理的雙方是一種代理關係。獨家經銷是通過簽訂買賣合同來實現的；獨家代理是通過簽訂委託代理合同實現的。

（2）獨家經銷以自己的名義從事銷售，自負盈虧；獨家代理以本人（委託人）的名義從事銷售，由本人承擔責任。

（3）獨家經銷人的收入是買賣的差價，獨家代理人的收入是本人支付的佣金。

2. 實務上的區別

（1）獨家經銷要有適當的存貨，而獨家代理人多半只有樣品。

（2）在售後服務方面，獨家經銷人承擔責任，獨家代理人一般不承擔責任。

（3）在索賠方面，獨家經銷人承擔責任，而獨家代理人不負此責任。

## 第四節　中國的外貿代理制度

### 一、中國的外貿代理制度的形成

中國的外貿代理制度的發展大致可以分為以下幾個階段：

（一）國家壟斷階段

新中國成立以後很長一段時間內，中國在對外貿易中實行國家壟斷政策，由國家對外貿統一管理。出口貿易採用收購制，即由外貿公司以自有資金向國內供貨部門收購出口產品，然後再由外貿公司以自己的名義對外成交、自營出口、自負盈虧。收購制在舊的外貿體制下對出口貿易的增長起到了重要作用。但是，隨著外貿經營權下放和中國經濟體制改革的深入，以收購制為主的外貿經營方式的弊端日益顯露，無法再適應商品經濟的發展要求。

（二）起步階段

1984年9月國務院批准外經貿部《關於外貿體制改革的意見》的報告，其中明確指出推行外貿代理制先在進口方面實施，其意圖是「使生產企業與外貿企業之間的購銷關係轉變為委託代理關係，把工貿雙方的利益捆綁在一起，提高經營和開拓國際市場的能力」。

（三）推行階段

1987年，中共十三大報告指出，外貿體制改革的方針是「自負盈虧，放開經營，工貿結合，推行代理制」。1991年8月，外經貿部頒布了《關於對外貿易代理制的暫行規定》（以下簡稱《暫行規定》），就外貿代理製作出了較為詳盡的規定。

（四）發展階段

1992年7月23日，國務院頒布《全民所有制工業企業轉換經營機制條例》，此條例第12條規定，企業可以在全國範圍內自行選擇外貿代理企業從事進口業務，並可以和外商直接談判。1993年中共十四屆三中全會通過的《關於建立社會主義市場經濟體制若干問題的決議》再次重申：「堅持統一政策、放開經營、平等競爭、自負盈虧、工貿結合，推行代理制。」在政府大力倡導下，中國強制性的外貿代理制度得到了發展。

(五）形成階段

1994 年 5 月 12 日，第八屆全國人民代表大會常務委員會第七次會議通過了《中華人民共和國對外貿易法》，至此，中國的外貿代理制度開始以法律形式作出了原則性的規定。此時的外貿代理制從指導性的政策變成了具體的行為規範，納入了中國的現行的法律體系。

## 二、中國外貿代理制度的概念和法律特徵

隨著經濟的全球化，外貿代理作為國際貿易中一種常見的經營方式，在外貿領域得到了廣泛的應用。外貿代理從其本質上屬於民法上的一般代理。由於對外貿易關係常常受到一國政府意志的影響，不少國家對外貿代理業、外貿代理主體以及外貿代理所採取的方式等方面均作出特別的立法規定。中國也是如此，實行外貿代理制是中國外貿體制改革的主要內容之一。

（一）中國外貿代理制度的概念

關於中國對外貿易代理制的概念，目前在立法和理論上並沒有明確的定義。實踐中，大多數學者採用外經貿部 1992 年 1 月 16 日發布的《對外經濟貿易部關於對〈關於對外貿易代理制的暫行規定〉第 24 條的解釋的通知》（以下簡稱《通知》）。根據此《通知》，代理制度可以定義為：「受託人應委託人的委託，代委託人辦理涉外交易合同的訂立及履行事項，因交易而產生的盈虧應由委託人承擔。」這裡的受託人，即是代理人，一般是指有外貿經營權的公司、企業等；而委託人，即是本人，一般是指公司、企業、事業單位以及個人。

中國的外貿代理主要有三種類型：

（1）有對外貿易經營權的公司、企業，可在批准的範圍內相互代理，代理人以本人的名義同外商簽訂合同；

（2）有對外貿易經營權的公司、企業，可在批准的範圍內相互代理，代理人以自己的名義同外商簽訂合同；

（3）有對外貿易經營權的公司、企業，可在批准的範圍內接受國內無外貿經營權的公司、企業、事業單位和個人的委託同外商簽訂合同。由於中國大多數公司沒有外貿經營權，所以第三種類型在中國外貿代理中最為常見。

（二）中國外貿代理制度的法律特徵

中國的外貿代理制度具有如下法律特徵：

1. 代理人是特定主體

代理人必須是經外貿主管部門核准具有外貿經營權的公司、企業，其他公司、企業、事業單位或個人等均不得代理進出口業務。

2. 代理範圍較窄

代理範圍僅限於商品（包括貨物和技術）的進出口業務，至於國際投資、國際貸款等則不屬於外貿代理制度調整的範圍。

3. 可以直接代理，也可以間接代理

若委託人具有外貿經營權，代理人可以本人的名義代理；若委託人無外貿經營權，代理人只能以自己的名義進行代理活動。

### 三、中國外貿代理制度存在的問題

中國的外貿代理制度主要存在如下問題：

(一) 外貿代理的調整處於分割狀態

中國目前調整代理法律關係的法律、法規有《民法通則》《暫行規定》《合同法》和《對外貿易法》。《民法通則》只規定了直接代理，並不能適用外貿代理中的廣泛存在的模式；間接代理只能由后三者調整。這些法律、法規對代理制度沒有統一的規定，未對代理進行合理的分類和定性，難以適應國際通行的商事代理制度。

(二)《對外貿易法》和《暫行規定》規定得過於簡單

《暫行規定》是建立在外貿經營權的審批制基礎上的，對於國際上廣泛運用的代理模式，則沒有規定。《暫行規定》的適用造成了代理人收入少量的代理費卻承擔巨大的代理風險。《對外貿易法》以法律形式進一步明確了外貿代理權審批制。但《對外貿易法》規定得過於簡單，仍未解決《民法通則》和《暫行規定》未能解決的問題和矛盾。2004年新修訂的《對外貿易法》實行了外貿經營權等級制，解決了外貿代理制中委託人的資格問題。

(三)《合同法》不足以解決外貿代理中的所有問題

《合同法》規定了部分公開本人身分的代理和不公開本人身分的代理。然而根據傳統大陸法理論，代理與委託是兩種不同的合同。委託合同調整的是委託人與受託人之間的內部關係，不涉及第三人的外部關係。委託合同是代理關係中的基礎合同，在其基礎上既可以產生代理關係，也可以產生行紀關係。委託不等於代理，它不能完全調整代理關係。而中國的《合同法》卻將兩種制度混在一起，一方面使得合同法的體系不甚協調，另一方面又使得對代理的規定過於粗糙，缺乏操作性，不足以解決代理中的所有問題。

### 四、完善中國外貿代理制度的建議

鑒於中國外貿代理制度中的問題，有必要健全相關立法。

(一) 完善外貿代理制度的立法

代理制度應當建立統一的法律體系。由於《合同法》中已經規定了隱名代理，可考慮在民法總則中拓寬代理的內涵和外延，嘗試用一個廣義的代理的概念來包容顯名代理、隱名代理和未披露本人的代理。新修訂的《對外貿易法》已經取消了對外貿易經營權的審批制，而1991年的《暫行規定》仍固守在對外貿易審批制的基礎上，因此有必要及時修訂。當然《暫行規定》僅僅是臨時性的部門規章，法律效力不高，在國際代理糾紛中難以適用。所以，有必要制定單行的外貿代理實施條例或外貿代理法。

（二）加入《國際貨物銷售代理公約》

《國際貨物銷售代理公約》規定了大陸法上的直接代理與間接代理，又引入了英美法上的隱名代理，對於調整兩大法系代理制度的衝突，具有重要意義。《國際貨物銷售代理公約》代表了國際代理法律制度的發展趨勢，中國應當加入《國際貨物銷售代理公約》，以便於中國代理制度的發展與完善。

## 復習思考題：

1. 代理的概念是什麼？
2. 什麼是法定代理、意定代理？
3. 代理人對本人負有哪些義務？
4. 簡述代理關係中代理人、本人和第三人的權利和義務。

# 第四章 合同法

**本章要點：**

- 掌握合同的概念與基本原則。
- 掌握合同的成立及生效應當具備的條件。
- 瞭解合同履行的基本原則，掌握和理解各種合同不履行的責任與救濟方法。
- 瞭解中國合同法的基本制度。

## 第一節 合同法概述

合同是進行經濟貿易活動的基本法律形式。沒有合同，各種經濟貿易活動就不能順利地進行，社會經濟生活就不能正常運行。就國際商貿而言，合同法是從事對外經濟貿易工作的專業人員所必須具備的基本法律知識，因為企業的全部經濟貿易活動都是通過訂立各種合同而進行的，每個業務環節都離不開合同，有時，一筆交易往往需要簽訂若干個合同才能達成與完成。由此可見合同法的重要性。

### 一、合同的概念

合同，是指有關當事人確定、變更或消滅相互權利與義務關係的協議。德國民法典運用「法律行為」這個抽象的概念，把合同納入法律行為的範疇內，作為法律行為的一種。法國民法典中沒有「法律行為」這個抽象的概念，而是運用「合意」（Con-sensus）這個比較具體的概念。[1] 英美法國家強調合同的實質在於當事人所作的一種「許諾」或「允諾」（Promise），而不僅僅是達成協議的事實。英美法認為，法律上強制執行的是當事人所作的許諾，而大陸法則認為，法律上強制執行的是當事人之間的協議或合意。中國《民法通則》第58條規定：「合同是當事人之間設立、變更或終止民事關係的協議。」中國《合同法》第2條規定：「本法所稱合同是平等主體的自然人、法人、其他組織之間設立、變更、終止民事關係的協議。」

兩大法律體系在合同法的形式、編製體例以及一些具體的法律原則方面也各不相同。在大陸法國家，合同法是以成文法的形式出現的，一般包含在民法典或者債務法典

---

[1] 尹田. 法國現代合同法 [M]. 北京：法律出版社，2009：6.

中。在英美法國家，關於合同的法律原則主要包含在普通法中，這是幾個世紀以來由法院以判例形式發展而成的判例法。

一般而言，合同是兩個或兩個以上的當事人，以發生、變更或消滅民事法律關係為目的而達成的某種協議。從法律角度而言，合同是經過一方發出要約和另一方對此承諾而成立的。各國法律都規定，合同的訂立必須合法，必須真實。依法成立的合同對當事人具有約束力。誠實信用是履行合同的一項基本原則。違約是指合同當事人完全沒有履行或沒有完全履行合同義務的行為。對於違約的補救辦法，各國除了有不少相同的規定之外，還有若干不同的規定。此外，兩大法系對情勢變遷、合同落空、不可抗力、合同的消滅和訴訟時效等均有不同的規定。中國的新合同法與世界主要國家的合同法接了軌。電子商務的迅速發展對傳統合同法構成巨大的衝擊，國際電子商務法正在形成與完善。

## 二、合同的特徵

合同具有以下法律特徵：

### (一) 合同是一種法律行為

法律行為是民事主體設立、變更或者終止民事權利和民事義務的合法行為。法律行為以意思表示為要素，並且按意思表示的內容發生法律效果，從而有別於事實行為。對於法律行為，民法對行為人的行為能力和意思表示均有一定的要求，並以此作為其有效要件。合同是法律行為的一種，因此民法上關於民事法律行為的一般規定，如法律行為的有效要件、法律行為的無效和撤銷等，均適用於合同。

### (二) 合同以設立、變更、終止民事權利義務關係為目的

任何法律行為均有其特定目的，合同的目的在於設立、變更或終止民事權利和民事義務關係。這意味著，首先，儘管合同主要是債權債務關係的協議（即債權合同），但並不以此為限，而是涉及各類民事權利義務關係（如物權關係、身分關係）。其次，合同的目的不僅在於設立民事權利義務關係，也包括變更和終止民事權利義務關係。所謂設立民事權利義務關係，是指合同依法成立后，即在當事人之間原始地發生一定的民事權利義務關係；所謂變更民事權利義務關係，是指當事人通過成立合同使他們之間原有的民事權利義務關係發生變化，形成新的民事權利義務關係；所謂終止民事權利義務關係，是指當事人通過成立合同使他們之間原有的民事權利義務關係歸於消滅。

### (三) 合同是當事人意思表示一致的協議

首先，合同是雙方或多方法律行為，須有雙方或多方當事人。其次，合同的成立須各方當事人相互意思表示，即當事人各方均從自己的利益出發作出意思表示，並且其意思表示是交互作出的。最后，須當事人的意思表示達成一致。所謂意思表示一致，也稱為合意，是指當事人各方作出的意思表示在內容上互相吻合、不存在分歧。

## 第二節　合同的訂立

### 一、要約

（一）要約的概念

要約，又稱發盤、出盤、發價、出價、報價，是訂立合同的必經階段。從一般意義上說，要約是一種訂約行為，發出要約的人稱為要約人，接受要約的人稱為受要約人或相對人。中國《合同法》第 14 條規定：要約是希望和他人訂立合同的意思表示，該意思表示應當符合下列規定：

（1）內容具體確定；
（2）表明經受要約人承諾，要約人即受該意思表示約束。

該條規定揭示了要約的性質及其構成要件。

要約是希望和他人訂立合同的意思表示。首先，要約是一種意思表示。要約既不是事實行為，也不是法律行為，只是一種意思表示。其次，要約是希望和他人訂立合同的意思表示。要約的目的，是希望與相對人訂立合同；若無此目的，即不構成要約。

（二）要約的要件

要約作為一種意思表示，除了必須具備意思表示的一般要件外，還有其特定的構成要件，包括以下幾個方面：

（1）要約是由特定人作出的意思表示。要約旨在與他人訂立合同，所以，要約人必須是訂立合同一方的當事人，這就要求要約人是特定之人。唯有如此，受要約人才能對之作出承諾，從而訂立合同。

（2）要約必須具有訂立合同的意圖。此點在《合同法》第 14 條第（2）項中已有規定，即要約應表明，一經受要約人承諾，要約人即受該意思表示約束，與之建立合同關係。實踐中，應根據要約所實際使用的語言、文字和其他情況判斷要約人是否決定與受要約人訂立合同。

（3）要約必須向要約人希望與之訂立合同的受要約人發出。要約只有向要約人希望與之訂立合同的受要約人發出，才能喚起受要約人的承諾，從而訂立合同。然而，對於受要約人是否必須是特定的人，則有不同看法。本書認為，要約原則上應向特定的人發出（可以是一人，也可以是數人），但法律並不禁止要約向不特定人發出。但是向不特定人發出要約，必須具備兩個條件：①必須明確表示其作出的建議是一項要約而非要約邀請，如申明「本廣告構成要約」；②必須明確承擔向多人發出要約的責任，同時具有向不特定的相對人作出承諾後履行合同的能力。

（4）要約的內容必須具體、確定。所謂具體，是指要約的內容必須是合同成立所必需的條款（合同的主要條款）。所謂確定，是指要約的內容必須明確，不能含糊不清，使相對人難明其意。

(三) 要約邀請

1. 要約邀請的概念

要約邀請，也稱要約引誘，是指希望他人向自己發出要約的意思表示。依此定義，要約邀請具有以下特點：

(1) 要約邀請是一種意思表示，故應具備意思表示的一般成立要件。

(2) 要約邀請的目的在於誘使他人向自己發出要約，而非與他人訂立合同，故只是訂立合同的預備行為，而非訂約行為。

(3) 要約邀請只是引誘他人發出要約，既不能因相對人的承諾而成立合同，也不能因自己作出某種承諾而約束要約人，行為人撤回其要約邀請，只要沒有給善意相對人造成信賴利益的損失，不承擔法律責任。

2. 要約與要約邀請的區分

區分要約與要約邀請，既十分重要，又相當複雜，各國立法和實踐主張也不完全一致，因此，對招標、投標、懸賞廣告等行為性質的認識也不盡相同。根據中國合同法理論和實踐，區分要約與要約邀請主要有以下標準：

(1) 根據法律規定區分，即如果法律規定某行為為要約邀請或要約，應依其規定處理。中國《合同法》第15條有此規定。

(2) 根據當事人的意願區分。例如，如果當事人在其訂約建議中申明「以我方最后確認為準」，就表明其不願受對方要約的約束，因而屬要約邀請；商店在其展示的服裝上標示「六折出售」字樣及價格，則為要約，如標明為「樣品」，則為要約邀請。

(3) 根據訂約提議的內容是否包含了合同的主要條款加以確定。例如，甲對乙稱「我有位於某處的房屋一棟，願以低價出售，你是否願意購買」，因沒有標明價款，不能認為是要約；若甲明確提出以20萬元出售該房屋，則構成要約。

(4) 根據交易習慣加以區分。出租車停在路邊攬客（豎起「空車」標牌），如根據當地規定或行業習慣，司機可以拒載，則此種招攬是邀請，反之，則可視為要約。

(5) 根據訂約提議是向特定人還是不特定人發出區分。向不特定人發出者，大都為要約邀請，如商業廣告等。

根據中國《合同法》第15條，下列行為屬要約邀請：

(1) 寄送的價目表。此舉雖包含了商品名稱及價格條款，且含有行為人希望訂立合同的意思，但從中並不能確定行為人具有一經對方承諾即接受承諾后果的意圖，而只是向對方提供某種信息，希望對方向自己提出訂約條件，因此只是要約邀請，而不是要約。當然，如果在向不特定人派發的商品訂單中明確表示願受承諾的約束，或從其內容中可以確定有此意圖，則應認定為要約。

(2) 拍賣公告。拍賣是指拍賣人在眾多的報價中，選擇報價最高者訂立買賣合同的特殊買賣方式。拍賣一般要經過三個階段：拍賣表示（拍賣公告）；拍買（叫價）；拍定。對拍賣公告，各國合同法一般認為是要約邀請，因為其中並未包含合同成立的主要條件，特別是價格條款，而只是希望競買人提出價格條款。

(3) 招標公告。招標是指訂立合同的一方當事人採取招標公告的形式向不特定人

發出的、以吸引或邀請相對方發出要約為目的的意思表示。對招標的回應稱為投標。一般認為，招標屬要約邀請，投標為要約（招標人的決標為承諾）。值得注意的是，如果招標人在招標公告中明確表示將與報價最優者訂立合同，則可視為要約。

（4）招股說明書。招股說明書是指擬公開發行股票的人經批准公開發行股票后，依法於法定日期和證券主管機關指定的報刊上刊登的全面、真實、準確地披露發行股票者的信息以供投資者參考的法律文件。它通過向社會提供股票發行人的各方面信息，從而吸引投資者向發行人發出購買股票的要約，故屬要約邀請。

（5）商業廣告。商業廣告是指商品經營者或者服務提供者通過一定的媒介和形式直接或間接地介紹自己所推銷的產品或者所提供的服務的文字、圖形或影音作品。從其內容、對象、后果等方面判斷，商業廣告均不能構成要約，而是要約邀請。但如果廣告內容符合要約規定，應視為要約，例如註明為要約或寫明相對人只要作出規定的行為就可以使合同成立者，即為要約。

（四）要約的效力

世界各國通行的是「到達主義」立場。依到達主義，要約於到達受要約人時生效。中國也採取了這一立場，中國《合同法》第16條第1款規定：要約到達受要約人時生效。何謂到達？應作廣義解釋：

（1）到達受要約人與到達代理人（包括無行為能力人、限制行為能力人的法定代理人）；

（2）「到手到達」與「非到手到達」（送達受要約人所能實際控製之處所，如信箱）；

（3）數據電文要約的到達。

中國《合同法》第16條第2款規定：採用數據電文形式訂立合同，收件人指定特定系統接收數據電文的，該數據電文進入該特定系統的時間，視為到達時間；未指定特定系統的，該數據電文進人收件人的任何系統的首次時間，視為到達時間。

要約的效力期間由要約人確定。如未預先確定，則應區分以下兩種情況：

（1）口頭要約，如受要約人未立即作出承諾，即失去效力。

（2）書面要約，如要約中未規定有效期間，應確定一個合理期間作為要約存續期限，該期限的確定應考慮以下因素：要約到達所需時間；作出承諾所需時間；承諾到達要約人所需時間。

要約的效力表現在兩個方面：

（1）要約對要約人的拘束力（要約的形式拘束力）：要約一經生效，要約人即受到拘束，不得隨意撤回、撤銷或對要約加以限制、變更和擴張。但要約人預先申明不受要約約束或依交易習慣可認為其有此意思時，不在此限。

（2）要約對受要約人的拘束力（要約的實質拘束力）：受要約人於要約生效時取得依其承諾而成立合同的法律地位，具體表現在：受要約人有為承諾以訂立合同的權利（形成權），此權利原則上不得由他人繼受，但要約人認可者除外；受要約人對於要約人原則上不負任何義務，只有在強制締約情形下，承諾為法定義務。

（五）要約的撤回和撤銷

要約的撤回，是指要約人在發出要約後，於要約到達受要約人之前取消其要約的行為。中國《合同法》第 17 條規定：要約可以撤回。撤回要約的通知應當在要約到達受要約人之前或者同時到達受要約人。在此情形下，被撤回的要約實際上是尚未生效的要約。倘若撤回的通知於要約到達後到達，而按其通知方式依通常情形應先於要約到達或同時到達，其效力如何？中國《合同法》對此未作規定。依誠實信用原則，在此情況下，相對人應當向要約人發出遲到的通知，相對人怠於通知且其情形為要約人可得而知者，其要約撤回的通知視為未遲到。

要約的撤銷，是指在要約發生法律效力後，要約人取消要約從而使要約歸於消滅的行為。要約的撤銷不同於要約的撤回（前者發生於生效後，後者發生於生效前）。一般而言，要約對於受要約人是沒有約束力的。多數國家承認要約可以撤回，但一旦要約已經到達受要約人之後，要約人是否可以撤銷或變更其要約，各國的法律規定存在著重大分歧。

中國《合同法》第 18 條規定：要約可以撤銷。撤銷要約的通知應當在受要約人發出承諾通知之前到達受要約人。《合同法》第 19 條規定：有下列情形之一的，要約不得撤銷：

（1）要約人確定了承諾期限或者以其他方式明示要約不可撤銷的；

（2）受要約人有理由認為要約是不可撤銷的，並且已經為履行合同做了準備工作。

《聯合國國際貨物買賣合同公約》第 16 條規定：

（1）在未訂立合同之前，如果撤銷通知於被發價人發出接受通知之前送達被發價人，發價得予撤銷。

（2）但在下列情況下，發價不得撤銷：

①發價寫明接受發價的期限或以其他方式表示發價是不可撤銷的；

②被發價人有理由信賴該項發價是不可撤銷的，而且被發價人已本著對該項發價的信賴行事。

（六）要約的失效

要約的失效，即要約喪失法律拘束力。要約失效的事由有以下幾種：

（1）受要約人拒絕要約。廣義的拒絕包括對要約內容的實質變更（構成反要約），但合同法將此單列為一項。

（2）要約人撤銷要約。

（3）承諾期限屆滿，受要約人未作出承諾。

（4）受要約人對要約的內容作出實質性變更。

## 二、承諾

（一）承諾的概念和要件

承諾是指受要約人根據要約規定的方式，對要約的內容加以同意的一種意思表示。

要約一經承諾，合同即告成立。承諾須具備以下要件：

1. 承諾必須由受要約人作出

其一，承諾必須是受要約人的意思表示。如果要約是向特定人發出的，承諾須由該特定人作出；如果是向不特定人發出的，不特定人均具有承諾資格。受要約人以外的人，不具有承諾資格。其二，承諾可由受要約人本人作出，也可由其代理人作出。

2. 承諾必須在合理期限內向要約人發出

承諾應當在要約確定的期限內到達要約人。要約沒有確定承諾期限的，如果要約以對話方式作出的，應當及時作出承諾的意思表示，但當事人另有約定的除外；如果要約以非對話方式作出的，承諾應當在合理期限內到達受要約人。中國《合同法》第24條規定：要約以信件或者電報作出的，承諾期限自信件載明的日期或者電報交發之日開始計算。信件未載明日期的，自投寄該信件的郵戳日期開始計算。

3. 承諾的內容必須與要約的內容相一致

中國《合同法》第30條規定：承諾的內容應當與要約的內容一致。受要約人對要約的內容作出實質性變更的，為新要約。有關合同標的、數量、質量、價款或者報酬、履行期限、履行地點和方式、違約責任和解決爭議方法等的變更，是對要約內容的實質性變更。本條規定揭示了承諾的內容要件，即承諾的內容必須與要約內容一致。所謂內容一致，具體表現在：承諾是無條件的同意，不得限制、擴張或者變更要約的內容，否則不構成承諾，而應視為對要約的拒絕並作出一項新要約（或稱反要約）。但承諾的內容並不要求與要約的內容絕對一致或完全等同，即允許承諾對要約的內容作非實質性變更。但中國《合同法》第31條又規定：承諾對要約的內容作出非實質性變更的，除要約人及時表示反對或者要約表明承諾不得對要約的內容作出任何變更的以外，該承諾有效，合同的內容以承諾的內容為準。由此可見，非實質性變更的承諾在以下兩種情況下不能生效：一是要約人及時表示反對；二是要約中明確表示不得作任何變更。

4. 承諾的傳遞方式必須符合要約所提出的要求

中國《合同法》第22條規定，承諾應當以通知的方式作出，但根據交易習慣或者要約表明可以通過行為方式作出承諾的除外。根據這一規定，承諾原則上應當以通知方式作出。通知包括口頭通知和書面通知，要約人對通知的方式有特殊要求的，應按該要求予以通知。如果根據交易習慣或者要約表明可以通過行為方式作出承諾，則該行為也構成承諾。行為包括作為和不作為，構成承諾的行為主要是指作為，如供貨商於收到訂貨要約后徑行發貨。單純的緘默或不作為通常不能作為承諾的意思表示方式，但是，如果交易習慣或要約表明可採取此種方式進行承諾的，也可以作為承諾方式。

（二）承諾的效力

即承諾所產生的法律效果。簡言之，承諾的效力表現為：承諾生效時合同成立。具體而言，在諾成合同，承諾生效合同即告成立；在實踐合同，若交付標的物先於承諾生效，承諾同樣使合同成立，若交付標的物后於承諾生效，則合同自交付標的物時成立。因此，承諾生效的時間在合同法上具有重要意義。

承諾從什麼時候起生效，這是合同法中的一個十分重要的問題。因為根據西方各國的法律，承諾一旦生效，合同即告成立，雙方當事人就承受了由合同所產生的權利與義務。對於承諾的生效時間，兩大法系有著不同的立法例。在這個問題上，英美法與大陸法，特別是德國法有很大的分歧。兩者的不同規定表現為三種不同的主張：

1.「投郵主義」（Mail-box Rule）

這是英美法的主張。英美法認為，在以書信或電報作出承諾時，承諾一經投郵，立即生效，合同即告成立。

2.「到達主義」（Received the Letter of Acceptance）

大陸法系採用到達主義或送達主義，即主張承諾的意思表示於到達要約人支配的範圍內時生效。如《德國民法典》第130條規定，在相對人以非對話方式向其（要約人）為意思表示時，意思表示於通知到達要約人時發生效力。《聯合國國際貨物銷售合同公約》也採納了這一主張。

3.「瞭解主義」（Knowledge of the Letter of Acceptance）

過去，大陸法原則上採取此原則，即不僅要求收到對方的意思表示，而且要求證明是否真正瞭解其內容時，該意思表示才能生效。

中國《合同法》採用到達主義。中國《合同法》第26條規定：承諾通知到達要約人時生效。承諾不需要通知的，根據交易習慣或者要約的要求作出承諾的行為時生效。採用數據電文形式訂立合同的，承諾到達的時間適用本法第16條第2款的規定。

(三) 承諾的撤回和遲延

承諾的撤回，是指受要約人在其作出的承諾生效之前將其撤回的行為。撤回承諾是承諾人阻止承諾發生效力的一種意思表示。承諾必須在其生效之前才能撤回，其一旦生效，合同即告成立，承諾人就不得撤回其承諾。

根據英美法的有關判例，由於其認為承諾的函電一經投郵就立即生效，因此，受要約人在發出承諾通知后就不能撤回其承諾。

根據德國法，由於其認為承諾的通知必須送達要約人才能生效，因此，受要約人在發出承諾通知后，原則上仍然可以撤回承諾，只是撤回的通知必須與承諾的通知同時或提前到達要約人，才能把承諾撤回。

中國《合同法》第27條規定：承諾可以撤回。撤回承諾的通知應當在承諾通知到達要約人之前或者與承諾通知同時到達要約人。本條規定明確了承諾撤回的原則（依到達主義，承諾可以撤回）、撤回的方式（通知）、撤回的生效條件（先於承諾到達或同時到達）。承諾一經撤回，即不發生承諾的效力，也就阻止了合同的成立。

承諾遲延又稱遲到的承諾，是指受要約人未在承諾期限內發出的承諾。對此，中國《合同法》第28、29條作了以下規定：

（1）除要約人及時通知受要約人該承諾有效的以外，遲到的承諾不發生承諾的效力，但因其符合要約的條件，故可視為新要約；

（2）承諾因意外原因而遲延者，並非一概無效。

《合同法》第29條規定：受要約人在承諾期限內發出承諾，按照通常情形能夠及

時到達要約人，但因其他原因承諾到達要約人時超過承諾期限的，除要約人及時通知受要約人因承諾超過期限不接受該承諾的以外，該承諾有效。這一規定照顧了受要約人的利益，使得合同法採取的到達主義與發送主義更為接近。

### 三、對價與約因

有些西方國家的法律要求，一項在法律上有效的合同，除了當事人之間意思表示一致外，還必須具備另一項要件。

對於這項要件，英美法稱之為「對價」，法國法稱之為「約因」，並以有無對價或約因作為區別有訴權的合同與無強制執行力的約定或社交性的協議的一個根本標誌。

#### （一）英美法的對價

英美法把合同分為兩種類型：

一種類型是簽字蠟封合同，這種合同是由當事人簽字並加蓋印章，然后把它交給對方而作成的，其有效性完全是由於它所採用的形式，不要求任何對價。另一種類型是簡式合同，它包括口頭合同與並非以簽字蠟封式作成的一般的書面合同，這類合同必須有對價，否則就沒有約束力。

具體地說，對價包含三層意思①：

（1）從對價與諾言的關係看，對價是受諾人為使諾言人的諾言產生法律的約束力，向諾言人提供的一種與諾言相對應的報價。

（2）從交易條件看，所謂對價，是指合同標的物是互為有償的，既可以是金錢，也可以是其他有價值的東西，例如，商品或服務就可以用價格計算或衡量。

（3）從法律意義看，所謂對價，是指一種相互關係，即買賣雙方在法定範圍內互有權利與義務，都必須受法律規定的約束。

根據英美法的解釋，一項有效的對價必須具備以下五個條件：

（1）對價必須是合法的。
（2）對價必須是待履行的對價或已經履行的對價，而不是過去的對價。
（3）對價必須具有某種價值，但不要求充足。
（4）已經存在的義務或法律上的義務不能作為對價。
（5）對價必須來自受允諾人。

為了適應當代商業發展的需要，《美國統一商法典》第二篇第 2-209 條第 1 款明確規定，關於修改現存合同的協議，即使沒有對價也具有約束力。此外，美國法為了防止在某些情況下由於缺乏對價而產生不公平的結果，還形成了一項所謂「不得自食其言」（Promissory Estoppel，諾言禁止反悔）的原則。

此外，美國《第二次合同法重述》第 90 條，即「有理由認為是誘發了行為或限制了行為的諾言」這一條，對此作出了以下規定：「如果諾言人有理由預見其諾言會誘使受諾人或某一第三人實施行為或限制行為，同時，該諾言在事實上誘發了此種行為或

---

① 高爾森. 英美合同法綱要 [M]. 天津：南開大學出版社，1984.

限制行為，那麼，如果只有通過強制執行該諾言，才能使不公正得到避免，該諾言就是有約束力的。就違背諾言而准許的補救僅限於為維護正義而要求的範圍。」

上述定義規定了構成「自食其言」的各項要件，以及受諾人可以據此請求救濟的範圍：

（1）諾言人向受諾人作出了某種許諾。

（2）諾言人預見或理應預見該諾言會使受諾人實施某種行為或限制行為。

（3）該諾言事實上導致受諾人的行為或限制行為，從而導致受諾人的損失，也就是說，在該諾言與受諾人蒙受的損失之間存在一定的因果關係。

（4）只有強制執行該諾言，才能維護公正。這一要件強調，諾言人在主觀上有錯誤，即他知道或理應知道，如果他自食其言，將會使受諾人蒙受損失，而受諾人在主觀上沒有過錯，即他對該諾言給予信賴，並根據這種信賴在採取行為之前是具備應有的謹慎的。

（5）受諾人獲得救濟的權利受到比通常的救濟如合同的救濟與侵權行為的救濟更加嚴格的限制。

（二）法國法中的約因

法國法把約因作為合同有效成立的要件之一。根據法國法的解釋，債的約因是指訂約當事人產生該項債務所追求的最接近與最直接的目的。在雙務合同中，存在兩個約因，即雙方當事人之間存在著相互給付的關係。①

（三）德國法的規定

德國法在合同成立的問題上，沒有採用約因原則。德國法與法國法不同，它不以約因作為合同成立的必要條件。德國法有所謂「不當得利」（Unjust Enrichment）的制度，這是指沒有法律上的任何原因而取得他人財產或其他利益。德國法雖然不把「原因」（即約因）作為合同成立的要件，但是實際上，「原因」在德國民法的其他方面仍然起著很大的作用。②

德國法上的不當得利，在英美法與法國法中稱為「準合同」（Quasi Contract），美國法有時稱其為「償還法」（Law of Restitution）。其名稱雖然不同，但是法律效果則是一樣的，都是由於缺乏法律上的原因或對價，雙方當事人不能成立合同關係，受益人必須歸還從他人處取得的財產或利益。

需要注意的是：準合同不是合同。準合同是法律上的默示合同。準合同的當事人之間也不存在事實上的默示合意。準合同是因為不當得利的行為而發生的。準合同的理論能夠在合同法與侵權行為法不能提供適當的救濟時為受到損害的一方提供衡平法上的救濟，從而實現法律上的公正。

---

① 尹田. 法國現代合同法 [M]. 北京：法律出版社，2009：6.
② 迪特爾·梅迪庫斯. 德國民法總論 [M]. 邵建東，譯. 北京：法律出版社，2000.

### 四、合同的形式

從訂立合同的形式的角度看，合同可以分為要式合同與不要式合同。要式合同，是指必須根據法定的形式或手續訂立的合同。不要式合同，是指法律上不要求根據特定的形式而訂立的合同。要式合同最早來源於羅馬法。

各國法律之所以對某些合同要求必須根據法定的形式訂立，其目的與作用有兩個：一是用以作為合同生效的要件；二是用以作為證明合同存在的證據。

（一）法國法

法國法把要式合同分為兩種情況：一種情況是以法定形式作為合同有效的要件，另一種情況是作為證據要求。在第一種情況下，法院有權不根據當事人的申請，而根據其職權宣告不按法定形式訂立的合同無效。第二種情況是把某種法定形式作為證據，用以證明合同的存在及其內容，除了法律規定的形式外，法院不接受其他形式的證據。[1]

（二）德國法

德國民法典在總則中明確地規定，不根據法律規定形式的法律行為無效。但是，這並不是說，德國的法律要求一切合同都必須具備特定的形式。

（三）英美法

英美法把合同分為簽字蠟封合同與簡式合同兩種。簽字蠟封合同是要式合同，這種合同無須對價，但是必須以特定的形式訂立。簡式合同必須要有對價。但簡式合同不等於不要式合同。

根據英國的判例，下列三種合同必須採用簽字蠟封形式訂立：[2]

(1) 沒有對價的合同；
(2) 轉讓地產或地產權益的合同，包括租賃土地超過3年的合同；
(3) 轉讓船舶的合同。

簡式合同是指必須有對價支持的合同，但是不等於完全是不要式的合同。根據英國法，以下幾種簡式合同是必須以書面形式作成的，否則合同無效或者不能強制執行：

(1) 要求以書面形式作為合同有效成立要件的合同。
(2) 要求以書面文件或備忘錄作為證據的合同。

（四）《聯合國國際貨物買賣合同公約》有關合同形式的規定

《聯合國國際貨物買賣合同公約》對於國際貨物買賣合同的形式原則上不加以任何限制。無論當事人採用口頭形式還是書面形式，都不影響合同的有效性，也不影響證據力。

《聯合國國際貨物買賣合同公約》第11條明確地規定：「買賣合同無須以書面訂立或證明，在形式方面不受任何其他條件的限制，買賣合同可以用包括證言在內的任何

---

[1] 尹田. 法國現代合同法 [M]. 北京：法律出版社，2009：6.
[2] 高爾森. 英美合同法綱要 [M]. 天津：南開大學出版社，1984.

方法證明。」該公約的這一規定是為了適應當代國際貿易的特點，因為許多國際貨物買賣合同是以現代通信方法訂立的，不一定存在書面形式合同。

中國在核准該公約時，對第 11 條提出了保留，聲明訂立國際貨物買賣合同必須採用書面的方式。

### 五、合同成立的時間和地點

(一) 合同成立時間

1. 一般規定

中國《合同法》第 25 條規定：承諾生效時合同成立。據此，合同於承諾生效時成立。至於承諾於何時生效，則有前文所述兩種立法主張，茲不贅述。

2. 合同書形式的合同成立時間

中國《合同法》第 32 條規定：當事人採用合同書形式訂立合同的，自雙方當事人簽字或者蓋章時合同成立。當事人採用合同書形式訂立合同，但並未簽字蓋章，意味著當事人的意思表示未能最后達成一致，因而一般不能認為合同成立。雙方當事人簽字或者蓋章不在同一時間的，最后簽字或者蓋章時合同成立。

3. 確認書形式的合同成立時間

中國《合同法》第 33 條規定：當事人採用信件、數據電文形式訂立合同的，可以在合同成立之前要求簽訂確認書。簽訂確認書時合同成立。在此情況下，確認書具有最終承諾的意義。

4. 合同的實際成立

中國《合同法》第 36 條規定：法律、行政法規規定或者當事人約定採用書面形式訂立合同，當事人未採用書面形式但一方已經履行主要義務，對方接受的，該合同成立。此時可從實際履行合同義務的行為中推定當事人已經形成了合意和合同關係，當事人一方不得以未採取書面形式或未簽字蓋章為由，否認合同關係的實際存在。

(二) 合同的成立地點

1. 一般規定

中國《合同法》第 34 條規定：承諾生效的地點為合同成立的地點。採用數據電文形式訂立合同的，收件人的主營業地為合同成立的地點；沒有主營業地的，其經常居住地為合同成立的地點。當事人另有約定的，按照其約定。

2. 書面合同的成立地點

中國《合同法》第 35 條規定：當事人採用合同書形式訂立合同的，雙方當事人簽字或者蓋章的地點為合同成立的地點。

### 六、格式條款合同

(一) 格式條款的概念

格式條款是當事人為了重複使用而預先擬訂，並在訂立合同時未與對方協商的條款。這一規定描述了格式條款的以下特徵：

1. 由一方當事人預先擬訂

此點表明，格式條款是由一方當事人事先擬訂的，在擬訂之時並未徵求對方當事人的意見。對此，應作擴大解釋，即不限於一方當事人自己事先擬訂，也包括一方採用第三人擬訂的格式條款（如主管部門、行業組織制定的合同示範文本，但示範文本本身並非格式條款）。但是，法律規定的合同條款，無論是當然適用的強制性條款，還是具有補充當事人意思作用的任意性條款，都不屬於格式條款的範圍。

2. 重複使用

重複使用包括適用對象的廣泛性和適用時間的持久性。一般而言，格式條款的擬訂是為了重複使用。但有學者認為，重複使用並不是格式條款的本質特徵，而僅僅是為了說明「預先擬訂」的目的，因為有的格式條款只使用一次，而普通合同條款也可以反覆使用多次。

3. 在訂立合同時未與對方協商

此點強調了格式條款的附從性或定型化特徵，即格式條款的特點在於訂約時不容對方協商（要麼接受，要麼拒絕）；容許協商而不與對方協商或放棄協商，該條款並非格式條款。

(二) 格式條款的訂立規則

中國《合同法》第 39 條第 1 款規定：採用格式條款訂立合同的，提供格式條款的一方應當遵循公平原則確定當事人之間的權利和義務，並採取合理的方式提請對方注意免除或者限制其責任的條款，按照對方的要求，對該條款予以說明。該條規定了提供方的一般義務，並規定了提供方免責格式條款的「提請注意義務」和「說明義務」。

格式條款訂入合同必須經過一定的程序，並不能自動納入合同。格式條款訂入合同的程序實際上就是《合同法》第 39 條第 1 款所規定的提供條款的一方應當採取合理的方法提請對方注意，即有義務以明示或者其他合理、適當的方式提醒相對人注意其欲以格式條款訂立合同的事實。此種提醒應達到合理的程度，具體可從文件的外形、提起注意的方法、清晰明白的程度、提起注意的時間等方面綜合判斷。

(三) 格式條款的無效

中國《合同法》第 40 條規定：格式條款具有本法第 52 條和第 53 條規定情形的，或者提供格式條款一方免除其責任、加重對方責任、排除對方主要權利的，該條款無效。

本條採取列舉的方式，規定了格式條款的無效情形。需要注意的是：

(1) 格式條款中的免責條款是否一概無效。應當認為，本條所謂免除責任，是指格式條款的制定人在格式條款中已經不合理或不正當地免除其應當承擔的責任，而且是所免除的不是未來的責任，而是現在應當承擔的義務和責任，其含義不同於第 39 條所規定的「免除或者限制其責任的條款」。

(2) 何謂「對方的主要權利」，一說認為是指法律規定的權利，如消費者的權利；一說認為應由法官自由裁量；一說認為應依合同性質確定。應當認為最後一種說法較為妥當，因為前者應適用《合同法》第 52 條（違反強行法），第二種觀點則等於無以

為據。

(四) 格式條款的解釋

中國《合同法》第 41 條規定：對格式條款的理解發生爭議的，應當按照通常理解予以解釋。對格式條款有兩種以上解釋的，應當作出不利於提供格式條款一方的解釋。格式條款和非格式條款不一致的，應當採用非格式條款。

本條規定了格式條款的解釋規則，包含三個層次內容：

(1) 通常理解規則。對格式條款的解釋應以一般人的、慣常的理解為準，而不應僅以條款製作人的理解為依據，對某些特殊術語，也應作出通常的、通俗的、一般意義的解釋，亦即依據訂約者平均的、通常具有的理解能力予以解釋。

(2) 不利解釋規則。不利解釋規則古已有之，現代各國民法均予以採納，即應作不利於格式條款提供者的解釋。

(3) 非格式條款效力優先規則。非格式條款即個別商議條款，其效力應優先於格式條款，這樣既尊重了當事人的意思，也有利於保護廣大消費者。

## 七、締約過失責任

(一) 締約過失責任的概念和構成要件

締約過失責任，是指在訂立合同過程中，一方因違背其依據誠實信用原則所應盡的義務而致另一方信賴利益的損失，依法應承擔的民事責任。

締約過失責任的構成應具備如下要件：

(1) 此種責任發生於合同訂立階段。這是它與違約責任的根本區別。只有在合同尚未成立，或者雖已成立，但因為不符合法定的有效要件而被確認為無效或被撤銷時，才可能發生締約過失責任。因此，合同是否成立，是判定是否產生締約過失責任的關鍵。

(2) 一方當事人違反了依誠實信用原則所擔負的先合同的義務。由於合同尚未成立，因此當事人並不承擔合同義務。然而，在訂約階段，當事人依誠實信用原則負有忠實、保密等義務，此為法定義務，若因過失而違反，則可能產生締約過失責任。

(3) 另一方的信賴利益因此而受到損失。所謂信賴利益損失，是指一方實施某種行為后，另一方對此產生了信賴（如相信其會與己方訂立合同），並為此而支付了一定的費用，后因對方違反誠實信用原則導致合同未成立或無效，該費用不能得到補償，因而受到損失。此項損失，既包括財產的直接減少（積極損失），也包括應增加而未增加的利益（如履約收益）。

(二) 締約過失責任的適用

中國《合同法》第 42 條規定了締約過失責任的三種情形：一是假借訂立合同，惡意進行磋商；二是故意隱瞞與訂立合同有關的重要事實或者提供虛假情況；三是有其他違背誠實信用原則的行為。

(1) 惡意磋商，即非出於訂立合同之目的而借訂立合同之名與他人磋商。其真實目的，或阻止對方與他人訂立合同，或使對方貽誤商機，或僅為戲耍對方。

（2）故意隱瞞與訂立合同有關的重要事實或者提供虛假情況。締約當事人依誠實信用原則負有如實告知義務，主要包括：

①告知對方自己的財產狀況與履約能力；

②告知標的物的瑕疵；

③告知標的物的性能和使用方法。

若違反此項義務（隱瞞或虛告），即構成詐欺，如因此致對方受損害，應負締約過失責任。

（3）其他違背誠實信用原則的行為。主要有：

①違反有效要約和要約邀請。如某房地產開發公司於售樓廣告中稱客戶入住後將開通免費進市區班車，后雖開通，但數月后即停止。

②違反初步協議或許諾。如王某與某小學商定捐款100萬元改建校舍，王某承諾捐款於9月到位，要求學校此前做好準備，並備好配套資金。學校將舊校舍拆除，並貸款50萬元。后王某以生意虧損為由拒絕捐款，給學校造成損失。

③未盡保護、照顧等附隨義務，如店堂地滑致顧客摔傷。

④違反強制締約義務，如公共汽車司機無正當理由拒載。

⑤無權代理。無權代理若未被被代理人追認，又不構成表見代理，則應由行為人承擔締約過失責任。

（三）締約過失責任的賠償範圍

當事人承擔締約過失責任的形式是損害賠償。締約過失損害賠償的範圍，是相對人因締約過失而遭受的信賴利益損失，包括直接損失和間接損失。具體而言：

（1）在合同不成立，或雖已成立但被宣告為無效或被撤銷的情況下，構成締約過失的一方應賠償對方的直接損失通常包括訂立合同的費用（如差旅費、通信費）、準備履行合同所支出的費用（如倉庫預租費）以及上述費用的利息，間接損失主要指對方因此喪失商機所造成的損失；

（2）由於一方當事人在訂立合同的過程中未盡照顧、保護義務而使對方遭受人身損害時，應賠償因此產生的實際財產損失；

（3）由於一方當事人在訂立合同的過程中未盡通知、說明義務致使另一方遭受財產損失時，也應賠償其實際財產損失。

## 第三節　合同的效力

### 一、合同的成立與生效

（一）合同的成立

合同的成立，是指訂約當事人通過要約和承諾的方式對合同的主要條款達成了合意，即雙方當事人意思表示一致而建立了合同關係，表明了合同訂立過程的完結。合

同成立的本質是當事人關於債的關係而表達的意思取得一致，意味著合同關係的存在。

通常認為，合同成立的共通要件是：

（1）有意思表示。當事人相互意思表示一致時法律行為方告成立。

（2）標的須確定並且可能。標的確定，指關於標的表示須達到能被具體認定的程度。例如買賣的價金以及委任的授權事項等，須能確定。認定標的確定與否的時點，通常為行為成立時。標的可能，指標的在客觀上須具有實現的現實性。

合同成立的特別要件有（這是指法律對某些法律行為的特別要求，不是所有的法律行為皆有的要件）：

（1）在有因行為，原因欠缺法律行為不成立，原因就成了特別要件；

（2）在實踐性民事法律行為，物之交付就是特殊要件，法律行為在交付完成前不成立。

合同成立的效力，即表意人必須受意思表示的約束，不得擅自變更和撤回。

(二) 合同的生效

合同的生效，是指已經成立的合同在當事人之間產生一定的法律效力，也就是通常所說的法律拘束力。合同的成立與合同的生效在法律上是兩個完全不同的概念。所謂合同的成立，是指合同訂立過程的完成，也就是說，締約人經過平等的協商而對合同的基本內容達成了一致意見。要約和承諾的結束意味著當事人合意的完成，也是合同的成立。所以合同的成立屬於合同的訂立範疇，解決的是合同是否存在的問題；而合同的生效屬於合同的效力範疇，解決的是已經成立的合同是否具有法律效力的問題。這就是說，即使合同已經成立，如果不符合法律規定的生效要件，仍然不能產生效力。所以，合同成立制度主要體現了當事人的意志，體現了合同自由原則，而合同生效制度則體現了國家對合同關係的肯定或否定的評價，反應了國家對合同關係的干預。合同成立與生效又有著密切聯繫。合同成立是合同生效的前提，而合同生效則是合同依法成立的結果。

所謂合同的生效要件，是指使已經成立的合同發生完全的法律效力所應具備的法律條件，包括意定條件和法定條件，意定條件即當事人約定附條件或附期限，法定條件即：行為人具有相應的民事行為能力；意思表示真實；不違反法律或者社會公共利益。本書主要講法定條件。

(三) 合同成立與生效的區別

1. 成立與生效分屬兩個不同的法律規則和判斷標準

合同成立與否是一事實問題，其意義在於識別某一合同是否已經存在，該合同是此合同還是彼合同（即合同的類型化）以及合同行為與事實行為、侵權行為之間的區別。因此，合同成立的規則是一套合同關係的法律事實構成規則，依其僅能作為成立與不成立兩種事實判斷。而生效與否為一法律價值判斷的問題，其意義在於識別某一合同是否符合法律的精神和規定，因而能否取得法律所認可的效力。依合同生效之規則所作出的判斷為價值評價性判斷：有效、無效、效力未定、可撤銷。正如鄭玉波先生所指出：法律行為（合同是最典型的法律行為），「具備成立要件而不具備生效要件

時……可得之種情形（效果）即無效，撤銷與效力未定是也」①。由此可見，成立與生效分屬兩個不同的規範系統。

2. 作為事實構成的成立規則的法律要求

合同成立作為一個意思表示的事實的構成系統，其功能主要是為了解決合同是否存在，因此，法律對成立規則提出的要求是：當事人的意思表示必須具體、明確。

（1）當事人的意思表示中須有設立、變更或終止合同關係的意圖，即合同當事人必須意識到且追求其行為所設定權利義務效果。不具有設立合同權利義務關係意圖的家庭協議、交易意向約定均不構成合同成立之要素。

（2）合同當事人的意思表示完整明確地指明所欲訂立的合同的必要內容，即合同的必要條款，如買賣合同之「標的」、價金等條款；如合同的必要條款不明確的合同文件，雖有合同的外觀而無合同的實質內容，由於其設權的合同關係的意圖不明確而無法履行，如果將此類合同的表示視為合同成立，賦予其一定的法律效力，必然會導致社會經濟制度和法律的混亂。一個完整的合同應具備必要的條款，合同才能成立。

（3）合同當事人的內在設權意思表示必須經過要約和承諾兩個階段。合同是當事人之間的合意，其合意是對合同的主要條款達到一致。要實現這一點，必須經過要約與承諾兩個階段。確定合同是否成立，關鍵在於衡量當事人雙方是否具有締結合同的內在意思，並且最終達成意思表示一致。這種相互交換意思表示的過程，法律上稱之為要約與承諾的過程。史尚寬認為「契約為由兩個交換所為的意思表示之一致而成立之法律行為，因為要約與承諾一致而成立契約，故而稱為雙方行為」②。

3. 作為價值標準的生效規則的法律要求

合同當事人的內在設權意思必須通過一定的方式表示出來，並足以為外界客觀識別。當事人之要約與承諾的方式可以為口頭的，可為書面的，亦可是信件、電文的，在實踐性合同中還須以交付標的物為形式要件。合同當事人只有通過其內在的設權意圖表示在外，才能為外界所識別。而作為評價合同當事人意思表示的價值標準的生效規則，它必須具有一個比當事人意思表示更高的層次，對此有學者正確地指出，法律行為（在此為合同行為）的生效要件，就其性質言，主要是關於意思品質的要求。③ 這種品質要求體現在合同法上，就是合同的生效規則必須體現合法、公平、效率的價值準則。

（1）合法性要求是法律對合同效力評價的首要準則。如果一個合同的內容違反法律的要求，合同法對此則不能保護。合法性對合同效力規則的要求是：

①訂約主體須具有相應的民事權利能力和行為能力。如企業法人、有營業執照的分公司等，如無訂約能力的主體訂立的合同為無效。

②標的合法。如果標的不合法，如標的為國家禁止的流通物、走私物，則合同無效。

---

① 鄭玉波. 民法總論 [M]. 臺灣三民書局，1979：31.
② 史尚寬. 民法總論 [M]. 臺灣榮泰印書館股份有限公司，1978：14.
③ 張俊浩. 民法學原理 [M]. 北京：中國政法大學出版社，1997：234.

③內容不違反社會公共利益和公序良俗。

否則，合同無效。

（2）合同法作為調整民事主體之間意思自治最為典型的法律，其目的就是通過允許私人以協議的形式進行交易，促進個人經濟目標——個人效益的最大化的實現，進而實現社會利益的最大化。因此，合同法把效率作為評價合同效力的一個價值標準和原則。一項合同意味著一筆交易，若這項合同既能使個人利益實現最大化，同時又能使社會利益達到最大化即社會財富的有序增長，此項合同就應該是有效的；如果一項合同的內容被執行是無效率或負效率的，就應該是無效的。效率原則對合同效力的評價是通過法律設定無效規則來實現的。例如，締約主體無行為能力，履行合同本身就失去了意義。這種合同是無效率的，應確認為無效；若合同雙方當事人約定的條款中有損害社會公共利益和他人利益，雖然當事人的利益可能達到最大化，但對社會和他人來說是負效率，這類合同也應該被確認為無效。

（3）如果合同法過分地強調鼓勵私人交易，過分地強調效率，很可能造成合同當事人之間利益的失衡，最終導致無效率或負效率。為了防止私人意思自治可能帶來的不公平，合同法又設置了公平的價值標準，要求合同當事人的意思表示必須符合公平的價值標準才能具有法律效力。合同法上的公平標準主要包括如下內容：

①主體之間平等，包括法律地位平等和事實上的地位平等。

②相互給付的對價平等。

③平等地享有和佔有信息資源，每個交易主體擁有關於其選擇的性質和結果的全部信息作為其訂約的根據，其作出的意思表示真實自願，不受雙方的欺騙。

如果一項合同符合上述公平的標準，法律便賦予其法律效力。否則，將會導致合同無效、可撤銷的后果。不公平的合同主要有：

①主體之間地位不平等，如壟斷性企業與中小企業、消費者之間的交易存在不公平的條款；一方受脅迫、受控制下簽訂的合同。

②因為一方佔有全部的交易信息而另一方缺少交易信息被詐欺簽訂的合同。

③一方因對交易信息如合同的性質、標的、質量、數量等內容缺乏瞭解而產生了重大誤解，使合同的目的受挫。

④在交易的對價上顯失公平。

對這些不公平的意思表示內容，法律根據其不公平的程度而分別確認其為無效、可變更、可撤銷合同。

法律為合同設置的三個價值評價標準，是相互聯繫的。合法性為當事人的意思表示趨向公平和效率提供了保證；公平和效率對當事人的意思表示進行評價和調節，使合同當事人的利益與社會公共利益達到平衡和最大化。這樣一來，當事人的意思表示被納入一個比其更高層次的價值系統中。任何一項合同，只有其符合這三項價值標準，才具有有效性。這與當事人意思表示一致合同就成立的事實性標準是不同的。

4. 合同成立之效力與生效之效力的區別

合同的成立是當事人的合意。合意的標誌是承諾人對要約作出承諾。承諾的生效在大陸法採納承諾到達主義。即承諾的確實意見表示於到達要約人支配的範圍內時生

效。英美法則採取送信主義或移發送主義,是指如果承諾的意思以郵件、電報表示的,則承諾人將信件投入郵筒或電報交付郵電局即生效力。除非要約人和承諾人另有約定。而不管是到達主義還是發送主義,只是承諾的生效時間的規定。承諾生效,合同也告成立。合同生效產生一定的法律效力,但這種法律效力與合同產生的法律效力不同。合同成立的法律效力是要約人不得撤回要約,承諾人不得撤回承諾。但要約人與承諾人的權利義務仍沒有得到法律的認可,合同中的權利義務仍處於不確定的狀態。如果成立的合同嗣后無效,或被撤銷,合同雖已成立,但其設定的權利義務關係對雙方當事人沒有約束力。而合同生效的法律效力則不同,生效是法律對當事人意思表示的肯定性評價。當事人的意思表示符合國家意志。因此,當事人設定的權利義務得到國家強制力的保護。

## 二、合同的生效要件

(一) 行為人具有相應的民事行為能力

行為人須具備民事行為能力,才能實施意思表示。所以,民事法律行為以行為能力適格為其首要條件。對於自然人,應具有完全民事行為能力;限制行為能力人只能實施與其意思能力相適應的法律行為,而在能力範圍之外的行為,除經其法定代理人同意或者追認者外,不構成意思表示或者法律行為,但限制行為能力人的純獲利益的行為不受該條件的限制。無行為能力人因不適格,法律否認其有意思能力,所以實施的行為就不能發生民事法律行為的固有效力。限制行為能力人在其行為能力範圍之內實施的行為,構成意思表示或者法律行為。對於法人,要求其所為的民事法律行為不違反法律的禁止性規範,如果法人或其代表人的行為與法人的目的事業不一致,如超越核准登記的經營範圍經營,在相對人善意的情況下,仍然有效。

(二) 合意 (意思表示) 真實

合意真實指內心的效果意思須與表示意思一致。

合同是雙方當事人意思表示一致的結果,如果當事人意思表示的內容有錯誤或意思與表示不一致,或者是在受詐欺或脅迫的情況下訂立了合同,這時,雙方當事人雖然達成了協議,但是這種合意是不真實的。

對於這種合同應當如何處理,作出錯誤的意思表示的一方或者受詐欺或脅迫的一方當事人是否能以此為理由主張該合同無效,或要求撤銷該合同,這是合同法上的一個十分重要的問題。

1. 錯誤

(1) 法國法。根據法國法,以下兩種錯誤都可以構成合同無效的原因:
①關於標的物的性質方面的錯誤。
②關於涉及與其訂立合同的雙方當事人所產生的錯誤。
法國法認為,動機上的錯誤原則上不能構成合同無效的原因。[1]

---

[1] 尹田. 法國現代合同法 [M]. 北京:法律出版社,2009:6.

（2）德國法。德國法認為下列兩種錯誤都可以產生撤銷合同的后果：

①關於意思表示內容的錯誤，即表意人在訂約時是在錯誤的影響下作出意思表示的。

②關於意思表示形式上的錯誤，例如，把美元誤寫作英鎊。[①]

（3）英國法。英國普通法認為，訂約當事人一方的錯誤，原則上不能影響合同的有效性。只有當該項錯誤導致當事人之間根本沒有達成真正的協議，或者雖然已經達成協議，但是雙方當事人在合同的某些重大問題上都存在同樣的錯誤時，才能使合同無效。

（4）美國法。美國法同樣認為，單方面的錯誤原則上不能要求撤銷合同，至於雙方當事人彼此都有錯誤時，亦僅在該項錯誤涉及合同的重要條款、認定合同當事人或合同標的物的存在、性質、數量或有關交易的其他重大事項時，才可以主張合同無效或者要求撤銷合同。

（5）中國法。中國《民法通則》與《合同法》規定，如因內心有保留、認識錯誤、誤傳、誤解、受詐欺或脅迫、顯失公平等，表示意思與效果意思不一致的，則會發生無效或被撤銷的后果。

2. 詐欺

詐欺，是指以使他人發生錯誤為目的的故意行為。各國法律都認為，凡是因受詐欺而訂立合同時，蒙受欺騙的一方可以撤銷合同或主張合同無效。

（1）法國法與德國法。法國法與德國法對詐欺的處理有不同的原則。根據《法國民法典》第1116條的規定：「如當事人一方不實行詐欺手段，他方當事人決不簽訂合同者，此種詐欺構成合同無效的原因。」即詐欺的結果將導致合同無效。根據《德國民法典》第123條的規定：「因被詐欺或被不法脅迫而為意思表示者，表意人得撤銷其意思表示。」根據這一規定，詐欺的結果導致撤銷合同。

（2）英美法。英美法把詐欺稱為「欺騙性的不正確說明」（Fraudulent Misrepresentation）。1976年《英國不正確說明法》（Misrepresentation Act, 1976）把不正確說明分為兩種：一種稱為「非故意的不正確說明」（Innocent Misrepresentation）；另一種稱為「欺騙性的不正確說明」。

所謂「不正確說明」（Misrepresentation），是英美法的術語，是指一方在訂立合同之前，為了吸引對方訂立合同而對重要事實所作的一種虛假的說明。它既不同於一般商業上的吹噓，也不同於普通的表示意見或看法。[②]

根據英國法的解釋：如果作出不正確說明的人是出於誠實的相信有其事而作出的，就屬於非故意的不正確說明；如果作出不正確說明的人並非出於誠實的相信有其事而作出的，則屬於欺騙性的不正確說明。英國的法律對於欺騙性的不正確說明在處理上是相當嚴厲的，蒙受詐欺的一方可以要求賠償損失，並可以撤銷合同或拒絕履行其合同義務。

---

[①] 卡爾·拉倫茲. 德國民法通論［M］. 王曉曄，等，譯. 北京：法律出版社，2003.

[②] 高爾森. 英美合同法綱要［M］. 天津：南開大學出版社，1984.

3. 脅迫

脅迫,是指以使人發生恐怖為目的的一種故意行為。各國的法律都一致認為,凡是在脅迫之下訂立的合同,受脅迫的一方可以主張合同無效或撤銷合同。因為在受脅迫的情況下所作的意思表示,不是自由表達的意思表示,不能產生法律上的意思表示的效果。

(三) 不違反法律或者社會公共利益,即民事法律行為須有合法性

標的合法,民事法律行為的標的即意思之內容,須合法。所謂合法,並不是要求意思非得有法律依據,而是不違反強制性法律規範和社會公共利益。所謂強制性規定,系指命令當事人無條件實施一定行為或不得實施一定行為的規定;所謂社會公共利益,通常解釋為公共秩序和善良風俗。行為如果違反兩者的要求,即屬違法,其行為不產生意思表示所欲實現的效力。

無論是英美法國家還是大陸法國家都承認,「契約自由」(Freedom of Contract) 與「意思自主」(Autonomy of Will) 是合同法的基本原則。所謂契約自由,是指任何有訂約能力的人,都可以根據他們的意願自由地訂立合同,即可以自由地決定是否訂立合同,自由地選擇訂約的對象,並可以自由地與訂約對方商定合同的內容。

(1) 大陸法。《法國民法典》在總則中原則性地規定,任何個人都不得以特別約定違反有關公共秩序與善良風俗的法律。然后,把違法、違反善良風俗與公共秩序的問題,同合同的原因(即約因,下同)與標的聯繫在一起作出規定。德國法與法國法的區別在於,德國法不具體規定是合同的標的違法還是合同的約因違法,而是著重於法律行為與整個合同的內容是否有違法的情況。以上所說的善良風俗與公共秩序屬於倫理道德與政治的範疇。①

(2) 英美法。英美法認為,一項有效的合同必須具有合法的目標或目的。凡是沒有合法目標的合同就是非法的,因而是無效的。在英美法中,違法的合同有兩種情況:一種情況是成文法所禁止的合同;另一種情況是違反普通法的合同。根據某些英美法學者的分類,以下三種合同屬於非法:

①違反公共政策的合同;
②不道德的合同;
③違法的合同。

法律對某些行為有特別要求的,必須滿足該要求時,民事法律行為方能生效。例如法律規定不動產交易與抵押、法人合併與分立等均需經過登記程序,未經登記時即使其他條件都符合要求,也不能生效。

---

① 卡爾·拉倫茲. 德國民法通論 [M]. 王曉曄,等,譯. 北京:法律出版社,2003.

## 第四節　合同的內容和解釋

### 一、合同的內容

合同的內容，在實質意義上是指合同當事人的權利義務，在形式意義上即為合同的條款。中國《合同法》第12條第1款規定：合同的內容由當事人約定，一般包括以下條款：當事人的名稱或者姓名和住所；標的；數量；質量；價款或者報酬；履行期限、地點和方式；違約責任；解決爭議的方法。這是合同法對合同條款的倡導性規定。

合同條款可分為必要條款和一般條款。

(一) 必要條款

必要條款亦稱主要條款，是指合同必須具備的條款。它決定著合同的類型和當事人的基本權利和義務，因而具有重要意義。合同必要條款的確立標準主要有以下三種：

(1) 法律規定。如中國《擔保法》第15條第1款規定：保證合同應當包括下列內容：

①被保證的主債權種類、數額；
②債務人履行債務的期限；
③保證的方式；
④保證擔保的範圍；
⑤保證的期限；
⑥雙方認為需要約定的其他事項。

例如中國《合同法》第197條第2款關於借款合同中幣種的規定，也是該種合同的必要條款。

(2) 合同類型或性質決定。如買賣合同中的價款、租賃合同中的租金。

(3) 當事人約定，即當事人要求必須訂立的條款。

必要條款一般並不具有合同效力的評價意義，但可能影響合同的成立。

(二) 一般條款

一般條款即合同必要條款以外的條款。一般條款包括兩種情況：一是法律未直接規定，也不是合同的類型和性質要求必須具備的，當事人也無意使其成為主要條款的合同條款，如關於包裝物返還的約定。二是當事人並未寫入合同，甚至未經協商，但基於當事人的行為，或基於合同的明示條款，或基於法律規定，理應存在的合同條款。例如被保險船舶應有適航能力、交易慣例與行業慣例之遵守等。

### 二、合同的解釋

(一) 合同解釋的概念

合同解釋，是指對合同條款及其相關資料所作的分析和說明。合同解釋有廣義和

狹義之分。對合同條款及其相關資料的含義加以分析和說明，任何人都有權進行，此即廣義的合同解釋。狹義的合同解釋專指有權解釋，即受理合同糾紛的法院或仲裁機構對合同及其相關資料所作的具有法律拘束力的分析和說明。

合同解釋的客體，是體現合同內容的合同條款及相關資料，包括發生爭議的合同條款和文字、當事人遺漏的合同條款、與交易有關的環境因素（如書面文據、口頭陳述、雙方表現其意思的行為以及交易前的談判活動和交易過程）等。

（二）合同解釋的原則

1. 文義解釋原則

合同條款由語言文字所構成。欲確定合同條款的含義，必須先瞭解其所用的詞句，確定該詞句的含義。因此，解釋合同必須由文義解釋入手。

合同解釋的根本目的在於確定當事人的真實意思。對此，現代合同法奉行表示主義，即主張按當事人表示出來的意思加以解釋，即依據合同用語解釋合同。但由於主客觀原因，合同用語往往不能準確地反應當事人的真實意思，有時甚至相反，這就要求合同解釋不能拘泥於合同文字，而應全面考慮與交易有關的環境因素，探求當事人的真意。

2. 體系解釋原則

體系解釋又稱整體解釋，是指把全部合同條款和構成部分看成一個統一的整體，從各條款及構成部分的相互關聯、所處的地位和整體聯繫上闡明某一合同用語的含義。

合同解釋之所以要遵循體系解釋原則，首先在於合同條款經雙方當事人協商一致，自然需平等對待，視為一體。其次，表達當事人意圖的語言文字在合同的整個內容中是有組織的，而不是毫無聯繫、彼此分離的詞語排列。如果不把有爭議的條款或詞語與其上下文所使用的詞語聯繫起來，就很難正確、合理地確定當事人的實際意圖。最後，合同內容通常是單純的合同文本所難以完全涵蓋的，而是由諸多其他行為和書面材料所組成（如雙方初步談判、要約、反要約、信件、電報、電傳等），其中可能包含對合同文本內容的修訂或補充，也可能包含對合同的擔保。因此，在確定某一爭議條款或詞語的意思的過程中，應將這些材料放在一起進行解釋，以便明確該條款或詞語的真正意義。

3. 目的解釋原則

當事人訂立合同均為達到一定目的，合同的各項條款及其用語均為達到該目的的手段。因此，確定合同用語的含義乃至整個合同的內容自然須適合於合同的目的。

合同目的可分為抽象目的和具體目的。前者是指當事人訂立合同時有使合同有效的目的。它是合同解釋的總體方向，如果合同條款相互矛盾有使合同有效和無效兩種解釋，應作使合同有效的解釋。具體目的是指合同所欲追求的具體的經濟或社會效果，這是合同目的意思的內容。對此，可分別用以下情況加以確定：①合同的目的應是當事人雙方在合同中通過一致的意思表示而確定的目的；②當事人雙方所欲達到的目的不一致時，以雙方均已知或應知的表示於外部的目的為準；③合同的目的不僅指合同整體目的，還可區分為部分合同目的和條款目的，在進行目的解釋時應予以兼顧。

4. 參照習慣或慣例原則

本原則是指在合同的文字或條款的含義發生歧義時，應按照習慣或慣例的含義予以明確；在合同存在漏洞，致使當事人的權利義務不明確時，參照習慣或慣例加以補充。

習慣和慣例是人們在長期反覆實踐的基礎上形成的，在某一地區、某一行業或某一類交易關係中普遍採用的做法、方法或規則，能夠被廣大的合同當事人所認知、接受和遵從。一些與現行法律、法規等規範性文件不相抵觸，經國家認可的習慣，還可成為民法的淵源。因此，在合同解釋中參照習慣或慣例，不僅符合當事人的利益和願望，也符合社會正義和法律的要求。

(三) 合同解釋的方法

合同解釋的方法亦即合同解釋的具體規則，它是在合同解釋原則指導下產生的合同解釋的具體手段。根據實踐經驗和學者歸納，常用的合同解釋規則有：

1. 「明示其一即排除其他」規則

如果當事人在合同中列明了特定的款項，未採用更為一般性的術語，其意圖就是排除未列明的項目，儘管未列明的項目與列明的項目相類似。

2. 特定性條款優於一般性條款規則

條款內容越具體特定，就越可能反應當事人的真實意圖。

3. 手寫條款（詞語）優於印刷條款規則

手寫條款往往是當事人在印刷條款形成之后通過單獨談判而確定的條款，故應優於印刷條款。

4. 不利解釋規則

如果一方提供的條款或用語可合理地作出兩種解釋時，應選擇不利於條款或用語提供人的解釋。

(四) 合同解釋中的意思主義與表示主義

1. 意思主義與表示主義

關於如何解釋合同的問題，歷來存在兩種對立的方法：一種方法是強調探求表意人的真實意思，而不拘泥於文字；另一種方法是強調外部現象，即以當事人表示出來的意思為依據。

前者稱為「意思說」（Will Theory），它是以當事人意思自主原則為根據的。這種理論認為，當事人的內在意思是產生、變更與消滅他們之間的權利與義務關係的根本因素，是法律行為的核心，所以，應當把「意思」放在第一位，把「表示」放在從屬的地位。

后者稱為「表示說」（Declaration Theory），它是以維護法律秩序為出發點的。這種理論認為，當事人的內心意思非他人所能得知，只有表示出來的意思才能作為解釋他們的合同的根據。

一般而言，在解釋合同時：法國法採用「意思說」，英美法採用「表示說」，德國法原則上採用「意思說」，但是在涉及商事方面的問題時也有例外。

2. 口頭證據規則

在合同成立前與合同成立時的口頭協議,是否能改變書面合同的內容,在這個問題上,英美法堅持「表示說」的原則。這項原則稱為「口頭證據規則」。「口頭證據規則」有一些例外的情況。例如,在下列情況下,法院可以允許當事人提出口頭證據:

(1) 涉及書面合同的有效性的問題;

(2) 涉及書面合同生效的前提條件;

(3) 在書面合同訂立以後,可以用口頭協議更改,但是該口頭協議必須有對價,而且必須符合詐欺法的要求;

(4) 如果書面合同的文字有含混不清之處或遺漏,也允許當事人提出口頭證據予以解釋,但是口頭證據不得與書面合同的條款相抵觸,而且在司法實踐中,英國和美國法院不輕易地作出接受口頭證據的決定。

3. 關於共同條件的解釋

現代西方國家一些大企業在進行交易時,往往不是與交易對方逐項商定合同的條款,而是事先就印備了一套文件,具體地規定了交易雙方的權利與義務,如果對方同意簽字,合同即告成立。這種文件有人稱為「共同條件或一般交易條款」,有人稱為附合合同或標準合同。所謂附合合同,實際上就是完全由一方當事人事先制定好的一種標準合同。

從法律角度看,這種共同條件或附合合同有兩個問題:第一,它是否能成為合同的一部分,在什麼情況下能成為合同內容的一部分。第二,如果這種合同的起草者把不應有的負擔加在對方身上,法官是否能以「違反誠實信用」或違反公共秩序等理由,宣布該項合同或其中某項條款無效。

(1) 德國法。根據德國法,某些經濟行業擬訂的共同條件必須經過有關政府行政部門的批准,這些行業主要包括空運、保險與儲蓄銀行等。至於其他行業所擬訂的共同條件,則由法院進行監督與解釋。德國法院一般承認共同條件是合同的一部分,並認為當事人應當受共同條件的約束。[1]

(2) 法國法。法國法院在決定共同條件是否已吸收入合同作為合同內容的一部分時,主要是考慮對方當事人是否知道這些共同條件,或者是否只要加以注意就能夠知道其內容,如果回答是肯定的,則該共同條件就成為合同的內容。[2]

(3) 英國法。過去,英國成文法很少有關於合同條款無效的規定。但是自20世紀60年代以來,這方面的立法大大地加強了。例如,1960年《英國公路運輸法》規定:免除公共承運人對旅客人身傷害與死亡的責任的免責條款是無效的。又如,1973年《英國貨物供應默示條款法》規定:在消費性合同中,限制對貨物的瑕疵提出請求救濟的權利的條款應屬無效。除成文法的規定外,英國法院對共同條件的審查主要集中於其中的免責條款。[3]

---

[1] 卡爾·拉倫茲. 德國民法通論 [M]. 王曉曄, 等, 譯. 北京:法律出版社, 2003.
[2] 尹田. 法國現代合同法 [M]. 北京:法律出版社, 2009.
[3] 高爾森. 英美合同法綱要 [M]. 天津:南開大學出版社, 1984.

(4) 美國法。美國法對共同條件的態度及處理方法與英國法有所不同，其區別主要表現在兩個方面：

①對共同條件是否已被吸收入合同的問題，美國法院的要求比英國更加嚴格；

②美國法院公開以共同條件的內容違反公共政策或「顯失公平」（Unconscionable）為理由，宣告這種條款無效。

美國法院認為，凡是違反公共政策的共同條件都是無效的。這項標準主要適用於公用事業企業，例如，電話電報公司、倉儲公司、機場、托運公司與醫院等。這些企業大多數是私營的。根據美國法，這些企業不得拒絕與別人訂立合同，也不得免除其因疏忽引起的責任。

《美國統一商法典》關於「顯失公平的合同或條款」的第 2～302 條的內容如下：

①如果法院作為一個法律問題，認定某項合同或合同中的某項條款在合同訂立時即已經是顯失公平的，法院得拒絕強制執行該項合同，或者不執行顯失公平的條款而僅執行合同的其余部分，或者限制任何顯失公平的條款的適用，以避免顯失公平的后果。

②如果法院受理主張某項合同或合同的某條款顯失公平的案件，應當向當事人提供合理的機會，讓其就商業背景、目的和后果等問題提出證據，以幫助法院作出判決。美國統一商法典上述所謂「顯失公平」的概念，是指基於一般社會的或經濟的觀點，包括公共政策之類，或者是就特定的商事交易的規矩慣例，認為在訂立合同時，整個合同或者是某項合同條款偏袒一方當事人到了可以視為不法的程度。

現代意義上的顯失公平包括：「實質性顯失公平」（Substantial Unconscionability）與「程序性顯失公平」（Procedual Unconscionability）。前者主要強調合同的條件不合理有利於一方而不利於另一方；后者主要強調另一方在訂立合同時未作出有意義的選擇（Meaningful Choice），包括他由於自身以外的原因而未能理解合同的內容，或者由於其所處的地位完全沒有與對方討價還價的余地。

「瓊斯訴明星信貸公司案」是實質性顯失公平的典型判例。原告以 900 美元的價格從一家商店購買了一件家用制冷設備。這項買賣是通過第三方貸款，再由買方分期向第三方償還貸款進行的。初審法院發現，這臺制冷設備的最高零售價為 300 美元。紐約州最高法院在終審判決中說：「問題在於，在本案中，把一臺零售價為 300 美元的制冷設備按 900 美元出售（其中包括信貸費和 18 美元的銷售稅），作為一個法律問題，是不是顯失公平？本法院認為，答案是肯定的。可以肯定，300 美元已經包括了合理的利潤；900 美元一聽就知道很貴。這兩個數字之差真是大得不能再大了，僅信貸費一項就比零售價高出了 100 美元以上。這筆費用本身就足以支持本法院作出這項買賣顯失公平的判決。」

「達納汽車行訴宇宙保險公司案」是程序性顯失公平的典型判例。在亞利桑那州最高法院 1984 年審理的「達納汽車行訴宇宙保險公司案」中，原告向被告購買了一種汽車保險，對原告公司與原告的承租人的汽車進行責任險保險，原告后來發現，該保險單的條款對原告十分不利，並向被告指出了這一問題。不久，原告的一個承租人在駕車時發生了事故，根據保險單的條款，被告只需支付全部賠償金（6 萬美元）的四分

之一，而原告則須支付其中的四分之三。上訴法院認為，儘管該保險單的內容與保險代理人的表述不一致，原告也不能得到賠償，因為他沒有閱讀過這張保險單。而最高法院在終審判決中則否定了這種觀點。最高法院指出：通常的保險單是一種特殊的合同。在多數情況下是附意合同，其大多數條款由「鍋爐鋼板」（指合同中無法協商的條款，而這些條款則相互呼應，成為一個嚴密的體系，如同鍋爐鋼板一樣）構成，不僅其買方既沒有讀過也不能理解其內容，就是賣方的代理人也常常不能完全理解其含義。

## 第五節　合同的履行

### 一、合同履行的概念

合同的履行，是指合同當事人實現合同內容的行為。各國的法律都認為，合同當事人在訂立合同之後，都有履行合同的義務，如果違反應履行的合同的義務，就要根據不同的情況，承擔相應的法律責任。

（一）大陸法

《法國民法典》第1134條明確規定：「依法成立的合同，在訂立合同的當事人間具有相當於法律的效力。」這就是說，合同當事人都必須受合同的約束，都必須履行合同規定的義務。

《德國民法典》也明確地規定，債權人根據債務關係，有向債務人請求給付的權利。這裡所謂的給付，是指履行合同的內容。德國法還將「誠實信用」作為履行合同的一項基本條件。

（二）英美法

英美法認為，當事人在訂立合同之後，必須嚴格根據合同的條款履行合同。根據英國、美國的法律與判例，如果合同中規定了履約的時間，而時間又是該合同的要件時，當事人就必須在規定的時間內履行合同，否則債權人有權解除合同並要求損害賠償。

根據英美法，在履行合同的過程中，有一個重要的步驟叫做「提供」（Tender）。所謂「提供」，是指合同當事人旨在履行其合同義務的一種表示。提供包括提供貨物或其他財產，也包括提供應支付的款項。

如果債權人拒絕接受提供的款項，則不能解除債務人的債務，但是可以產生以下三種重要的法律後果：

（1）如果該項債務有擔保利益，例如，以抵押作為該項債務的擔保等，則自債權人拒絕適當提供給他的款項時起，該項擔保利益即告消滅；

（2）該項債務的利息亦自債務人提供款項之日起停止計算；

（3）如果債權人日後就該項債務提起訴訟，不能取得高於原來提供的金額時，則必須負擔訴訟的費用。

## 二、雙務合同履行中的抗辯權

(一) 同時履行抗辯權

1. 同時履行抗辯權的概念

在未約定先後履行順序的雙務合同中，當事人應當同時履行，一方在對方未為對待給付之前，有權拒絕其履行要求。此項權利，稱為同時履行抗辯權。中國《合同法》第66條對此作了規定。

同時履行抗辯權只適用於雙務合同，如買賣、互易、租賃、承攬、保險等合同。只有在雙務合同中，當事人之間才存在對待給付，即當事人之間的給付具有對等關係或對應關係，一方給付是為了換取對方的給付。正是這種對應關係，使得同時履行抗辯權具有公平性。

2. 同時履行抗辯權的成立條件

(1) 在同一雙務合同中互負對待給付義務。主張同時履行抗辯權，必須基於同一雙務合同中當事人互負的對待給付義務。如果雙方當事人的債務不是基於同一合同而發生，即使在事實上有密切關係，也不得主張同時履行抗辯權。

這裡的債務，首先應為主給付義務。但在從給付義務的履行與合同目的的實現具有密切關係時，應認為它與主給付義務之間有牽連關係，可產生同時履行抗辯權。

(2) 雙方債務均已屆清償期。同時履行抗辯權制度旨在使雙方當事人所負的債務同時履行，因此，只有在雙方所負債務同時屆期時，才能主張同時履行抗辯權。這就意味著，同時履行抗辯權僅適用於同時履行的雙務合同。所謂同時履行，是指雙方當事人所負擔的給付應同時提出，相互交換。例如在買賣合同中，如當事人沒有約定履行的先后順序，買方的價金交付與賣方的所有權移轉應同時進行。在非同時履行的雙務合同中，無論是先履行方還是后履行方，均不得主張同時履行抗辯權。

(3) 對方未履行債務。一方向他方請求履行債務時，須自己已履行或提出履行，否則，對方可行使同時履行抗辯權，拒絕履行自己的債務。但是，如果一方未履行或未提出履行的債務與對方所負債務無對價關係，對方不得主張同時履行抗辯權。

(4) 對方的債務可能履行。同時履行抗辯權的宗旨是促使雙方當事人同時履行債務，如果對方的對待給付已不可能，則不發生同時履行抗辯權問題，而應依合同解除制度解決。

3. 當事人一方違約與同時履行抗辯權

(1) 遲延履行與同時履行抗辯權。關於遲延履行與同時履行抗辯權之間的關係，存在兩種對立的學說。第一種學說認為，同時履行抗辯權的存在本身即足以排除遲延責任。對此，有人從抗辯權排除債務之屆期的角度加以論證，有人以下述理由加以闡釋：因有抗辯權之存在，遲延履行系非可歸責於債務人的原因。第二種學說主張，同時履行抗辯權須經行使才能排除遲延責任。它有兩種見解：其一，抗辯權之行使，溯及地排除已發生的遲延效果；其二，已發生的延遲責任，不因抗辯權的行使而受影響。

(2) 受領遲延與同時履行抗辯權。在雙務合同中，債權人受領遲延，其原有的同

時履行抗辯權不因此而消滅。所以，債務人在債權人受領遲延後請求為對待給付的，債權人仍可主張同時履行抗辯權。

（3）部分履行與同時履行抗辯權。債務人原則上無部分履行的權利，因此，雙務合同的一方當事人提出部分履行時，對方當事人有權拒絕受領，但若拒絕受領違反誠實信用原則，則不在此限；若受領部分給付，可以提出相當部分的對待給付，也可以主張同時履行抗辯權，拒絕給付，除非如此違背誠實信用原則。

（4）瑕疵履行與同時履行抗辯權。債務人瑕疵履行，債權人可請求其消除缺陷或另行給付，在債務人未消除缺陷或另行給付時，債權人有權行使同時履行抗辯權，拒絕給付。

（二）不安抗辯權

1. 不安抗辯權概念

不安抗辯權，是指先給付義務人在有證據證明後給付義務人的經營狀況嚴重惡化，或者轉移財產、抽逃資金以逃避債務，或者有謊稱有履行能力的詐欺行為，以及其他喪失或者可能喪失履行債務能力的情況時，有權中止自己的履行；後給付義務人收到中止履行的通知後，在合理的期限內未恢復履行能力或者未提供適當擔保的，先給付義務人有權解除合同。

2. 不安抗辯權的成立條件

（1）雙方當事人因同一雙務合同而互負債務。不安抗辯權為雙務合同的效力表現，其成立須雙方當事人因同一雙務合同而互負債務，並且該兩項債務存在對價關係。

（2）後給付義務人的履行能力明顯降低，有不能為對待給付的現實危險。不安抗辯權制度保護先給付義務人是有條件的，只有在後給付義務人有不能為對待給付的現實危險、害及先給付義務人的債權實現時，才能行使不安抗辯權。

所謂後給付義務人的履行能力明顯降低，有不能為對待給付的現實危險，包括：其經營狀況嚴重惡化；轉移財產、抽逃資金以逃避債務；謊稱有履行能力的詐欺行為；其他喪失或者可能喪失履行能力的情況。

履行能力明顯降低，有不能為對待給付的現實危險，須發生在合同成立以後。如果在訂立合同時即已經存在，先給付義務人若明知此情而仍然締約，法律則無必要對其進行特別保護；若不知此情，則可以通過合同無效等制度解決。

3. 不安抗辯權的行使

為了兼顧後給付義務人的利益，也便於其能及時提供適當擔保，先給付義務人行使不安抗辯權的，應及時通知後給付義務人，該通知的內容包括中止履行的意思表示和指出後給付義務人提供適當擔保的合理期限。行使不安抗辯權的先給付義務人並負有證明後給付義務人的履行能力明顯降低、有不能為對待給付的現實危險的義務。

先給付義務人及時通知後給付義務人，可使後給付義務人盡量減少損害，及時地恢復履行能力或提供適當的擔保以消除不安抗辯權，使先給付義務人履行其義務。

規定先給付義務人負上述舉證義務，可防止其濫用不安抗辯權，借口後給付義務人喪失或可能喪失履行能力而隨意拒絕履行自己的債務。如果先給付義務人沒有確切

證據而中止履行，應當承擔違約責任。

4. 不安抗辯權的效力

（1）先給付義務人中止履行。先給付義務人有確切證據證明后給付義務人的履行能力明顯降低，有不能為對待給付的現實危險的，有權中止履行。所謂中止履行，就是暫停履行或者延期履行，履行義務仍然存在。在后給付義務人提供適當擔保時，應當恢復履行。此處所謂適當擔保，既指設定擔保的時間適當，更指設定的擔保能保障先給付義務人的債權得以實現。至於擔保的類型則不限，可以是保證，也可以是抵押、質押等。

（2）先給付義務人解除合同。先給付義務人中止履行后，后給付義務人在合理期限內未恢復履行能力並且未提供適當擔保的，先給付義務人可以解除合同。解除的方式，由先給付義務人通知后給付義務人，通知到達時發生合同解除效力；但后給付義務人有異議時，可以請求人民法院或與仲裁機構確認合同解除效力。

后給付義務人的行為構成違約時，應負違約責任。

## 三、違約

違約是指合同一方當事人由於某種原因完全沒有履行其合同的義務，或沒有完全履行其合同義務的行為。在上述情況下，除某些例外情況（例如，出現不可抗力事故，賣方可以不負責任），均屬於違約行為，違約的一方應負違約責任。

在如何構成違約這個問題上，英美法與大陸法存在重大的差異，主要表現在以下兩個方面：關於過失責任的原則；關於催告。

（一）關於過失責任的原則

大陸法以過失責任作為民事責任的一項基本原則。根據大陸法的解釋，合同債務人只有當存在可以歸責於他的過失時，才承擔違約的責任。

過失責任原則來源於羅馬法。羅馬債務法有兩項責任原則：一項原則叫做過失；另一項原則叫做故意。羅馬法的上述原則基本上被德國法採納。德國法認為，構成違約的情況必須有可以歸責於該當事人的事由。法國民法典也以過失責任作為民事責任的基本原則。

與此相反，英美法認為，一切合同都是「擔保」，只要債務人不能達到擔保的結果，就構成違約，應負損害賠償的責任。

中國《合同法》認為，違約行為是指當事人一方不履行合同義務或者履行合同義務不符合約定條件的行為，違約行為是一種客觀的違反合同的行為。違約行為的認定以當事人的行為是否在客觀上與約定的行為或者合同義務相符合為標準，而不管行為人的主觀狀態如何。

（二）關於催告

所謂催告，是指債權人向債務人請求履行合同的一種通知。催告是大陸法的一種制度，在合同沒有明確規定確定的履行日期的情況下，債權人必須首先向債務人作出催告，然後才能使債務人承擔延遲履約的責任。

根據大陸法的解釋，催告的作用主要有以下三個方面：

（1）從催告之日起，不履約的風險完全由違約的一方承擔；

（2）債權人有權就不履行合同請求法律上的救濟；

（3）從送達催告之日起，開始計算損害賠償及其利息。

如果債權人在清償期屆滿后，不向債務人作出催告，就表示他不打算追究債務人延遲履約的責任。

英美法沒有催告這個概念。英美法認為，如果合同規定了履行期限，則債務人必須根據合同規定的期限履行合同；如果合同沒有規定履行期限，則應於合理的期間內履行合同，否則即構成違約，債權人無須催告即可請求債務人賠償由於延遲履約所造成的損失。[1]

（三）違約的形式

1. 大陸法

德國民法典把違約分為兩類：一是給付不能；二是給付延遲。[2]

（1）給付不能。給付不能是指債務人由於種種原因不可能履行其合同義務，而不是指有可能履行合同而不去履行。德國民法典把給付不能分為自始不能與嗣后不能兩種不同的情況。所謂自始不能，是指在合同成立時該合同就不可能履行。所謂嗣后不能，是指在合同成立時，該合同是有可能履行的，但是在合同成立后，由於出現了阻礙合同履行的情況從而使得合同不能履行。

根據《德國民法典》第306條的規定，凡是以不可能履行的東西為合同的標的者，該合同無效。換言之，如果屬於自始不能的情況，合同在法律上是無效的。但是，如果一方當事人在訂約時已經知道或可得而知該標的是不可能履行的，則對於信任合同有效而蒙受損害的對方當事人應負賠償責任。

嗣后不能情況，必須區別是否有可以歸責於債務人的事由：①非因債務人的過失引起的給付不能。《德國民法典》第275條規定：「在債務關係發生后，非因債務人的過失而引起給付不能者，債務人得免除給付的義務。」②由於債務人的過失引起的給付不能。《德國民法典》第275條規定：「因債務人的過失而引起給付不能者，債務人應對債權人賠償因不履行所產生的損害。」③不可歸責於任何一方引起的給付不能。根據《德國民法典》第323條的規定，合同雙方當事人因不可歸責於雙方當事人的事由，致使自己不能履行應履行的給付者，雙方均可以免除其義務。

（2）給付延遲。給付延遲是指債務已屆履行期，而且是可能履行的，但是債務人沒有按期履行其合同的義務。這裡同樣要區別兩種不同的情況：一種情況是債務人沒有過失的履行延遲；另一種情況是債務人有過失的履行延遲。

根據《德國民法典》的規定，債權人必須向債務人提出催告，才能使債務人承擔延遲履行的責任。除了合同另有規定外，催告是債權人就履行延遲請求損害賠償的必

---

[1] 高爾森. 英美合同法綱要 [M]. 天津：南開大學出版社，1984.

[2] 卡爾·拉倫茲. 德國民法通論 [M]. 王曉曄，等，譯. 北京：法律出版社，2003.

要條件。法國民法典以不履行債務與延遲履行債務作為違約的主要表現形式。

2. 英美法

與大陸法不同，英國法把違約分為：違反條件與違反擔保兩種情況，並針對不同的情況給予不同的救濟辦法。此外，在英美法中還有「預期違約」（Anticipatory Breach of Contract）這個獨有的概念。

（1）違反條件。根據英國法的解釋，如果一方當事人違反了「條件」，即違反了合同的主要條件，對方有權解除合同，並可以要求賠償損失。

在英美法中，「條件」一詞還有另外一種意思。它用來指稱以某種不確定的事件的發生與否決定是否生效的那種合同規定。從這種意義上說，英美法把條件分為以下三種：對流條件、先決條件和后決條件。

在英美法中，「條件」一詞還可以用於指合同中所約定的事項。從這種意義上說，英美法把合同的約定事項分為兩種：一是明示條件，是指雙方當事人在合同中明文規定的條件；二是默示條件，是指根據法律或根據解釋當事人的意思理應包含在合同中的條件。[1]

注意：大陸法有時也使用「條件」這個術語，但是大陸法中的條件是指將來不一定發生的某種不確定的事件，視其發生與否將產生或消滅某些法律效果。大陸法把條件分為停止條件與解除條件兩種。

（2）違反擔保。違反擔保是指違反合同的次要條款或隨附條款。在違反擔保的情況下，蒙受損害的一方不能解除合同，只能向違約的一方請求損害賠償。

擔保也有明示擔保與默示擔保。明示擔保是指雙方當事人在合同中明確規定的擔保，默示擔保是指根據法律或根據解釋當事人的意思理應包含在合同中的擔保。

在英國法中，當一方當事人違反條件時，受損害的一方可以在下列兩者之中作出選擇：可以根據違反條件處理，即要求解除合同，拒絕履行自己的合同義務，並可以要求賠償損失；也可以把違反條件作為違反擔保看待，即不解除合同而繼續履行自己的合同義務，同時就對方違反擔保要求損害賠償。

（3）違反中間性條款。英國法對違反合同傳統上採取兩分法的處理辦法：不是違反條件，便是違反擔保，兩者必居其一。近年來英國法院通過判例發展了一種新的違約類型，稱之為「違反中間性條款或無名條款」（Breach of Intermediate Terms），以有別於「條件」與「擔保」條款。

（4）預期違約。所謂預期違約，是指一方當事人在合同規定的履行期到來之前，就表示他屆時將不履行合同。這種表示可以用行為表示，也可以用言詞或文字表示。當一方當事人預期違約時，對方可以解除自己的合同義務，並可以立即要求給予損害賠償，不必等到合同規定的履行期來臨時才採取行動。

（5）履行不可能。英美法也有履行不可能的概念。履行不可能有兩種情況：一種情況是在訂立合同時，該合同就不可能履行；另一種情況是在訂立合同之後，發生了使合同不可能履行的情況，前者相當於大陸法的「自始給付不能」，后者相當於「嗣後

---

[1] 高爾森. 英美合同法綱要 [M]. 天津：南開大學出版社，1984.

給付不能」。

訂約時合同就不可能履行。根據英美法的解釋，如果在訂立合同時，雙方當事人認為合同的標的物是存在的，但是實際上該標的物已經滅失，在這種情況下，合同屬於無效，因為這是屬於雙方當事人的「共同錯誤」，以共同錯誤為依據的合同是沒有約束力的。①

發生在合同成立后的履行不可能。根據英國判例的解釋，如果在合同成立以后發生了某種意外事故，使合同不能履行，原則上並不因此免除允諾人的履行義務，即使這種意外事故不是由於允諾人的過失造成的，允諾人原則上仍然必須負損害賠償的責任。

3. 中國法

中國法律認為，違約行為，是指當事人一方不履行合同義務或者履行合同義務不符合約定條件的行為。

根據不同標準，可將違約行為作以下分類：單方違約與雙方違約。雙方違約，是指雙方當事人分別違反了自己的合同義務。中國《合同法》第 120 條規定：當事人雙方都違反合同的，應當各自承擔相應的責任。可見，在雙方違約情況下，雙方的違約責任不能相互抵消。根本違約與非根本違約。以違約行為是否導致另一方訂約目的不能實現為標準，違約行為可作此分類。其主要區別在於，根本違約可構成合同法定解除的理由。不履行、不完全履行與遲延履行。實際違約與預期違約。

（1）實際違約。實際違約，即實際發生的違約行為。實際違約的具體形態包括：

①不履行，包括履行不能和拒絕履行。履行不能是指債務人在客觀上已經沒有履行能力。如在提供勞務的合同中，債務人喪失了勞動能力；在以特定物為標的的合同中，該特定物滅失。拒絕履行是指合同履行期到來后，一方當事人能夠履行而故意不履行合同規定的全部義務。

②遲延履行。遲延履行是指合同債務已經到期，債務人能夠履行而未履行。

③不適當履行。不適當履行是指債務人雖然履行了債務，但其履行不符合合同的約定，包括瑕疵給付（即履行有瑕疵，侵害對方履行利益，如給付數量不完全、給付質量不符合約定、給付時間和地點不當等）和加害給付（即因不適當履行造成對方履行利益之外的其他損失，如出售不合格產品導致買受人的損害）。

（2）預期違約。預期違約也稱先期違約，是指在合同履行期限到來之前，一方無正當理由但明確表示其在履行期到來后將不履行合同，或者其行為表明其在履行期到來后將不可能履行合同。其特點是：

①當事人在合同履行期到來之前的違約；

②侵害的是對方當事人期待的債權而不是現實的債權；

③與實際違約后果不同（主要造成對方信賴利益的損害）。

預期違約包括兩種形態，即明示預期違約（明示毀約）和默示預期違約（默示毀約）。

---

① 高爾森．英美合同法綱要［M］．天津：南開大學出版社，1984．

明示毀約，是指一方當事人無正當理由，明確地向對方表示將在履行期屆至時不履行合同。其要件為：

①一方當事人明確肯定地向對方作出毀約的表示；

②須表明將不履行合同的主要義務；

③無正當理由。

默示毀約，是指在履行期到來之前，一方以自己的行為表明其將在履行期屆至后不履行合同。其特點為：債務人雖然沒有表示不履行合同，但其行為表明將不履行合同或不能履行合同。例如特定物買賣合同的出賣人在合同履行期屆至前將標的物轉賣給第三人，或買受人在付款期到來之前轉移財產和存款以逃避債務。

### 四、違約的免責事由

(一) 免責事由的概念

免責事由也稱免責條件，是指當事人對其違約行為免於承擔違約責任的事由。合同法上的免責事由可分為兩大類，即法定免責事由和約定免責事由。法定免責事由是指由法律直接規定、不需要當事人約定即可援用的免責事由，主要指不可抗力；約定免責事由是指當事人約定的免責條款。有人認為，抗辯權也可成為免責事由。其實，行使抗辯權並不構成違約，因而無責可免。

(二) 不可抗力

1. 不可抗力的概念

根據中國法律的規定，所謂不可抗力，是指不能預見、不能避免並不能克服的客觀情況。不可抗力的要件為：

(1) 不能預見，即當事人無法知道事件是否發生、何時何地發生、發生的情況如何。對此應以一般人的預見能力為標準加以判斷。

(2) 不能避免，即無論當事人採取什麼措施，或即使盡了最大努力，也不能防止或避免事件的發生。

(3) 不能克服，即以當事人自身的能力和條件無法戰勝這種客觀力量。

(4) 客觀情況，即外在於當事人的行為的客觀現象（包括第三人的行為）。

2. 不可抗力的範圍

不可抗力主要包括以下幾種情形：

(1) 自然災害，如臺風、洪水、冰雹；

(2) 政府行為，如徵收、徵用；

(3) 社會異常事件，如罷工、騷亂。

在不可抗力的適用上，有以下問題值得注意：

(1) 合同中是否約定不可抗力條款，不影響直接援用法律規定；

(2) 不可抗力條款是法定免責條款，約定不可抗力條款如小於法定範圍，當事人仍可援用法律規定主張免責；如大於法定範圍，超出部分應視為另外成立了免責條款，依其約定；

（3）不可抗力作為免責條款具有強制性。當事人不得約定將不可抗力排除在免責事由之外。

3. 不可抗力的免責效力

因不可抗力不能履行合同的，根據不可抗力的影響，違約方可部分或全部免除責任。但以下例外：

（1）金錢債務的遲延責任不得因不可抗力而免除。

（2）遲延履行期間發生的不可抗力不具有免責效力。

（三）免責條款

免責條款是指當事人在合同中約定免除將來可能發生的違約責任的條款，其所規定的免責事由即約定免責事由。對此，合同法未作一般性規定（僅規定格式合同的免責條款）。值得注意的是：免責條款不能排除當事人的基本義務，也不能排除故意或重大過失的責任。

## 五、違約的救濟方法

救濟方法是指一個人的合法權利被他人侵害時，在法律上給予受損害一方的補償方法。違約責任的形式，即承擔違約責任的具體方式。二者是同一事物的兩個方面，只是講述的角度不同而已。

（一）實際履行

實際履行也稱為具體履行或依約履行，有兩種意思：一是指債權人要求債務人根據合同的規定履行合同；二是指債權人向法院提起實際履行之訴，由執行機關運用國家的強制力，使債務人根據合同的規定履行合同。

1. 德國法

德國法認為，實際履行是對不履行合同的一種主要的救濟方法。凡是債務人不履行合同時，債權人都有權要求債務人實際履行。必須指出的是，德國民法典雖然規定以實際履行作為不履約的主要救濟辦法，但是實際上提起實際履行之訴的情況是很少的。[1]

2. 法國法

法國法也承認，如果債務人不履行合同，則債權人有權提起實際履行之訴。法國法區別「作為與不作為之債」（Obligation to Do or Not to Do）與「給付財產之債」（Obligation to Give）。[2]

法國已於 1867 年通過法律廢止對債務人實行人身監禁。但是，為了加強實際履行判決的強制執行力，從 19 世紀以來，法國法院形成了一種特殊的強制手段，稱為「不履行判決罰金」。

---

[1] 迪特爾·梅迪庫斯. 德國民法總論 [M]. 邵建東, 譯. 北京：法律出版社, 2000.
[2] 尹田. 法國現代合同法 [M]. 北京：法律出版社, 2009.6

### 3. 英美法

英美法對待實際履行的態度與大陸法有所不同。英美法認為，如果一方當事人不履行其合同的義務，對方的唯一權利是提起違約之訴，要求損害賠償。因為普通法是沒有實際履行這種補救辦法的。

一般而言，在涉及土地買賣或公司債券的交易時，英國和美國法院通常會作出實際履行的判決。

為執行法院的判決，英國高級法院規則（Rules of The Supreme Court）與美國聯邦與各州的民事訴訟規則（Rules of Civil Procedure），對被告不執行法院的判決規定了一系列強制執行判決的辦法。例如，英國法院把許多行為作為「藐視法院」（Contempt of Court）的行為，不履行法院的判決就是其中之一。

### 4. 中國法

實際履行也稱繼續履行，是指違約方根據對方當事人的請求繼續履行合同規定的義務的違約責任形式。其特徵為：

（1）繼續履行是一種獨立的違約責任形式，不同於一般意義上的合同履行。具體表現在：繼續履行以違約為前提；繼續履行體現了法的強制；繼續履行不依附於其他責任形式。

（2）繼續履行的內容表現為按合同約定的標的履行義務，這一點與一般履行並無不同。

（3）繼續履行以對方當事人（守約方）請求為條件，法院不得徑行判決。

繼續履行的適用，因債務性質的不同而不同。

金錢債務：無條件適用繼續履行。金錢債務只存在遲延履行，不存在履行不能。因此，應無條件適用繼續履行的責任形式。

非金錢債務：有條件適用繼續履行。對非金錢債務，原則上可以請求繼續履行，但下列情形除外：

（1）法律上或者事實上不能履行（履行不能）；

（2）債務的標的不適用強制履行或者強制履行費用過高；

（3）債權人在合理期限內未請求履行（如季節性物品之供應）。

### 5.《聯合國國際貨物買賣合同公約》

《聯合國國際貨物買賣合同公約》第 26 條對實際履行合同的問題作了以下規定：「如果按照公約的規定，當事人一方有權要求他方履行某項義務，法院沒有義務作出判決，要求實際履行此項義務，除非法院依照其本身的法律對不受本公約支配的類似買賣合同可以這樣做。」

## （二）損害賠償

### 1. 損害賠償責任的構成要件

大陸法認為，損害賠償責任的成立，必須具備以下三個條件：

（1）必須有損害的事實。

（2）必須有歸責於債務人的原因。

（3）損害發生的原因與損害之間必須有因果關係，即損害是由於債務人應予以負責的原因所造成的。

英美法不同於大陸法。根據英美法的解釋，只要一方當事人違反合同，對方就可以提起損害賠償之訴，而不以違約一方有無過失為條件，也不以是否發生實際損害為前提。如果違約的結果沒有造成損害，債權人雖然無權要求實質性的損害賠償，但是他可以請求名義上的損害賠償，即在法律上承認他的合法權利受到了侵犯。

中國法認為，違約責任的構成要件有二：①有違約行為；②無免責事由。前者稱為違約責任的積極要件，後者稱為違約責任的消極要件。

2. 損害賠償的方法

損害賠償的方法有回復原狀與金錢賠償兩種。所謂回復原狀，是指恢復到損害發生之前的原狀。這種方法可以完全達到損害賠償的目的，但是實行起來不太方便，甚至不可能做到。所謂金錢賠償，是指以支付金錢彌補對方所受到的損害。這種方法便於實行，但是有時不能完全滿足損害賠償的本旨。

德國法對損害賠償以回復原狀為原則，以金錢賠償為例外。法國法以金錢賠償為原則，以回復原狀為例外。英美法對損害賠償採取金錢賠償的方法。英美法稱之為「金錢上的恢復原狀」（Pecuniary Restitution）。中國法的損害賠償，是指違約方以支付金錢的方式彌補受害方因違約行為所減少的財產或者所喪失的利益的責任形式。具有如下特點：賠償損失是以支付金錢的方式彌補損失。金錢為一般等價物，任何損失一般都可以轉化為金錢，因此，賠償損失主要指金錢賠償。但在特殊情況下，也可以以其他物代替金錢作為賠償。

3. 損害賠償的範圍

這是指在發生違約的情況以後，在請求損害賠償時，應如何確定損害的範圍，應根據什麼原則確定損害賠償的金額。這有兩種情形：一種情形是，由雙方當事人自行約定的，稱為約定的損害賠償；另一種情形是，在雙方當事人沒有約定時，由法律作出確定的，稱為法定損害賠償。

（1）大陸法。《德國民法典》認為，損害賠償的範圍應包括違約造成的實際損失與所失利益兩個方面。所謂實際損失，是指合同規定的合法利益，由於可歸責於債務人的事由而遭受損害。所謂所失利益，是指如果債務人不違反合同本應能夠取得的利益，但是因為債務人的違約而喪失了的利益。[①]

法國法也有類似的規定。根據《法國民法典》第1149條的規定，對債權人的損害賠償，一般應包括債權人所受現實的損害與所失可獲得的利益。

（2）英美法。英美法認為，計算損害的基本原則是使由於債務人違約而蒙受損害的一方，在經濟上能處於該合同得到履行時同等的地位。

近代英國法律中關於計算損害賠償範圍的原則，是由英國法院在「哈德里訴巴辛達爾案」中的判決形成和發展起來的。該案的案情是：一家磨坊的機軸破裂了，磨坊主把壞軸交給承運人，委託他找一家工廠重做一個新的機軸。承運人交貨遲延未能在

---

① 迪特爾·梅迪庫斯. 德國民法總論 [M]. 邵建東，譯. 北京：法律出版社，2000.

合理的時間內交付新的機軸，因而使磨坊停工的時間超過了必要的時間。磨坊主要求承運人賠償由於延遲交付機軸造成的利潤損失。但是由於磨坊主並未預先告知承運人如果不能及時把新機軸送到將產生利潤損失，因此，法院判決承運人對遲交期間的利潤損失不承擔賠償責任。法院在作出這一判決時，對損害賠償的範圍提出以下兩項原則：

①這種損失必須是自然發生的，即根據違約事件的一般過程自然發生的損失；

②這種損失必須是當事人在訂立合同時作為違約可能產生的后果所合理預見到的。

在上述案例中，磨坊主並未預先把遲交機軸可能產生的利潤損失告知承運人，后者無從合理地預見會產生這樣的后果，他可能認為磨坊主有備用機軸，不會因遲交新機軸而停工，因此，承運人對由於延遲交貨造成的利潤損失不承擔責任。但是，如果違約的一方可以預見他的違約行為將引起利潤損失，則受損害的一方對於違約者可以要求賠償利潤損失。

賠償損失的確定方式有兩種：法定損害賠償和約定損害賠償。

（3）中國法。根據中國《合同法》的規定，法定損害賠償應遵循以下原則：

①完全賠償原則。違約方對於守約方因違約所遭受的全部損失承擔的賠償責任。具體包括：直接損失與間接損失；積極損失與消極損失（可得利益損失）。《合同法》第113條規定，損失「包括合同履行后可以獲得的利益」，可見其賠償範圍包括現有財產損失和可得利益損失。前者主要表現為標的物滅失、為準備履行合同而支出的費用、停工損失、為減少違約損失而支出的費用、訴訟費用等；后者是指在合同適當履行后可以實現和取得的財產利益。

②合理預見規則。違約損害賠償的範圍以違約方在訂立合同時預見到或者應當預見到的損失為限。合理預見規則是限制法定違約損害賠償範圍的一項重要規則，其理論基礎是意思自治原則和公平原則。對此應把握以下幾點：合理預見規則是限制包括現實財產損失和可得利益損失的損失賠償總額的規則，不僅僅用以限制可得利益損失的賠償；合理預見規則不適用於約定損害賠償；是否預見到或者應當預見到可能的損失，應當根據訂立合同時的事實或者情況加以判斷。

③減輕損失規則。一方違約后，另一方應當及時採取合理措施防止損失的擴大，否則，不得就擴大的損失要求賠償。其特點是：一方違約導致了損失的發生；相對方未採取適當措施防止損失的擴大；造成了損失的擴大。

（三）解除合同

1. 解除權的發生

羅馬法原則上不承認債權人在債務人不履行合同或不完全履行合同時有權解除合同。但是在買賣法中則允許賣方在買方沒有在一定的期限內支付價金時可以解除合同。[①]

所謂雙務合同，是指債的產生的最重要、最普遍的形式是合同。由合同而發生的

---

[①] 彼德羅·彭梵得. 羅馬法教科書 [M]. 北京：中國政法大學出版社，1992.

債權、債務關係，在當事人之間往往形成相互對應的兩個債權關係，這就叫做雙務合同。

在法國民法典中，根據《法國民法典》第1184條的規定，雙務合同的一方當事人不履行其所訂定的債務時，應視為有解除條件的約定。德國法也認為，在債務人不履行合同時，債權人有權解除合同。不履行合同包括履行不可能、履行延遲、拒絕履行和不完全履行四種情況。英美法與大陸法有所不同。英國法把違約分為違反條件與違反擔保兩種不同的情況，只有當一方當事人違反條件時，對方才可以要求解除合同；如果一方當事人僅僅是違反擔保，則對方只能請求損害賠償，不能要求解除合同。

2. 解除權的行使

根據西方各國法律的規定，行使解除權的方法主要有兩種：一種是由主張解除合同的一方當事人向法院起訴，由法院作出解除合同的判決；另一種是無須經過法院，只需向對方表示解除合同的意思即可。

法國法採取第一種辦法。《法國民法典》第1184條規定，債權人解除合同，必須向法院提起。德國法採取第二種辦法。《德國民法典》第349條規定：「解除合同應向對方當事人以意思表示為之。」英美法認為，解除合同是一方當事人由於對方的違約行為而產生的一種權利，他可以宣告自己不再受合同的約束，並且認為合同已經終了，無須經過法院的判決。關於解除權的行使，中國《合同法》第96條規定：當事人一方依照本法第九十三條第二款、第九十四條的規定主張解除合同的，應當通知對方。合同自通知到達對方時解除。對方有異議的，可以請求人民法院或者仲裁機構確認解除合同的效力。法律、行政法規規定解除合同應當辦理批准、登記等手續的，依照其規定。

3. 關於解除合同時是否能同時請求損害賠償

《法國民法典》第1184條規定，當合同一方當事人不履行債務時，債權人可以解除合同並請求損害賠償。《日本民法典》第545條規定，解除權的行使、不妨害損害賠償的請求。英美法也認為，當一方當事人違反條件或構成重大違約時，對方可以解除合同並可以請求損害賠償。

德國民法典的規定與上述各國法律的規定有所不同。根據《德國民法典》第325條與第326條的規定，債權人只能在解除權與損害賠償請求權兩者之間選擇其一，而不能同時享有兩種權利，即兩者不能就同一債務關係並存。

4. 解除合同的后果

解除合同的法律后果是消滅合同的效力。合同一經解除，其效力即告消滅。但是，這種消滅的作用是溯及既往，還是指向將來，各國的法律有不同的規定。

法國法認為，解除合同是使合同效力溯及既往的消滅，未履行的債務當然不再履行，即使已經履行的債務，也因缺乏法律上的原因而發生恢復原狀的問題。

《德國民法典》第346條規定，在解除合同時，各方當事人互負返還其受領的給付的義務。如果已履行的給付是勞務的提供或以自己的物品供對方利用者，因無法恢復原狀，則應補償其代價。

英國法認為，由於違約造成的解除合同，並不使合同自始無效，而只指向將來，

即只是在解除合同時還沒有履行的債務不再履行。

美國法認為，解除合同應產生回復原狀的效果。各當事人均應把他從對方取得的東西返歸給對方，盡可能恢復原來的狀態。

（四）違約金

違約金是指當事人一方違反合同時應當向對方支付的一定數量的金錢或財物。

1. 大陸法中不同性質的違約金

就違約金的性質而言，大陸法規定了兩種不同的違約金：①具有懲罰性質的違約金。德國法認為，違約金是對債務人不履行合同的一種制裁，具有懲罰的性質。②作為預定損害賠償總額的違約金。法國法認為，違約金的性質屬於預先約定的損害賠償金額。[①]

2. 違約金的增加或減少

德國法認為，法院有權對違約金予以減少或增加。

法國法在過去一直認為，法院對於違約金的金額原則上不得予以增加或減少。但是，1975年7月第75~597號法律對上述規定作出了重大的修改。新修改的第75~597號法律規定：「如果賠償數額明顯過大或過低時，法官得減少或增加原約定的賠償數額。一切相反的約定視為未訂。」《法國民法典》第1231條還規定，凡主債務已經一部分履行者，法官得酌量減少約定的違約金。

3. 英美法對違約金的態度

英美法認為，對於違約只能要求賠償，不能予以懲罰。因此，英國和美國法院對於雙方當事人在合同中約定，當一方違約時應向對方支付一定金額的條款，首先要區別這一金額是作為罰金，還是作為預先約定的損害賠償金額。

4. 中國法中的違約金

依不同標準，違約金可分為：

（1）法定違約金和約定違約金；

（2）懲罰性違約金和補償性（賠償性）違約金。

《合同法》施行之前，中國的違約金制度兼容以上各種形態，《合同法》則作了全新的規定。根據現行《合同法》的規定，違約金具有以下法律特徵：

（1）是在合同中預先約定的（合同條款之一）；

（2）是一方違約時向對方支付的一定數額的金錢（定額損害賠償金）；

（3）是對承擔賠償責任的一種約定（不同於一般合同義務）。

關於違約金的性質，一般認為，現行《合同法》所確立的違約金制度是不具有懲罰性的違約金制度，而屬於賠償性違約金制度。即使約定的違約金數額高於實際損失，也不能改變這種基本屬性。關於當事人是否可以約定單純的懲罰性違約金，《合同法》未作明確規定。通說認為此種約定並非無效，但其性質仍屬違約的損害賠償。

違約金的增加或減少。違約金是對損害賠償額的預先約定，既可能高於實際損失，

---

[①] 卡爾‧拉倫茲. 德國民法通論[M]. 王曉曄，等，譯. 北京：法律出版社，2003.

也可能低於實際損失，畸高和畸低均會導致不公平結果。為此，法律規定法官對違約金具有變更權，中國《合同法》第 114 條第 2 款規定：約定的違約金低於造成的損失的，當事人可以請求人民法院或者仲裁機構予以增加；約定的違約金過分高於造成的損失的，當事人可以請求人民法院或者仲裁機構予以適當減少。其特點是：

（1）以約定違約金「低於造成的損失」或「過分高於造成的損失」為條件；

（2）經當事人請求；

（3）由法院或仲裁機構裁量；

（4）「予以增加」或「予以適當減少」。

5. 聯合國國際貿易法委員會制定的《關於在不履行合同時支付約定金額的合同條款的統一規則》

聯合國國際貿易法委員會制定了適用於這種條款的法律規則《關於在不履行合同時支付約定金額的合同條款的統一規則》（Uniform Rules on Contract Clause for an Agreed Sum Due Upon Failure of Performance）（以下簡稱《統一規則》）。聯合國大會於 1983 年通過決議，建議各國鄭重考慮，可以採用樣板法的方式或訂立國際條約的方式將這些規則付諸實施。這項規則的適用範圍及主要內容如下：

（1）適用範圍。《統一規則》適用於當事人約定在一方不履行合同時，另一方有權取得約定金額的國際合同，不論此項約定的金額是作為罰金還是作為賠償金。

（2）實體規定。《統一規則》的實體規定有以下幾項：

第一，如果債務人對不履行合同沒有責任，債權人無權取得約定的金額。

第二，如果合同規定，一旦延遲履行，債權人有權取得約定的金額，則債權人在有權取得約定的金額的同時，還有權要求履行合同義務。

第三，如果合同規定，當出現延遲履行以外的不履約情況時，債權人有權取得約定的金額，則債權人有權要求履行合同，或者要求支付約定的金額。但是，如果約定的金額不能合理地補償不履約造成的損失，則債權人有權在要求履行合同的同時，要求支付約定的金額。

第四，如果債權人有權取得約定的金額，則在該項約定金額所能抵償的範圍內的損失，債權人不得請求損害賠償；但是，如果損失大大地超過約定的金額，則對於約定的金額不能抵償的部分，債權人仍可以請求損害賠償。

第五，除非約定的金額與債權人所遭受的損失很不相稱，法院或仲裁法庭均不得減少或增加合同約定的金額。

（五）禁令

禁令，是英美法採取的一種特殊的救濟方法。它是指由法院發出禁令，強制執行合同所規定的某項消極的規定，即由法院判令被告不許做某種行為。

禁令是衡平法上的一種救濟方法。英國和美國法院僅在下列情況下才會給予這種救濟：

（1）採取一般損害賠償的救濟方法不足以補償債權人所受的損失；

（2）禁令必須符合公平合理的原則。

## 六、情勢變遷、合同落空與不可抗力

### (一) 情勢變遷原則

所謂情勢變遷原則，是指在法律關係成立之后作為該項法律關係的基礎的情事，由於包括歸責於當事人的原因，發生了非當事人所能預見的變化，如果仍然堅持原來的法律效力，將會產生顯失公平的結果，有違誠實信用的原則。因此，應當對原來的法律效力作相應的變更（例如，增加或減少履行的義務，或解除合同等）的一項法律原則。

情勢變遷原則的一個重要的理論依據是「合同基礎論」，即認為合同的有效性應當以合同成立時所處的環境繼續存在為條件。

大陸法雖然承認情勢變遷原則，但是在民法中對於情勢變遷的效力並沒有作出明確的規定。

法國法院對以情勢變遷為理由要求免除履行合同的抗辯要求很嚴格，一般不容易予以接受。法國法院的判例認為，只有發生不可歸責於債務人的、不可預見的以及使債務人在相當期間內不可能履行合同的障礙，才能解除債務人的履約義務。[①]

### (二) 合同落空

合同落空，是英美法的術語，它與大陸法中的情勢變遷原則相類似。所謂合同落空，是指在合同成立后，並非由於當事人自身的過失，而是由於事後發生的意外情況使當事人在訂約時所謀求的商業目標受到挫折。

根據英國的法律與判例，下列情況往往可以作為合同落空處理：

(1) 標的物消滅；
(2) 違法；
(3) 情況發生根本性的變化；
(4) 政府實行封鎖禁運與進出口許可證制度。

### (三) 不可抗力

所謂不可抗力，是指以下意外事故：

(1) 它們是在簽訂合同以后發生的；
(2) 它們不是由於任何一方當事人的過失或疏忽造成的；
(3) 它們是雙方當事人所不能控製的，即這種事故是無法預見的、無法避免的與無法預防的。

不可抗力事故包括兩種情況：一種情況是由於自然原因引起的，例如，水災、風災、旱災、大雪與地震等；另一種情況是由於社會原因引起的，例如，戰爭、罷工與政府封鎖禁運等。至於應當把哪些意外事故列入合同的不可抗力條款中，雙方當事人可以在訂立合同時自行商定。

---

[①] 尹田. 法國現代合同法 [M]. 北京：法律出版社，2009.

不可抗力事故所引起的法律后果，主要有兩種情況：一種情況是解除合同；一種情況是延遲履行合同。

## 第六節　合同的消滅

### 一、合同消滅的概念

合同的消滅，是指合同由於某種原因而不復存在。合同的消滅是英美法的概念。大陸法各國則把合同的消滅包括在債的消滅的範疇之內，作為債的消滅的內容之一。英美法與大陸法不同，英美法在合同法與侵權行為法中沒有「債」這個總的概念。因此，英美法沒有債的消滅的規定，而只有合同的消滅的規定。

合同的消滅原因有三類：基於當事人的意思，如免除、解除；基於合同的目的，如不能履行、清償；基於法律的規定。合同消滅后，當事人仍應遵循誠實信用原則，根據交易習慣，履行通知、協助、保密等義務。

### 二、大陸法各國對債的消滅的有關規定

大陸法各國除了認為合同的撤銷、解除以及履行不可能等，均可以作為債的消滅的原因外，還在民法典或債務法典中對債的消滅的各種原因作出了具體的規定。

例如，根據《法國民法典》的規定，債有下列情形之一者即告消滅：清償；更新；自願免除；抵消；混同；標的物滅失；取消；解除條件成就；時效完成。

《德國民法典》規定，債的消滅的原因有以下四種：清償；提存；抵消；免除。

《日本民法典》把債的消滅的原因規定為五項，前四項均與《德國民法典》的規定相同，第五項是混同。

（一）清償

所謂清償，是指債權人履行債的內容。例如，在買賣合同中，賣方向買方交貨，買方向賣方支付價金，這都叫做清償。各國的法律都一致認為，清償是債的消滅的主要原因，當債權人接受債務人的清償時，債的關係即告消滅。

清償一般是指由債務人與債權人履行合同的義務。但是，西方各國的法律原則上都允許債務人以外的第三人向債權人清償債務。

清償的標的物一般應當是合同規定的標的物。例如，借錢還錢，借米還米等。但是，如果債權人同意，則債務人也可以用規定的標的物以外的物品清償其債務。

此外，如果債務人對同一債權人負有幾種債務，而且債的種類相同，但是債務人所提出的給付卻不足以清償全部債額，在這種情況下就產生一個問題，即該項給付究竟應抵償哪一宗債務呢？大陸法稱之為清償的抵充。

（二）提存

提存，是指債務人在履行債務時，由於債權人受領遲延，債務人有權把應付的金

錢或其他物品寄存在法定的提存所，從而使債的關係歸於消滅的一種行為。

根據大陸法的解釋，提存必須具備以下條件：

（1）債權人受領遲延。

（2）不能確定誰是債權人。

提存的效力主要有以下三個方面：

（1）債務人免除責任。債務人一旦把應給付的物品寄存在提存所后，債權人只能向提存所收取提存物，不能再向債務人請求清償。

（2）風險轉移。提存物寄存在提存所后，其風險就由債權人承擔，如果發生損壞或滅失，則債務人概不負責。

（3）費用負擔轉移。提存物寄存在提存所期間所產生的一切費用均由債權人負擔，但是債務人取回提存物后，則不在此限。

債務人在提存后，應立即將有關情況通知債權人。

提存是債務人與提存所之間的寄托合同，同時又具有向第三人給付的合同的性質，它使債權人取得直接向提存所請求交付提存物的權利。

債務人也有權取回提存物，但是如果他已放棄取回權，或債權人已向提存所表示接受提存，或經法院判決債權人勝訴並將判決通知提存所后，債務人就不得取回其提存物。

（三）抵消

抵消，是指兩個人彼此互負債務，而且債務的種類相同，同時均已屆清償期，因此，雙方都可以以其債務與對方的債務在等額的範圍內歸於消滅。

抵消是債的消滅的方式之一，其優點主要有以下兩個方面：

（1）手續方便，可以避免交換履行。

（2）當一方當事人破產時，採用抵消的方法可以避免交換履行所引起的不公平的結果。

抵消的方法主要有以下三種：一是法定抵消，二是以當事人單方面的意思表示抵消，三是約定抵消。

（四）免除

免除，是指債權人免除債務人的債務，亦即債權人放棄其債權。

免除是否需要債務人的同意才能生效，各國的法律有不同的規定。法國法與德國法認為，免除是雙方的法律行為，必須經債務人的同意才能成立，德國法還認為，免除是抽象的法律行為，與其原因相互獨立。日本民法典則認為，免除是單獨行為，只要債權人有免除債務的意思表示，無須經債務人的同意，債的關係亦可歸於消滅。

（五）混同

混同，是指債權與債務同屬於一個人，即同一個人既是債權人同時又是債務人。混同的原因主要有以下三種：

（1）民法上的繼受。

（2）商法上的繼受。

（3）特定繼受。

此外，各國的法律都承認，時效完成也是債的消滅的原因之一。

### 三、英美法關於合同消滅的法律規定

英美法關於合同消滅的原因有以下幾個：合同因雙方當事人的協議而消滅；合同因履行而消滅；合同因違約而消滅；依法使合同歸於消滅。

（一）合同因雙方當事人的協議而消滅

英美法認為，合同是根據雙方當事人的協議成立的，因此，它也可以根據雙方當事人之間的協議解除。以協議方式消滅合同權利與義務有各種不同的做法：

（1）以新的合同代替原合同；

（2）更新合同；

（3）根據合同自身規定的條件解除合同；

（4）棄權。

（二）合同因履行而消滅

履行是合同消滅的主要原因。合同一經履行，當事人之間的債權、債務關係即告消滅。

（三）合同因違約而消滅

根據英美法的解釋，違約有三種情況：

（1）一方當事人表示不願履行合同；

（2）一方當事人以自己的行動使履約成為不可能；

（3）一方當事人不履行其合同的義務。

在上述三種情況下，都有可能使對方取得解除合同的權利。其標準是看上述違約行為是否涉及「合同的根基」（the Root of the Contract）。因為英美法把違約行為分為兩種，一種叫做違反條件，另一種叫做違反擔保。如果違反擔保，則受損害的一方當事人只能請求損害賠償，不能解除合同；如果違反條件，即涉及合同的根基，則受損害的一方當事人有權解除合同，並可以請求損害賠償。

（四）依法使合同歸於消滅

在英美法中，有一些法律規定可以使合同在某些情況下歸於消滅，主要有以下三種情況：

（1）合併；

（2）破產；

（3）擅自修改書面合同。

## 四、中國法關於合同消滅的法律規定

（一）清償

1. 清償的概念

清償，是指當事人（債務人）實現債權目的的行為。

清償為發生私法上效果的合法行為，並非必為民事法律行為，因而關於民事法律行為的規定不當然地適用於清償，只是在其性質所允許的範圍內準用關於法律行為的規定。例如，關於行為能力的規定，不當然適用於清償，只有在必須以法律行為實行給付時，才適用行為能力規則。

2. 代為清償

代為清償，即第三人基於為債務人清償的意思而向債權人代為清償的行為。代為清償的適用條件為：

（1）依債的性質，可以由第三人代為清償。如作為債的關係內容的債務具有專屬性，則性質上不許代為清償。一般認為，基於債務性質不得代為清償的情況有：不作為債務；以債務人自身的特別技能、技術為內容的債務；因債權人與債務人之間的特別信任關係所生的債務等。

（2）債權人與債務人之間無不得由第三人代為清償的約定。但該約定必須在代為清償前為之，否則無效。

（3）債權人沒有拒絕代為清償的正當理由，債務人也無提出異議的正當理由。如果代為清償違背社會公共利益或社會公德或誠實信用原則，對債權人、債務人或社會有不利的影響；或代為清償違背其他強行性規範時，債權人就有權拒絕受領代為清償，債務人也有權提出異議，使其不發生清償的效力。

（4）代為清償的第三人必須有為債務人清償的意思。在這點上，代為清償與債務承擔不同：第一，若為清償人之錯誤，誤信為自己債務而為清償時，不成立代為清償；第二，連帶債務人、不可分債務人之清償，不構成代為清償。

代為清償的效力表現在：

（1）對債權人與債務人之間關係的影響。由於代為清償是因第三人以為債務人清償的意思而為清償，所以，在債權人與債務人之間，債的關係歸於消滅，債務人免除義務。但在雙務合同中，須雙方的債務均獲清償，合同關係才消滅。如果債權人無正當理由而拒絕受領代為清償，應負受領遲延責任。

（2）對債權人與第三人之間關係的影響。代為清償的第三人如系就債務履行有利害關係的第三人，則依代位清償制度，在其可得求償的範圍內，債權人所享有的權利當然移轉於第三人；如果為其他第三人，也可依約定而在其求償權的範圍內代位債權人。

（3）對第三人與債務人之間關係的影響。如果第三人與債務人之間有委託合同，則適用委託合同的規範，第三人有求償權。如果第三人與債務人之間既無委託合同又無其他履行上的利害關係，第三人可依無因管理或不當得利的規定求償。於此場合，

第三人負有將其清償事實及時通知債務人的義務。若怠於通知，導致債務人為二重清償時，第三人應負損害賠償責任。不過，該賠償債務不妨與第三人（清償人）的求償權相抵消。但第三人以贈與的意思為清償的，不發生求償權。

第三人因代為清償而有代位權。第三人在其求償權的範圍內，得對債務人行使債權人的一切權利。債務人對於債權人有可得抗辯的事由，有可供抵消的債權的，對於代位后的第三人也可主張。

### 3. 清償費用

清償費用，是指債的清償所必需的費用。例如物品交付的費用、運送物品的費用、金錢郵匯的費用，但不包括合同標的物本身的價值。通常情況下，清償費用有運送費、包裝費、匯兌費、登記費、通知費等。

對於清償費用，法律無明文規定、當事人又無約定時，由債務人負擔。但因債權人變更住所或其他行為而致清償費用增加時，增加的費用也由債權人負擔。例如，債權人受領遲延而致清償費用增加，債權人請求對物品特別包裝而增加費用，債權人請求將物品送往清償地以外的地點而增加費用，因債權移轉增加費用的，均由債權人負擔。

### （二）抵消

#### 1. 抵消的概念

抵消，是指雙方當事人互負債務時，各以其債權充當債務之清償，而使其債務與對方的債務在對等額內相互消滅的制度。為抵消的債權，即債務人的債權，稱為自動債權；被抵消的債權，即債權人的債權，叫做受動債權。

抵消依其產生的根據不同，可分為法定抵消與合意抵消兩種。法定抵消由法律規定其構成要件，當要件具備時，依當事人一方的意思表示即可發生抵消的效力。依當事人一方的意思表示即可發生抵消效力的權利，稱為抵消權，屬於形成權。合意抵消是指按照當事人雙方的合意所為的抵消。它尊重當事人的意思自由，可不受法律規定的抵消構成要件的限制。當事人為抵消而訂立的合同叫做抵消合同，其成立應適用合同法關於合同訂立的規定。中國《合同法》第100條規定了合意抵消。

#### 2. 法定抵消的要件

根據中國《合同法》第99條的規定，法定抵消必須具備以下成立要件：

（1）雙方當事人互負債務、互享債權。抵消以在對等額內使雙方債權消滅為目的，故以雙方債權的存在為必要前提。抵消權的產生，在於當事人對對方既負有債務，同時又享有債權。只有債務而無債權或者只有債權而無債務，均不發生抵消的問題。但中國《合同法》第83條規定，債務人的債權先於轉讓的債權到期或者同時到期的，債務人可以向受讓人主張抵消。

當事人雙方存在的兩個債權債務必須合法有效。任何一個債權債務的原因行為（合同）不成立或無效時，其債權不能有效存在，故不能發生抵消。

在附條件的債權中，如所附條件為停止條件，在條件成就前，債權尚不發生效力，不得為抵消。如其為解除條件，則條件成就前債權為有效存在，故得為抵消；且條件

成就並無溯及力，因而行使抵消權后條件成就時，抵消仍為有效。

　　超過訴訟時效期間的債權，不得作為主動債權而主張抵消，否則無異於強迫對方履行自然債務。如果被動債權已過訴訟時效期間，則可用於抵消。對此，可認為債務人拋棄了時效利益。

　　附有同時履行抗辯權的債權，不得以之為自動債權而主張抵消，否則即為剝奪對方的抗辯權。但如其作為被動債權，則可認為抵消權人已拋棄同時履行抗辯權，此時以之為抵消，當無不可。

　　第三人的債權，即使取得該第三人的同意，也不能以之為抵消。因為一方面，此時僅一方當事人能夠主張抵消，而對方則無此權利，有失公平；另一方面，第三人的債權對其債權人關係甚大，如允許用作抵消，則可能害及第三人的債權人的利益。可作為例外的是，連帶債務人以其他連帶債務人對於債權人的債權，就其應分擔部分為限主張抵消。債權讓與時，債務人對原債權人享有債權的，向債權受讓人主張抵消。主債務人對債權人享有債權的保證人主張抵消。

　　（2）雙方互負的債務標的物的種類、品質相同。正因為要求標的物的種類、品質相同，故抵消通常在金錢債務以及其他種類物債務適用較多。雙方當事人的給付物的種類雖然相同，但品質不同時，原則上不允許抵消。以特定物為給付物時，即使雙方的給付物屬於同一種類，也不允許抵消。但是，在雙方當事人均以同一物為給付物時，仍屬同一種類的給付，可以抵消。例如，甲有向乙請求交付某特定物的債權，同時對於丙負有交付該物的債務，嗣后在乙繼承丙的遺產場合，就可發生這種抵消。

　　（3）自動債權已屆清償期。債權人通常僅在清償期屆至時，才可以現實地請求清償。若債權未屆清償期也允許抵消，就等於在清償期前強制債務人清償，犧牲其期限利益，顯屬不合理。所以，自動債權已屆清償期才允許抵消。自動債權未定清償期的，只要債權人給債務人以寬限期，寬限期滿即可抵消。雖然合同法規定雙方債權均應屆履行期，但因債務人有權拋棄期限利益，在無相反的規定或約定時，債務人可以在清償期前清償。所以，受動債權即使未屆清償期，也應允許抵消。

　　在破產程序中，破產債權人對其享有的債權，無論是否已屆清償期，無論是否附有期限或解除條件，均可抵消。

　　（4）非依債的性質不能抵消。所謂非依債的性質不能抵消，是指依給付的性質，如果允許抵消，將不能達到合同目的。例如，以不作為債務抵消不作為債務，就達不到合同目的，故不允許抵消。

　　法律規定不可抵消的債務不得抵消。例如，法院決定扣留、提取勞動收入時，應保留被執行人及其所供養家屬的生活必需品。查封、扣押、拍賣、變賣被執行人的財產，應當保留被執行人本人及其所供養家屬的生活必需品。再如，故意實施侵權行為的債務人，不得主張抵消侵權損害賠償之債。違約金債務不得自行以扣款等方式沖抵。

　　3. 抵消的方法

　　抵消為單獨行為，應適用法律關於民事法律行為及意思表示的規定。抵消為處分債權的行為，故抵消人應有行為能力，並且對債權有處分權。抵消應由抵消權人以意思表示向受動債權人為之，自受動債權人瞭解或通知到達受動債權人時發生效力。受

動債權人為無行為能力人或限制行為能力人時，自通知到達其法定代理人時發生效力。

抵消的意思表示，不得附有條件或期限，因為若附有條件或期限，即使其效力不確定，這也與抵消的本旨相悖。

4. 抵消的效力

抵消使雙方債權按照抵消數額消滅。抵消使雙方債權溯及於得為抵消時消滅。所謂得為抵消時，是指抵消權發生之時。如果雙方債權的抵消權發生時間不同，則應以為抵消人的抵消權發生時間為標準。被抵消人嗣後即使作出不抵消的意思表示，也不得溯及其抵消權發生時產生抵消效力。因為其抵消權已依對方的抵消意思表示歸於消滅。抵消發生后，雙方債權的擔保及其他權利，均從得為抵消時消滅；雙方債權的利息債權，也從得為抵消時消滅。

（三）提存

1. 提存的概念

在中國現行法上，提存制度有一般的提存制度和特殊的提存制度之分。前者由中國《合同法》第 101～104 條加以規定。后者則規定在中國《擔保法》等法律中，如《擔保法》第 49 條第 3 款規定，抵押人轉讓抵押物所得的價款，應當向抵押權人提前清償所擔保的債權或者向與抵押權人約定的第三人提存。這種提存制度不要求具備債務人因債權人的原因而難以履行債務這一原因。而一般的提存則是指由於債權人的原因而無法向其交付債的標的物時，債務人將該標的物交給提存部門而消滅債務的制度。

2. 提存的事由

（1）債權人遲延受領。中國《合同法》第 101 條第 1 款第（1）項規定，債權人無正當理由拒絕受領的，債務人可以提存。構成該提存原因，必須是債務人現實地提出了給付。

（2）債權人下落不明。債權人下落不明包括債權人不清、地址不詳、債權人失蹤又無代管人等情況。

（3）債權人死亡或者喪失行為能力，又未確定繼承人或者監護人。

（4）法律規定的其他情形。中國《擔保法》第 49 條第 3 款規定，抵押人轉讓抵押物所得的價款，應當向抵押權人提前清償所擔保的債權或者向與抵押權人約定的第三人提存。

3. 提存的標的

提存的標的，為債務人依約定應當交付的標的物。提存公證規則規定，提存標的物與合同標的物不符或在提存時難以判明兩者是否相符的，提存部門應告知提存人，如提存受領人因此拒絕受領提存標的物，則不能產生提存的效力。

提存的標的物，以適於提存者為限。標的物不適於提存或者提存費用過高的，債務人依法可以拍賣或者變賣的物，提存所得的價款。適於提存的標的物包括：貨幣；有價證券、票據、提單、權利證書；貴重物品；擔保物（金）或其替代物；其他適於提存的標的物。不適於提存的標的物包括：低值、易損、易耗物品；鮮活、易腐物品；需要專門技術養護的物品；超大型機械設備、建設設施等。不適於提存的標的物，債

務人可以委託仲介機構拍賣或變賣，將所得價款提存。

4. 提存的方法

提存人應在交付提存標的物的同時，提交提存書。提存書上應載明提存人姓名（名稱）、提存物的名稱、種類、數量以及債權人的姓名、住址等基本內容。此外，提存人應提交債務證據，以證明其所提存之物確系所負債務的標的物；提存人還應提交債權人受領遲延或不能確定以致自己無法向債權人清償的證據。如有法院或仲裁機關的裁決書，也應一併提出。其目的在於證明其債務已符合提存要件，以便提存機關確定是否應予提存。

如果提存人的提存系對於債權人的對待給付而為，提存人應當在提存書中特別註明。

對提存人的提存請求經審查符合提存條件的，提存機關應接受提存標的物並妥善保管。因提存並非向債權人清償，因此，標的物提存后，除債權人下落不明以外，債務人應及時通知債權人或債權人的繼承人、監護人。債權人下落不明的，債務人不負通知義務，提存人可申請法院依有關規定公告送達。

5. 提存的效力

提存的效力，包括提存在債務人與債權人之間、提存人與提存部門之間以及債權人與提存部門之間發生的效力三個方面：

（1）債務人與債權人之間的效力。自提存之日起，債務人的債務歸於消滅。提存公證規則規定，提存之債從提存之日即告清償。

提存物在提存期間所產生的孳息歸提存受領人所有。提存的不動產或其他物品的收益，除用於維護費用外，剩餘部分應當存入提存帳戶。標的物提存使債權得到清償，標的物所有權轉移歸於債權人，標的物毀損滅失的風險也轉移歸於債權人負擔。但因提存部門過錯造成毀損、滅失的，提存部門負有賠償責任。

（2）提存人與提存部門之間的效力。提存部門有保管提存標的物的權利和義務。提存部門應當採取適當的方法妥善保管提存標的物，以防毀損、變質或滅失。對不宜保存的，提存受領人到期不領取或超過保管期限的提存物品，提存部門可以拍賣，保存其價款。

提存的存款單、有價證券、獎券需要領息、承兌、領獎的，提存部門應當代為承兌或領取，所獲得的本金和孳息在不改變用途的前提下，按不損害提存受領人利益的原則處理。無法按原用途使用的，應以貨幣形式存入提存帳戶。定期存款到期的，原則上按原來期限將本金和利息一併轉存。股息紅利除用於支付有關的費用外，應當和剩餘部分存入提存專用帳戶。

提存人可以憑人民法院生效的判決、裁定或提存之債已經清償的公證證明取回提存物。提存受領人以書面形式向公證處表示拋棄提存受領權的，提存人得取回提存物。提存人取回提存物的，視為未提存，因此產生的費用由提存人承擔。提存人未支付提存費用前，提存部門有權留置價值相當的提存標的物。

（3）債權人與提存部門之間的效力。債權人可以隨時領取提存物，但債權人對債務人負有到期債務的，在債權人未履行債務或者提供擔保之前，提存部門根據債務人

的要求應當拒絕其領取提存物。債權人領取提存物的權利，自提存之日起五年內不行使而消滅，提存物扣除提存費用後歸國家所有。

除當事人另有約定外，提存費用由提存受領人承擔。提存費用包括：提存公證費、公告費、郵電費、保管費、評估鑒定費、代管費、拍賣變賣費、保險費以及為保管、處理、運輸提存標的物所支出的其他費用。提存受領人未支付提存費用前，提存部門有權留置價值相當的提存標的物。

提存部門未按法定或者當事人約定條件給付提存標的給當事人造成損失的，提存部門負有連帶賠償責任。

符合法定或當事人約定的給付條件，提存部門拒絕給付的，由其主管機關責令限期給付，給當事人造成損失的，提存部門負有賠償責任。

（四）免除

1. 免除的概念

免除，是指債權人拋棄債權，從而全部或部分消滅債的關係的單方行為。

免除僅依債權人表示免除債務的意思而發生效力，其原因如何，在所不問。所以，免除為無因行為。免除為債權人處分債權的行為，因而需要債權人對該債權有處分權。無行為能力人或限制行為能力人不得為免除行為。

2. 免除的方法

免除應由債權人向債務人以意思表示為之。向第三人為免除的意思表示的，不發生免除的法律效力。

免除的意思表示構成民事法律行為。因此，民法關於民事法律行為的規定適用於免除。免除可以由債權人的代理人為之，也可以附條件或期限。

免除為單獨行為，自向債務人或其代理人表示后，即產生債務消滅的效果。因而，一旦債權人作出免除的意思表示，即不得撤回。

3. 免除的效力

免除發生債務絕對消滅的效力。因免除使債權悄滅，故債權的從權利，如利息債權、擔保權等，也同時歸於消滅。僅免除部分債務的，債的關係僅部分終止。

免除為處分行為，僅就各個債務成立免除。因合同所生的全部債務，如兩個對立的債務，只有一一將它們免除時，才發生全部免除的效力，即合同關係消滅的結果。

免除不得損害第三人的合法權益。例如，已就債權設定質權的債權人不得免除債務人的債務，而以之對抗質權人。

保證債務的免除不影響被擔保債務的存在，被擔保債務的免除則使保證債務消滅。

（五）混同

1. 混同的概念

混同，是指債權和債務同歸一人，致使債的關係消滅的事實。

2. 混同的成立

債權債務的混同，由債權或債務的承受而產生，債權債務的概括承受是發生混同的主要原因。例如企業合併，合併前的兩個企業之間有債權債務時，企業合併后，債

權債務因同歸一個企業而消滅。

3. 混同的效力

合同關係及其他債之關係，因混同而絕對地消滅。債權的消滅，也使從權利如利息債權、違約金債權、擔保權等歸於消滅。

債權系他人權利的標的時，從保護第三人的合法權益出發，債權不消滅。例如債權為他人質權的標的，為了保護質權人的利益，不使債權因混同而消滅。

## 復習思考題：

1. 什麼是要約？要約與邀請要約有什麼區別？要約人在什麼情況下可以撤回或者撤銷要約？
2. 什麼是承諾？英美法與大陸法對承諾生效的時間有什麼不同的規定？兩者對承諾的撤回又有什麼不同的規定？
3. 違約的情形及承擔違約責任的要件有哪些？
4. 當一方違反合同時，另一方可以得到哪些方面的補救？
5. 合同的消滅原因有哪些？

# 第五章　國際貨物買賣法

**本章要點：**

- 瞭解國際貨物買賣合同的成立。
- 瞭解國際貿易術語。
- 掌握貨物買賣雙方的義務。
- 掌握對違反買賣合同的補救辦法。
- 掌握貨物所有權與風險的轉移。
- 瞭解國際貨物買賣合同的條款與形式。

## 第一節　國際貨物買賣法概述

### 一、國際貨物買賣法的概念

　　國際貨物買賣法是調整跨越國界的貨物貿易關係以及與貨物貿易有關的各種關係的法律規範的總和。隨著國際經濟貿易交往規模和形式的不斷擴大和增多，國際貿易法所包含的內容也越來越多，國際技術貿易、國際合作生產、國際工程承包、國際資金融通等均為國際貿易法研究的內容。國際貨物買賣法是傳統的國際貿易法的中心內容，作為國際貿易法一部分的國際貨物買賣法則主要涉及國際貨物買賣合同、國際貨物運輸、國際運輸貨物保險、國際支付與結算等方面的法律。本章主要講述國際貨物買賣合同法。

　　國際貨物買賣合同的法律適用問題，在國際貿易中，有以下兩種處理方法：一種處理方法是，由雙方當事人達成協議，在合同中訂立一項法律選擇條款，明確地規定該合同所應適用的法律；另一種處理方法是，在雙方當事人未能就法律適用問題達成協議，合同中沒有規定法律選擇條款的情況下，一旦發生爭議，就要由有關的法院或仲裁機構根據它們認為適用的法律衝突規則確定該合同所應適用的法律。

### 二、有關國際貨物買賣的立法與慣例

（一）　國內立法概述

　　1. 大陸法系國家

　　在大陸法系國家中，一些國家採用了民商分立的做法，另一些國家則採用了民商

合一的做法。在民商分立的國家中，民法中的一般原則和相關規定適用於商事活動，另有商法典對商事行為進行專門的規定，商法與民法是特別法與一般法的關係，商法優先適用，在商法沒有規定的情況下，適用民法的規定。在民商合一的國家中則沒有單獨的商法典，而是將有關商法的內容編入民法典中。

2. 普通法系國家

以判例為主要法律淵源的普通法系國家沒有民法與商法的區分，其買賣法由兩個部分組成，一部分是由法院判例形式確立的法律原則；另一部分則是成文法，主要為單行法規，例如，英國 1893 年的《貨物買賣法》（Sale of Goods Act, 1893），英國現行的是 1995 年修訂的《貨物買賣法》。美國 1906 年的《統一買賣法》（Uniform Sale of Goods Act, 1906），目前美國多數州採用的是 1994 年文本的《統一商法典》（Uniform Commercial Code，簡稱 UCC）。

3. 中國的立法

中國沒有專門的貨物買賣法，民法通則的原則性規定作為一般法適用於貨物買賣關係，1999 年生效的合同法對買賣合同進行了專門的規定，該法是調整中國貨物買賣關係的主要國內立法，該法同時適用於國內的買賣關係和涉外的買賣關係。此外，中國於 1986 年加入了《聯合國國際貨物銷售合同公約》（CISG），因此，在符合適用該公約的條件下，有關的國際貨物買賣關係還涉及公約的適用。

(二) 國際立法概述

各國貨物買賣法存在的分歧給國際貿易帶來了消極的影響，為了解決這個問題，早在 1930 年羅馬國際私法統一協會即決定編纂統一法公約，經過多年的工作，在 1964 年海牙外交會議上正式通過了《關於國際貨物買賣統一法公約》和《關於國際貨物買賣合同成立統一法公約》，均於 1972 年生效。這兩個公約被接受的效果不是很好，主要原因是公約受歐洲大陸法傳統的影響較多，內容繁瑣，因此參加的國家較少，沒有起到統一國際貨物買賣法律的作用。

上述兩公約在統一國際貨物買賣法上的作用非常有限，為了完成國際貿易法的統一工作，聯合國國際貿易法委員會將貿易法的統一作為其主要任務之一，並組織力量經過多年的努力完成了《聯合國國際貨物銷售合同公約》（以下簡稱《銷售合同公約》）的起草和制定工作。該公約於 1980 年在維也納的外交會議上通過，於 1988 年正式生效。中國於 1986 年批准加入了該公約。

(三) 有關國際貨物貿易的國慣例概述

1. 國際商業慣例的概念

國際商業慣例是在國際商業交往中長期形成的，經過反覆使用而被國際商業的參加者接受的習慣做法或通例。許多國際商業慣例經過有影響的國際組織或民間商業組織的制定而成了成文的慣例，例如由國際統一私法協會制定的 1932 年《華沙—牛津規則》、由國際商會制定的 2000 年《國際貿易術語解釋通則》、由國際統一私法協會完成的 1994 年《國際商事合同通則》等。

2. 國際商業慣例的特徵

（1）普遍接受性，普遍接受要求國際商業慣例有一個長期的和反覆的使用過程才能形成。

（2）確定性，確定的內容使國際商業慣例能夠對國際經濟交往活動起一定的規範作用。

（3）任意性，國際商業慣例不是法律，對當事人不具有強制性，只有在當事人約定引用慣例時，才對當事人具有法律約束力。同時，當事人在引用慣例時可以對慣例進行相應的修改和增減。

### 三、國際貨物買賣合同概述

（一）國際貨物買賣合同的概念

國際貨物買賣合同是指營業地位於不同國家的當事人之間就有關貨物買賣的權利義務關係而達成的協議。

國際貨物買賣合同的國際性以當事人的營業地位於不同國家為準，而不考慮當事人的國籍。國際貨物買賣合同強調的是合同的標的物需要進行超越國境的運輸，因此，即使是不同國家的當事人在同一國境內訂立的貨物買賣合同，也不是國際貨物買賣合同。

國際貨物買賣合同的標的是貨物，貨物指有體動產，不包括股票、債券、投資證券、流通票據以及其他權利財產，也不包括不動產與提供勞務的交易。但適用於1980年《聯合國國際貨物銷售合同公約》的貨物並非所有的有體動產，用於個人消費的合同被排除在外，船舶和飛機等雖然在物理屬性上屬於動產，但由於其標的巨大，且價值很高，各國對其轉讓一般都進行了特別的規定，因此公約也不對此類貨物適用。

（二）格式合同

在國際貿易中常常使用某個國際民間組織或國際行業性協會擬定的空白的標準合同，這種空白合同並不是合同，它只是根據買賣合同應具備的基本內容所擬定的詳細而固定的條文，印成固定的格式，所以叫做格式合同：

1. 格式合同的作用

（1）針對性。各種格式合同條文的內容，一般都反應了種類不同的商品在國際買賣中的特點，有明顯的針對性。因此，使用格式合同可以避免當事人因在條文和法律問題上的疏忽而造成的不必要的爭議和損失。

（2）簡化性。格式合同可以起到簡化談判過程的作用。它可以向談判的當事人提供建議性的條文，作為合同條件的基礎，這樣可以縮短當事人之間協商的時間，為爭取商業機會創造條件。

2. 格式合同的性質

格式合同既不是法律，在雙方簽字以前也不是真正的合同。格式合同只是貿易談判的一方給另一方提供的建議性的文本，在當事人簽字前不具有約束力，經雙方當事人的協商，可以對格式合同中的條文內容進行修改、刪節或補充，只有經過雙方當事

人同意，填寫了日期並簽字后，才能成為當事人之間訂立的一個有效的合同。

格式合同與格式條款及網絡中的「點擊合同」有一定的區別。格式條款如保險合同條款、提單條款等。當事人對格式條款及網絡中的點擊合同條款往往沒有修改的余地，其選擇就是接受或者不接受，因此，法律對於此種合同條款採取的是強制調整的方式，規定了某些無效條款的底線，以保護非制定條款一方當事人的正當權利。而法律對於只是為當事人起提供文本作用的格式合同，則採取的是任意性調整，因為當事人有機會在該條款的基礎上對條款的內容進行刪、減、改。

(三) 國際貨物買賣合同的當事人

1980年《聯合國國際貨物銷售合同公約》要求適用公約的貨物銷售合同的當事人應為雙方營業地位於不同締約國的當事人。如雙方的國籍不同，但營業地位於同一個國家，則不適用公約，如果只有一方的營業地位於締約國也不適用公約。當然公約的第1條還對通過國際私法規則的擴大適用進行了規定，對此，中國進行了保留。

中國於2004年修訂的《中華人民共和國對外貿易法》（以下簡稱《外貿法》）在對外貿易經營者方面主要有下列修改：其一，外貿經營權的獲得由原來的審批制改為登記制。依原外貿法第9條第1款的規定，中國在對外貿易經營主體方面實行對外貿易經營許可制度。其二，可以從事外貿的主體擴大到了自然人。依新法第8條的規定，對外貿易經營者是指依法辦理工商登記或者其他執業手續，依照本法和其他有關法律、行政法規的規定從事對外貿易經營活動的法人、其他組織或者個人。而在修訂前，中國的自然人不能從事對外貿易經營活動。但新外貿法並不意味著任何個人可以不受限制地從事進出口貿易。事實上，經營外貿仍然需要依法辦理工商登記或者其他執業手續，才可獲得對外貿易經營者的資格。

(四) 國際貨物買賣合同的主要條款

國際貨物買賣合同的條款主要包括約首、正文和約尾三部分。約首是合同的開頭部分，包括合同的名稱、合同的編號、訂約日期、訂約地點、雙方當事人的名稱和地址以及合同的序言等內容。約首部分的內容同樣具有一定的法律意義而不應被忽視，如訂約的日期在法律上表明，除非合同中對合同生效的時間另有不同的規定，否則應以該日期為合同生效的日期。再如訂約地點，如果合同中對合同所應適用的法律沒有作出明確的規定，則合同訂立地對確定合同的法律適用會起到一定的作用。正文部分是合同的主體部分，包括合同的實質性條款，即規定雙方當事人權利義務的條款。約尾主要載明合同以何種文字作成，以及各種文字的效力，正文的份數，附件及其效力，雙方當事人的簽名等。下面主要闡述正文部分條款的內容。

1. 品質規格條款

品質規格條款是合同的主要條款，由於國際貨物買賣的雙方分處不同的國家，因此，雙方在合同中對貨物品質的約定就更加重要。依某些國家的法律規定，買賣合同中有關貨物品質的說明是合同的要件，如果賣方所交貨物的品質與合同的約定不符，買方有權拒收貨物，並可以要求損害賠償。在國際貨物買賣中，不同種類的貨物有不

同的品質的表示方法，主要有下列幾種：①

（1）憑樣品確定貨物品質的買賣，指交易雙方約定以樣品作為交易的品質依據的買賣。這樣的買賣依《聯合國國際貨物銷售合同公約》第35條的規定，貨物的質量應與賣方向買方提供的貨物的樣品或樣式相同。否則，即為與合同不符，賣方須承擔此種不符合同的責任。由於憑樣品的買賣多屬於品質難以規範化或標準化的貨物，有時很難做到貨物的品質與樣品完全相同，因此合同中也有約定交貨品質與樣品大致相符的情況。

（2）憑規格、等級或標準確定貨物品質的買賣。規格指反應商品品質的一些主要指標，如重量、長短、大小、純度、強度、拉力等。等級指對同類商品進行的級別分類，如一級、二級、特級等。標準是企業、行業、政府或國際組織對某類商品的規格和等級進行的規範化。在進行此種確定品質的買賣時，賣方所交付的貨物應與合同規定的規格、等級或標準相一致，否則，即屬違約。

（3）憑商標或牌名確定貨物品質的買賣。在國際貿易中，對於某些品質穩定並樹立了良好信譽的商品，可以採用憑商標或牌名來確定貨物的品質的方法。一般來說，商標或牌名特別是良好信譽的商標或牌名代表了一定規格的商品品質，因此，此種買賣可以不再訂明具體標準或提供樣品。但由於同一商標或牌名的產品可能在不同的國家生產，也會存在規格上的差異，因此，有些憑商標或牌名的買賣除規定了貨物的牌名或商標外，也會對產品的具體規格進行規定。

（4）憑說明書確定貨物品質的買賣。商品的說明書是說明商品的性能、構造等的文字材料。在國際貿易中，買賣一些構造和性能複雜的設備時，有時須憑詳細的說明書具體說明其構造、用材、性能和使用方法等。在憑說明書的買賣中，有的合同除說明書外，還有規定品質保證的條款，用以保證賣方出售的貨物品質在一定期限內符合說明書上的技術指標，如買方在保證期限內發現品質與說明書不符，則可以要求退貨。

貨物的品質條款一定要明確，並應依合同約定的品質履行，有時超過了合同約定的標準也會引起爭議，特別是在買方對貨物有特殊要求時。例如，有客商訂的電吹風不要求很長的壽命，這樣有利於市場的更新換代，並降低成本。

2. 數量條款

國際貨物買賣合同中的數量通常用重量、體積、長度、面積、個數等單位來表示。但由於各國的度量衡制度不同，同一計量單位所代表的數量可能也會有差異，因此合同中必須規定明確。數量條款是確定賣方交貨數量的依據。對於有些農產品貨物或礦產品貨物，由於貨物本身的特性，或受包裝和運輸工具的限制，或由於蒸發的原因等，使貨物的重量和數量很難與合同相同，對於此類貨物，國際慣例也允許在合同規定的數量與實際交貨的數量之間有一定的機動幅度。通常有兩種規定機動幅度的方法：

（1）在合同中規定「溢短裝條款」，允許賣方按一定的機動幅度多交或少交一定數量的貨物。

（2）在貨物的數量上規定一個約數，如規定「約1,000公噸」，則貨物的數量可以

---

① 馮大同. 國際商法［M］. 北京：中國人民大學出版社，1998.

在一定的幅度內機動。

此外，在合同中通常還規定對超過合同的數量按什麼價格支付的條款，如果雙方當事人對此沒有規定，一般對於超過合同數量的貨物按合同規定的價格支付貨款。

3. 包裝條款

包裝條款主要包括包裝的種類和性質、包裝材料、包裝尺寸、包裝費用和運輸標誌等內容。在國際貿易中，除一些貨物因其本身特點不需要包裝外，多數貨物都需要有一定的包裝。包裝的費用計入成本之中。貨物的包裝主要分為兩類：

（1）運輸包裝，又稱大包裝或外包裝，主要作用是為了保護貨物的安全運輸，便於裝運和儲存。

（2）銷售包裝，又稱小包裝或內包裝，其作用是為了保護商品的質量、數量，此外，還有介紹商品的作用。

包裝條款應依貨物的性質進行協商，同時還應考慮對方國家的習慣和法律規定，如有的國家對以陶瓷作為包裝材料的貨物課以重稅，有的國家禁用稻草等作包裝材料等。

4. 價格條款

價格條款主要規定貨物的計價貨幣、計價單位、單位價格金額等。國際貿易術語常常被用來表示貨物的單價，如規定「每公噸 500 美元 CIF 紐約」的單價中，重量的單位是公噸，計價貨幣是美元，單位價格金額是 500 美元，目的港是紐約，價格構成是貨物的成本加運費加保險費。貨物買賣合同的總價是以單價乘以交易商品的數量。價格條款是確定買方支付義務的主要依據。

5. 商檢條款

商檢條款通常規定商品檢驗所應依據的標準、檢驗機構、檢驗期間及商檢權等內容。商檢條款的作用是提供一個確定賣方所交貨物是否符合合同的依據，關係到合同的履行、索賠、訴訟等許多法律問題。商檢條款主要包括下列內容：[1]

（1）關於商檢權問題。商檢權關係到買賣雙方由哪方決定商品品質、數量或包裝是否符合合同的問題。在國際貿易中，對商檢權一般有下列三種不同的規定方法：

①以離岸品質、重量為準。在此種條款下，買方在貨物到達後原則上不能對貨物的品質和數量提出異議。這種做法對賣方比較有利。

②以到岸品質、重量為準。在此種條款下，買方可以根據目的港檢驗機構簽發的商檢證書向賣方提出品質、數量方面的異議。這種做法顯然對買方有利。

③以裝運港的檢驗證書作為議付貨款的依據，但在貨到目的港后允許買方有復驗權。如復驗后發現貨物的品質、數量與合同不符，買主可根據交驗的結果向賣方提出索賠。這種做法比較公平合理，兼顧到買賣雙方的利益，在國際貿易中使用比較普遍。

（2）關於商檢機構。在國際貿易中，進行商品檢驗的機構主要有以下三類：其一，是由國家設立的商品檢驗機構，在中國就是國家質量監督檢驗檢疫總局；其二，是由私人或同業公會、協會開設的公證行；其三，生產、製造廠商或產品的使用部門設立的檢驗機構。

---

[1] 吳興光．國際商法［M］．廣州：中山大學出版社，2003．

(3) 關於商檢的期限。商檢的時間一般就是品質、數量索賠的期限。在檢驗條款中通常都規定，買方必須於貨物到達目的港后若干天內（如 60 天內）進行檢驗，或規定買方應於貨物在目的港卸貨后若干天內進行檢驗，如果超過規定的期限未進行檢驗，就是貨物良好的初步證據。

(4) 關於商檢的標準和方法。各國對同一商品規定的品質標準不完全一致，而且每個國家的標準（包括各同業公會的標準）各年的版本又有可能不同，內容也有差異，因此，在簽訂合同時，如按標準確定商品的品質，不僅要規定是按哪個國家的標準，而且還需規定是按照哪個版本的標準。有些商品，在檢驗時常因所採用的檢驗方法不同，而出現不同的結果，所以在簽訂合同時，對於可能有幾種檢驗方法檢驗的商品，應明確採用哪一種。

6. 裝運條款

裝運條款主要規定裝運時間、裝運港或裝運地、裝運通知等事項。裝運是指將貨物裝上運輸工具。裝運條款會涉及運輸問題和支付單據中的要求，因此，將在下面的內容中闡述。

7. 保險條款

合同中的保險條款是指具體規定由哪方當事人負擔貨物運輸的保險責任，及應投保的險別等內容的條款。其目的在於把保險責任具體化。例如，貨物是按 FOB 價格條件出售的，則保險費用應由買方支付，即使賣方經買方的請求而投保，其保險費用也應由買方承擔。

8. 支付條款

支付條款是合同中有關買方支付貨款內容的條款，包括下列內容：

(1) 支付與結算使用的貨幣的幣種；

(2) 支付工具，即是貨幣還是票據，一般是採用票據中的匯票；

(3) 支付方式，指是採用匯付、托收還是信用證，合同中經常採用的是跟單信用證付款方式，有些情況下也採用托收的方式；

(4) 支付的時間與地點。此外，還有賣方為取得貨款應提供的單證等各項規定。

9. 不可抗力條款

(1) 不可抗力條款的概念。不可抗力條款是規定在合同訂立後，發生當事人在訂合同時不能預見、不能避免、不可控製的意外事故，以致不能履行合同或不能如期履行合同時，遭受不可抗力的一方可以免除履行合同的責任的條款。

(2) 構成不可抗力的意外事故應具備的條件：

①意外事故是在簽訂合同以後發生的。

②意外事故是當事人所不能預見、不能避免和不可控製的。不可抗力的事故主要包括兩種情況，一種是由於自然力量引起的，如水災、風災、旱災、地震等；另一種是社會原因引起的，如戰爭、封鎖、政府禁令等。

③意外事故的引起沒有當事人疏忽或過失等主觀因素。

(3) 不可抗力的法律後果與結果。依 1980 年《聯合國國際貨物銷售合同公約》的規定，遭受不可抗力的一方可解除合同或延遲履行而不承擔責任。只有在不可抗力因

素與當事人的過失同時存在的情況下，當事人才承擔相應的賠償責任。遭受不可抗力后合同的結果主要為下列：

①解除合同。一般來說，如果不可抗力事故使合同的履行成為不可能，則可解除合同。如在買賣特種糧食的交易中，該特種糧食的產地因水災而失收，在這種情況下，可以解除合同。

②延遲履行。如不可抗力只是暫時阻礙合同的履行，則只能延遲履行。例如，由於不可抗力使交通受阻，可能延遲履行，等通車后再履行。

10. 仲裁條款

在爭議的解決上，國際貨物買賣合同中一般規定，如發生與本合同有關的爭議，應友好協商解決，協商不能解決時，應將爭議提交某仲裁機構進行仲裁。合同的仲裁條款中應訂明仲裁地點、仲裁機構、仲裁規則等方面的內容。

11. 法律適用條款

法律適用條款是當事人依意思自治原則經過雙方的協商選擇的適用於合同的法律。中國的司法解釋要求當事人對法律的選擇應當是明示的，當事人的選擇一般應與合同有一定的聯繫。當事人可以選擇適用某國的國內法，也可以選擇適用國際公約或國際慣例。

以上是國際貨物買賣合同正文部分的主要條款，其多寡繁簡一般根據貨物的性質、交易量的大小、當事人之間的關係、簽約當事人的法律知識與水平等因素而協商決定。

# 第二節　國際貿易術語解釋通則

## 一、《國際貿易術語解釋通則》概述

(一) 國際貿易術語的概念

國際貿易術語是在國際貿易中逐漸形成的，表明在不同的交貨條件下，買賣雙方在交易中的費用、責任及風險劃分的以英文縮寫表示的專門用語。貿易術語是國際慣例的一種，由當事人選擇適用，國際上使用最為廣泛的是國際商會於 1936 年編纂的《國際貿易術語解釋通則》，目前實行的是《2000 年國際貿易術語解釋通則》（以下簡稱《2000 年通則》）。

(二) 《國際貿易術語解釋通則》的產生與發展

在國際貨物買賣活動的長期實踐中，買賣雙方常採用一些貿易術語來概括雙方的費用、責任及風險劃分等問題，如 FOB、CIF 等。為了避免不同國家對同一貿易術語作出不同的解釋，國際商會於 1936 年制定了《國際貿易術語解釋通則》，又為了適用國際貿易發展的需要，該通則分別於 1953 年、1967 年、1976 年、1980 年、1990 年和 2000 年進行了六次修改和補充。

(三)《2000 年通則》對 1990 年《國際貿易術語解釋通則》的主要修改

依國際商會在《2000 年通則》「引言」中的解釋，與 1990 年《國際貿易術語解釋

通則》（以下簡稱《1990年通則》）相比，《2000年通則》的變化很小，原因是由於通則已得到了世界的承認，所以國際商會決定鞏固通則在世界範圍內得到的承認，並避免為了變化而變化。《2000年通則》在許多方面對《1990年通則》進行了修改，比較主要的修改為以下幾個方面：①

1. 在進出口手續方面更加合理

FAS貿易術語在《1990年通則》中是由買方辦理出口許可證和出口清關手續。此點與賣方辦理出口手續，買方辦理進口手續的一般原則不符，因此，在《2000年通則》中，改為由賣方辦理出口許可證和出口清關手續。DEQ貿易術語在《1990年通則》中是由賣方辦理進口清關手續，同樣與上述原則不符，因此，在《2000年通則》中改為由買方辦理進口清關手續。經過上述修改后，除了賣方責任最小的EXW和賣方責任最大的DDP未按上述原則外，其他各術語均是由賣方辦理出口手續，由買方辦理進口手續。

2. 明確了在FCA貿易術語下的交貨與裝貨義務

《1990年通則》對FCA貿易術語下賣方交貨地點的選擇沒作規定。依《2000年通則》的規定，在FCA貿易術語中，當賣方在其所在地交貨時，則應由賣方負責裝貨，當貨物裝上買方指定的承運人或代表買方的其他人提供的運輸工具時，完成交貨。當在其他地點交貨時，則當貨物在賣方的運輸工具上，尚未卸貨而交給買方指定的承運人或其他人或由賣方選定的承運人處置時，賣方完成交貨。即賣方可以在自己的運輸工具上完成向對方的交貨。

此外，《2000年通則》還有一些其他的修改，如擴大了FCA的適用範圍，對通則中規定的貿易術語內容的排列進行了改變，將原來的每個項目下分別列明賣方與買方的義務，改為在同一項目下將雙方的義務放在一起列明，這樣更便於對同一項目下雙方的義務進行對比。

二、《2000年通則》的主要內容

《2000年通則》保留了《1990年通則》的術語種類，《2000年通則》共規定了十三種貿易術語，這十三種貿易術語的排列順序從賣方承擔費用、風險和責任最小的工廠交貨，即EXW，到賣方承擔費用、風險和責任最大的目的地完稅後交貨，即DDP，這十三個術語分別依其特點共分為四組。

（一）E組（內陸交貨合同）

E組貿易術語中只有一個貿易術語，即EXW，全稱是Ex Works，意為工廠交貨（指定地點），此術語為賣方義務最小的貿易術語，賣方只要將貨物在約定地點，通常是賣方所在地交給買方處置即可，此約定的地點指賣方的工廠倉庫等，由於是在賣方的內陸完成交貨，因此又稱「內陸交貨合同」。在此術語下，貨物的風險自交貨時轉移。

---

① 余勁松，吳志攀. 國際經濟法［M］. 北京：北京大學出版社，2000.

依該術語，賣方的義務是：履行交貨義務，即在其所在地（一般為工廠或倉庫）將貨物交買方；承擔交貨前的風險和費用。買方的義務是：買方必須承擔在賣方所在地受領貨物的全部費用和風險；辦理出口清關手續。本術語適用於各種運輸方式。

(二) F 組（主要運費未付）（裝運合同）

F 組共有三個術語：FCA，全稱 Free Carrier，意為「貨交承運人（指定地點）」；FAS，全稱 Free Alongside Ship，意為「船邊交貨（指定裝運港）」；FOB，全稱 Free on Board，意為「船上交貨（指定裝運港）」。F 組的術語均為裝運合同，即賣方均在貨物的裝運地或啟運地或出口地完成其在銷售合同中的交貨義務，因此主要運費應是由買方來承擔的，對於賣方來說則是「主要運費未付」。

在雙方的義務上，在 F 組術語中，賣方的義務是：履行交貨義務，即在出口國承運人所在地或港口將貨物交承運人；辦理出口清關手續；向買方提交與貨物有關的單證或相等的電子單證。買方義務是：辦理貨物的運輸並為自己的利益投保；辦理貨物的進口手續。

在風險和費用的劃分上，三種術語是不同的：在 FCA 的情況下，以貨交承運人的時間和地點為界線；在 FAS 的情況下，以裝運港船邊為界線；在 FOB 的情況下，以裝運港船舷為界線。

在適用的運輸方式上，FAS 和 FOB 只適用於海運和內河運輸，而 FCA 則可以適用於各種運輸方式。

(三) C 組（主要運費已付）（裝運合同）

C 組由四個術語組成：CFR，全稱 Cost and Freight，意為「成本加運費（指定目的港）」；CIF，全稱 Cost Insurance and Freight，意為「成本加運費加保險費（指定目的港）」；CPT，全稱 Carriage Paid to，意為「運費付至（指定目的地）」；CIP，全稱 Carriage and Insurance Paid to，意為「運費和保險費付至（指定目的地）」。其特點是賣方須訂立運輸合同和承擔運費，因此稱為「主要運費已付」，儘管賣方承擔了到目的港或目的地的運費，但其交貨義務仍然是在賣方一邊的裝運地完成的，因此 C 組術語仍屬於裝運合同。

在雙方的義務上，賣方的義務是：辦理運輸的手續和承擔運費，在 CIF 和 CIP 術語中，賣方還須辦理投保手續和承擔保險費；辦理出口清關手續；提交與貨物有關的單據或相等的電子單證；辦理出口手續。買方的義務是辦理進口手續，在 CFR 和 CPT 術語下投保，雖然不是買方的合同中的義務，但買方為了自己的利益應當辦理投保並支付保險費。

在風險的劃分上，四種術語是不同的，在 CFR 和 CIF 的情況下，貨物的風險在裝貨港船舷轉移，在 CPT 和 CIP 的情況下，貨物的風險在貨交第一承運人時轉移。

在適用的運輸方式上，CFR 和 CIF 適用於海運和內河運輸，而 CPT 和 CIP 則適用於各種運輸方式。

(四) D 組（到貨合同）

D 組由五個貿易術語組成：DAF，全稱 Delivered at Frontier，意為「邊境交貨（指

定地點)」；DES，全稱 Delivered Ex Ship，意為「目的港船上交貨（指定目的港）」；DEQ，全稱 Delivered Ex Quay，意為「目的港碼頭交貨（指定目的港）」；DDU，全稱 Delivered Duty Unpaid，意為「未完稅交貨（指定目的地）」；DDP，全稱 Delivered Duty Paid，意為「完稅交貨（指定目的地）」。其特點是賣方須承擔把貨物交至目的地國所需的全部費用和風險。賣方是在目的地，如邊境、港口、進口國內地履行交貨義務，因此稱為到貨合同。

在雙方的義務上，賣方的義務是：將貨物運至約定地點或目的地交貨；承擔在目的地交貨以前的風險和費用；由賣方辦理出口手續，在 DDP 的情況下，賣方不但要辦理出口手續，還要辦理進口手續。買方的義務是：承擔貨物在目的地交付後的風險和費用；除 DDP 術語外，買方應辦理進口手續。

在風險的轉移上，D 組的五個術語均為在交貨時風險轉移。

在適用的運輸方式上，DES 和 DEQ 適用於海運及內河運輸，DDU 和 DDP 適用於各種運輸方式，DAF 可用於陸地邊界交貨的各種運輸方式。

各術語的基本內容如表 5－1 所示：

表 5－1　　　　　　　　　　國際貿易術語的基本內容

| 名　稱 | 交貨地點 | 風險轉移 | 運輸 | 保險 | 運輸方式 | 各組特點 |
|---|---|---|---|---|---|---|
| EXW 工廠交貨 | 賣方工廠 | 交貨時 | 買方 | 註1 | 各種運輸 | 內陸交貨 |
| FCA 貨交承運人 | 交承運人 | 交貨時 | 買方 | 註1 | 各種運輸 | 裝運合同 |
| FAS 船邊交貨 | 裝運港船邊 | 交貨時 | 買方 | 註1 | 海運 內河 | 主要運費 |
| FOB 船上交貨 | 裝運港船上 | 轉運港船舷 | 買方 | 註1 | 海運 內河 | 未付 |
| CFR 成本加運費 | 裝運港上 | 轉運港船舷 | 賣方 | 註1 | 海運 內河 | 裝運合同 |
| CIF 成本 運費 保險費 | 裝運港上 | 轉運港船舷 | 賣方 | 賣方 | 海運 內河 | 主要運費 |
| CPT 運費付至 | 交承運人 | 交貨時 | 賣方 | 註1 | 各種運輸 | 已付 |
| CIP 運費保險費付至 | 交承運人 | 交貨時 | 賣方 | 賣方 | 各種運輸 | |
| DAF 邊境交易 | 邊境指定地點 | 交貨時 | 賣方 | 註2 | 陸上運輸 | 到貨合同 |
| DES 目的港船上交貨 | 目的港船上 | 交貨時 | 賣方 | 註2 | 海運 內河 | |
| DEQ 目的港碼頭交貨 | 目的港碼頭 | 交貨時 | 賣方 | 註2 | 海運 內河 | |
| DDU 未完稅交貨 | 指定目的地 | 交貨時 | 賣方 | 註2 | 各種運輸 | |
| DDP 完稅交貨 | 指定目的地 | 交貨時 | 賣方 | 註2 | 各種運輸 | |

對上表「保險」一欄的解釋：

註1：在《2000 年通則》中，E 組、F 組和 C 組中，除 CIF 和 CIP 以外，在保險合同的項目下，賣方和買方的義務中均註明「無義務」，而在其解釋中，稱「無義務」指一方對另一方不承擔義務的情況。但在一方對另一方無義務的情況下，並不意味著履行該任務不符合本方的利益，如在 FOB 的情況下，價格構成中沒有保險一項，因此賣方對買方「無義務」，同樣買方對賣方亦無保險的義務，可是如不保險，風險在裝港就轉移，買方的利益受損，因此買方本身要去投保。因此，在 E 組、F 組和 C 組中，除了 CIF 和 CIP，有關的保險應由「買方」為了自身的利益來辦理。

註2：在《2000 年通則》中，D 組術語中在保險合同的項目下，賣方和買方的義務中均註明「無義務」，但是由於 D 組是到貨合同，賣方是在目的地才完成交貨，自然在交貨以前的風險是賣方的。如果貨物滅失了，賣方就無法完成交貨，因此，賣方為了自己安全交貨的目的，應自費辦理保險。因此，在 D 組中，應由「賣方」為了完成交貨而自行辦理保險。

### 三、幾種主要貿易術語

在國際貿易中最常用的價格術語是 FOB、CIF 和 CFR，這三種術語主要用於需要海運的國際貿易合同，隨著目前多式聯運的不斷發展，適合於各種運輸方式的 FCA、CPT 和 CIP 的作用也在日益擴大。現將這六種貿易術語分述如下：

（一）FCA（貨交承運人）

FCA 術語指賣方只要將貨物在指定地點交給由買方指定的承運人，並辦理了出口清關手續，即完成交貨。該術語適用於各種運輸方式，包括多式聯運。「承運人」指在運輸合同中承諾通過鐵路、公路、空運、海運、內河運輸或聯合方式履行運輸或由他人履行運輸的任何人。

1. 交貨

交貨地點的選擇對在該地點裝貨和卸貨的義務會產生影響。如在賣方所在地交貨，則賣方應負責裝貨，如在其他地點交貨，則賣方可以在自己的運輸工具上完成交貨，而不負責將貨物從自己的運輸工具上卸下。

2. 風險轉移

貨物的風險在交貨時轉移。

3. 雙方的責任

（1）賣方義務：賣方必須提供符合銷售合同的貨物和單據；辦理出口手續；在指定的地點和約定的時間將貨物交付給買方指定的承運人或其他人；承擔交貨以前的風險和費用。

（2）買方責任：支付貨款；辦理進口手續；訂立運輸合同並承擔運費；承擔交貨以後的風險和費用，包括辦理保險。

（二）FOB（船上交貨）

FOB 術語指當貨物在指定的裝運港越過船舷，賣方即完成交貨，貨物的風險自船舷轉移。此術語適用於海運或內河運輸，在採用滾裝船和集裝箱運輸的情況下，船舷已失去了其意義。因此，《2000 年通則》建議使用 FCA 貿易術語。FOB 術語后標出的是裝貨港的名稱，如 FOB 漢堡，表明該批貨物的裝貨港是漢堡。

1. 交貨

賣方須在指定日期或期限內，在指定的裝運港，按照該港習慣方式，將貨物交至買方指定的船只上。

2. 風險轉移

貨物的風險自裝運港船舷由賣方轉移給買方。

3. 雙方義務

（1）賣方義務：提供符合合同規定的貨物及單證；辦理出口手續；在裝運港將貨物裝上買方指定的船舶並通知買方；承擔貨物在裝運港越過船舷前的風險和費用。

（2）買方義務：支付貨款並接受賣方提供的單證；辦理進口手續；租船或訂艙並將船名和裝貨地點及時間給予賣方充分通知；承擔貨物在裝運港越過船舷后的風險和

費用。

（三）CIF（成本、保險費加運費）和 CFR（成本加運費）

CIF 術語指在裝運港當貨物越過船舷時賣方即完成交貨。但賣方須支付將貨物運至指定目的港所需的運費，並辦理運輸中的保險。此貿易術語適用於海運及內河運輸。與 FOB 不同，CIF 術語后標明的是卸貨港的名稱，如 CIF 大連，表明該批貨物的卸貨港是大連。

1. 交貨

賣方必須在裝運港，在約定日期或期限內，將貨物交至船上。

2. 風險轉移

貨物的風險在裝運港船舷由賣方轉移給買方。

3. 雙方義務

（1）賣方義務：提供符合合同規定的貨物和單證；辦理出口許可證及其他貨物出口手續；訂立運輸合同，將貨物運至指定目的港並支付運費；辦理貨物的保險並繳納保險費；承擔在裝運港貨物越過船舷前的風險和費用。

（2）買方義務：支付貨款並接受賣方提供的單證；取得進口許可證並辦理進口手續；承擔在裝運港貨物越過船舷以后的風險和除運費和保險費以外的費用。

CFR 術語指在裝運港貨物越過船舷賣方即完成交貨，賣方須支付將貨物運至指定目的港所需的運費。但貨物的風險是在裝運港船舷轉移的。該術語適合於海運或內河運輸。此術語與 CIF 術語相比，在價格構成中少了保險費，因此，除了保險是由買方辦理外，其他的雙方義務與 CIF 術語基本相同。應該注意的是，CFR 術語裝船是賣方而投保卻是買方，賣方在裝船后應給買方以充分的通知，否則，因此而造成買方漏保引起的貨物損失應由賣方承擔。

（四）CPT（運費付至）和 CIP（運費和保險費付至）

CPT 指賣方向其指定的承運人交貨，但賣方還必須支付將貨物運至目的地的運費。貨物的風險自貨物交給第一承運人時轉移，此術語適用於各種運輸方式。

1. 交貨

賣方須向承運人交貨，在有接運承運人的情況下，須向第一承運人交貨。

2. 風險轉移

以貨交承運人作為劃分風險轉移的界線。

3. 雙方義務

（1）賣方義務：提供約定的貨物和單據；辦理出口手續；訂立運輸合同並承擔運費；將貨物交第一承運人並承擔交貨前的風險和費用。

（2）買方義務：支付貨款；辦理進口手續；承擔貨交第一承運人后的風險和保險費。

CIP 與 CPT 的區別是在價格構成中，賣方的報價中還包括了保險費。因此，該價格術語是由賣方辦理投保並承擔保險費。其他內容則與 CPT 基本相同，如也是在貨交第一承運人時完成交貨，貨物的風險也是自貨物交給第一承運人時轉移。此術語同樣適用於各種運輸方式，包括多式聯運。

# 第三節　聯合國國際貨物銷售合同公約

　　《聯合國國際貨物銷售合同公約》（以下簡稱公約）於 1980 年在維也納的外交會議上通過，於 1988 年正式生效。中國於 1986 年批准加入了該公約。《聯合國國際貨物銷售合同公約》共有 101 條，分四個部分：第一部分是適用範圍和總則；第二部分是關於合同訂立的內容；第三部分是貨物的銷售，包括了賣方義務、買方義務、違約的補救及風險轉移的內容；第四部分為最后條款，是關於公約的批准、生效、保留和退出的內容。

## 一、公約的適用範圍

（一）適用公約的貨物銷售合同

　　依公約第 1 條的規定：本公約適用於營業地在不同國家的當事人訂立的貨物銷售合同；（a）如果這些國家是締約國；或（b）如果國際私法規則導致適用某一締約國的法律。此條包含下列幾點內容：

1. 適用公約的貨物銷售合同

　　（1）公約只適用於國際貨物銷售合同，以當事人的營業地位於不同國家為標準，而不考慮當事人的國籍。如果當事人有兩個以上營業地時，依公約第 10 條的規定，應以與合同及合同的履行關係最密切的營業地為其營業地，但要考慮到雙方當事人在訂立合同前任何時候或訂立合同時所知道或所設想的情況。如果當事人沒有營業地，則以其慣常居住地為準。

　　（2）依國際私法規則的擴大適用，依（a）款的規定，本來公約只適用於雙方營業地所在國均為締約國的情況，雙方均不位於締約國或只有一方位於締約國均不適用公約。而依（b）款的規定，即使雙方或一方的營業地不在締約國，但只要依國際私法規則應適用締約國的法律，則適用公約。例如，位於 A 國的甲方和位於 B 國的乙方訂立了貨物買賣合同，A 國是締約國而 B 國不是，本來不應適用公約，但合同在 A 國訂立，如法院地國家法律規定，合同關係適用合同訂立地法，即 A 國法，則依（b）條的規定，當國際私法規則指向締約國的法律時，應適用公約，於是公約得以適用。考慮各國加入公約時的態度，公約允許對此項擴大適用進行保留。中國加入該公約時即對此進行了保留。

2. 不適用公約的合同

　　並非所有的國際貨物銷售合同都適用公約，公約在第 2 條和第 3 條對不適用公約的合同分別進行了規定，公約第 2 條是從合同的種類上排除了六種不適用公約的合同：

　　（1）購買供私人、家人或家庭使用的貨物銷售；

　　（2）以拍賣的方式進行的銷售；

　　（3）依法律執行令狀或其他令狀的銷售；

（4）公債、股票、投資證券、流通票據或貨幣的銷售；
（5）船舶、船只、氣墊船或飛機的銷售；
（6）電力的銷售。

上述第（1）類屬於消費合同，有消費者權益保護的問題，各國的規定差異較大且多數具有強制性，在許多國家（比如中國），對消費者是有專門法律保護的，並常常具有強制性。公約的制定者不希望與國內法發生衝突。此外，消費者直接從國外購買個人消費品的不是很多，多數消費者合同都是國內合同。公約是否不應適用，並不取決於貨物本身，例如，電視機可以購買供家用，也可以是兩個公司之間貿易合同的標的。公約重點是看購買的目的和用途。但是，如果賣方在訂立銷售合同時，不知道也沒有理由知道這些貨物的銷售屬於消費者購買貨物的範疇，那麼，公約的規定仍將予以適用。第（2）類和第（3）類通過拍賣的銷售和由司法機關和行政機關為執行法律而進行的銷售均屬於比較特別的情況。首先，它們都受特別的國內法律規則約束，並不容易用國際條約來統一。其次，雖然有些貨物銷售的買主可能是其他國家的當事人，但畢竟這類由外國人購買的情況較少，因此，公約認為應當仍然由各國的國內法來管轄這兩類交易。對於第（4）類有價證券，有些國家認為其不是貨物，它們不同於通常的國際貿易，具有明顯的特殊性。比如股票的買賣在中國只能通過交易所進行，交易必須符合法律和交易所的規則，並受到證券監督管理機構的嚴格監管。債券亦如此。貨幣的交易往往受到更嚴格的管制。因此，公約考慮到這些因素，將這類交易排除在公約的適用範圍之外。第（5）類船舶和飛機，在一些國家中也有特別的規定。所有國家都要求對飛機和某些船舶進行登記。這類貨物的交易必須履行登記過戶的手續。而哪些需要登記，如何登記，哪些不需要登記，各國的規定有比較大的差別。此外，由於船舶和飛機買賣的這種特殊性，有些國家將它們視同不動產的交易，而公約的適用不希望遇到不同的和複雜的解釋問題。因此，對於船舶和飛機的國際交易，公約不予適用。最后一類電力也是因為該標的不可觸及的特殊性，電力在一些國家中不被視為貨物，電力的國際銷售所遇到的問題與一般貨物的國際銷售不同，因此，也排除在公約的適用範圍之外。

公約第 3 條還排除了對提供貨物與提供服務相結合的合同的適用，依公約的規定，下列兩種合同排除適用：其一，通過勞務合作方式進行的購買，如補償貿易；其二，通過貨物買賣方式進行的勞務合作，如技貿結合。這兩項不適用反應了公約適用範圍的一條原則，即公約適用貨物的國際銷售，而不適用於勞務或服務合同，因為勞務或服務合同與貨物銷售合同有明顯的差別。排除的原因是這兩種方式的供方的義務主要不是提供貨物，而是提供勞務或其他服務。因此會產生一些單純的貨物銷售的公約無法解決的問題，從而影響公約作為統一法的適用。但如上述合同中提供的勞務或服務沒有構成供貨方的絕大部分義務的，則仍被公約視為是買賣合同。另外，如合同是由買賣和勞務兩部分組成的，則公約只適用於買賣合同部分。在許多貨物銷售合同中都包含有賣方同時提供相應服務的內容，如賣方銷售設備常常伴隨有安裝調試的義務。

3. 公約未涉及的法律問題

公約並沒有對所有涉及國際貨物銷售的法律問題進行規定，公約的規定僅限於因

合同而產生的雙方的權利義務關係問題，下列幾個方面的問題，均由於各國法律的規定分歧較大，很難統一。公約沒有涉及的法律問題主要有：

(1) 公約不涉及有關銷售合同的效力或慣例的效力問題。
(2) 公約不涉及銷售合同對所售出的貨物的所有權轉移問題。
(3) 公約不涉及賣方對貨物引起的人身傷亡的責任問題。

(二) 公約適用的任意性

依公約第6條的規定：雙方當事人可以不適用本公約，或者在第12條的條件下，減損公約的任何規定或改變其效力。本條表明公約的適用並不是強制性的，主要表現為下列兩點：

當事人可以通過選擇其他法律而排除公約的適用。也就是說，即使在買賣合同的雙方當事人的營業地分處兩個締約國，本應適用公約，但如果他們在合同中約定適用其他的法律，則排除了公約的適用。但案例表明，如果當事人只是一般性地選擇適用了某一締約國的法律，則公約仍然得以適用，只有在當事人明確適用該國的什麼法律時，才能排除公約的適用。例如，如果當事人選擇適用《美國統一商法典》，則可以排除公約的適用。

如果雙方沒有排除公約的適用，則公約自動適用於他們之間的買賣合同。如果當事人在合同中選擇適用了某一國際慣例，如某一國際貿易術語，則不能認為排除了公約的適用。因為貿易術語主要是解決買賣雙方在交貨方面的責任、費用及風險劃分等問題，而沒有涉及違約及違約救濟等方面的問題，貿易術語和公約在內容上是相互補充的，因此，公約仍應對合同適用。

當事人可以在買賣合同中約定部分地適用公約，或對公約的內容進行改變。但當事人的此項權利是受到一定限制的，即如果當事人營業地所在國在加入公約時已提出保留的內容，當事人必須遵守，而不得排除或改變。

(三) 中國加入公約時的保留

中國於1986年12月向聯合國秘書長遞交了《聯合國國際貨物銷售合同公約》的核准書，成為了公約的締約國，該公約於1988年1月1日對包括中國在內的各參加國生效。但中國在核准公約時，提出了下列兩項保留：

1. 合同形式的保留

合同形式的保留針對的是公約第11條。依該條的規定，銷售合同無須以書面訂立或書面證明，在形式方面也不受任何其他條件的限制。銷售合同可以用包括人證在內的任何方法證明。中國在核准公約時對此進行了保留，即認為國際貨物買賣合同應採用書面的方式，公約有關口頭或書面以外的合同也有效的規定對中國不適用。1999年10月1日中國《合同法》生效，合同法沒有區分國內的合同和涉外的合同，第10條對合同的形式進行了規定：當事人訂立合同，有書面形式、口頭形式和其他形式。法律、行政法規規定採用書面形式的，應當採用書面形式。當事人約定採用書面形式的，應當採用書面形式。儘管中國的合同法已允許涉外合同採用口頭形式，但在中國沒有撤銷有關的保留前，該保留仍然有效，即仍應採用書面形式。當然，營業地在中國的當

事人與營業地在非締約國的當事人訂立的涉外合同則可以採用口頭的形式，因為不涉及公約的適用。

2. 擴大適用的保留

擴大適用的保留針對的是公約第1條第1款（b）項的規定。該條允許通過國際私法的引用而使公約適用於非締約國。對此，中國在核准公約時也提出了保留，即中國僅同意對雙方的營業地所在國均為締約國的當事人之間訂立的國際貨物銷售合同才適用《聯合國國際貨物銷售合同公約》。

## 二、國際貨物買賣合同的訂立

國際貨物買賣合同是當事人之間意思表示一致的結果。它是通過一方提出要約，另一方對要約表示承諾后成立的。一個合同往往不是一次意思表示就可以達成，在一方提出要約后，對方往往還會提出反要約，經過反覆磋商，最后雙方取得一致意見，合同才能成立。在磋商的過程中，要約與承諾是兩個重要的法律步驟。1980年《聯合國國際貨物銷售合同公約》第14～24條對此進行了規定。

（一）要約

要約是一方當事人以訂立合同為目的向對方所作的意思表示。提出要約的一方稱為要約人或發價人，在實踐中也稱為發盤人，對方則稱為受要約人或被發價人或受盤人。要約可以用書面提出，也可以用口頭提出。

1. 構成要約的條件

依公約第14條的規定，符合下列三個條件，即構成要約：

（1）向一個或一個以上特定的人提出訂立合同的建議。要約要向特定人發出，而不是向不特定的公眾發出，對於廣告、報價單等由於不是向特定人發出的，因此不是要約，而是要約邀請。

（2）要約的內容應十分確定，依第14條的規定，如果要約中定明了貨物並且明示或暗示地規定數量和價格或規定如何確定數量和價格，即為十分確定。有確定內容要約，才能使受要約人據此決定是否接受，否則，受要約人還得還盤詢問。因此，缺少確定內容和附條件的表示都不是要約，而是要約邀請。

（3）要約必須送達受要約人。依公約第15條的規定，要約送達受要約人時生效。如果一方僅憑以往交易的經驗，或通過其他途徑估計對方可能向其發出要約，而於收到要約以前即向對方發出承諾通知，則即使該承諾的內容與對方發來的要約中所提出的交易條件完全相同，也不能認為雙方達成了交易，訂立了合同，而只能認為是兩個碰頭的要約，除非對方予以接受，否則不能成立合同。

2. 要約的撤回與撤銷

（1）要約的撤回。要約人在要約未送達受要約人時，取消要約的行為稱為要約的撤回。只要撤回要約的通知先於要約到達受要約人即可撤回要約。

（2）要約的撤銷。要約人在要約送達受要約人后取消要約的行為稱為要約的撤銷。要約分為可撤銷的要約和不可撤銷的要約，對於不可撤銷的要約，只有撤回的問題。

依公約第 16 條的規定，在未訂立合同之前，要約可以撤銷，如果撤銷通知於受要約人發出接受通知之前送達受要約人。但在下列情況下，要約不得撤銷：

①要約寫明接受要約的期限或以其他方式表示要約是不可撤銷的；

②受要約人有理由信賴該項要約是不可撤銷的，而且受要約人已本著對該要約的依賴行事。

3. 要約的失效

在要約失效后，無論是要約人或受要約人均不再受要約的拘束。要約失效的原因主要有以下幾種情況：

（1）要約因期間已過而失效，即要約因受要約人沒有在要約規定的期間內作出有效的承諾而失去效力。

（2）要約因要約人的撤銷而失效。

（3）要約因受要約人的拒絕而失效。

受要約人的拒絕可以是明示的，也可以是默示的，默示的拒絕主要表現為對原要約內容的改變。對原要約內容的改變稱反要約。

（二）承諾

承諾是受要約人按照要約所規定的方式，對要約的內容表示同意的一種意思表示。要約一經承諾，合同即成立。承諾又被稱為「接受」。

1. 有效的承諾須具備的條件

（1）承諾須由受要約人作出。依公約第 18 條的規定，承諾的作出可以聲明或行為表示，但緘默或不行為本身不等於承諾。在多數情況下，受要約人同意要約的內容時會明確地通知要約人其接受該要約。在某些情況下，受要約人也可能通過行為來表示同意。如當事人之間存在長期的貿易關係，發展到買方發出訂單後，賣方不再回電確認，而是直接發貨。這種發貨的行為有判例認為也構成承諾。在特定的情況下，緘默和不行為與其他的因素合在一起，也可能構成承諾，如當事人事先專門作了這方面的約定。

（2）承諾須在要約規定的有效期間內作出。理論上遲到的承諾或逾期的承諾，不是有效的承諾，而是新的要約，一般須經原要約人承諾後才能成立合同。公約第 21 條並沒有一概地否定逾期承諾的效力，依該條規定：

①對於逾期的承諾，如果要約人毫不遲延地用口頭或書面將接受的意思通知受要約人，則該逾期的承諾仍為有效的承諾；

②如果載有逾期承諾的信件或其他書面文件表明，它是在傳遞正常、能及時送達要約人的情況下寄發的，則該項逾期承諾具有承諾的效力，除非要約人毫不遲延地用口頭或書面通知受要約人，他認為其要約已經失效。

（3）承諾須與要約的內容一致。如果受要約人所表示的對要約的內容有變更即是反要約，或稱為還價，反要約是對要約的拒絕，不能發生承諾的效力，它必須經原要約人承諾後才能成立合同。公約第 19 條對附條件的承諾進行了規定：

①反要約的定義：對要約表示承諾但載有添加、限制或其他更改的答復，即為拒

絕該項要約，並構成反要約。

②含有非實質性的更改要約的答復，除非要約人在不過分遲延的期間內以口頭或書面通知反對其間的差異外，仍構成承諾。

如果要約人不作出此種反對，則合同的條件就以該項要約的條件以及承諾通知內所載的更改為準。該條第（3）款對實質上的變更進行了規定，依該條的規定，有關貨物價格、付款、貨物質量和數量、交貨地點和時間、一方當事人對另一方當事人的賠償責任或解決爭端等的添加或不同條件，均視為在實質上變更要約的條件。

2. 承諾生效的時間

承諾一旦生效，合同即告成立。對於承諾生效的時間，英美法系國家和大陸法系國家分別採用的是投郵生效主義和到達生效主義，公約採納了到達生效主義。依公約第 18 條第（2）款的規定，對要約所作的承諾，應於表示同意的通知送達要約人時生效。如果表示同意的通知在要約人所規定的時間內沒送達要約人，在要約沒有規定期間的情況下，則在合理時間內未送達要約人，承諾即為無效。對於口頭要約應當立即承諾，但情況表明有不同要求者除外。

3. 承諾的撤回

依公約第 22 條的規定，承諾可以撤回，只要撤回的通知能在承諾生效之前或與其同時送達要約人。撤回承諾是受要約人阻止其承諾發生法律效力的一種意思表示，撤回的通知必須採用更為快捷的方式傳遞而先於承諾到達要約人，才能阻止承諾發生效力。

### 三、國際貨物買賣合同雙方的義務

（一）賣方的義務

在國際貨物買賣合同中，雖然雙方的權利義務是對等的，但提供貨物的一方的義務比買方的義務要複雜，主要包括交付貨物、交貨必須與合同相符、移交單據、轉移貨物的所有權。由於各國有關貨物所有權轉移的規定分歧較大，因此，公約對此問題採取了迴避的態度，未進行具體的規定。因此，本節只涉及交付貨物、品質擔保、權利擔保、移交單據等幾項內容。

1. 交付貨物

交付貨物既是賣方的主要義務，也是其行使收取貨款的權利的前提條件。交付貨物既包括實際交貨，即由賣方將貨物置於買方的實際佔有下；也包括象徵性交貨，即由賣方將控制貨物的單據交給買方，由買方在指定地點憑單向承運人提貨。依《聯合國國際貨物銷售合同公約》的規定，賣方應依合同規定的時間、地點及方式完成其交貨義務。

（1）交付貨物的地點。關於交付貨物的地點，雙方當事人有約定的依約定，《聯合國國際貨物銷售合同公約》的規定主要針對的是當事人沒有約定的情況。依公約第 31 條的規定：

①當國際貨物買賣合同涉及貨物的運輸，則交貨地點即為貨交第一承運人的地點；

②如果合同指的是特定貨物從特定存貨中提取的或還在生產中未經特定化，而雙方當事人在訂立合同時已知道這些貨物的特定地點，則賣方應在該地點交貨；

③在其他情況下，賣方應在其訂立合同時的營業地交貨。

（2）交貨的時間。依《聯合國國際貨物銷售合同公約》第 33 條的規定：

①如果合同規定有交貨的日期，或從合同可以確定交貨的日期，應在該日期交貨；

②如果合同規定有一段時間，或從合同可以確定一段時間，除非情況表明應由買方選定一個日期外，應在該段時間內任何時候交貨；

③在其他情況下，應在訂立合同后一段合理時間內交貨。

2. 質量擔保

貨物的質量擔保義務指賣方必須保證其交付的貨物與合同的規定相符。依《聯合國國際貨物銷售合同公約》第 35 條第（1）款的規定，賣方交付的貨物必須與合同規定的數量、質量和規格相符，並須按照合同所規定的方式裝箱或包裝。在合同沒有對數量、質量、規格和包裝作出明確規定的情況下，則應依《聯合國國際貨物銷售合同公約》第 35 條第（2）款的規定：

（1）適用於通常使用目的。貨物應適用於通常使用目的，即貨物適用於同一規格貨物通常使用的目的。這種情況是指買方訂貨時，是依一般的規格訂貨，而沒有向賣方指出貨物的任何用途。公約所指的是同一規格貨物通常使用的用途，如購買商品通常是為了消費和轉賣；購買機器通常是用於生產；購買糧食一般是既能用於人類消費又能喂牲畜，如賣方提供的貨物只能用於喂牲畜，則沒有達到適合於一般用途。關於一般用途的標準又可能產生問題，是依買方國家的標準，還是依賣方國家的標準？一般認為，既然買方有機會將其特定用途告知賣方而沒有告知，則在出現爭議時，應適用賣方國家的標準，公約也是將保證貨物適合於一般用途的責任加給了賣方，由賣方來確定其貨物是否能夠適合該種貨物的所有一般用途。

（2）適用於特定目的。貨物應適用於特定目的，即貨物適用於訂立合同時明示或默示地通知賣方的任何特定目的。如果買方對該特定用途所需要的貨物的規格不很瞭解，他可將購買該貨物的特定用途告知賣方。如告知其需要購買的是專門用於鑽碳鋼板的某個尺寸的鑽頭，則賣方提供的鑽頭就應能達到鑽碳鋼板的硬度要求。

（3）與樣品或樣式相符。貨物應與樣品或樣式相符，即貨物的質量與賣方向買方提供的貨物樣品或樣式相同。當訂立的合同是以樣品或樣式為基礎時，賣方即應保證貨物符合樣品或樣式的質量。

（4）在包裝上的要求。公約規定貨物應按照同類貨物通用的方式裝箱或包裝，如果沒有此種通用方式，則按照足以保全和保護貨物的方式裝箱或包裝。某些國家不認為包裝屬於貨物相符的義務，而公約則將包裝作為賣方保證貨物相符的義務之一，因為在國際貨物買賣中，貨物通常要經過長距離的運輸，賣方對貨物的包裝是否合理會對運輸產生影響。一般認為，因賣方包裝不符而造成的貨損應由賣方承擔責任。

公約除了規定賣方對貨物質量的擔保責任外，還規定了賣方對質量責任的免除。依公約第 35 條第（3）款的規定：如果買方在訂立合同時知道或者不可能不知道貨物不符合同，賣方就無須按上述四項負不符合同的責任。在國際貨物買賣中，有時買方

已經知道了貨物在品質上有缺陷，但由於急需該貨物等原因，而同意以減價為條件接受貨物，在這種情況下，一旦買方知道了貨物缺陷的事實而接受貨物，則賣方不承擔對此種缺陷的品質的擔保責任。

3. 權利擔保

（1）權利擔保的內容。權利擔保可以概括為所有權擔保和知識產權擔保兩個方面。

①所有權擔保：指賣方保證對其出售的貨物享有完全的所有權，必須是第三方不能提出任何權利或要求的貨物，如不存在任何未向買方透露的擔保物權等。如前所述，公約並不調整國際貨物買賣中的所有權轉移問題，有關所有權轉移的問題由國內法調整。但是，如賣方對其出售的貨物不享有完全的所有權，就會對合同的履行產生影響，為此，公約要求賣方必須對其出售的貨物擁有完全的所有權。

②知識產權擔保：指賣方所交付的貨物，必須是第三方不能依工業產權或其他知識產權主張任何權利或要求的貨物。知識產權是包括工業產權的，公約之所以將兩者並列是為了避免不同國家在使用這兩個概念時的分歧。如果在買方接受貨物後，任何第三人通過司法程序指控買方所購的貨物侵犯了其知識產權，賣方應承擔代替買方辯駁第三人的指控的責任。[1]

（2）對知識產權擔保義務的限制。由於國際貿易中，貨物通常是銷往賣方以外的國家，特別是還有轉賣的情況，要求賣方瞭解所有國家有關的法律是不可能的。因此，公約對賣方的知識產權擔保義務進行了某些限制，主要表現在：

①地域限制。公約雖然規定了賣方的知識產權擔保義務，但並不是其出售的貨物不得侵犯全世界任何一個知識產權人的權利，這是不現實的，對此公約第42條規定了限制標準：第一，依貨物銷售目的國的法律，即第三人的請求必須是依貨物使用地或轉售地國家的法律提出的。如果雙方在訂立合同時，沒有規定貨物的最終使用地或轉賣地，則賣方對買方不承擔向不知明的轉賣地轉賣的知識產權的擔保義務。例如，買方改變了原轉賣A國的計劃，而將賣方出售的貨物轉賣到了B國，則當一B國人稱該貨物侵犯其商標權時，賣方不對買方負責，因為在訂立合同時，賣方並不知道這批貨物將被轉賣到B國。第二，依買方營業地所在國法律，即第三人的請求必須是依買方營業地所在國的法律提出的。也就是說，如果雙方沒有確定貨物的最終使用地或轉賣地，則賣方只對那些依買方營業地所在國的法律提出的請求向買方負責。如果買方有一個以上的營業地，則依公約的規定，以與合同及合同的履行關係最密切的營業地為其營業地。如果沒有營業地，則以其慣常居住地為準。

②主觀限制。公約在確定賣方的知識產權擔保上還規定了時間的標準，依公約第42條第（2）款的規定，賣方在下列兩種情況下，免除其知識產權擔保的義務：第一，買方在訂立合同時已知道或不可能不知道此項權利或要求；第二，此項權利或要求的發生，是由於賣方要遵照買方所提供的技術圖樣、圖案、款式或其他規格。[2]

（3）買方的及時通知義務。公約第43條規定了買方的及時通知義務，即當買方已

---

[1] 余勁松，吳志攀．國際經濟法［M］．北京：北京大學出版社，2000.
[2] 吳興光．國際商法［M］．廣州：中山大學出版社，2003.

知道或理應知道第三方的權利或要求后一段合理時間內，應將此項權利或要求的性質通知賣方，否則就喪失了買方依公約本來可以得到的權利，即要求賣方承擔辯駁第三方的權利。至於什麼是「合理時間」，則要依個案而定，不同的案情，合理時間的長短不同。

4. 交付單據

在國際貿易中，單據對買方很重要，特別是在象徵性交貨的情況下，單據可能影響到買方是否能及時提取貨物和轉賣貨物，也會影響到買方辦理相關的海關手續。公約第34條對賣方交付單據的義務進行了規定，依該條規定，如果賣方有義務移交與貨物有關的單據，他必須按照合同規定的時間、地點和方式移交這些單據。賣方交付單據的義務，通常是在買賣合同或信用證中加以規定。

如果賣方在約定的時間以前已移交這些單據，則可在時間屆滿前糾正單據中任何不符合合同規定的情形。但是，此項權利的行使不得使買方遭受不合理的不便或承擔不合理的開支，而且買方可以保留公約規定的要求損害賠償的權利。

(二) 買方的義務

買方的義務主要有兩項，即支付貨款和接受貨物。

1. 支付貨款

(1) 準備步驟。依《聯合國國際貨物銷售合同公約》第54條的規定，買方支付貨款的義務包括依合同或任何有關法律和規章規定的步驟和手續，以便支付價款。買方付款義務所必需的一切準備步驟是其付款義務不可分割的組成部分，與支付貨款本身一起構成了買方支付貨款的義務。如果買方沒有依合同或有關法律的規定為使支付成為可能而完成一切必要的步驟和手續，也構成違約，將引起相應的違約賠償。這些準備步驟包括申請信用證或銀行的付款擔保，在實行外匯管制的國家，獲得必要的外匯及將貨款匯出的政府許可等。應該指出的是，公約只是規定買方應依合同或有關規定的要求採取這些步驟，並沒有要求買方保證其努力的結果，例如保證一定能獲得政府的批准。因此，買方的此項義務不是絕對的，只要買方已採取了一切合理的步驟，但由於其不能控制的障礙仍不能獲得所需的批准時，依公約第79條的規定，買方可以免除其責任。

(2) 支付的地點。由於各國在外匯管制上的規定不同，因此，支付的地點會對支付的順利完成產生影響。國際貨物買賣的雙方通常也會在合同中對支付方式和地點作出約定。依公約的規定，支付的地點首先應以當事人在合同中的約定為準，在合同對此沒有規定的情況下，公約對支付地點進行了下列補充規定：

①賣方營業地為支付地，在賣方有一個以上營業地的情況下，買方的支付地點為賣方與合同及合同的履行關係最密切的營業地。

②如憑移交貨物或單據支付貨款，則移交貨物或單據的地點為支付地。

(3) 支付的時間。依《聯合國國際貨物銷售合同公約》的規定，如果雙方當事人未在合同中具體約定付款的時間，則買方應依公約規定的下列時間支付貨款：

①在賣方將貨物或單據置於買方控制下時付款。依公約的規定，賣方可以以買方

支付貨款作為移交貨物或單據的條件，不付款則不交貨或不交單據。

②在買賣合同涉及運輸時，在收到銀行的付款通知時付款。在涉及運輸時，賣方一般會在合同中訂明交貨的條件，即在買方支付貨款后，才能取得代表貨物所有權的裝運單據，即以付款交單為支付條件，在此種情況下，買方必須在接到銀行的付款通知時支付貨款。

③在買方沒有機會檢驗貨物前，無義務支付貨款。公約第58條第（3）款的規定是將買方付款的義務與其檢驗貨物的權利聯繫在一起的。但是，如果買方這種檢驗貨物的機會與雙方約定的交貨或付款程序相抵觸，則買方喪失其在付款前檢驗貨物的權利。在此種情況下，買方應按上述（1）和（2）規定的時間付款。例如，在CIF貿易條件的情況下，買方只有在付款贖單后才能提貨，才能對貨物進行檢驗，此時不能以檢驗作為付款的條件。

2. 接收貨物

依《聯合國國際貨物銷售合同公約》的規定，買方接收貨物的義務由兩部分組成，其一為「採取一切理應採取的行動」，其二為「提取貨物」。

（1）採取一切理應採取的行動。在國際貨物買賣中，一方當事人應當採取與另一方當事人相適應的步驟，即雙方有相互合作的義務。為了使賣方能交付貨物，買方應當採取的行為包括為賣方指定準確的發貨地點，委託代理人接收貨物，依貿易術語的要求作出相應的運輸安排等。為此，公約第60條（a）款規定，買方應採取一切理應採取的行動，以期賣方能交付貨物。

（2）提取貨物。提取貨物要求買方將貨物置於自己的實際控製下，買方提貨雖然是自身利益的所在，也會對賣方產生一定的影響。例如在CIF的情況下，賣方是通過承運人依運輸合同交付貨物，如買方不按時從承運人佔有下提取貨物，就會引起滯期費等費用，此筆費用如在買賣合同中沒有相應的安排，就只能由與承運人訂立運輸合同的賣方承擔。因此，買方一定要按時提取貨物。如果買方在提取貨物上不配合，即違反了接收貨物的義務。應注意的是，接收不等於接受，接受表明買方認為貨物的質量符合買賣合同的規定；而接收並不表明買方對貨物的質量沒有異議，如貨物在目的港經檢驗與合同不符，買方也應接收貨物，然后再進行索賠。依公約第77條的規定，聲稱另一方違約的一方，有義務採取合理的措施，減輕由於違約引起的損失，如不採取措施，例如，任貨物棄之碼頭而受損，則違約一方可要求從損害賠償中扣除原可以減輕的損失數額。①

## 四、風險轉移

貨物發生損失的原因很多，因雙方責任導致的損失，由責任方承擔。因風險造成的損失則應由承擔風險的一方當事人來承擔。風險在國際貨物買賣中一般指的是貨物因自然原因或意外事故所致的損壞或滅失的危險。公約沒有列出風險事件的範圍，此類事件一般包括不可抗力、意外事故和第三方的不當行為造成的損失。確定風險轉移

---

① 余勁松，吳志攀．國際經濟法［M］．北京：北京大學出版社，2000.

的目的是為了明確這些損壞或滅失由誰來承擔。依《聯合國國際貨物銷售合同公約》第 66 條的規定，貨物在風險轉移到買方承擔后遺失或損壞的，買方支付貨款的義務並不因此解除。除非這種損壞或遺失是由於賣方的行為或不行為造成的。

在風險轉移的時間上，各國有不同的規定，一類是將風險轉移與貨物的所有權聯繫在一起，一類是將兩者分開，公約採用的是后者。公約在確定貨物的風險轉移上基本上採取的是以交貨時間確定風險轉移的原則，這樣可以由向保險人或承運人求償處於較好地位的一方當事人承擔風險。[①]

（一）公約確定的風險轉移的時間

風險轉移的時間依公約第 67 條和第 68 條的規定有下列幾種情況：

1. 合同中有運輸條款的貨物買賣的風險轉移

對於合同中有運輸條款的貨物買賣的風險轉移，依公約第 67 條的規定應依下列方式轉移風險：

（1）如該運輸條款規定賣方有義務在某一特定地點把貨物交給承運人運輸，則賣方履行義務以後，貨物的風險就隨之轉移給了買方；

（2）如合同中沒有指明交貨地點，賣方只要按合同規定把貨物交給第一承運人，貨物的風險就轉移給買方了。

2. 對於在運輸中銷售的貨物的風險轉移

對於在運輸中銷售的貨物的風險，依公約第 68 條的規定是自買賣合同成立時起轉移給買方。運輸中銷售的貨物，不存在交付承運人的問題，因為貨物已在承運人的控制下了，所以從合同成立時就轉移風險。但由於對運輸中的貨物的出險時間不易確定，所以公約又規定，如情況表明有此需要，風險自交給簽發運輸單據的承運人時起轉移給買方，這種情況須以賣方在訂立合同時不知道貨物已滅失或損壞的為限。

3. 其他情況下貨物的風險轉移

依公約第 69 條的規定，其他情況下如在賣方營業地交貨，或在賣方營業地以外的地點交貨，此時的風險從買方接受貨物時起或貨物交由買方處置時起轉移給買方。

（二）風險轉移與賣方違約的關係

貨物的風險指的是貨物因自然原因或意外事故所致的損壞或滅失的危險，如果貨物的損壞或滅失是由於賣方違反合同所致，則依公約第 70 條的規定，買方仍然有權向賣方提出索賠，採取因此種違反合同而可以採取的各種補救辦法。

## 五、違反合同的補救辦法

違約補救辦法是指在一方當事人違反合同時，另一方當事人依法獲得補償的方法，也稱救濟方法。違約的救濟方法可分為債權的救濟方法和物權的救濟方法。前者是對當事人行使的，如實際履行、解除合同、損害賠償、減價等。物權的救濟方法是對貨物本身行使的，如停止交貨等，公約規定的救濟方法以債權救濟方法為主。在國際貨

---

① 吳興光．國際商法［M］．廣州：中山大學出版社，2003．

物買賣中，賣方的違約主要表現為不履行交貨義務，不適當履行交貨義務，如所交貨物與合同不符，所交單據與合同不符，交付的貨物違反了賣方的權利擔保等情況。買方的違反則主要表現為不付款，或不依合同的約定付款，或不依合同的約定提取貨物。[①] 公約分別對賣方違反合同的救濟辦法與買方違反合同的救濟辦法進行了規定。

（一）賣方違反合同時適用於買方的補救辦法

1. 要求實際履行

公約第 46 條第（1）款規定了賣方違反合同時，買方可以採取要求實際履行的補救辦法，除非買方已採取與此要求相抵觸的某種補救辦法。公約以實際履行作為第一種補救辦法，目的是為了保證合同履行的穩定性。另外，公約第 47 條還規定一個合理的履約寬限期，即買方可以規定一個合理時間的額外時間，讓賣方履行其義務。

2. 交付替代物

公約第 46 條第（2）款規定了交付替代物的補救辦法。交付替代物是在貨物與合同不符時的一種補救辦法，即要求賣方替代交付與合同相符的貨物。依公約的規定，買方只有在貨物與合同不符構成根本違反合同時，才可以要求交付替代貨物，而且關於替代貨物的要求，必須與說明貨物與合同不符的通知同時提出，或者在該項通知發出后一段合理時間內提出。

3. 修理

公約第 46 條第（3）款對修理的補救辦法進行了規定。修理是賣方對所交付與合同不符的貨物進行的修補、調整或替換有瑕疵部分等。買方請求修理的要求須與發出的貨物不符的通知同時提出，或在該通知發出后一段合理時間內提出。

4. 減價

依公約第 50 條的規定，如貨物與合同不符，不論貨款是否已付，買方都可以減低價格。減價按實際交付的貨物在交貨時的價值與符合的貨物在當時的價值兩者之間的比例計算。

5. 解除合同

公約關於「解除合同」的英文表達直譯為「宣告合同無效」，依公約第 49 條的規定，當賣方在完全不交付貨物或不依合同規定交付貨物構成根本違反合同時，買方可以解除合同。依公約第 49 條的規定，買方有權在下列情況下解除合同：第一，賣方根本違反合同。第二，賣方在買方規定的寬限時間內沒有交貨或聲明不交貨。根本違反合同是指因一方當事人違反合同而使另一方當事人遭受損害，實際上剝奪了其依合同規定期待取得的東西。即合同的存在對他期得的利益已沒有什麼意義了，此時買方可以解除合同。如賣方只交付了一部分貨物或交付的貨物中只有一部分相符，則前述有關實際履行、交付替代物、修理、減價等補救辦法適用於未交付的部分和不符合同規定部分的貨物。公約第五節規定瞭解除合同的法律效果，主要是使雙方要回復到原來的地位。對買方來說，這意味著他不必繼續履行合同義務，如買方可撤銷付款安排及

---

① 吳興光. 國際商法 [M]. 廣州：中山大學出版社，2003.

接貨安排等。

買方解除合同的權利由於下列情況而喪失：第一，對於遲延交貨，買方沒有在遲延交貨后的一段合理的時間內解除合同。第二，對於其他情況的違約，在他已經知道或應當知道后的一段合理時間內沒有解除合同；或者，當買方給予額外交付貨物期限時，在該額外期限屆滿后的一段合理時間內沒有解除合同；或者，當賣方對自己的不履行義務向買方聲明將在額外期限內進行補救，而該期限已經超過或買方不接受賣方的補救的情況下，買方仍沒有解除合同。

(二) 買方違反合同時適用於賣方的補救辦法

1. 要求履行義務

依公約第61～63條的規定，如果買方不履行其在合同中和公約中規定的任何義務，賣方可以要求其履行義務，賣方可以要求買方支付價款、收取貨物以及其他應履行的義務，只要賣方沒有採取與此要求相抵觸的某種補救辦法。賣方可以規定一段合理時限的額外時間，讓買方履行義務。除非賣方收到買方的通知，聲稱其將不在所規定的時間內履行義務，賣方不得在這段時間內對違反合同採取任何補救辦法。當然，賣方並不因此而喪失因買方遲延履行要求損害賠償的權利。

2. 解除合同

依公約第64條的規定，賣方在下列情況下可以解除合同：

(1) 當買方沒有履行合同或公約規定的義務構成根本違反合同時；

(2) 買方不在賣方規定的額外時間內履行支付價款的義務或收取貨物，或買方聲明他將不在所規定的時限內履行。

但如買方支付了全部貨款，賣方原則上就喪失瞭解除合同的權利。

(三) 適用於買賣雙方的一般規定

上述是適用於買方或賣方的特殊規定，此外公約還規定了適用於買賣雙方的一般規則，主要有中止合同、損害賠償、支付利息、免責、解除合同的效果、貨物保全等。

1. 預期違反合同和分批交貨合同

預期違反合同是指在合同訂立後，履行期到來前，一方明示拒絕履行合同，或通過其行為推斷其將不履行。當一方出現預期違反合同的情況時，依公約的規定，另一方可以採取中止履行義務的措施。公約第71條對中止履行義務的內容進行了規定。

(1) 中止履行義務的適用條件：

①必須是被中止方當事人在履行合同的能力或信用方面存在嚴重缺陷。

②被中止方當事人必須在準備履行或履行合同的行為方面表明他將不能履行合同中的大部分重要義務。

如在甲合同中，貨物不符是由當事人所使用的原料造成的，而情況表明乙合同和甲合同使用的原料都出自同一產地，因此，如果該當事人準備使用或已經使用了這種原料，那麼，這種準備使用或已經使用了的行為，就表明該當事人不能履行合同的大部分重要義務。如不按上述條件採取中止履行義務的措施，中止履行本身就是違反合同。

（2）中止履行義務的結束。依公約的規定，中止可因被中止方當事人提供了履行合同義務的充分保證而結束，公約規定中止履行的一方當事人不論是在貨物發運前還是發運后，都必須通知另一方當事人，如經另一方當事人對履行義務提供充分保證，則中止履行的一方必須繼續履行義務。當然，中止除了因繼續履行而結束外，也可以因中止方當事人解除合同而結束。

（3）預期違反合同與解除合同。依公約的規定，如果在履行合同日期之前，明顯看出一方當事人將根本違反合同，另一方當事人可以解除合同。在時間許可的情況下，準備解除合同的一方應向對方發出合理的通知，使其可以對履行義務提供充分保證。

（4）分批交付的貨物無效的處理。

①在一方當事人不履行任何一批貨物的義務構成對該批貨物的根本違約時，另一方當事人可以對該批貨物解除合同。

②如有充分理由斷定對今后各批貨物將會發生根本違反合同，則可在一段合理時間內宣告合同今后無效，即解除合同對以后各批貨物的效力。

③當買方宣告合同對任何一批貨物的交付為無效，而各批貨物又是相互依存的情況下，另一方當事人可以解除整個合同。例如，當貨物是一種機器的不同部件，則各批貨物之間有內在的聯繫，一批不能履行，則前面已履行的部分也沒有意義了。[①]

2. 損害賠償

損害賠償是公約違約補救制度中運用最廣泛的一種補救辦法，買方或賣方所進行的其他補救，並不妨礙其同時提出損害賠償。如買方或賣方可以既宣告解除合同，又要求損害賠償，雖已解除了買賣雙方當事人在合同中的義務，但其中受損害一方當事人請求損害賠償的權利，並不受此影響。公約第74～77條對損害賠償進行了規定。

（1）損害賠償的概念。依公約的規定，損害賠償是指對由於一方當事人違反合同，而給另一方當事人造成的損害或損失，給予金錢上的補償。

（2）賠償金額的計算。賠償金額的計算是損害賠償的中心內容，依公約第74條的規定，賠償金額計算的原則是：一方當事人違反合同應負的損害賠償額，應與另一方當事人因他違反合同遭受的包括利潤在內的損失額相等。依公約的這一原則，計算損害賠償金的目的是要使受損害一方當事人獲得合同被履行後所應有的經濟地位，補償其實際損失。另外，依公約第74條的規定，損害賠償還應以違約方能夠預見的損失為限。如賣方在訂立合同時對於買方購買貨物的正常市場利潤是能預料的，但賣方對買方由於異常天氣等原因造成的脫銷而價格猛漲等不正常的價格變化，是不能預料的，超過正常範圍的損失，賣方不承擔賠償責任。

（3）要求損害賠償的一方減少損失的責任。依公約第77條的規定，聲稱另一方違約的當事人，必須按情況採取合理措施，以減輕由於另一方違約而引起的損失，如果他不採取這種措施，違約的一方可以要求從損害賠償中扣除原可以減輕的損失數額。

3. 支付利息

公約第78條是關於支付利息的補救辦法的規定，支付利息是指拖欠價款或其他金

---

[①] 余勁松，吳志攀．國際經濟法［M］．北京：北京大學出版社，2000．

額的一方當事人應向另一方當事人支付上述款項的利息。支付利息有兩種，一種是貨款的利息，另一種是拖欠金額的利息。採用了支付利息的補救辦法后，仍然可以要求損害賠償。

4. 免責

公約第 79~80 條對免責的情況進行了規定。

（1）免責的條件。

①不履行必須是由於當事人不能控制的障礙所致。例如，戰爭、禁運、風暴、洪水等。

②這種障礙是不履行一方在訂立合同時不能預見的。

③這種障礙是當事人不能避免或不能克服的。

公約所稱的「不能控制的障礙」實際上就是「不可抗力」，公約沒有採用「不可抗力」這一傳統用語的原因是由於各國對該用語的理解有一定的差異，沿用傳統用語可能會引起不必要的誤解。

（2）免責的通知。依公約第 79 條第（4）款的規定，不履行義務的一方必須將障礙及其對他履行義務能力的影響通知另一方。如果對方在不履行義務的一方已知道或理應知道此一障礙后一段合理時間仍未收到通知，則不履行義務的一方對由於對方未收到通知而造成的損害應負賠償責任。

（3）免責的后果。依公約第 79 條第（5）款的規定，免責一方所免除的是對另一方損害賠償的責任，但受損方依公約採取其他補救措施的權利不受影響。

5. 解除合同的效果

解除合同的效果指合同解除對買賣雙方當事人基於合同產生的權利義務的影響。解除合同的效果涉及終止買賣雙方當事人的哪些權利義務與不終止哪些權利義務，以及哪些權利義務因合同被解除才開始。公約第 81~84 條是關於解除合同的效果的規定，依公約的規定，解除合同的效果主要有三個：

（1）合同一經被解除，即解除了買賣雙方在合同中的義務。但它並不解除違約一方損害賠償的責任，及合同中有關解決爭議和合同中有關雙方在合同解除后的權利義務的規定。

（2）解除合同，要求買方必須按實際收到貨物的原狀歸還貨物。如買方歸還的貨物不具有交貨時的使用價值，買方就喪失瞭解除合同或要求賣方交付替代貨物的權利。

（3）解除合同后，買賣雙方必須歸還因接受履行所獲得的收益。即賣方應歸還所收取的貨款的利息，買方應歸還由於使用貨物或轉賣貨物所得的收益。

6. 保全貨物

公約第 85~88 條是關於保全貨物的規定。

（1）保全貨物的概念。保全貨物是指在一方當事人違約時，另一方當事人仍持有貨物或控制貨物的處置權時，該當事人有義務對他所持有的或控制的貨物進行保全。保全貨物的目的是為了減少違約一方當事人因違約而給自己帶來的損失。

（2）履行保全貨物義務的條件。買賣雙方都有保全貨物的義務，但條件不同：

①賣方保全貨物的條件是：買方沒有支付貨款或接受貨物，而賣方仍擁有貨物或控製著貨物的處置權。

②買方保全貨物的條件是：買方已接收了貨物，但打算退貨。

（3）保全貨物的方式。

①將貨物寄放於倉庫：有義務採取措施以保全貨物的一方當事人，可以將貨物寄放於第三方的倉庫，由對方承擔費用，但該費用應合理。

②將易壞貨物出售：對易於迅速變壞的貨物保全會發生不合理費用的貨物，可以出售貨物，並應將出售貨物的打算在可能的範圍內通知對方。出售貨物的一方可從出售貨物的價款中扣除保全貨物和銷售貨物發生的合理費用。

## 復習思考題：

1. 簡述國際貨物買賣合同的主要條款。
2. 簡要敘述 CIF、CFR、FOB 的內容。
3. 簡述《2000 年通則》對 1990 年《國際貿易術語解釋通則》的主要修改。
4. 根據 1980 年《聯合國國際貨物買賣合同公約》的規定，買賣雙方各自有哪些義務？
5. 簡述 1980 年《聯合國國際貨物買賣合同公約》規定的違反合同的補救辦法。

# 第六章　知識產權法

**本章要點：**

- 瞭解知識產權的概念、特點與保護範圍。
- 掌握著作權法、專利法和商標法基本知識。
- 熟悉中國的專利法和商標法的主要規定。
- 瞭解與貿易有關的知識產權協議。

## 第一節　知識產權法概述

### 一、知識產權的概念與保護範圍

（一）知識產權的概念

知識產權是指民事主體智力勞動成果依法享有的專有權利。在知識經濟時代，加強對知識產權的保護顯得尤為重要和迫切。世界貿易組織中的《與貿易有關的知識產權協定》（以下簡稱 TRIPS 協定）明確規定：知識產權屬於私權。中國也將知識產權作為一種特殊的民事權利予以規定。

知識產權具有以下特徵[1]：

（1）知識產權的客體是不具有物質形態的智力成果。這是知識產權的本質屬性，是知識產權區別於物權、債權、人身權和財產繼承權等民事權利的首要特徵。智力成果是指人們通過智力勞動創造的精神財富或精神產品，本身凝結了人類的一般勞動，具有財產價值，可以成為權利標的，是與民法意義上的「物」相並存的一種民事權利客體，也有學者稱之為「知識產品」或「知識財產和相關精神權益」。

（2）專有性，即知識產權的權利主體依法享有獨占使用智力成果的權利，他人不得侵犯。從本質上講，知識產權是一種壟斷權。這種壟斷權必須符合法律規定並受到一定限制。正是由於知識產權權利主體能獲得法定壟斷利益，才使知識產權制度具有激勵功能，促使人們不斷開發和創造新的智力成果，推動技術的進步和社會的發展。知識產權和物權都是一種絕對權和對世權，從而有別於債權。

---

[1] 鄭成思. 知識產權論 [M]. 北京：法律出版社，2003.

（3）地域性，即知識產權只在特定國家或地區的地域範圍內有效，不具有域外效力。各國的知識產權立法基於主權原則必然呈現出獨立性，各國的政治、經濟、文化和社會制度的差異，也會使知識產權保護的規定有所不同。一國的知識產權要獲得他國的法律保護，必須依照有關國際條約、雙邊協議或按互惠原則辦理。

（4）時間性，即依法產生的知識產權一般只在法律規定的期限內有效。超出知識產權的法定保護期後，該知識產權權利消滅，有關智力成果進入公有領域，人們可以自由使用。須注意的是，商標權的期限屆滿後可通過續展依法延長保護期；少數知識產權沒有時間限制，只要符合有關條件，法律可長期予以保護，如商業秘密權、地理標誌權、商號權等。

（二）知識產權的保護範圍

知識產權是不斷擴張的開放體系。科學技術的發展和社會的進步，不僅使知識產權傳統權利類型的內涵不斷豐富，而且使知識產權的外延不斷拓展。根據 TRIPS 協定、成立世界知識產權組織公約等國際公約和中國《民法通則》《反不正當競爭法》等國內立法，知識產權的範圍主要包括以下內容：

（1）著作權和鄰接權。著作權，又稱版權，是指文學、藝術和科學作品的作者及其相關主體依法對作品所享有的人身權利和財產權利。鄰接權在著作權法中被稱為「與著作權有關的權益」。

（2）專利權，即自然人、法人或其他組織依法對發明、實用新型和外觀設計在一定期限內享有的獨占實施權。

（3）商標權，即商標註冊人或權利繼受人在法定期限內對註冊商標依法享有的各種權利。

（4）商業秘密權，即民事主體對屬於商業秘密的技術信息或經營信息依法享有的專有權利。

（5）植物新品種權，即完成育種的單位或個人對其授權的品種依法享有的排他使用權。

（6）集成電路布圖設計權，即自然人、法人或其他組織依法對集成電路布圖設計享有的專有權。

（7）商號權，即商事主體對商號在一定地域範圍內依法享有的獨占使用權。

對於科技成果獎勵權、地理標誌權、域名權、反不正當競爭權、數據庫特別權利、商品化權等能否成為獨立的知識產權，在理論界存在較大分歧。

二、知識產權法

（一）知識產權法的概念

知識產權法是指因調整知識產權的歸屬、行使、管理和保護等活動而產生的社會關係的法律規範的總稱。知識產權法的綜合性和技術性特徵十分明顯，在知識產權法中，既有私法規範，也有公法規範；既有實體法規範，也有程序法規範。但從法律部門的歸屬上講，知識產權法仍屬於民法，是民法的特別法。民法的基本原則、制度和

法律規範大多適用於知識產權，並且知識產權法中的公法規範和程序法規範都是為確認和保護知識產權這一私權服務的，不占主導地位。

(二) 知識產權法的淵源

知識產權法的淵源是指知識產權法律規範的表現形式，可分為國內立法淵源和國際公約兩部分。

1. 知識產權國際條約

中國在制定國內知識產權法律法規的同時，加強了與世界各國在知識產權領域的交往與合作，加入了十多項知識產權保護的國際公約。主要有：《與貿易有關的知識產權協定》《保護工業產權巴黎公約》《保護文學和藝術作品伯爾尼公約》《世界版權公約》《商標國際註冊馬德里協定》《專利合作條約》等。其中，世界貿易組織中的TRIPS協定被認為是當前世界範圍內知識產權保護領域中涉及面廣、保護水平高、保護力度大、制約力強的國際公約，對中國有關知識產權法律的修改起了重要作用。

2. 知識產權國內立法淵源（以中國為例）

(1) 知識產權法律，如《著作權法》《專利法》《商標法》。

(2) 知識產權行政法規。其主要有《著作權法實施條例》《計算機軟件保護條例》《專利法實施細則》《商標法實施條例》《知識產權海關保護條例》《植物新品種保護條例》《集成電路布圖設計保護條例》等。

(3) 知識產權地方性法規、自治條例和單行條例，如《深圳經濟特區企業技術秘密保護條例》。

(4) 知識產權行政規章，如《國家工商行政管理局關於禁止侵犯商業秘密行為的規定》。

(5) 知識產權司法解釋，如《最高人民法院關於審理專利糾紛案件適用法律問題的若干規定》《最高人民法院關於訴前停止侵犯註冊商標專用權行為和保全證據適用法律問題的解釋》。

### 三、知識產權的保護

(一) 知識產權的民法保護

1. 知識產權侵權行為

知識產權侵權行為是指未經知識產權權利人許可，又無法律依據，擅自行使知識產權權利人的專有權利或妨礙知識產權權利人正常行使權利等損害知識產權權利人合法權益的行為。就其表現形式而言，知識產權侵權行為主要表現為非法行使權利人的專有權，或非法利用權利人的智力成果，如擅自複製他人作品或擅自實施他人的專利等，但有時也可表現為非法妨礙權利人正常行使權利，如禁止作者正當署名等。

2. 知識產權民事責任

知識產權侵權行為應承擔的民事責任形式主要有停止侵害、消除影響、賠禮道歉和賠償損失等。停止侵害是保護知識產權的重要救濟措施，不管行為人主觀上是否存在過錯，也不管是否造成損害後果，只要侵權行為正在發生或有證據表明即將發生，

權利人均可請求法院裁判行為人停止侵權行為。

對於侵犯知識產權的損害賠償責任構成要件，是否要求主觀上有過錯，在理論界有一定分歧，按通說仍實行過錯責任原則。對於侵權作品製作者、傳播者或侵權商品銷售者的損害賠償責任，則通常實行過錯推定原則，如中國《著作權法》第52條規定：複製品的出版者、製作者不能證明其出版、製作有合法授權的，複製品的發行者或者電影作品或者以類似攝製電影的方法創作的作品、計算機軟件、錄音錄像製品的複製品的出租者不能證明其發行、出租的複製品有合法來源的，應當承擔法律責任。中國《商標法》第56條第3款規定：銷售不知道是侵犯註冊商標專用權的商品，能證明該商品是自己合法取得的並說明提供者的，不承擔賠償責任。《專利法》第63條第2款也有類似規定。

知識產權損害賠償數額的確定主要有以下計算方法：

（1）按權利人因侵權遭受的實際損失確定；

（2）按侵權人因侵權獲得的利益確定；

（3）根據情節參照專利許可使用費的1~3倍合理確定；

（4）按前述方法都難以確定時，由法院根據當事人的請求或依職權在50萬元以下酌情判決。

適用第1種和第2種計算方法的，賠償數額還應當包括權利人為制止侵權行為所支付的合理開支，包括權利人或者委託代理人對侵權行為進行調查、取證的合理費用；法院還可以根據當事人的訴訟請求和案件具體情況，將符合國家有關部門規定的律師費用計算在賠償範圍內。須注意的是：在著作權訴訟中，應依次序適用第1種、第2種和第4種計算方法，只有在次序在先的方法難以適用時，才能適用次序在后的方法；在商標權訴訟和專利訴訟中，權利人對第1種和第2種計算方法有選擇權，法院應當准許；第3種計算方法僅適用於專利侵權訴訟，只有在第1種和第2種計算方法都難以適用時才能適用。

3. 知識產權權利衝突

知識產權權利衝突是指知識產權與其他合法民事權利或知識產權相互之間因歸屬不同的權利主體而出現的矛盾或抵觸狀態。如註冊商標使用了他人的姓名、肖像、美術作品等，從而出現商標權與姓名權、肖像權或著作權的衝突；行使攝影美術作品著作權中的發表權也可能和他人的肖像權、隱私權衝突等。這是中國知識產權審判工作中經常遇到的問題，必須妥善處理。處理知識產權的權利衝突，主要適用下列原則：

（1）約定優先原則。這是指當事人對有關權利衝突的處理有合法有效的合同約定的，應當尊重當事人的意志，優先適用合同中的約定處理糾紛。這種約定，既包括當事人事前對可能產生權利衝突糾紛事項而進行的約定，如畫家、攝影師和人體裸體模特兒事先對繪畫作品、攝影美術作品是否可以展覽、出版進行的約定；也包括發生糾紛后對如何處理權利衝突糾紛而進行的約定。

（2）保護在先權利原則。在當事人對有關權利衝突的處理沒有約定或約定無效的情況下，一般應保護產生時間在先的知識產權或其他民事權利，抑制或消滅產生在后的權利。如中國《專利法》第23條、《商標法》第9條和第31條都分別明確規定申請

註冊的外觀設計、商標都不得與他人在先取得的合法權利相衝突。撤銷侵犯在先權利的商標權或宣告侵犯在先權利的外觀設計專利權無效，應依法由特定的行政機構進行，法院不得在民事審判中直接行使該權利。

（3）過期權利喪失原則。其含義是指在先權利人應在法律規定的期間請求消滅或抑制與其在先民事權利相衝突的知識產權，否則就喪失勝訴權。如根據《商標法》第41條第2、3款的規定，註冊商標侵犯他人在先商標權或其他民事權利的，應在商標註冊之日起5年內請求商標評審委員會裁定撤銷；但對惡意註冊他人馳名商標不受該期限限制。合法在先的民事權利與后產生的知識產權衝突的，如果超出訴訟時效起訴，也喪失勝訴權。勝訴權的喪失，並不導致在先取得的整體知識產權或其他民事權利的喪失。

（4）綜合考量原則。在前述原則都難以適用的情況下，法院應根據案件的具體情況，綜合考慮誠實信用原則、公平原則和判決的社會后果及影響等因素處理權利衝突糾紛。

4. 知識產權訴訟時效

侵犯知識產權的訴訟時效為兩年，自權利人知道或應當知道之日起計算。專利權、商標權或著作權的權利人超過兩年起訴的，如果該知識產權仍在保護期內，人民法院應當判決責令被告停止侵權行為；侵權損害賠償數額應當自權利人向人民法院起訴之日起向前推算兩年計算。

5. 知識產權訴訟特殊程序問題

（1）知識產權被許可人的訴訟地位。對侵犯知識產權的民事訴訟，知識產權權利人或者利害關係人可以作為原告提起訴訟。知識產權的權利人是指著作權人、專利權人、商標權人等，利害關係人是指知識產權許可合同中的被許可人、知識產權財產權的合法繼承人等。根據合同約定的權利義務不同，知識產權許可合同主要有三種類型：一是獨占許可合同，即在合同約定的時間和地域範圍內，知識產權權利人（許可人）只授權一家被許可人使用其智力成果，許可人和任何第三人均不享有使用權；二是排他許可合同，即在合同約定的時間和地域範圍內，知識產權權利人（許可人）只授權一家被許可人使用其智力成果，許可人保留對該智力成果的使用權，但任何第三人均不享有使用權；三是普通許可合同，即在合同約定的時間和地域範圍內，知識產權權利人（許可人）可以授權多家被許可人使用其智力成果，許可人保留對該智力成果的使用權。在不同類型的知識產權許可合同中，被許可人在知識產權侵權訴訟中享有不同的訴訟地位；獨占許可合同中的被許可人，可以單獨起訴知識產權侵權行為；排他許可合同中的被許可人在知識產權權利人不起訴的情況下，可以起訴；普通許可中的被許可人不享有起訴權。

（2）訴前責令停止有關行為。知識產權權利人或者利害關係人有證據證明他人已在實施或者即將實施侵犯其著作權、商標權或專利權的行為，如不及時制止，將會使其合法權益受到難以彌補的損害，可以在起訴前向人民法院申請責令停止有關行為的措施。「臨時禁令」在各國制止知識產權侵權行為方面得到非常廣泛的應用，最早起源於英美法系國家的司法判例，是TRIPS協定要求各成員必須遵守的最低要求。申請訴

前責令停止有關行為的，必須提交相關證據和擔保。

（3）訴前財產保全。中國《專利法》第61條、《商標法》第57條和《著作權法》第49條的規定包含了起訴前申請人可以要求法院採取財產保全措施的內容。採取訴前財產保全措施的，按照民事訴訟法的有關規定進行。

（4）訴前證據保全。知識產權權利人或利害關係人可以在起訴前向法院申請保全證據。在中國，法院接受申請后，必須在48小時內作出裁定；裁定採取保全措施的，應當立即執行。

(二) 知識產權的國際保護

知識產權國際條約主要規定了知識產權保護的基本原則、範圍以及最低保護標準等內容。其中，關於基本原則的規定，是知識產權保護國際公約中最基本、最重要的內容。

1. 國民待遇原則

這是在保護工業產權巴黎公約中首先提出的，在TRIPS協定中再次強調，各個知識產權國際公約和成員都必須共同遵守的基本原則。該原則是指在知識產權的保護上，成員法律必須給予其他成員的國民以本國或地區國民所享有的同樣待遇。如果是非成員的國民，在符合一定條件后也可享受國民待遇。如在著作權保護方面，某公民的作品只要在某成員國首先發表，就可在該成員國享受國民待遇。

2. 最惠國待遇原則

該原則最早僅適用於國際有形商品貿易，后被TRIPS協定延伸到知識產權保護領域。其含義是指締約方在知識產權保護方面給予某締約方或非締約方的利益、優待、特權或豁免，應立即無條件地給予其他締約方。國民待遇原則解決的是本國人和外國人之間的平等保護問題。而最惠國待遇原則則是解決外國人彼此之間的平等保護問題，其共同點是禁止在知識產權保護方面實行歧視或差別待遇。

3. 透明度原則

透明度原則是指各成員頒布實施的知識產權保護法律、法規以及普遍適用的終審司法判決和終局行政裁決，均應以該國文字頒布或以其他方式使各成員政府及權利持有人知悉。

4. 獨立保護原則

該原則是指某成員國民就同一智力成果在其他締約國（或地區）所獲得的法律保護是互相獨立的。知識產權在某成員產生、被宣告無效或終止，並不必然導致該知識產權在其他成員也產生、被宣告無效或終止。

5. 自動保護原則

這是僅適用於保護著作權的一項基本原則。其含義是作者在享有及行使該成員國民所享有的著作權時，不需要履行任何手續，註冊登記、交納樣本及作版權標記等手續均不能作為著作權產生的條件。

6. 優先權原則

優先權是保護工業產權巴黎公約授予締約國國民最重要的權利之一，TRIPS協定予

以了肯定，解決了外國人在申請專利權、商標權方面因各種原因產生的不公平競爭問題。其含義是指，在一個締約成員國提出發明專利、實用新型、外觀設計或商標註冊申請的申請人，又在規定期限內就同樣的註冊申請再向其他成員國提出同樣內容的申請的，可以享有申請日期優先的權利。即可以把向某成員國第一次申請的日期，視為向其他成員國實際申請的日期。享有優先權的期限限制視不同的工業產權而定，發明和實用新型為向某成員第一次申請之日起12個月，外觀設計和商標為6個月。

## 第二節　著作權法

### 一、著作權的概念

著作權，也稱為版權，是作者依法對其創作的文學、藝術與科學作品享有的專有權。

各國版權法把著作權保護的對象分為主體與客體。所謂著作權保護的主體，是指用自己的創作活動產生某種作品的人，亦即指可以享受著作權保護的作者。所謂著作權保護的客體，是指以某種物質形式所表現的創作活動的產物，即一定的作品，通常是指作者創作的具體文學、藝術與科學作品。

### 二、著作權的客體

著作權的客體是指著作權法保護的對象，即文學、藝術和科學領域中的作品。

（一）作品的概念

作品，是指文學、藝術和科學領域內具有獨創性並能以某種有形形式複製的智力成果。其構成要件如下：

（1）屬於文學、藝術和自然科學、社會科學、工程技術等科學領域中的智力成果。

（2）具有獨創性。其含義有二：一是作品系獨立創作完成，而非剽竊之作；二是作品必須體現作者的個性特徵，屬於作者智力勞動創作結果，即具有創作性。獨創性存在於作品的表達之中，作品中所包含的思想並不要求必須具有獨創性。[1] 著作權法保護作品的表達，不保護作品所包含的思想或主題。由不同作者就同一題材創作的作品，只要作品的表達系獨立完成並且具有創作性，應當認定作者各自享有獨立的著作權。作品的表達是作品形式和作品內容的有機整體。

（3）可複製性。作品必須可以通過某種有形形式複製，從而被他人所感知。

（二）作品的種類

著作權保護的作品非常廣泛，形式多樣，各國的規定不完全相同。歸納起來，大體可以分為以下各大類：

---

[1] 李明德，許超．著作權法［M］．北京：法律出版社，2003.

（1）文字作品，是指小說、詩詞、散文、論文等以文字形式表現的作品。

（2）口述作品，是指即興的演說、授課、法庭辯論等以口頭語言形式表現的作品。

（3）音樂、戲劇、曲藝、舞蹈、雜技藝術作品。音樂作品，是指歌曲、交響樂等能夠演唱或演奏的帶詞或者不帶詞的作品；戲劇作品，是指話劇、歌劇、地方戲等供舞臺演出的作品；曲藝作品，是指相聲、快板、大鼓、評書等以說唱為主要形式表演的作品；舞蹈作品，是指通過連續的動作、姿勢、表情等表現思想情感的作品；雜技作品，是指雜技、魔術、馬戲等通過形體動作和技巧表現的作品。

（4）美術、建築作品。美術作品，是指繪畫、書法、雕塑等以線條、色彩或者其他方式構成的有審美意義的平面或立體造型藝術作品；建築作品，是指以建築物或者構築物表現形式表現的有審美意義的作品。

（5）攝影作品，是指借助器械在感光材料或者其他介質上記錄客觀物體形象的藝術作品。

（6）電影作品和以類似攝製電影的方法創作的作品，是指攝製在一定介質上，由一系列有伴音或者無伴音的畫面組成，並且借助適當裝置放映或者以其他方式傳播的作品。

（7）圖形作品和模型作品。圖形作品是指為施工、生產繪製的工程設計圖、產品設計圖，以及反應地理現象、說明事物原理或者結構的地圖、示意圖等作品；模型作品，是指為展示、試驗或者觀測等用途，根據物體的形狀和結構；按照一定比例製成的立體作品。

（8）計算機軟件，是指計算機程序及其文檔。

（9）法律、行政法規規定的其他作品。如民間文學藝術作品等。

（三）不予保護的對象

（1）違禁作品，即依法禁止出版、傳播的作品，如黃色作品。

（2）官方文件，即法律、法規、國家機關的決議、決定、命令和其他具有立法、行政、司法性質的文件及其官方正式譯文。官方文件具有獨創性，屬於作品範疇，不通過著作權法保護的根本原因在於方便人們自由複製和傳播。

（3）時事新聞，是指通過報紙、期刊、廣播電臺、電視臺等媒體報導的單純事實消息。時事新聞雖從總體上不受著作權法保護，但傳播報導他人採編的時事新聞，應當註明出處。

（4）歷法、數表、通用表格和公式。這類成果表現形式單一，應成為人類共同財富，不宜被壟斷使用。

## 三、著作權的主體

（一）作者

創作作品的公民是作者。創作，是指產生文學、藝術和科學作品的智力活動。為他人創作進行組織工作，提供諮詢意見、物質條件，或者進行了其他輔助工作，均不視為創作。創作是一種事實行為，而非法律行為，不受自然人行為能力狀況的限制，

但創作成果必須符合作品的條件，創作主體才能取得作者身分。

創作本來只能是具有直接思維能力的自然人特有的活動，但單位也可在特定情形下通過其特定機構或自然人行使或表達其自由意志，因而單位也可被擬制為作者。單位被視為作者時，可以成為完整的著作權主體，享有作者權利，承擔作者義務。

如無相反證明，在作品上署名的公民、法人或者其他組織為作者。當事人提供的涉及著作權的底稿、原件、合法出版物、著作權登記證書、認證機構出具的證明、取得權利的合同等，都可作為認定作者的證據。

(二) 繼受人

繼受人，是指因發生繼承、贈與、遺贈或受讓等法律事實而取得著作財產權的人。繼受著作權人包括繼承人、受贈人、受遺贈人、受讓人、作品原件的合法持有人和國家。繼受著作權人只能成為著作財產權的繼受主體，而不能成為著作人身權的繼受主體，因著作人身權具有不可轉讓性。

(三) 外國人和無國籍人

多數國家保護外國人、無國籍人的作品，但需具備一定條件。以中國為例，符合下列條件之一，外國人、無國籍人的作品即受中國著作權法保護。

(1) 外國人、無國籍人的作品根據其作者所屬國或者經常居住地國同中國簽訂的協議或者共同參加的國際條約享有著作權的；

(2) 其作品首先在中國境內出版的。在中國境外首先出版，30日內又在中國境內出版的，視為該作品同時在中國境內出版；

(3) 未與中國簽訂協議或者共同參加國際條約的國家的作者以及無國籍人的作品首次在中國參加的國際條約的成員國出版的，或者在成員國和非成員國同時出版的。

## 四、著作權的內容

(一) 著作權的人身權

著作人身權是指著作權人基於作品的創作依法享有的以人格利益為內容的權利。它與作者的人身不可分離，一般不能繼承、轉讓，也不能被非法剝奪或成為強制執行中的執行標的。

1. 發表權

發表權是指決定作品是否公之於眾的權利。其具體內容包括：決定作品是否公之於眾；決定作品在何時何地公之於眾；決定作品以何種方式公之於眾。「公之於眾」是指著作權人自行或者經著作權人許可將作品向不特定的人公開，但不以公眾知曉為條件。

發表權是一次性權利。作品一旦發表，發表權即行消滅，以後再次使用作品與發表權無關，而是行使使用權的體現；發表權與財產權關係密切，須通過出版、上網、朗誦等使用作品的方式來行使。

2. 署名權

署名權是指表明作者身分，在作品上署名的權利。其具體內容包括：

（1）決定是否在作品上署名；

（2）決定署名的方式，如署真名、筆名；

（3）決定署名的順序；

（4）禁止未參加創作的人在作品上署名；

（5）禁止他人假冒署名，即有權禁止他人盜用自己的姓名或筆名在他人作品上署名。

3. 修改權

修改權是指修改或授權他人修改作品的權利。作品表達了作者的思想、情感和觀點，公之於眾后會直接影響社會公眾對作者人格的評價，因而法律賦予作者修改權是對作者人格的尊重。修改通常是指內容的修改，報紙、雜誌社進行的不影響作品內容的文字性刪節不屬修改權控制的範圍，可以不經作者同意。但對內容的修改，必須徵得作者同意。修改既可針對未發表的作品，也可針對已發表的作品。

4. 保護作品完整權

保護作品完整權是指保護作品不受歪曲、篡改的權利。作品是作者思想的反應，也是作者人格的延伸。歪曲、篡改作品不僅損害作品的價值，而且直接影響作者的聲譽，因而法律禁止任何人以任何方式歪曲和篡改作品。

（二）著作權的財產權

著作財產權是指著作權人依法享有的控制作品的使用並獲得財產利益的權利。

1. 使用權

使用權是指以複製、發行、出租、展覽、放映、廣播、網絡傳播、攝制、改編、翻譯、匯編等方式使用作品的權利。具體包括以下內容：

（1）複製權，即以印刷、複印、拓印、錄音、錄像、翻錄、翻拍等方式將作品製作一份或者多份的權利。這是著作財產權中最基本、最重要的權利。

（2）發行權，即以出售或者贈與方式向公眾提供作品的原件或者複製件的權利。

（3）出租權，即有償許可他人臨時使用電影作品和以類似攝制電影的方法創作的作品、計算機軟件的權利，計算機軟件不是出租的主要標的的除外。

（4）展覽權，即公開陳列美術作品、攝影作品的原件或者複製件的權利。

（5）表演權，即公開表演作品，以及用各種手段公開播送作品的表演的權利。公開表演作品被稱為現場表演或直接表演；用各種手段公開播送作品的表演被稱為機械表演或間接表演，如酒店、咖啡館等經營性單位未經許可播放背景音樂就可能侵犯音樂作品的機械表演權。

（6）放映權，即通過放映機、幻燈機等技術設備公開再現美術、攝影、電影和以類似攝制電影的方法創作的作品等的權利。

（7）廣播權，即以無線方式公開廣播或者傳播作品，以有線傳播或者轉播的方式向公眾傳播廣播的作品，以及通過擴音器或者其他傳送符號、聲音、圖像的類似工具向公眾傳播廣播的作品的權利。

（8）信息網絡傳播權，即以有線或者無線方式向公眾提供作品，使公眾可以在其

個人選定的時間和地點獲得作品的權利。

（9）攝制權，即以攝制電影或者類似攝制電影的方法將作品固定在載體上的權利。

（10）改編權，即改編作品，創作出具有獨創性的新作品的權利。

（11）翻譯權，即將作品從一種語言文字轉換成另一種語言文字的權利。

（12）匯編權，即將作品或作品的片段通過選擇或者編排，匯集成新作品的權利。

（13）應當由著作權人享有的使用作品的其他權利。

2. 許可使用權

許可使用權是指著作權人依法享有的許可他人使用作品並獲得報酬的權利。使用他人作品，應當同著作權人訂立許可使用合同，但屬於法定使用許可情形的除外。許可使用合同包括下列主要內容：許可使用的權利種類，如複製權、翻譯權等；許可使用的權利是專有使用權或者非專有使用權；許可使用的地域範圍、期間；付酬標準和方法；違約責任；雙方認為需要約定的其他內容。使用許可合同未明確許可的權利，未經著作權人同意，另一當事人不得行使。

3. 轉讓權

轉讓權是指著作權人依法享有的轉讓使用權中一項或多項權利並獲得報酬的權利。轉讓的標的不能是著作人身權，只能是著作財產權中的使用權，可以轉讓使用權中的一項或多項或全部權利。

轉讓作品使用權的，應當訂立書面合同。合同的主要內容有：作品的名稱；轉讓的權利種類、地域範圍；轉讓價金；交付轉讓價金的日期和方式；違約責任；雙方認為需要約定的其他內容。轉讓合同中未明確約定轉讓的權利，未經著作權人同意，另一方當事人不得行使。

4. 獲得報酬權

獲得報酬權是指著作權人依法享有的因作品的使用或轉讓而獲得報酬的權利。獲得報酬權通常是從使用權、使用許可權或轉讓權中派生出來的財產權，是使用權、使用許可權或轉讓權必然包含的內容。但獲得報酬權有時又具有獨立存在的價值，並非完全屬於使用權、使用許可權或轉讓權的附屬權利。如在法定許可使用的情況下，他人使用作品可以不經著作權人同意，但必須按規定支付報酬。此時著作權人享有的獲得報酬權就是獨立存在的，與使用權、使用許可權或轉讓權沒有直接聯繫。使用作品的付酬標準可以由當事人約定，也可以按照國務院著作權行政管理部門會同有關部門制定的付酬標準支付報酬。當事人沒有約定或者約定不明確的，按照國家規定的付酬標準支付報酬。

**五、著作權的限制**

（一）合理使用

1. 合理使用的概念

合理使用，是指根據法律的明文規定，不必徵得著作權人同意而無償使用他人已發表作品的行為。各國的著作權法與國際版權公約，除了強調保護作者的正當權益外，

還規定在一定的條件下，為了公眾與社會的利益，為了發展文化科學的需要，可以不經著作權所有人的同意而無償地利用其著作權的作品，這就叫做對著作權的權利限制或稱為「合理使用」。

其構成要件是[①]：

（1）一般只針對已經發表的作品，使用他人未發表的作品必須徵得著作權人同意。已經發表的作品，是指著作權人自行或許可他人公之於眾的作品。

（2）必須基於法律的明文規定。除中國《著作權法》第 22 條明確規定的情形外，其他使用行為均不構成合理使用。

（3）不必徵得著作權人許可而無償使用他人作品。是否支付報酬是合理使用與法定許可的重要區別。

（4）不得影響該作品的正常使用，也不得不合理地損害著作權人的合法利益。合理使用一般只限於為個人消費或公益性使用等目的少量使用他人作品的行為，應當指明作者姓名、作品名稱，並不得侵犯著作權人依法享有的其他權利，如不得歪曲、篡改作品等。

2. 合理使用的情形

歸納起來，主要有以下六個方面：

（1）為了個人學習、學術研究、評論與新聞報導而摘錄、複製某一作品；

（2）為了訴訟程序的需要或報導此種訴訟程序而複製某一作品；

（3）為了進行系統教學活動收集教材而複製某一作品；

（4）圖書館、檔案館或其他資料中心（指非營利性的對公眾開放的資料中心）為保藏版本或供公眾借閱等目的而對某一作品進行複製（包括照相複製、錄音、錄像等）；

（5）利用已發表的作品免費在公共場所表演節目，或為了教學目的，師生在校內表演或展出某一作品，或為慈善機構募捐舉行義演而表演或展出某一作品；

（6）在自己的作品中少量引用他人的作品等。不論屬於哪種情況，使用者都必須說明作品的來源與作者的姓名，並且嚴格遵守法律規定的條件（例如，複製件不許超過一定的份數等）。

（二）法定許可使用

法定許可使用是指依照法律的明文規定，不經著作權人同意有償使用他人已經發表作品的行為。它與合理使用的共同之處在於：都是基於法律的明文規定；都只能針對已經發表的作品；都不必徵得著作權人的同意；都應當指明作者姓名、作品名稱，並不得侵犯著作權人依法享有的其他權利。兩者的區別在於：第一，法定許可主要是作品傳播者的使用行為，而合理使用不受此限；第二，著作權人事先聲明不許使用的，一般不適用法定許可制度，但合理使用一般不受此限；第三，法定許可是有償使用，使用人必須按規定支付報酬，而合理使用是無償使用。

---

[①] 吳漢東．知識產權法基本問題研究［M］．北京：中國人民大學出版社，2005．

根據中國有關規定，法定許可使用包括以下情形：

（1）為實施九年制義務教育和國家教育規劃而編寫出版教科書，除作者事先聲明不許使用外，可以不經著作權人許可，在教科書中匯編已經發表的作品片段或者短小的文字作品、音樂作品或者單幅的美術作品、攝影作品；

（2）作品被報社、期刊社刊登后，除著作權人聲明不得轉載、摘編的外，其他報刊可以轉載或者作為文摘、資料刊登；

（3）已在報刊上刊登或者網絡上傳播的作品，除著作權人聲明或者上載該作品的網絡服務提供者受著作權人的委託聲明不得轉載、摘編的以外，網站可以轉載、摘編；

（4）錄音製作者使用他人已經合法錄制為錄音製品的音樂作品製作錄音製品，著作權人聲明不許使用的除外；

（5）廣播電臺、電視臺播放他人已經發表的作品；

（6）廣播電臺、電視臺播放已經出版的錄音製品。

## 六、著作權的保護期限

(一) 著作人身權的保護期限

著作人身權中的署名權、修改權和保護作品完整權的保護期不受限制，可以獲得永久性保護。但著作人身權中的發表權的保護有時間限制。

(二) 自然人作品的發表權和財產權的保護期

公民的作品，其發表權和使用權的保護期分別為作者終生及其死后 50 年，截止於作者死亡之后第 50 年的 12 月 31 日；如果是合作作者，截止於最后死亡的作者死亡后第 50 年的 12 月 31 日。作者生前未發表的作品，如果作者未明確表示不發表，作者死亡后 50 年內，其發表權可由繼承人或者受遺贈人行使；沒有繼承人又無人受遺贈的，由作品原件的所有人行使。

(三) 法人或其他組織的作品的發表權和財產權的保護期

單位作品，著作權（署名權除外）由法人或者其他組織享有的職務作品，其發表權和使用權的保護期為 50 年，截止於作品發表后第 50 年的 12 月 31 日，但作品自創作完成后 50 年內未發表的，著作權不再保護。

(四) 作者身分不明作品使用權的保護期

作者身分不明的作品，其使用權的保護期截止於作品發表后第 50 年的 12 月 31 日。作者身分確定后，適用《著作權法》第 21 條的規定，按不同作品類型分別確定保護期。

## 七、鄰接權

(一) 鄰接權的概念

鄰接權是指作品傳播者對在傳播作品過程中產生的勞動成果依法享有的專有權利，

又稱為作品傳播者權或與著作權有關的權益。① 廣義的著作權可以包括鄰接權。狹義的著作權與鄰接權的關係極為密切。沒有作品，就談不上作品的傳播，因而鄰接權以著作權為基礎；對於著作權合理使用的限制，同樣適用於對鄰接權的限制；鄰接權的保護期也為 50 年。鄰接權與著作權的主要區別是：鄰接權的主體多為法人或其他組織，著作權的主體多為自然人；鄰接權的客體是傳播作品過程中產生的成果，而著作權的客體是作品本身；鄰接權中除表演者權外一般不涉及人身權，而著作權包括人身權和財產權兩方面的內容。

(二) 出版者的權利

1. 出版者的權利內容

(1) 版式設計專有權。版式設計是指出版者對其出版的圖書、期刊的版面和外觀裝飾所作的設計。版式設計是出版者，包括圖書出版者（如出版社）和期刊出版者（如雜誌社、報社）的創造性智力成果，出版者依法享有專有使用權，即有權許可或者禁止他人使用其出版的圖書、期刊的版式設計。

(2) 專有出版權。圖書出版者對著作權人交付出版的作品，按照雙方訂立的出版合同的約定享有專有出版權。其他出版者未經許可不得出版同一作品，著作權人也不得將出版者享有專有出版權的作品一稿多投。圖書出版合同中約定圖書出版者享有專有出版權但沒有明確具體內容的，視為圖書出版者享有在合同有效期內和在合同約定的地域範圍內以同種文字的原版、修訂版出版圖書的專有權利。專有出版權是依出版合同而產生的權利而非法定權利，因而嚴格意義上講它不屬於鄰接權範疇。

2. 出版者的主要義務

(1) 按合同約定或國家規定向著作權人支付報酬；

(2) 按照合同約定的出版質量、期限出版圖書；

(3) 重版、再版作品的，應當通知著作權人，並支付報酬；

(4) 出版改編、翻譯、註釋、整理已有作品而產生的作品，應當取得演繹作品的著作權人和原作品的著作權人許可，並支付報酬；

(5) 對出版行為的授權、稿件來源的署名、所編輯出版物的內容等盡合理的注意義務，避免出版行為侵犯他人的著作權等民事權利。

(三) 表演者的權利

1. 表演者權的主體和客體

表演者權的主體是指表演者，包括演員、演出單位或者其他表演文學、藝術作品的人。表演者權利的客體是指表演活動，即通過演員的聲音、表情、動作公開再現作品或演奏作品。

2. 表演者的權利內容

表演者對其表演享有下列權利：

(1) 表明表演者身分；

---

① 鄭成思. 知識產權論 [M]. 北京：法律出版社，2003.

（2）保護表演形象不受歪曲；
（3）許可他人從現場直播和公開傳送其現場表演，並獲得報酬；
（4）許可他人錄音錄像，並獲得報酬；
（5）許可他人複製、發行錄有其表演的錄音錄像製品，並獲得報酬；
（6）許可他人通過信息網絡向公眾傳播其表演，並獲得報酬。

3. 表演者的主要義務

表演者使用他人的作品演出，應當徵得著作權人許可，並支付報酬；使用改編、翻譯、註釋、整理已有作品而產生的作品演出，應當徵得演繹作品著作權人和原作品著作權人許可，並支付報酬。

（四）錄制者的權利

1. 錄制者權的主體和客體

錄制者權的主體是錄制者，包括錄音製作者和錄像製作者。錄制者權的客體是錄製品，包括錄音製品和錄像製品。錄音製品是指任何聲音的原始錄製品；錄像製品是指電影作品和以類似攝制電影的方法創作的作品以外的任何有伴音或無伴音的連續相關形象的原始錄製品，包括表演的原始錄製品和非表演的原始錄製品。

2. 錄制者的權利和義務

錄制者對其製作的錄音錄像製品，享有許可他人複製、發行、出租、通過信息網絡向公眾傳播並獲得報酬的權利。

錄制者使用他人作品製作錄音錄像製品，應當取得著作權人許可，並支付報酬；使用演繹作品製作錄製品的，應當徵得演繹作品著作權人和原作品著作權人的許可，並支付報酬；錄製表演活動的，應當同表演者訂立合同，並支付報酬。

（五）播放者的權利

1. 播放者權的主體和客體

播放者權的主體是廣播電視組織，包括廣播電臺和電視臺。播放者權的客體是播放的廣播或電視而非廣播、電視節目。廣播、電視是指廣播電臺、電視臺通過載有聲音、圖像的信號播放的集成品、製品或其他材料在一起的合成品。

2. 播放者的權利和義務

播放者有權禁止未經許可的下列行為：將其播放的廣播、電視轉播；將其播放的廣播、電視錄制在音像載體上以及複製音像載體。

播放者應當履行下列義務：播放他人未發表的作品，應當取得著作權人的許可，並支付報酬；播放已發表的作品或已出版的錄音錄像製品，可以不經著作權人許可，但應按規定支付報酬。

## 八、著作權國際立法簡介

經過多次國際會議，以英國、法國、德國與西班牙等歐洲國家為中心，多個國家於 1886 年在瑞士首都伯爾尼簽訂了《保護文學藝術作品伯爾尼公約》（簡稱《伯爾尼公約》）。美國、阿根廷、巴西、智利等美洲國家於 1889 年在烏拉圭首都蒙得維的亞簽

訂了《美洲國家間版權公約》（簡稱《泛美公約》）。1952年，在聯合國教科文組織發起與主持下，在日內瓦簽訂了《世界版權公約》。法語非洲13個國家於1977年在中非首都班吉簽訂了《班吉協定》（其附件七是世界上第一部地區性的跨國版權法）。①

《伯爾尼公約》與《世界版權公約》是當前在版權的國際性保護方面最有影響與成員國最多的世界性公約。

（一）《保護文學藝術作品伯爾尼公約》（Berne Convention for The Protection of Literary and Artistic Works）

《伯爾尼公約》於1886年9月9日簽訂於瑞士首都伯爾尼。當時簽字的有英國、法國、德國、義大利與西班牙等10個國家。1887年由上述國家組成了伯爾尼同盟。《伯爾尼公約》於1887年12月5日生效。《伯爾尼公約》締結后，先后經過7次修訂與補充：1896年於巴黎，1908年於柏林，1914年於伯爾尼，1928年於羅馬，1948年於布魯塞爾，1967年於斯德哥爾摩，1971年於巴黎。截至1986年1月，共有76個國家參加了《伯爾尼公約》。

《伯爾尼公約》共有44條，其中正文有38條，附件有6條，正文前21條與附件6條為實質性條款。正文后17條為管理條款。《伯爾尼公約》對保護的對象、作者的專有權利、保護期限、對版權的限制以及對發展中國家實行強制許可證等，都有比較詳細的規定。《伯爾尼公約》的基本原則有：

（1）國民待遇原則。
（2）自動保護原則。
（3）版權保護的獨立性原則。

（二）《世界版權公約》（Universal Copyright Convention）

《世界版權公約》是在聯合國教科文組織的主持下，於1952年9月6日在日內瓦召開的政府間代表會議上簽訂的。美國、英國、法國等50個國家的代表參加了大會，其中40個國家的代表在公約上簽了字，並成立了政府間的著作權委員會。該公約已於1955年9月16日開始生效。

《世界版權公約》1971年巴黎修訂文本的主要原則如下：

（1）國民待遇原則。
（2）非自動保護原則。
（3）最低限度保護原則。
（4）外國人的作品在內國取得版權保護的待遇。

（三）《保護表演者、錄制者及廣播組織羅馬公約》（Rome Convention for The Protection of Performers, Producers of Phonograms and Broadcasting Organizations）

該公約簡稱《羅馬公約》，於1961年10月26日締結，1964年5月18日生效。該公約要求一個國家必須是參加了兩項主要的版權公約（即《伯爾尼公約》與《世界版

---

① 馮大同，沈四寶. 國際商法［M］. 北京：對外經濟貿易大學出版社，1994.

權公約》）中的任何一個之后，才有資格參加該公約。目前已有 26 個成員國。《羅馬公約》保護表演者的專有權利、錄制者的專有權利與廣播組織的專有權利，其專有權的保護期限為 20 年。

（四）世界知識產權組織（World Intellectual Property Organization，WIPO）

在該聯合國際局的建議下，經過多年的醞釀，51 個國家於 1967 年 7 月 14 日在斯德哥爾摩會議上簽訂了《成立世界知識產權組織公約》，並根據該公約成立了一個政府間的國際機構，定名為「世界知識產權組織」。

《成立世界知識產權組織公約》於 1970 年 4 月 26 日正式生效。1974 年 12 月，世界知識產權組織成為聯合國的一個專門機構，是聯合國 15 個專門機構中的第 14 個，總部設在日內瓦。

世界知識產權組織的宗旨是：

（1）通過各國間的合作，並在適當的情況下與其他國際組織進行協作，以促進在全世界範圍內保護知識產權；

（2）保證各知識產權同盟間的行政合作。

世界知識產權組織的主要任務與職能包括：

（1）在促進全世界對知識產權保護方面，鼓勵締結新的國際條約，協調各國的立法，給予發展中國家以法律與技術援助，搜集並傳播情報，以及辦理國際註冊或成員國之間的其他行政合作事宜。

（2）在各知識產權同盟的行政合作方面，世界知識產權組織將各同盟的行政工作集中於日內瓦國際局（即世界知識產權組織的秘書處）。

（3）在對發展中國家援助方面，世界知識產權組織就技術轉讓、起草知識產權方面的立法、建立專利機構與專利文獻機構，以及培養專業工作人員等事項向發展中國家提供援助。

世界知識產權組織設有四個機構並簽訂了一個公約：

（1）大會；

（2）成員國會議；

（3）協調委員會；

（4）國際局；

（5）《保護錄音製品作者防止未經許可複製其錄音製品公約》。

# 第三節　專利法

專利是由政府主管部門根據發明人的申請，認為其發明符合法律規定的條件，而在一定的期限內授予發明人的一種專有權。[1] 取得專利權的人即專利權人，有權在規定

---

[1] 吳漢東. 知識產權法基本問題研究 [M]. 北京：中國人民大學出版社，2005.

的期限內享有就該項發明進行製造、使用與銷售其產品的專有權,並可以將其專利權轉讓給別人,或把專利的使用權讓與他人使用。

專利法的主要作用在於:一方面要求發明人公開其發明,以便讓社會公眾能瞭解其發明,並可以通過合法的途徑利用其發明;另一方面在法律上保護發明人的專有權,在一定的期限內禁止任何第三人侵犯其專利權,使發明人不致因公開其發明而遭受損失。

## 一、專利權的主體

專利權主體即專利權人,是指依法享有專利權並承擔相應義務的人。專利權主體包括以下幾種。

### (一) 發明人或設計人

發明人或設計人,是指對發明創造的實質性特點作出了創造性貢獻的人。在完成發明創造的過程中,只負責組織工作的人、為物質技術條件的利用提供方便的人或者從事其他輔助性工作的人,例如試驗員、描圖員、機械加工人員等,均不是發明人或設計人。其中,發明人是指發明的完成人;設計人是指實用新型或外觀設計的完成人。發明人或設計人,只能是自然人,不能是單位、集體或課題組。

發明創造是智力勞動的結果。發明創造活動是一種事實行為,不受民事行為能力的限制,因此,無論從事發明創造的人是否具備完全民事行為能力,只要他完成了發明創造,就應認定為發明人或設計人。

發明人或者設計人包括非職務發明創造的發明人或者設計人和職務發明創造的發明人或者設計人兩類。非職務發明創造,是指既不是執行本單位的任務,也沒有主要利用單位提供的物質技術條件所完成的發明創造。對於非職務發明創造,申請專利的權利屬於發明人或者設計人。發明人或者設計人對非職務發明創造申請專利,任何單位或者個人不得壓制。申請被批准後,該發明人或者設計人為專利權人。

如果一項非職務發明創造是由兩個或兩個以上的發明人、設計人共同完成的,則完成發明創造的人稱之為共同發明人或共同設計人。共同發明創造的專利申請權和取得的專利權歸全體共有人共同所有。

### (二) 發明人或設計人的單位

對於職務發明創造來說,專利權的主體是該發明創造的發明人或者設計人的所在單位。職務發明創造,是指執行本單位的任務或者主要是利用本單位的物質技術條件所完成的發明創造。這裡所稱的「單位」,包括各種所有制類型和性質的內資企業和在中國境內的中外合資經營企業、中外合作企業和外商獨資企業;從勞動關係上講,既包括固定工作單位,也包括臨時工作單位。

職務發明創造分為兩類:

(1) 執行本單位任務所完成的發明創造。包括三種情況:第一,在本職工作中作出的發明創造;第二,履行本單位交付的本職工作之外的任務所作出的發明創造;第三,退職、退休或者調動工作后 1 年內作出的,與其在原單位承擔的本職工作或者原

單位分配的任務有關的發明創造。在第三種情況中，只有同時具備兩個條件，才構成職務發明創造：第一，該發明創造必須是發明人或設計人從原單位退職、退休或者調動工作后 1 年內作出的；第二，該發明創造與發明人或設計人在原單位承擔的本職工作或者原單位分配的任務有聯繫。

（2）主要利用本單位的物質技術條件所完成的發明創造。「本單位的物質技術條件」是指本單位的資金、設備、零部件、原材料或者不對外公開的技術資料等。[①] 一般認為，如果在發明創造過程中，全部或者大部分利用了單位的資金、設備、零部件、原料以及不對外公開的技術資料，這種利用對發明創造的完成起著必不可少的決定性作用，就可以認定為主要利用本單位物質技術條件。如果僅僅是少量利用了本單位的物質技術條件，且這種物質條件的利用，對發明創造的完成無關緊要，則不能因此認定是職務發明創造。對於利用本單位的物質技術條件所完成的發明創造，如果單位與發明人或者設計人訂有合同，對申請專利的權利和專利權的歸屬作出約定的，從其約定。

職務發明創造的專利申請權和取得的專利權歸發明人或設計人所在的單位。發明人或設計人享有署名權和獲得獎金、報酬的權利，即發明人和設計人有權在專利申請文件及有關專利文獻中寫明自己是發明人或設計人；被授予專利權的單位應當按規定對職務發明創造的發明人或者設計人發獎金；在發明創造專利實施后，單位應根據其推廣應用的範圍和取得的經濟效益，對發明人或者設計人給予合理的報酬。發明人或設計人的署名權可以通過書面聲明放棄。

（三）受讓人

受讓人是指通過合同或繼承而依法取得專利權的單位或個人。專利申請權和專利權可以轉讓。專利申請權轉讓之後，如果獲得了專利，那麼受讓人就是該專利權的主體；專利權轉讓后，受讓人成為該專利權的新主體。

兩個以上單位或者個人合作完成的發明創造、一個單位或者個人接受其他單位或者個人委託所完成的發明創造，如果雙方約定發明創造的申請專利權歸委託方，從其約定，申請被批准后，申請的單位或者個人為專利權人。如果單位或者個人之間沒有協議，構成委託開發的，申請專利權以及取得的專利權歸受託人，但委託人可以免費實施該專利技術。

繼受了專利申請權或專利權之後，受讓人並不因此而成為發明人、設計人，該發明創造的發明人、設計人也不因發明創造的專利申請權或專利權轉讓而喪失其特定的人身權利。

（四）外國人

外國人包括具有外國國籍的自然人和法人。在中國有經常居所或者營業所的外國人，享有與中國公民或單位同等的專利申請權和專利權。在中國沒有經常居所或者營業所的外國人、外國企業或者外國其他組織在中國申請專利的，依照其所屬國同中國

---

[①] 鄭成思．知識產權論［M］．北京：法律出版社，2003．

簽訂的協議或者共同參加的國際條約，或者依照互惠原則，可以申請專利，但應當委託國務院專利行政部門指定的專利代理機構辦理。

**二、專利權客體**

專利權的客體，也稱為專利法保護的對象，是指依法應授予專利的發明創造。專利權的客體包括發明、實用新型和外觀設計三種。

（一）發明

發明，是指對產品、方法或者其改進所提出的新的技術方案。發明必須是一種技術方案，是發明人將自然規律在特定技術領域進行運用和結合的結果，而不是自然規律本身，因而科學發現不屬於發明範疇。同時，發明通常是自然科學領域的智力成果，文學、藝術和社會科學領域的成果也不能構成專利法意義上的發明。

發明分為產品發明、方法發明和改進發明三種。產品發明是關於新產品或新物質的發明。這種產品或物質是自然界從未有過的，是人利用自然規律作用於特定事物的結果。如果某物品完全處於自然狀態下，沒有經過任何人的加工或改造而存在，就不是中國專利法所規定的產品發明，不能取得專利權。方法發明是指為解決某特定技術問題而採用的手段和步驟的發明。能夠申請專利的方法通常包括製造方法和操作使用方法兩大類，前者如產品製造工藝、加工方法等，後者如測試方法、產品使用方法等。改進發明是對已有的產品發明或方法發明所作出的實質性革新的技術方案。例如，愛迪生發明了白熾燈，白熾燈是一種前所未有的新產品，可以申請產品發明；生產白熾燈的方法可以申請方法專利；給白熾燈填充惰性氣體，其質量和壽命都有明顯提高，這是在原來基礎之上進行的改進，可以申請改進發明。

（二）實用新型

實用新型是指對產品的形狀、構造或者其結合所提出的適於實用的新的技術方案。實用新型專利只保護產品。該產品應當是經過工業方法製造的、占據一定空間的實體。一切有關方法（包括產品的用途）以及未經人工製造的自然存在的物品不屬於實用新型專利的保護客體。上述方法包括產品的製造方法、使用方法、通信方法、處理方法、計算機程序以及將產品用於特定用途等。例如，一種齒輪的製造方法、工作間的除塵方法、數據處理方法、自然存在的雨花石等不能獲得實用新型專利保護。

產品的形狀是指產品所具有的、可以從外部觀察到的確定的空間形狀。對產品形狀所提出的技術方案可以是對產品的三維形態的空間外形所提出的技術方案，例如對凸輪形狀、刀具形狀作出的改進；也可以是對產品的二維形態所提出的技術方案，例如對型材的斷面形狀的改進。無確定形狀的產品，如氣態、液態、粉末狀、顆粒狀的物質或材料，其形狀不能作為實用新型產品的形狀特徵。

產品的構造是指產品的各個組成部分的安排、組織和相互關係。它可以是機械構造，也可以是線路構造。機械構造是指構成產品的零部件的相對位置關係、連接關係和必要的機械配合關係等；線路構造是指構成產品的元器件之間的確定的連接關係。

(三) 外觀設計

　　外觀設計又稱為工業產品外觀設計，是指對產品的形狀、圖案或者其結合以及色彩與形狀、圖案相結合所作出的富有美感並適於工業上應用的新設計。

　　外觀設計的載體必須是產品。產品，是指任何用工業方法生產出來的物品。不能重複生產的手工藝品、農產品、畜產品、自然物不能作為外觀設計的載體。通常，產品的色彩不能獨立構成外觀設計，除非產品色彩變化的本身已形成一種圖案。可以構成外觀設計的組合有：產品的形狀；產品的圖案；產品的形狀和圖案；產品的形狀和色彩；產品的圖案和色彩；產品的形狀、圖案和色彩。

　　形狀是指對產品造型的設計，也就是指產品外部的點、線、面的移動、變化、組合而呈現的外表輪廓，即對產品的結構、外形等同時進行設計、製造的結果；圖案是指由任何線條、文字、符號、色塊的排列或組合而在產品的表面構成的圖形。圖案可以通過繪圖或其他能夠體現設計者的圖案設計構思的手段製作。產品的圖案應當是固定、可見的，而不應是時有時無的或者需要在特定的條件下才能看見的；色彩是指用於產品上的顏色或者顏色的組合，製造該產品所用材料的本色不是外觀設計的色彩。

(四) 專利法不予保護的對象

　　各國基於社會、政治、經濟與工業保護政策上的考慮，認為某些發明不宜由個人壟斷時，就在專利法中把它們列為不能取得專利的項目，不授予專利權。至於哪些發明不能取得專利，各國的法律有不同的規定，一般有以下六項：

　　(1) 違反法律、社會公德或妨害公共利益的發明創造。發明創造本身的目的與國家法律相違背的，不能被授予專利權。例如，用於賭博的設備、機器或工具；吸毒的器具等不能被授予專利權。發明創造本身的目的並沒有違反國家法律，但是由於被濫用而違反國家法律的，則不屬此列。

　　(2) 科學發現。它是指對自然界中客觀存在的現象、變化過程及其特性和規律的揭示。科學理論是對自然界認識的總結，是更為廣義的發現。它們都屬於人們認識的延伸。這些被認識的物質、現象、過程、特性和規律不同於改造客觀世界的技術方案，不是專利法意義上的發明創造，因此不能被授予專利權。

　　(3) 智力活動的規則和方法。智力活動，是指人的思維運動，它源於人的思維，經過推理、分析和判斷產生出抽象的結果，或者必須經過人的思維運動作為媒介才能間接地作用於自然產生結果。它僅是指導人們對信息進行思維、識別、判斷和記憶的規則和方法，由於其沒有採用技術手段或者利用自然法則，也未解決技術問題和產生技術效果，因而不構成技術方案。例如，交通行車規則、各種語言的語法、速算法或口訣、心理測驗方法、各種游戲娛樂的規則和方法、樂譜、食譜、棋譜、計算機程序本身等。

　　(4) 疾病的診斷和治療方法。它是以有生命的人或者動物為直接實施對象，進行識別、確定或消除病因、病竈的過程。將疾病的診斷和治療方法排除在專利保護範圍之列，是出於人道主義的考慮和社會倫理的原因，醫生在診斷和治療過程中應當有選擇各種方法和條件的自由。另外，這類方法直接以有生命的人體或動物體為實施對象，

理論上認為不屬於產業，無法在產業上利用，不屬於專利法意義上的發明創造。例如診脈法、心理療法、按摩、為預防疾病而實施的各種免疫方法、以治療為目的的整容或減肥等。但是藥品或醫療器械可以申請專利。

（5）動物和植物品種。但是對於動物和植物品種的生產方法，可以依法授予專利權。

（6）用原子核變換方法獲得的物質。

### 三、授予專利權的條件

發明創造要取得專利權，必須滿足實質條件和形式條件。實質條件是指申請專利的發明創造自身必須具備的屬性要求，形式條件則是指申請專利的發明創造在申請文件和手續等程序方面的要求。此處所講的授予專利權的條件，僅指授予專利權的實質條件。

（一）發明或者實用新型專利的授權條件

根據中國與大多數國家專利法的規定，一項發明要取得專利權，必須具備以下三項條件：

1. 新穎性

新穎性是指在申請日以前沒有同樣的發明或者實用新型在國內外出版物上公開發表過、在國內公開使用過或者以其他方式為公眾所知，也沒有同樣的發明或者實用新型由他人向專利局提出過申請並且記載在申請日以後公布的專利申請文件中。申請專利的發明或者實用新型滿足新穎性的標準，必須不同於現有技術，同時還不得出現抵觸申請。

（1）現有技術。現有技術是在申請日以前已經公開的技術。技術公開的方式有三種[①]：

①出版物公開，即通過出版物在國內外公開披露技術信息。其地域標準是國際範圍。這裡的出版物，是指記載有技術或設計內容的獨立存在的有形傳播載體，可以是印刷、打印、手寫的，也可以是採用電、光、磁、照相等其他方式制成的。其載體不限於紙張，也包括各種其他類型的載體，如縮微膠片、影片、磁帶、光盤、照相底片等。公開披露技術信息，是指技術內容向不負有保密義務的不特定相關公眾公開。公開的程度以所屬技術領域一般技術人員能實施為準。

②使用公開，即在國內通過使用或實施方式公開技術內容。其地域標準是在國內。

③其他方式的公開，即以出版物和其他的方式公開，主要指口頭方式公開，如通過口頭交談、講課、作報告、討論發言、在廣播電臺或電視臺播放等方式，使公眾瞭解有關技術內容。其地域標準是在國內。

（2）抵觸申請。抵觸申請是指一項申請專利的發明或者實用新型在申請日以前，已有同樣的發明或者實用新型由他人向專利局提出過申請，並且記載在該發明或實用

---

① 吳漢東. 知識產權法基本問題研究［M］. 北京：中國人民大學出版社，2005.

新型申請日以后公布的專利申請文件中。先申請被稱為后申請的抵觸申請。抵觸申請會破壞新穎性，防止專利重複授權。

（3）不視為喪失新穎性的公開。中國的法律規定，申請專利的發明、實用新型和外觀設計在申請日以前6個月內，有下列情形之一的，不喪失新穎性：

①在中國政府主辦或者承認的國際展覽會上首次展出的；

②在國務院有關主管部門和全國性學術團體組織召開的學術會議或者技術會議上首次發表的；

③他人未經申請人同意而洩露其內容的。

2. 創造性

創造性是指同申請日以前已有的技術相比，該發明有突出的實質性特點和顯著的進步，該實用新型有實質性特點和進步。申請專利的發明或實用新型，必須與申請日前已有的技術相比，在技術方案的構成上有實質性的差別，必須是通過創造性思維活動的結果，不能是現有技術通過簡單的分析、歸納、推理就能夠自然獲得的結果。發明的創造性比實用新型的創造性要求更高。創造性的判斷以所屬領域普通技術人員的知識和判斷能力為準。

3. 實用性

實用性是指該發明或者實用新型能夠製造或者使用，並且能夠產生積極效果。它有兩層含義：第一，該技術能夠在產業中製造或者使用。產業包括了工業、農業、林業、水產業、畜牧業、交通運輸業以及服務業等行業。產業中的製造和利用是指具有可實施性及再現性。第二，必須能夠產生積極的效果，即同現有的技術相比，申請專利的發明或實用新型能夠產生更好的經濟效益或社會效益，如能提高產品數量、改善產品質量、增加產品功能、節約能源或資源、防治環境污染等。

（二）外觀設計專利的授權條件

1. 新穎性

授予專利權的外觀設計，應當同申請日以前在國內外出版物上公開發表過或者國內公開使用過的外觀設計不相同和不相近似。外觀設計必須依附於特定的產品，因而「不相同」不僅指形狀、圖案、色彩或其組合外觀設計本身不相同，而且指採用設計方案的產品也不相同。「不相近似」要求申請專利的外觀設計不能是對現有外觀設計的形狀、圖案、色彩或其組合的簡單模仿或微小改變。相近似的外觀設計包括以下幾種情況：形狀、圖案、色彩近似，產品相同；形狀、圖案、色彩相同，產品近似；形狀、圖案、色彩近似，產品也近似。

2. 實用性

授予專利權的外觀設計必須適於工業應用。這要求外觀設計本身以及作為載體的產品能夠以工業的方法重複再現，即能夠在工業上批量生產。

3. 富有美感

授予專利權的外觀設計必須富有美感。美感是指該外觀設計從視覺感知上的愉悅感受，與產品功能是否先進沒有必然聯繫。富有美感的外觀設計在擴大產品銷路方面

具有重要作用。

4. 不得與他人在先取得的合法權利相衝突

這裡的在先權利包括了商標權、著作權、企業名稱權、肖像權、知名商品特有包裝裝潢使用權等。「在先取得」是指在外觀設計的申請日或者優先權日之前取得。

### 四、授予專利權的程序

(一) 專利的申請

1. 專利申請的原則

(1) 形式法定原則。申請專利的各種手續，都應當以書面形式或者規定的其他形式辦理。以口頭、電話、實物等非書面形式辦理的各種手續，或者以電報、電傳、傳真、膠片等直接或間接產生印刷、打字或手寫文件的通信手段辦理的各種手續均視為未提出，不產生法律效力。

(2) 單一性原則。是指一件專利申請只能限於一項發明創造。但是屬於一個總的發明構思的兩項以上的發明或者實用新型，可以作為一件申請提出；用於同一類別並且成套出售或者使用的產品的兩項以上的外觀設計，可以作為一件申請提出。

(3) 先申請原則。兩個或者兩個以上的申請人分別就同樣的發明創造申請專利的，專利權授給最先申請的人。

2. 專利申請文件

申請發明或者實用新型專利的，應當提交請求書、說明書及其摘要和權利要求書等文件。請求書應當寫明發明或者實用新型的名稱，發明人或者設計人的姓名，申請人姓名或者名稱、地址，以及其他事項。說明書應當對發明或者實用新型作出清楚、完整的說明，以所屬技術領域的技術人員能夠實現為準；必要的時候，應當有附圖。摘要應當簡要說明發明或者實用新型的技術要點。權利要求書應當以說明書為依據，說明要求專利保護的範圍。

申請外觀設計專利的，應當提交請求書以及該外觀設計的圖片或者照片等文件，並且應當寫明使用該外觀設計的產品及其所屬的類別。

3. 專利申請日

專利局收到專利申請文件之日為申請日。如果申請文件是郵寄的，以寄出的郵戳日為申請日。

申請人享有優先權的，優先權日視為申請日。中國《專利法》第29條規定了國際優先權和國內優先權，國際優先權是指申請人自發明或者實用新型在外國第一次提出專利申請之日起12個月內，或者自外觀設計在外國第一次提出專利申請之日起6個月內，又在中國就相同主題提出專利申請的，依照該外國同中國簽訂的協議或者共同參加的國際條約，或者依照相互承認優先權的原則，可以享有優先權。國內優先權是指申請人自發明或者實用新型在中國第一次提出專利申請之日起12個月內，又向專利局就相同主題提出專利申請的，可以享有優先權。

4. 對外國人申請專利的待遇

各國的專利法對外國人申請專利，一般都給予國民待遇，即給予外國人以本國國

民同等的待遇。大多數國家都無條件地給外國申請人以國民待遇，但是有些國家則要求在互惠的基礎上給予國民待遇。此外，根據各國專利法的規定，外國人在申請專利時，一般都要在申請國設有營業所或住所，否則應委託在該國設有營業所或住所的代理人代為辦理。

(二) 專利申請的審批

各國對專利申請的審查有不同的要求，基本上實行兩種不同的制度。有的國家實行形式審查制，即只審查專利申請書的形式是否符合法律的要求，而不審查該項發明是否符合新穎性等實質性的條件，只要申請的手續完備，申請書的內容符合規定的要求，就授予專利權。有些國家則實行實質審查制，即不僅審查申請書的形式，而且對發明是否具備新穎性、先進性與實用性等條件進行實質性審查，只有具備上述專利條件的發明，才授予專利權。

中國專利申請的審批程序如下：

1. 發明專利的審批

(1) 初步審查。專利主管機關查明該申請是否符合專利法關於申請形式要求的規定。

(2) 早期公開。專利局收到發明專利申請後，經初步審查認為符合要求的，自申請日起滿18個月，即行公布。專利局可以根據申請人的請求早日公布其申請。

(3) 實質審查。發明專利申請自申請日起3年內，專利局可以根據申請人隨時提出的請求，對其申請進行實質審查；申請人無正當理由逾期不請求實質審查的，該申請即被視為撤回。專利局認為必要的時候，可以自行對發明專利申請進行實質審查。

(4) 授權登記公告。發明專利申請經實質審查沒有發現駁回理由的，由專利局作出授予發明專利權的決定，發給發明專利證書，同時予以登記和公告。發明專利權自公告之日起生效。

2. 實用新型和外觀設計專利的審批

實用新型和外觀設計專利申請經初步審查沒有發現駁回理由的，由專利局作出授予實用新型專利權或者外觀設計專利權的決定，發給相應的專利證書，同時予以登記和公告。實用新型專利權和外觀設計專利權自公告之日起生效。

**五、專利權的內容與限制**

(一) 專利權人的權利

1. 獨占實施權發明和實用新型

專利權被授予後，除專利法另有規定的以外，任何單位或者個人未經專利權人許可，都不得實施其專利，即不得為生產經營目的製造、使用、許諾銷售、銷售、進口其專利產品，或者使用其專利方法以及使用、許諾銷售、銷售、進口依照該專利方法直接獲得的產品。因此，產品發明專利權人和實用新型專利權人獨占實施權的內容具體包括對專利產品的製造權、使用權、許諾銷售權、銷售權和進口權；方法發明專利權人享有的獨占實施權，除了指該專利方法的排他使用權外，還包括對依照該專利方法直接獲得的產品享有的使用權、許諾銷售權、銷售權和進口權。這裡的許諾銷售，是

指以做廣告、在商店櫥窗中陳列或者在展銷會上展出等方式作出銷售商品的意思表示。

外觀設計專利權被授予后，任何單位或者個人未經專利權人許可，都不得實施其專利，即不得為生產經營目的製造、銷售、進口其外觀設計專利產品。可見，外觀設計專利獨占實施權的內容包括對外觀設計專利產品的製造權、銷售權和進口權。

2. 實施許可權

實施許可權是指專利權人可以許可他人實施其專利技術並收取專利使用費。許可他人實施專利的，當事人應當訂立書面合同。

3. 轉讓權

專利權可以轉讓。轉讓專利權的，當事人應當訂立書面合同，並向國務院專利行政部門登記，由國務院專利行政部門予以公告，專利權的轉讓自登記之日起生效。中國的單位或者個人向外國人轉讓專利權的，必須經國務院有關主管部門批准。

4. 標示權

標示權是指專利權人享有在其專利產品或者該產品的包裝上標明專利標記和專利號的權利。

(二) 專利權人的義務

專利權人的義務主要是繳納專利年費。

關於專利的強制使用問題。過去，各國在專利法中一般都不規定專利權人必須將其專利付諸實施的義務。但是近年來，一些國家，特別是發展中國家的專利法都規定了專利權人有實施其專利發明的義務，把不實施其專利發明視為濫用專利權的行為，並採用強制許可證、撤銷專利權或由國家徵用其專利權等辦法予以制裁。這項立法的主要理由：一是授予專利權的目的是為了發展本國的國民經濟與科學技術事業，如果專利權人不把其發明在當地予以實施，就失去了授予專利權的意義；二是西方國家的壟斷資本往往利用其在經濟上與技術上的優勢地位，將其某些發明在外國，特別是在發展中國家申請專利，但是並不在當地實施其發明，而是利用專利權取得對進口的壟斷權，從其他國家輸入專利產品，借以達到壟斷這些國家的市場，阻礙其民族工業的發展，謀取高額利潤的目的。①

(三) 專利權的期限

各國的專利法對專利權的保護都規定了一定的期限，但是期限的長短與計算期限的辦法各國有所不同。西方發達國家的專利期限一般多為 15~20 年；前蘇聯及東歐各國為 10~15 年；發展中國家的情況比較複雜，有短至 5 年的，也有長達 20 年的，視不同國家和發明的不同性質與不同的部門而異。計算期限的方法，多數國家是從提出專利申請之日起算，少數國家是從授予專利權之日起算。

中國發明專利權的期限為 20 年，實用新型專利權和外觀設計專利權的期限為 10 年，均自申請日起計算。專利權期限屆滿后，專利權終止。專利權期限屆滿前，專利權人可以書面聲明放棄專利權。

---

① 吳漢東. 知識產權法基本問題研究 [M]. 北京：中國人民大學出版社，2005.

（四）專利權的限制

1. 強制許可

強制許可又稱為非自願許可，是指國家依照法律規定，不經專利權人的同意，直接許可具備實施條件的申請者實施發明或實用新型專利的一種行政措施。其目的是為了促進獲得專利的發明創造得以實施，防止專利權人濫用專利權，維護國家利益和社會公共利益。中國專利法將強制許可分為三類：

（1）不實施時的強制許可。具備實施條件的單位以合理的條件請求發明或者實用新型專利權人許可實施其專利，而未能在合理長的時間內獲得這種許可時，國務院專利行政部門根據該單位的申請，可以給予實施該發明專利或者實用新型專利的強制許可。請求國務院專利行政部門給予強制許可的，只有在專利權被授予之日起滿3年後才可以申請。這種強制許可，應當限定其實施主要是為供應國內市場的需要；強制許可涉及的發明創造是半導體技術的，強制許可實施僅限於公共的非商業性使用；或者經司法程序或者行政程序確定為反競爭行為而給予救濟的使用。

（2）根據公共利益需要的強制許可。在國家出現緊急狀態或者非常情況時，或者為了公共利益的目的，國務院專利行政部門可以給予實施發明專利或者實用新型專利的強制許可。

（3）從屬專利的強制許可。一項取得專利權的發明或者實用新型比之前已經取得專利權的發明或者實用新型具有顯著經濟意義的重大技術進步，其實施又有賴於前一發明或者實用新型的實施的，國務院專利行政部門根據後一專利權人的申請，可以給予實施前一發明或者實用新型的強制許可。在依照前述規定給予實施強制許可的情形下，國務院專利行政部門根據前一專利權人的申請，也可以給予實施後一發明或者實用新型的強制許可。

2. 不視為侵犯專利權的行為

（1）專利權人製造、進口或者經專利權人許可而製造、進口的專利產品或者依照專利方法直接獲得的產品售出後，使用、許諾銷售或者銷售該產品的。

（2）在專利申請日前已經製造相同產品、使用相同方法或者已經做好製造、使用的必要準備，並且僅在原有範圍內繼續製造、使用的。

（3）臨時通過中國領陸、領水、領空的外國運輸工具，依照其所屬國同中國簽訂的協議或者共同參加的國際條約，或者依照互惠原則，為運輸工具自身需要而在其裝置和設備中使用有關專利的。

（4）專為科學研究和實驗而使用有關專利的。

## 六、專利侵權行為

（一）專利權的保護範圍

發明或者實用新型專利權的保護範圍以其權利要求的內容為準，說明書及附圖可以用於解釋其權利要求。其含義是專利權的保護範圍應當以權利要求書中明確記載的必要技術特徵所確定的範圍為準，也包括與該必要技術特徵相等同的特徵所確定的範

圍。等同特徵是指與所記載的技術特徵以基本相同的手段，實現基本相同的功能，達到基本相同的效果，並且本領域的普通技術人員無須經過創造性勞動就能夠聯想到的特徵。

外觀設計專利權的保護範圍以表示在圖片或者照片中的該外觀設計專利產品為準。外觀設計專利權的保護範圍取決於兩個方面：其一是表示在圖片或者照片中的外觀設計；其二是專利授權時指定的外觀設計使用產品的範圍。確定外觀設計是否相同或近似，應當以同類產品為基礎。

（二）專利侵權行為

1. 專利侵權行為的概念

專利侵權行為是指在專利權有效期限內，行為人未經專利權人許可又無法律依據，以營利為目的實施他人專利的行為。它具有以下特徵：

（1）侵害的對象是有效的專利。專利侵權必須以存在有效的專利為前提，實施專利授權以前的技術、已經被宣告無效、被專利權人放棄的專利或者專利權期限屆滿的技術，不構成侵權行為。專利法規定了臨時保護制度，發明專利申請公布後至專利權授予前，使用該發明的應支付適當的使用費。對於在發明專利申請公布後專利權授予前使用發明而未支付適當費用的糾紛，專利權人應當在專利權被授予之後，請求管理專利工作的部門調解，或直接向人民法院起訴。

（2）必須有侵害行為，即行為人在客觀上實施了侵害他人專利的行為。

（3）以生產經營為目的。非生產經營目的的實施，不構成侵權。

（4）違反了法律的規定，即行為人實施專利的行為未經專利權人的許可，又無法律依據。

2. 專利侵權行為的表現形式

專利侵權行為分為直接侵權行為和間接侵權行為兩類。

（1）直接侵權行為。這是指直接由行為人實施的侵犯他人專利權的行為。其表現形式包括：製造發明、實用新型、外觀設計專利產品的行為；使用發明、實用新型專利產品的行為；許諾銷售發明、實用新型專利產品的行為；銷售發明、實用新型或外觀設計專利產品的行為；進口發明、實用新型、外觀設計專利產品的行為；使用專利方法以及使用、許諾銷售、銷售、進口依照該專利方法直接獲得的產品的行為；假冒他人專利的行為。

為生產經營目的使用或者銷售不知道是未經專利權人許可而製造並售出的專利產品或者依照專利方法直接獲得的產品，能證明其產品合法來源的，仍然屬於侵犯專利權的行為，需要停止侵害但不承擔賠償責任。

（2）間接侵權行為。這是指行為人本身的行為並不直接構成對專利權的侵害，但實施了誘導、慫恿、教唆、幫助他人侵害專利權的行為。這種侵權行為通常是為直接侵權行為製造條件，常見的表現形式有：行為人銷售專利產品的零部件、專門用於實施專利產品的模具或者用於實施專利方法的機械設備；行為人未經專利權人授權或者委託，擅自轉讓其專利技術的行為等。實務中，通常根據中國《民法通則》第130條的規定，將間接侵權行為認定為共同侵權。

## 七、關於保護專利權的國際公約

專利權具有嚴格的地域性，一國授予的專利權只在該國領土內有效，其他國家的法律沒有保護的義務。專利權人如果要在其他國家取得法律上的保護，必須根據有關國家的法律另行辦理專利申請手續。為便於一國國民在其他國家取得專利保護，各國先后簽訂了一些有關保護工業產權或專利權的國際公約，其中主要有《巴黎公約》《專利合作條約》《歐洲專利公約》和《共同體專利公約》等。

（一）《巴黎公約》

《巴黎公約》是以保護工業產權為目的的一項國際公約，其保護對象不僅包括專利權，也包括商標及其他形式的工業產權。其中有關保護專利權的主要規定如下：

(1) 國民待遇原則。
(2) 優先權原則。
(3) 專利權獨立的原則。
(4) 關於強制許可與撤銷專利權的規定。
(5) 關於臨時性保護措施的規定。

（二）《專利合作條約》

《專利合作條約》是 1970 年 6 月 19 日在華盛頓簽訂的，於 1978 年生效。截至 1980 年 11 月，已有 30 個國家加入這一條約。該條約的主旨是規定專利國際申請的程序，各成員國就批准專利以前的審查工作進行合作，實行國際新穎性調查與國際事先審查制，避免各國分頭審查時在檢索專利文獻工作中的重複勞動。

（三）《歐洲專利公約》

《歐洲專利公約》是一些歐洲國家於 1973 年 10 月在慕尼黑簽訂的，所以，又稱為《慕尼黑公約》。《慕尼黑公約》試圖設立一個單一的專利機構——歐洲專利局，根據單一的程序與統一的專利條件授予專利權。這種專利權稱為歐洲專利權。根據這個程序所授予的專利證，可以分化為若干國家的專利證。

（四）《共同體專利公約》

為了統一歐洲經濟共同體各國的專利制度，共同體各成員國於 1975 年 12 月 15 日在盧森堡締結了一項《共同體專利公約》，即《盧森堡公約》，公約建立了共同體專利權制度。該公約規定，共同體專利權的授予，應根據《慕尼黑公約》規定的程序與規則辦理。

共同體專利權有以下特點：

(1) 它是一種強有力的專利權。
(2) 有關共同體專利權的有效性的訴訟不再由各個國家的法院審理，而由共同體的有關機構管轄。
(3) 可以避免由於同一發明者在兩個以上的共同體成員國提出專利申請，並取得了兩個以上的國家專利權時可能引起的麻煩問題。

## 第四節　商標權法

### 一、商標概述

（一）商標的概念

商標，是指經營者在商品或服務項目上使用的，將自己經營的商品或提供的服務與其他經營者經營的商品或提供的服務區別開來的一種商業識別標誌。這種標誌可以由一個或多個具有特色的單詞、字母、數字、圖樣或圖片等組成。隨著生產力的發展，生產相同商品或提供相同服務的經營者越來越多。[1] 商標具有以下三個方面的作用：

（1）作為產品來源的標誌。
（2）作為產品識別的標誌。
（3）作為宣傳廣告的標誌。

（二）商標的種類

根據不同的標準，可將商標主要分為以下幾類：

1. 平面商標和立體商標

平面商標是指由文字、圖形、字母、數字、色彩的組合，或前述要素的相互組合構成的商標。立體商標是由產品的容器、包裝、外形以及其他具有立體外觀的三維標誌構成的商標。

2. 商品商標和服務商標

商品商標是指使用於各種商品上，用來區別不同生產者和經營者的商標，如「長虹」「海爾」等。服務商標是指使用於服務項目，用來區別服務提供者的商標。

3. 集體商標和證明商標

集體商標是指以團體、協會或者其他組織名義註冊，供該組織成員在商事活動中使用，以表明使用者在該組織中的成員資格的標誌。例如合作社、行業協會註冊的商標供合作社成員、協會成員使用。證明商標，是指由對某種商品或者服務具有監督能力的組織所控製，而由該組織以外的單位或者個人使用於其商品或者服務，用以證明該商品或者服務的原產地、原料、製造方法、質量或者其他特定品質的標誌。例如國際羊毛局註冊並負責管理的純羊毛標誌就是著名的證明商標。

### 二、商標權的取得

（一）取得商標權的途徑

商標是一種工業產權，各國為了保護商標所有人的利益，都制定了有關商標的法律，並且設立了專門機構主管商標註冊事宜。根據大多數國家的商標法規定，商標的

---

[1] 吳漢東. 知識產權法基本問題研究 [M]. 北京：中國人民大學出版社，2005.

所有人必須將商標向政府主管部門登記註冊，只有經批准註冊后，才能獲得商標權，受到國家有關法律的承認與保護。

關於什麼人可以取得商標權的問題，各國的商標法有不同的規定，大體上有以下三種情況[①]：

(1) 以使用在先決定商標的所有權；

(2) 以註冊在先確定商標的所有權；

(3) 以在規定期限內無人對已註冊的商標提出指控決定商標的所有權。

商標權的取得可分為原始取得和繼受取得。根據中國《商標法》第3條規定，商標權的原始取得，應按照商標註冊程序辦理。商標註冊人對註冊商標享有的專用權，受法律保護。繼受取得應按合同轉讓和繼承註冊商標的程序辦理。

(二) 商標註冊的原則

1. 申請在先原則

申請在先原則又稱註冊在先原則，是指兩個或者兩個以上的商標註冊申請人，在同一種商品或者類似商品上，以相同或者近似的商標申請註冊的，申請在先的商標，其申請人可獲得商標專用權，在后的商標註冊申請予以駁回。如果是同一天申請，初步審定並公告使用在先的商標，駁回其他人的申請，不予公告；同日使用或均未使用的，申請人之間可以協商解決，協商不成的，由各申請人抽簽決定。

中國《商標法》在堅持申請在先原則的同時，還強調在先申請的正當性，防止不正當的搶註行為。中國《商標法》第31條規定：申請商標註冊不得損害他人現有的在先權利，也不得以不正當手段搶先註冊他人已經使用並有一定影響的商標。

2. 自願註冊原則

自願註冊原則是指商標使用人是否申請商標註冊取決於自己的意願。在自願註冊原則下，商標註冊人對其註冊商標享有專用權，受法律保護。未經註冊的商標，可以在生產服務中使用，但其使用人不享有專用權，無權禁止他人在同種或類似商品上使用與其商標相同或近似的商標，但馳名商標除外。

在實行自願註冊原則的同時，中國規定了在極少數商品上使用的商標實行強制註冊原則，作為對自願註冊原則的補充。目前必須使用註冊商標的商品只有菸草製品，包括卷菸、雪茄菸和有包裝的菸絲。使用未註冊商標的菸草製品，禁止生產和銷售。

(三) 商標註冊的條件

1. 申請人的條件

自然人、法人或者其他組織對其生產、製造、加工、揀選或經銷的商品或者對其提供的服務項目，需要取得商標專用權的，應當向商標局申請商標註冊。

兩個以上的自然人、法人或者其他組織可以共同向商標局申請註冊同一商標，共同享有和行使該商標的專用權。

---

① 國際貿易法編寫組. 國際貿易法 [M]. 北京：北京大學出版社，1993.

2. 商標構成的條件

（1）商標的必備條件。商標的必備要件包括兩項：第一，應當具備法定的構成要素。任何能夠將自然人、法人或者其他組織的商品與他人的商品區別開來的可視性標誌，包括文字、圖形、字母、數字、三維標誌和顏色組合，以及上述要素的組合，均可以作為商標申請註冊。視覺不能感知的音響、氣味等商標不能在中國註冊；第二，商標應當具有顯著特徵。商標的顯著特徵可以通過兩種途徑獲得：一是標誌本身固有的顯著性特徵，如立意新穎、設計獨特的商標；二是通過使用獲得顯著特徵，如直接敘述商品質量等特點的敘述性標誌經過使用取得顯著特徵，並便於識別的，可以作為「第二含義」商標註冊。

（2）商標的禁止條件。商標的禁止條件，也稱商標的消極要件，是指註冊商標的標記不應當具有的情形。

各國的商標法對於不準作為商標註冊的事項都有詳細的規定，如果申請註冊的商標與其相抵觸，就不能獲準註冊。其中主要有以下八項：

①本國或外國的國旗、紋章、勳章、軍旗、軍徽以及其他官方標誌、名稱或圖形。
②紅十字標章或「紅十字」及日內瓦「紅十字」的字樣。
③違反公共秩序或道德的文字、圖形或標記。
④通用的名稱、文字、圖形、數目、記號、圖畫或圖像，除非它們與識別商品有關，並且具有明顯的特色。
⑤通常用來表示類別、品種、性質、來源、原料、用途、重量、尺碼、價值與質量的通常名稱與圖形。
⑥含有他人商號、姓名、藝名或肖像的商標，未經本人或其合法繼承人的書面同意，不得使用。
⑦地理名稱或圖形。
⑧與已經註冊的商標相同或類似的商標。

此外，有些國家由於政治或宗教的原因，還有一些特殊的規定。

中國《商標法》廣域商標禁止條件的規定如下：

①不得侵犯他人的在先權利或合法利益。不得在相同或類似商品上與已註冊或申請在先的商標相同或近似；就相同或者類似商品申請註冊的商標是複製、摹仿或者翻譯他人未在中國註冊的馳名商標，容易導致混淆的，不予註冊並禁止使用；就不相同或者不相類似商品申請註冊的商標是複製、摹仿或者翻譯他人已經在中國註冊的馳名商標，誤導公眾，致使該馳名商標註冊人的利益可能受到損害的，不予註冊並禁止使用；未經授權，代理人或者代表人以自己的名義將被代理人或者被代表人的商標進行註冊，被代理人或者被代表人提出異議的，不予註冊並禁止使用；不得以不正當手段搶先註冊他人已經使用並有一定影響的商標；不得侵犯他人的其他在先權利，如外觀設計專利權、著作權、姓名權、肖像權、商號權、特殊標誌專用權、奧林匹克標誌專有權、知名商品特有名稱、包裝、裝潢專用權等。

②不得違反商標法禁止註冊或使用某些標誌的條款。中國《商標法》第10、12條和第16條主要從以下兩方面作出了規定：

第一，禁止作為商標註冊或使用的標誌：同中華人民共和國的國家名稱、國旗、國徽、軍旗、勳章相同或者近似的，以及同中央國家機關所在地特定地點的名稱或標誌性建築物的名稱、圖形相同的；同外國的國家名稱、國旗、國徽、軍旗相同或者近似的，但該國政府同意的除外；同政府間國際組織的旗幟、徽記、名稱相同或者近似的，但經該組織同意或者不易誤導公眾的除外；與表明實施控製、予以保證的官方標誌、檢驗印記相同或者近似的，但經授權的除外；同「紅十字」「紅新月」的標誌、名稱相同或者近似的；帶有民族歧視性的；誇大宣傳並帶有欺騙性的；有害於社會主義道德風尚或者有其他不良影響的；縣級以上行政區劃名稱或者公眾知曉的地名，但該地名具有其他含義或者作為集體商標、證明商標組成部分的除外，已經註冊的使用地名的商標繼續有效；商標中有商品的地理標誌，而該商品並非來源於該標誌所標示的地區，誤導公眾的，不予註冊並禁止使用。但是已經善意取得註冊的繼續有效。

第二，禁止作為商標註冊但可以作為未註冊商標或其他標誌使用的標誌：僅有本商品的通用名稱、圖形、型號的；僅僅直接表示商品的質量、主要原料、功能、用途、重量、數量及其他特點的；缺乏顯著特徵的。前述所列標誌經過使用取得顯著特徵，並便於識別的，可以作為商標註冊。以三維標誌申請註冊商標的，僅由商品自身的性質產生的形狀、為獲得技術效果而需要的商品形狀或者使商品具有實質性價值的形狀，不得註冊。

（四）商標註冊程序

1. 申請的代理

根據各國商標法的規定，對於外國人申請商標註冊，一般都給予國民待遇，即給外國人以本國人同等的待遇。但是在實行國民待遇原則時，各國也有一些具體的要求，主要有以下三個方面：

（1）關於互惠問題。
（2）關於商標註冊代理問題。
（3）關於提供本國商標註冊登記證書的問題。[1]

商標註冊的國內申請人可以自己直接到商標局辦理註冊申請手續，也可以委託商標代理組織辦理。外國人或者外國企業在中國申請註冊商標和辦理其他商標事宜的，應當委託依法成立的商標代理組織代理。

當事人委託商標代理組織申請商標註冊或者辦理其他商標事宜，應當提交代理委託書。代理委託書應當載明代理內容及權限；外國人或者外國企業的代理委託書還應當載明委託人的國籍。

2. 註冊申請

首次申請商標註冊，申請人應當提交申請書、商標圖樣、證明文件並交納申請費。申請人用藥品商標註冊，應當附送衛生行政部門發給的藥品生產企業的許可證或者藥品經營企業許可證副本，申請菸草製品的商標註冊的，應當附送國家菸草主管機關批

---

[1] 馮大同，沈四寶．國際商法［M］．北京：對外經濟貿易大學出版社，1994．

准生產的證明文件。註冊商標在使用過程中，需要擴大使用範圍的，不論擴大使用的商品是否與原註冊商標使用的商品屬於同一類，都必須另行提出註冊申請；註冊商標需要改變其標誌的，應當重新提出註冊申請；註冊商標需要變更註冊人的名義、地址或者其他註冊事項的，應當提出變更申請。

在實行申請在先原則的情形下，申請日期的確定具有很重要的意義。申請日期一般以商標局收到申請文件的日期為準。申請人享有優先權的，優先權日為申請日。中國《商標法》規定了可以享有優先權的兩種情況：其一，商標註冊申請人自其商標在外國第一次提出商標註冊申請之日起6個月內，又在中國就相同商品以同一商標提出商標註冊申請的，依照該外國同中國簽訂的協議或者共同參加的國際條約，或者按照相互承認優先權的原則，可以享有優先權；其二，商標在中國政府主辦的或者承認的國際展覽會展出的商品上首次使用的，自該商品展出之日起6個月內，該商標的註冊申請人可以享有優先權。

3. 審查和核准

商標主管部門對受理的商標註冊申請，依法進行審查，對符合規定的或者在部分指定商品上使用商標的註冊申請符合規定的，予以初步審定，並予以公告；對不符合規定或者在部分指定商品上使用商標的註冊申請不符合規定的，予以駁回或者駁回在部分指定商品上使用商標的註冊申請，書面通知申請人並說明理由。商標註冊申請人對駁回申請不服的，可依法向商標評審委員會申請復審，對復審決定不服的，可依法在收到通知之日起30日內提起行政訴訟。

對初步審定的商標，自公告之日起3個月內，任何人均可以提出異議。商標主管部門依法對提起的異議進行裁定，當事人對該裁定不服的，可依法提起復審，當事人對復審裁定不服的，可依法提起行政訴訟。

當事人對公告期滿無異議的，予以核准註冊，發給商標註冊證，並予公告。經裁定異議不能成立而核准註冊的，商標註冊申請人取得商標專用權的時間自初審公告3個月期滿之日起計算。經異議核准註冊的商標，自該商標異議期滿之日起至異議裁定生效前，對他人在同一種或者類似商品上使用與該商標相同或者近似的標誌的行為不具有追溯力；但是，因該使用人的惡意給商標註冊人造成的損失，應當給予賠償。

4. 商標註冊的有效期與續展的期限

各國的商標法對註冊商標都規定了一定的保護期限，有些國家規定的期限較長，有些則較短。最長的為20年，最短的為5年，一般為10～15年。

在有效保護期限屆滿以後，商標所有人可以辦理續展手續，要求續展。續展的期限一般與註冊的有效保護期相等，但是也有一些國家的法律規定經續展後的保護期長於註冊的有效期。

根據中國《商標法》第23與第24條的規定，註冊商標的有效期為10年，自核准註冊之日起計算。

## 三、商標權的內容

商標權是指商標註冊人在法定期限內對其註冊商標所享有的受國家法律保護的各

種權利，從內容上看，包括專用權、禁止權、許可權、轉讓權、續展權和標示權等，其中專有使用權是最重要的權利，其他權利都是由該權利派生出來的。正因為如此，一般都把商標權與商標專用權不加區分地利用。但兩者之間的法律意義有時是不相同的。

（一）專用權

專用權是指商標權主體對其註冊商標依法享有的自己在指定商品或服務項目上獨占使用的權利。註冊商標的專用權，以核准註冊的商標和核定使用的商品為限。

（二）許可權

許可權是指商標權人可以通過簽訂商標使用許可合同許可他人使用其註冊商標的權利。許可人應當監督被許可人使用其註冊商標的商品質量，被許可人必須在使用該註冊商標的商品上標明被許可人的名稱和商品產地。商標使用許可合同應當報商標局備案，商標使用許可合同未經備案的，不影響該許可合同的效力，但當事人另有約定的除外。商標使用許可合同未在商標局備案的，不得對抗善意第三人。商標的使用許可的類型主要有獨占使用許可、排他使用許可、普通使用許可等。

（三）轉讓權

商標轉讓權，是指商標權人依法享有的將其註冊商標依法定程序和條件，轉讓給他人的權利。轉讓註冊商標的，轉讓人和受讓人應當簽訂轉讓協議，並共同向商標局提出申請。商標註冊人對其在同一種或者類似商品上註冊的相同或者近似的商標，應當一併轉讓；未一併轉讓的，由商標局通知其限期改正；期滿不改正的，視為放棄轉讓該註冊商標的申請，商標局應當書面通知申請人。轉讓註冊商標經核准後，予以公告，受讓人自公告之日起享有商標專用權。受讓人應當保證使用該註冊商標的商品質量。註冊商標的轉讓不影響轉讓前已經生效的商標使用許可合同的效力，但商標使用許可合同另有約定的除外。

（四）續展權

續展權是指商標權人在其註冊商標有效期屆滿前，依法享有申請續展註冊，從而延長其註冊商標保護期的權利。中國的註冊商標的有效期為 10 年，自核准註冊之日起計算。註冊商標有效期滿，需要繼續使用的，應當在期滿前 6 個月內申請續展註冊；在此期間未能提出申請的，可以給予 6 個月的寬展期。每次續展註冊的有效期為 10 年，自該商標上一屆有效滿次日起計算。寬展期滿仍未提出申請的，註銷其註冊商標。

（五）標示權

商標註冊人使用註冊商標，有權標明「註冊商標」字樣或者註冊標記。在商品上不便標明的，可以在商品包裝或者說明書以及其他附著物上標明。

（六）禁止權

商標禁止權是商標權人依法享有的禁止他人不經過自己的許可而使用註冊商標和與之相近似的商標的權利。根據中國《商標法》第 52 條的規定，註冊商標權人有權禁

止他人未經許可在同一種商品或者類似商品上使用與其註冊商標相同或者近似的商標，商標禁止權的範圍比商標專用權的範圍廣。

## 四、商標權的消滅

商標權的消滅，是指註冊商標權利人所享有的商標權在一定條件下喪失，不再受法律保護。商標權因註冊商標被註銷或者被撤銷而消滅。

（一）註冊商標的註銷

這是指商標主管機關基於某些原因取消註冊商標的一種管理措施，是商標權的正常消滅情況。根據中國《商標法》，在下列情況下，商標局可以註銷註冊商標：

（1）註冊商標法定期限屆滿，未續展和續展未獲批准的。

（2）商標註冊人申請註銷其註冊商標或者註銷其商標在部分指定商品上的註冊的，該註冊商標專用權或者該註冊商標專用權在該部分指定商品上的效力自商標局收到其註銷申請之日起終止。

（3）商標註冊人死亡或者終止，自死亡或者終止之日起1年期滿，該註冊商標沒有辦理轉移手續的，任何人可以向商標局申請註銷該註冊商標。提出註銷申請的，應當提交有關該商標註冊人死亡或者終止的證據。註冊商標因商標註冊人死亡或者終止而被註銷的，該註冊商標專用權自商標註冊人死亡或者終止之日起終止。

（二）註冊商標的撤銷

註冊商標的撤銷是商標主管機關依法強制取消已經註冊的商標。中國《商標法》對此作了如下規定：

1. 註冊無效的撤銷

（1）註冊商標爭議的撤銷。在先申請註冊的商標註冊人認為他人在后申請註冊的商標與其在同一種或者類似商品上的註冊商標相同或者近似，在先申請註冊的商標註冊人可以在后申請註冊的商標註冊之日起5年內，向商標評審委員會申請裁定撤銷。

（2）註冊不當的撤銷。已經註冊的商標，違反《商標法》第10、11、12條規定的，或者是以欺騙手段或者其他不正當手段取得註冊的，由商標局撤銷該註冊商標；其他單位或者個人可以請求商標評審委員會裁定撤銷該註冊商標。已經註冊的商標，違反《商標法》第13、15、16、31條規定的，自商標註冊之日起5年內，商標所有人或者利害關係人可以請求商標評審委員會裁定撤銷該註冊商標。對惡意註冊的，馳名商標所有人不受5年的時間限制。

（3）司法審查。商標評審委員會作出維持或者撤銷註冊商標的裁定后，應當書面通知有關當事人。當事人對商標評審委員會的裁定不服的，可以自收到通知之日起30日內向人民法院起訴。人民法院應當通知商標裁定程序的對方當事人作為第三人參加訴訟。

（4）撤銷註冊商標的法律后果。因註冊商標爭議或註冊不當而被撤銷的，由於這類商標本來就屬於不能被註冊的違法商標，因而其商標權視為自始不存在。有關撤銷註冊商標的決定或者裁定，對在撤銷前人民法院作出並已執行的商標侵權案件的判決、

裁定，工商行政管理部門作出並已執行的商標侵權案件的處理決定，以及已經履行的商標轉讓或者使用許可合同，不具有追溯力；但是，因商標註冊人惡意給他人造成的損失，應當給予賠償。

2. 違法使用商標的撤銷

商標註冊人有下列行為之一的，由商標局責令限期改正或者撤銷其註冊商標：
(1) 自行改變註冊商標的；
(2) 自行改變註冊商標的註冊人名義、地址或者其他註冊事項的；
(3) 自行轉讓註冊商標的；
(4) 連續3年停止使用的；
(5) 使用註冊商標，其商品粗制濫造，以次充好，欺騙消費者的。

對商標局撤銷註冊商標的決定，當事人不服的，可以自收到通知之日起15日內向商標評審委員會申請復審，由商標評審委員會作出決定，並書面通知申請人。當事人對商標評審委員會的決定不服的，可以自收到通知之日起30日內向人民法院起訴。註冊商標因為違法使用被撤銷的，該註冊商標的專用權自商標局的撤銷決定生效之日起消滅。

## 五、商標侵權行為

(一) 商標侵權行為的概念

商標侵權行為是指違反商標法規定，假冒或仿冒他人註冊商標，或者從事其他損害商標權人合法權益的行為。

(二) 商標侵權行為的表現形式

1. 假冒或仿冒行為

假冒或仿冒行為是指未經商標註冊人的許可，在同一種商品或者類似商品上使用與其註冊商標相同或者近似的商標。這類侵權行為可以具體分解為以下四種：
(1) 在同一種商品上使用與他人註冊商標相同的商標；
(2) 在同一種商品上使用與他人註冊商標相近似的商標；
(3) 在類似商品上使用與他人註冊商標相同的商標；
(4) 在類似商品上使用與他人註冊商標相近似的商標。

第一種行為是假冒行為，其余三種是仿冒行為。假冒註冊商標是最嚴重的侵害商標專用權的行為，情節嚴重的，還要依法追究刑事責任。

「相同商標」是指被控侵權的商標與原告的註冊商標相比較，二者在視覺上基本無差別。「近似商標」是指被控侵權的商標與原告的註冊商標相比較，其文字的字形、讀音、含義或者圖形的構圖及顏色，或者其各要素組合後的整體結構相似，或者其立體形狀、顏色組合近似，易使相關公眾對商品的來源產生誤認或者認為其來源與原告註冊商標的商品有特定的聯繫。「類似商品」是指在功能、用途、生產部門、銷售渠道、消費對象等方面相同，或者相關公眾一般認為其存在特定聯繫、容易造成混淆的商品。在認定商品或者服務是否類似時，應以相關公眾對商品或者服務的一般認識綜合判斷，商標註冊用商品和服務國際分類表、類似商品和服務區分表可以作為判斷類似商品或

者服務的參考。

對商標的使用，包括將商標用於商品、商品包裝或者容器以及商品交易文書上，或者將商標用於廣告宣傳、展覽以及其他商業活動中。

2. 銷售侵犯商標權的商品

這類侵權行為的主體是商品經銷商，不管行為人主觀上是否有過錯，只要實施了銷售侵犯註冊商標專用權的商品的行為，都構成侵權。只是在行為人主觀上是善意時，可以免除其賠償責任。

3. 偽造、擅自製造他人註冊商標標示或者銷售偽造、擅自製造的註冊商標標示的

這種侵權行為是商標標示侵權的問題，包括「製造」和「銷售」兩種行為。

4. 未經商標註冊人同意，更換其註冊商標並將該更換商標的商品又投入市場的

這種行為又稱之為反向假冒行為、撤換商標行為。構成這種侵權行為必須具備兩個要件：一是行為人未經商標所有人同意而擅自更換商標；二是撤換商標的商品又投入市場進行銷售。

5. 給他人的註冊商標專用權造成其他損害的

在中國，根據《商標法實施條例》第50條和《最高人民法院關於審理商標民事糾紛案件適用法律若干問題的解釋》第1條的規定，下列行為屬於「給他人的註冊商標專用權造成其他損害的」商標侵權行為：

（1）在同一種或者類似商品上，將與他人註冊商標相同或者近似的標誌作為商品名稱或者商品裝潢使用，誤導公眾的；

（2）故意為侵犯他人註冊商標專用權行為提供倉儲、運輸、郵寄、隱匿等便利條件的；

（3）將與他人註冊商標相同或者相近似的文字作為企業的字號在相同或者類似商品上突出使用，容易使相關公眾產生誤認的；

（4）複製、摹仿或者翻譯他人註冊的馳名商標或其主要部分在不相同或者不相類似商品上作為商標使用，誤導公眾，致使該馳名商標註冊人的利益可能受到損害的；

（5）將與他人註冊商標相同或者相近似的文字註冊為域名，並且通過該域名進行相關商品交易的電子商務，容易使相關公眾產生誤認的。

## 六、馳名商標的保護

（一）馳名商標的概念

馳名商標是指在一定地域範圍內具有較高知名度並為相關公眾知曉的商標。馳名商標具有巨大的商業價值，是不法經營者假冒或仿冒的重點對象，因而商標法對馳名商標規定了特殊的保護措施。

（二）馳名商標的認定

法院在審理商標糾紛案件中，根據當事人的請求和案件的具體情況，可以對涉及的註冊商標是否馳名依法作出認定。

認定馳名商標應當考慮下列因素：

（1）相關公眾對該商標的知曉程度；
（2）該商標使用的持續時間；
（3）該商標的任何宣傳工作的持續時間、程度和地理範圍；
（4）該商標作為馳名商標受保護的記錄；
（5）該商標馳名的其他因素。
這裡的「相關公眾」，是指與商標所標示的某類商品或者服務有關的消費者和與前述商品或者服務的營銷有密切關係的其他經營者。

(三) 馳名商標的特殊保護措施

複製、摹仿或者翻譯他人未在中國註冊的馳名商標或者主要部分，在相同或者類似商品上使用，容易導致混淆的，應當承擔停止侵害的民事法律責任，申請註冊的，不予註冊並禁止使用。

就不相同或者不相類似商品申請註冊的商標是複製、摹仿或者翻譯他人已經在中國註冊的馳名商標，誤導公眾，致使該馳名商標註冊人的利益可能受到損害的，不予註冊並禁止使用。

### 七、關於保護商標權的國際公約

為了便於一個國家的自然人或法人在另一個國家取得商標的法律保護，從19世紀末期起，世界各國先後締結了一些有關保護商標的國際公約，其中主要有：1883年《國際保護工業產權巴黎公約》、1891年《商標國際註冊馬德里協定》、1973年《商標註冊條約》與《歐洲商標條約》等。

(一)《巴黎公約》

《巴黎公約》的全稱是《國際保護工業產權巴黎公約》，它是1883年3月20日在巴黎簽訂的，故簡稱為《巴黎公約》。參加《巴黎公約》的國家成立了一個保護工業產權的國際同盟，稱為巴黎同盟。巴黎同盟設有大會、執行委員會與國際局。

《巴黎公約》的許多規定是既適用於商標，也適用於專利及其他工業產權的，簡述如下：
（1）在成員國之間實行國民待遇原則。
（2）在成員國之間相互給予優先權。
（3）同一商標在不同的國家所取得的權利互相獨立的原則。
（4）商標的使用。
（5）對馳名商標的保護。
（6）對詐欺性申請註冊的處理。
（7）商標的轉讓。
（8）關於臨時性的保護措施。

(二)《馬德里協定》

《馬德里協定》全名是《商標國際註冊馬德里協定》（Madrid Agreement Concerning the International Registration of Trademarks，簡稱《馬德里協定》）。《馬德里協定》是

1891 年 4 月 14 日在馬德里締結的一項關於商標國際註冊的國際公約。《馬德里協定》的主旨是解決商標的國際註冊問題。

根據《馬德里協定》的規定，享受商標國際註冊的申請人必須是締約國的國民，對於非締約國的國民則必須在締約國內設有真實有效的營業場所或住所，才能申請商標的國際註冊。

(三)《商標註冊條約》

1973 年 6 月 12 日，在維也納召開的工業產權外交會議上，締結了一項《商標註冊條約》（Trademark Registration Treaty，簡稱 TRT）。參加該條約的國家必須是《巴黎公約》的成員國。

根據《商標註冊條約》的規定，申請人在申請商標國際註冊時，必須指定要求給予保護的國家（即「指定國」），如果當時沒有指定，則事後也可以補充指定。

## 第五節　與貿易有關的知識產權協議

WTO《與貿易有關的知識產權協議》（簡稱為 TRIPS 協議）是烏拉圭回合達成的新協議之一，於 1994 年 4 月 15 日簽署，1995 年 1 月 1 日生效。自 2001 年 12 月 11 日中國正式加入世界貿易組織時對中國生效。該協議確立了知識產權與貿易的緊密聯繫和處理原則，第一次將知識產權納入世界貿易制度，是一項具有開拓性的成果。該協議納入了關稅與貿易總協定（GATT）的基本原則。GATT 一般的適用和解釋方法也對 TRIPS 協議的解釋有指導作用。

TRIPS 協議是一個既複雜又特殊的協議，其內容不僅包括協議文本，還包括並入的原來已有的知識產權公約的規定。它將這些已有成果納入其紀律範圍，對所有成員（無論是否加入上述公約）具有約束力。世界貿易組織（WTO）對於這些公約的理解和解釋，依賴於這些公約原有的管理機構世界知識產權組織（WIPO）的理解和解釋。同時，TRIPS 協議並入這些公約時，並非全文採納相關公約文本，而是有選擇地並入，使相關內容相對獨立於原公約。

TRIPS 協議確立了較高的最低保護標準，保護範圍廣、保護期限長、保護程序嚴格，除基本原則外，它不僅規定知識產權的效力、範圍和使用標準，還規定知識產權的實施義務。實施義務的規定使其不同於傳統的知識產權公約。使得對知識產權保護的力度更大、保護更充分，從而強化成員對與貿易有關的知識產權的保護義務。

### 一、TRIPS 協議的基本原則

(一) 最低保護原則

成員應履行 TRIPS 協議所確立的義務，實施該協議的規定。各成員對於其他成員的國民給予本協議所規定的待遇。各成員可以，但不應有義務在其法律中實施比本協議要求的更廣泛的保護，只要此種保護不違反本協議的規定。成員有權在其法律制度

和實踐中確定實施該協議所規定的適當方法。對有關的知識產權,「其他成員的國民」應理解為符合《巴黎公約》《伯爾尼公約》《保護表演者、唱片製作者和廣播組織羅馬公約》(以下簡稱《羅馬公約》)和《集成電路知識產權條約》(以下簡稱《華盛頓條約》)保護資格標準的法人或自然人,如同 WTO 全體成員是這些公約的全體成員。TRIPS 協議所指的「國民」,對於 WTO 的單獨關稅區成員,指在該關稅區內有住所或真實有效的工商營業機構的自然人或法人。

(二) 國民待遇原則

在知識產權保護方面,每一成員給予其他成員國民的待遇,不得低於給予本國國民的待遇。但是,《巴黎公約》《伯爾尼公約》《羅馬公約》和《華盛頓條約》規定的例外除外。就表演者、錄音製品製作者和廣播組織而言,國民待遇義務僅適用於 TRIPS 協議規定的權利。如上所述,「國民」的概念,應根據相關公約或協定的標準確定。TRIPS 協議認可國民待遇的例外。它認為《伯爾尼公約》第 6 條和《羅馬公約》第 16 條第 1 款 (b) 項的規定含有某種程度的互惠國民待遇。另外,成員可以在司法和行政程序方面維持國民待遇的例外。但這些例外應為保護遵守與該協議規定不相抵觸的法律和法規所必要,且這種做法的實施不會對貿易構成變相限制。可見,知識產權保護方面的國民待遇,與 GATT 的國民待遇明顯不同。國民待遇及下面所述最惠國待遇,不適用於 WIPO 主持締結的多邊協議中關於獲得或維持知識產權的程序。

(三) 最惠國待遇原則

對於知識產權保護,一成員給予其他國家國民的利益、優惠、特權或豁免,應立即無條件地給予其他成員的國民。「保護」應包括影響知識產權的效力、取得、範圍、維持和實施的事項,以及 TRIPS 協議專門處理的影響知識產權使用的事項。成員給予的下列情況下的任何利益、優惠、特權或豁免,可以免於最惠國待遇義務:由一般性司法協助或法律實施的、並非專為保護知識產權的國際協定所產生的;《伯爾尼公約》或《羅馬公約》允許的另一國不按國民待遇給予的;該協議未規定的表演者、錄音製品製作者以及廣播組織的權利;WTO 協定生效前已生效的知識產權保護國際協定所產生的,該類協定已經通知「與貿易有關的知識產權委員會」,且對其他成員的國民不構成任意的或不公平的歧視。

(四) 促進經濟與社會福利原則

知識產權保護和實施,應有助於促進技術革新和技術轉讓與傳播,有助於技術知識的創造者與使用者的相互利益,促進社會、經濟福利以及權利義務的平衡。制定或修改法律、法規時,成員可以採取對保護公共健康和營養,促進對社會、經濟和技術的發展至關重要的公共利益所必要的措施,只要該措施與 TRIPS 協議一致。成員可以採取適當的措施防止知識產權權利人濫用權利,防止不合理地限制貿易或對國際技術轉讓產生不利影響的行為,只要該措施與 TRIPS 協議一致。

## 二、TRIPS 協議與所納入公約的關係

TRIPS 協議納入《巴黎公約》《伯爾尼公約》《羅馬公約》和《華盛頓條約》的相

關內容，它所確立的國際知識產權的新規則和紀律，是建立在已有知識產權公約基礎之上的。只要不違反該協議規定，成員可根據有關國際公約的要求確保比協議規定的更高水平的保護。

TRIPS 協議第一部分至第四部分實體部分的規定，不得背離成員據上述條約承擔的義務。這表明 TRIPS 協議確立的義務，建立在上述公約基礎之上，是對已有公約內容和義務的補充與發展。另外，它對不同公約的納入是有選擇性的，並且納入方式也不同。對於《巴黎公約》《伯爾尼公約》和《華盛頓條約》，它直接納入相關條文，而對於《羅馬條約》，則採取轉變方式，沒有直接引用條文。

(一)《巴黎公約》

TRIPS 協議要求成員在知識產權標準、執法、獲得以及維護方面，遵循《巴黎公約》(1967) 第 1 條至第 12 條和第 19 條的規定。第 1 條至第 11 條是《巴黎公約》的實體規定，第 12 條是有關國家工業產權專門機構的規定，第 19 條規定成員相互簽訂專門協定的權利。在商標的保護客體方面，成員可以根據不違背《巴黎公約》的理由拒絕商標註冊。《巴黎公約》第 6 條之二「馳名商標」比照適用於服務，比照適用於與已註冊商標的貨物或服務不相類似的貨物或服務。對地理標示、成員應向利害關係方提供法律手段，防止構成《巴黎公約》第 10 條之二範圍內的不公平競爭行為的任何使用。在保證針對《巴黎公約》第 10 條之二的不公平競爭採取有效保護的過程中，成員應按 TRIPS 協議的新規定保護未披露信息和向政府或其代理機構提交的數據。

(二)《伯爾尼公約》和《羅馬公約》

成員應遵守《伯爾尼公約》第 1 條至第 21 條及其附件的規定（實體規定）。但是成員不享有《伯爾尼公約》第 6 條之二授予或引申的權利，即精神權利。因而，TRIPS 協議沒有規定文學藝術作品的精神權利。TRIPS 協議第 14 條第 1 款、第 2 款和第 3 款授予表演者、錄音製品製作者和廣播組織的權利，在《羅馬條約》允許的限度內，成員可對這些權利規定條件、限制、例外和保留。《伯爾尼公約》第 18 條的規定「追溯保護」比照適用於表演者和錄音製品製作者的權利。與納入的其他公約不同，TRIPS 協議沒有直接納入《羅馬條約》的具體條款，只是轉述該條約第 7 條、第 10 條和第 13 條的相關規定，《羅馬條約》的許多實體規定並未納入 TRIPS 協議。

(三)《華盛頓條約》

成員同意依照該條約第 2 條至第 7 條（第 6 條第 3 款除外）及第 12 條和第 16 條第 3 款，對集成電路布圖設計提供保護。

## 三、TRIPS 協議規定的知識產權保護標準

(一) 版權與相關權利

TRIPS 協議規定成員遵守《伯爾尼公約》1971 年文本的實體規定（第 1 條至第 21 條）及其附錄。但是對於《伯爾尼公約》規定的精神權利或由此派生的權利，成員不享有權利或承擔義務。該協議明確版權保護延及表達而不延及思想、工藝、操作方法

或數學概念。計算機程序作為文學作品保護，被納入版權保護範圍。數據或其他資料匯編，只要其內容的選取或編排構成智力創作，應作為智力成果依版權法保護。該保護不延及數據或資料本身，不得損害數據或資料本身已有的版權。

（二）商標

TRIPS 協議擴大了可構成商標保護的客體範圍。任何標記或標記組合，只要能夠將一企業的商品或服務區別於其他企業的商品或服務，即構成商標。此類標記，特別是文字（包括人名）、字母、數字、圖案和色彩組合，以及這些標記的組合，都可以註冊商標。如標記本身不能區別相關的貨物或服務，可以根據使用獲得的識別性註冊。成員可以要求標記能夠為視覺感知作為註冊的一個條件。上述規定不得理解為依據不違背《巴黎公約》的理由拒絕商標註冊。商標所適用的貨物或服務的性質，在任何情況下，都不得成為註冊商標的障礙。商標首次註冊的保護期和續展註冊的保護期均不得少於 7 年。商標的註冊可以無限期續展。

（三）地理標誌

TRIPS 協議對地理標誌在《巴黎公約》基礎上作了進一步的規定。所謂地理標誌，指識別貨物產自某成員境內或該境內的某地區或地方的標記，貨物的特定品質、信譽或其他特徵主要歸因於該地理來源。

（四）工業設計

對於獨立創造的具有新穎性或原創性的工業設計（工業品外觀設計），成員均應提供保護，其保護期至少為 10 年。如果與已知設計或已知設計特徵的組合沒有根本性不同，可以認定該設計沒有新穎性或原創性。成員可以規定，對工業設計的保護不延及主要考慮技術或功能的設計。TRIPS 協議特別規定對紡織品設計的保護要求。成員對紡織品設計的保護要求，特別是費用、審查的要求，不應不合理地阻礙尋求和獲得這種保護的機會。成員可通過外觀設計法或版權法履行這一義務。受保護工業設計的所有權人，有權制止第三方未經其同意，為商業目的生產、銷售或進口帶有或含有複製或實質性複製受保護設計的物品。

（五）專利

TRIPS 協議擴大了專利的保護範圍、權利人的權利，規定專利申請人的條件，以及對權利人權利的限制，並特別規定方法專利的舉證責任。專利權保護期自申請之日起不低於 20 年。此外，TRIPS 協議確立專利撤銷或無效的司法審查制度。專利權人對於專利產品，享有制止第三方未經其同意製造、使用、許諾銷售、銷售或為這些目的進口該產品的行為的專有權。TRIPS 協議增加了專利權人許諾銷售權和進口權。對於專利方法，專利權人有權制止第三人未經其同意使用該方法的行為以及下列行為：使用、許諾銷售、銷售或為這些目的進口至少以該方法直接獲得的產品。

（六）集成電路布圖設計

成員應根據 TRIPS 協議所引用的《華盛頓條約》相關條款保護集成電路的布圖設

計。此外，該協議增加了應予遵守的補充性規定。未經權利人許可，下列行為非法：為商業目的進口、銷售或以其他方式分銷受保護的布圖設計、含有受保護布圖設計的集成電路，或者含有上述集成電路的物品。但對於含有非法複製的布圖設計的集成電路或含有該集成電路的物品，如果從事上述行為的人，在獲得集成電路或含有集成電路的物品時，實際不知並且也無合理理由知道包括非法複製的布圖設計，不得認定這些行為非法。在收到布圖設計是非法複製的有效通知後，該人員可以存貨或依此前訂貨繼續從事此類行為，但需向權利人支付一筆費用，數額相當於根據自由達成的許可使用該布圖設計應支付的費用。對布圖設計的保護期不得少於 10 年，自申請之日或在世界上任何地方首次進入商業利用之日起計算。在不要求註冊作為保護條件的成員中，布圖設計的保護期自在世界任何地方首次商業利用之日起不少於 10 年。但成員可以規定在布圖設計創作 15 年後不予保護。

(七) 未披露信息

TRIPS 協議要求對未披露信息（商業秘密、專有技術）進行保護。受保護的信息必須是秘密的，因秘密而具有商業價值，合法控製人採取了合理的保護措施。秘密，指信息作為一個整體或作為各部分的精確排列和組合，尚不為通常處理有關信息範圍內的人普遍瞭解或不易為他們獲得。對於符合上述條件的信息，自然人和法人應有可能防止其合法控製的信息未經其同意，以違反誠實商業行為的方式，向他人披露，被他人取得或使用。違反誠實商業行為的方式，至少包括違約、洩密、違約誘導，並包括第三方取得未披露信息，而該第三方知道或因重大過失未能知道信息的取得涉及此類做法。該協議未要求將未披露信息視為一種財產對待，只要求合法控製人有可能阻止上述行為。

(八) 許可中反競爭行為的控製

TRIPS 協議承認與知識產權有關的限制競爭的許可做法或條件可能對貿易產生不利影響，阻礙技術轉讓和傳播。該協議不阻止成員立法規定在特定情況下可能構成濫用知識產權權利、對相關市場的競爭有不利影響的許可做法或條件。成員可以採取與 TRIPS 協議一致的適當措施，阻止或控製這種做法。這種做法包括排他性的返授條件、阻止對效力的異議，強制性「一攬子」許可等。

## 四、知識產權的實施

TRIPS 協議與以前知識產權公約的根本不同，在於它提供了完整的知識產權實施框架和制度。該協議規定知識產權實施的一般義務，民事和行政程序及救濟、臨時措施、與邊境措施相關的特殊要求以及刑事程序等。

(一) 一般義務

TRIPS 協議要求成員應在國內法中規定知識產權的實施程序。這些程序的實施方法，應避免對合法貿易造成障礙，同時防止濫用程序。實施程序應公平、公正，不應過於複雜，費用不應過高，不應設定不合理的時效或無道理的拖延。案件裁決，最好

採用書面形式，並說明判決的理由。案件判決至少應及時送達訴訟當事人。案件應僅基於當事人有機會聽證的證據作出裁決。對終局的行政決定，以及對司法機構初審判決中的法律問題（符合國內司法管轄權的規定），訴訟當事人有機會要求司法機構進行審查。但對於刑事案件的無罪判決，成員無義務提供審查的機會。

(二) 民事和行政程序及救濟

1. 公平、公正的程序原則

在 TRIPS 協議包括的知識產權權利實施方面，成員應向權利人提供民事司法程序。原被告享有及時獲得詳細通知的權利。原被告有權由獨立律師代表出庭。在強制本人出庭方面，程序負擔不應過重，各方均有權證明其權利請求，並提供相關證據。

2. 證據

如一方當事人已經提供合理獲得的證據，足以支持其訴求，並指明對方控製的證實其權利請求的相關證據，司法機關在適當情形下可以要求對方提供此證據。如當事人無理拒絕提供或在合理期限內不提供必要信息，或嚴重阻礙與實施措施相關的程序，則成員可以授權司法機關，在提供聽證機會后，在向其提交信息基礎上作出裁決。

3. 禁令

司法機關有權命令一方當事人停止侵權，特別是在貨物結關后立即制止涉及侵權的進口產品進入國內商業渠道。如當事人事先知道或有理由知道對受保護對象的交易侵犯知識產權，則對於當事人獲得或訂購的受保護對象，成員無義務授予司法機關這種權利。

4. 賠償費

對於已知或有理由知道自己從事侵權活動的人，司法機關有權責令侵權人向權利人支付足以補償因侵權所受損害的賠償以及律師費用。在適當情況下，即使侵權人不知或沒有合理理由知道從事侵權活動，司法機關也可以責令侵權者退還所得利潤或支付法定賠償。

5. 其他補救

為有效制止侵權，在不給予任何補償的情況下，司法機關有權責令以避免對權利人造成損害的方式，將被認定侵權的貨物清除出流通渠道，或只要不違背憲法，責令銷毀侵權貨物。司法機關還有權在不給予任何補償的情況下，責令將主要用於製造侵權貨物的材料和工具清除出商業渠道，以便將產生進一步侵權的風險減少到最低限度。在審議這些請求時，應考慮侵權的嚴重程度與給予救濟的相稱性以及第三方利益。

TRIPS 協議還對被告權利保護作出規定，防止程序濫用。這包括兩方面，一是申請人濫用程序的賠償，二是公共機構和官員非善意執法的救濟。如請求採取措施的當事人濫用執行程序，司法當局有權責令該當事人對因其濫用而誤受禁止或限制的當事人所受損害給予充分補償，並責令申請人支付被告所產生的費用，包括律師費。公共機構和官員善意執法時，成員才能免除其給予適當救濟的責任。

(三) 臨時措施

因行政程序而採取臨時措施時，該行政程序也應遵循與下述要求實質一致的原則。

為制止侵權的發生，特別是阻止貨物（包括結關后的進口貨物）進入其管轄區域內商業渠道，為保存侵權行為的相關證據，司法機關有權責令採取迅速有效的臨時措施。特別是任何延遲都可能造成權利人不能彌補的損害時，或者證據有被銷毀的危險時，司法機關可不事先通知，採取臨時措施。為防止濫用臨時措施，保護被申請人的合法利益，TRIPS 協議規定了保障措施。司法機關有權要求申請人提供證據，使司法機關相信申請人是權利人，其權利正受到侵害或侵害威脅；司法機關有權責令申請人提供足以保護被申請人的利益、防止濫用臨時措施的保證金或其他保證。執行臨時措施的主管機關可以要求申請人提供認定貨物的必要信息。如臨時措施被撤銷，或因申請人的作為或不作為而失效，或隨后認定不存在知識產權侵權或侵權威脅，司法機關可應被申請人要求，責令申請人就這些措施對被申請人造成的任何損害向被申請人提供適當補償。如已經採取沒有事先通知的臨時措施，至遲應在該措施執行后立即通知受影響的各方。應被申請人請求，應對這些措施進行審查（包括進行聽證），以期在通知措施后的合理期限內，決定這些措施是否應予修改、撤銷或確認。如果在採取臨時措施后的合理時間內沒有發起案件審理程序，應被申請人要求，臨時措施應予以撤銷或終止。合理期限由責令採取臨時措施的司法機關確定，無這類確定時，合理期限不超過 20 個工作日或 31 個自然日（以時間長者為準）。

（四）與邊境措施相關的特殊要求

　　TRIPS 協議對在邊境採取的知識產權保護措施進行規定。這些措施主要包括海關中止放行懷疑侵權的貨物，要求申請人提供保證金，進口商提供保證金，對進口商和貨物所有權人賠償，銷毀或處理侵權貨物等。權利人有正當理由懷疑將發生假冒商標或盜版貨物進口時，可向主管機關提出書面申請，要求海關中止放行這些貨物進入自由流通。如按照申請人申請，海關根據非司法機關或其他獨立機關的裁決，對涉及工業設計、專利、集成電路布圖設計或未披露信息的貨物中止放行進行自由流通，中止放行的期限已經屆滿而適當授權機構沒有給予臨時救濟，並且符合進口的所有其他條件，則貨物的所有人、進口商或收貨人，在對侵權提交足以保護權利人的保證金後有權獲得放行。保證金的提交不影響權利人享有其他救濟，但如果權利人在合理期間內沒有行使訴訟權，應解除保證金。值得注意的是，這一規定不涉及假冒商標或盜版貨物。海關中止貨物放行，應迅速通知進口商和申請人。因錯誤扣押或中止放行期滿后的扣押對進口商、收貨人或所有人造成損害的，相關機關有權責令申請人支付適當的補償。除申請人申請採取措施外，如果存在知識產權侵權的初步證據，主管機關可以主動採取措施，中止貨物放行。在不損害權利人的其他訴訟權利和尊重被申請人尋求司法機關審查的前提下，主管機關遵循上述其他救濟所遵循的原則，有權責令銷毀或處理侵權貨物。對於假冒商標貨物，主管機關不得允許侵權貨物以未作改變的狀態再出口。或對其適用不同的海關程序，例外情況除外。成員可以規定，上述邊境措施不適用於旅客個人行李夾帶的或小件托運的非商業性少量貨物。

（五）刑事程序

　　TRIPS 協議要求成員規定適用的刑事程序和處罰，至少將其適用於具有商業規模

的、故意假冒商標或盜版的案件。提供的救濟可以包括足以起到威懾作用的監禁、罰款。適當時，也可以扣押、沒收和銷毀侵權貨物和主要用於犯罪的材料和工具。成員可規定適用於其他知識產權侵權行為的刑事程序和懲罰，特別是蓄意並具有商業規模的侵權行為。

**復習思考題：**

1. 知識產權有哪些主要特點？
2. 簡述著作權的客體。
3. 簡述著作權的合理使用。
4. 簡述專利權的內容與限制。
5. 簡述馳名商標的保護。
6. 簡述《與貿易有關的知識產權協定》的主要內容。

# 第七章　產品責任法

**本章要點：**

- 掌握產品責任的概念和性質。
- 掌握中國產品責任法的主要內容。
- 掌握美國產品責任法中的基本原則。
- 瞭解歐盟《產品責任指令》的主要內容。
- 瞭解《產品責任法律適用公約》的主要內容。

## 第一節　產品責任法概述

### 一、產品責任的概念

對於產品責任概念的界定，美國《布萊克法律辭典》的解釋具有一定的代表性：「產品責任，是指生產者或銷售者因其生產或銷售的缺陷產品致使產品購買者、使用者以及旁觀者遭受財產損害或人身傷害而需承擔的侵權法律責任。」

產品責任的構成要件必須具備三個條件：

第一，產品存在缺陷。所謂缺陷是指產品不符合要求，具有不合理的危險性，不能給消費者提供有權期待的安全。缺陷必須在產品離開生產者、銷售者控製以前，即投入流通以前已經存在。一般的缺陷大致可以分為以下幾種：

（1）設計上的缺陷，指產品在生產或製造中產生的不安全因素，原因是對產品的可靠性、安全性考慮不周，如沒有設計安全保護裝置。

（2）製造上的缺陷，指產品在生產或製造中產生的不安全因素，通常產生於產品的製作、裝配、鑄造過程中，具體表現為：生產者製作產品時粗製濫造的差錯，產品生產中質量控製和檢驗手段的欠缺等。

（3）原材料的缺陷，指由於製造產品使用的原材料不符合質量、安全等標準而形成的缺陷。如制藥工業中採用不純原料使藥物中含有傷害人體的物質；食品中加入防腐劑、非食用色素等。

（4）指示缺陷，指產品沒有充分標示使消費者在使用過程中受到侵害而出現的缺陷。

第二，有人身傷害和財產損失的事實。追究生產者、銷售者的產品責任，必須以消費者、使用者或第三人的人身傷害或財產損失為前提條件。嚴格意義上說，財產損失不包括單純產品本身的質量問題。單純產品本身的損失，應當屬於買賣合同責任的問題。

第三，消費者、使用者或第三人的損害事實與產品缺陷存在因果關係。如果損失是消費者、使用者或第三人的過錯造成的，與產品責任無關，就不存在產品責任問題。

## 二、產品責任法

(一) 產品責任法的概念和特徵

產品責任法，即是調整產品生產者或者銷售者因其生產或者銷售的缺陷產品致使產品使用者遭受損害而引起的侵權賠償法律關係的法律規範的總稱。

隨著現代工業生產的發展，大量的新產品投入市場，造成消費者的人身和財產損害的案件不斷增多，各國開始逐步發展和制定相應的產品責任法律制度，以期有效地保護消費者的合法權益，同時亦迫使企業推進全面的質量管理，提高產品的安全水準。此外，伴隨著經濟全球化的蓬勃發展，各國產品的跨國銷售和消費的範圍也越來越廣泛，由此引起的跨國產品責任侵權案件亦時常發生。但是由於目前世界上還沒有形成國際統一的或被廣泛接受的產品責任實體法律制度，因此，各國國內的產品責任法律制度成為保護本國消費者的重要依據和手段。產品責任法與其他法律相比具有如下特徵：

(1) 產品責任法屬於社會經濟立法。嚴格意義上的產品責任法屬侵權法，屬於私法的範疇；但寬泛意義上的產品責任法還可以包括國家制定的有關產品生產者或銷售者產品安全義務、有關產品質量或安全標準等的相關法律法規，這些法律規範則屬於公法的範疇，不能通過生產者與消費者之間的合同約定加以排除。而合同法、買賣法則大多是任意性的，當事人可以在合同中對其權利義務予以排除或更改，屬於私法範疇。

(2) 產品責任法調整的對象是因產品缺陷而引起的人身或財產損害所發生的社會關係。這種損害是指因產品存在缺陷而使消費者、使用者或第三人所遭受的人身傷害或財產損失，而不包括單純的產品本身的損失。

(3) 產品責任法不僅調整有合同關係的當事人之間的產品責任關係，而且也調整沒有合同關係的當事人之間的產品責任關係。

(二) 產品責任法的作用

產品責任法的作用主要體現在兩個方面：

(1) 能加強生產者、銷售者的責任感。產品責任法通過對產品生產者和銷售者的產品責任的規定，能增強生產者、銷售者的責任感，促使他們不斷改善生產經營條件，提高產品質量。

(2) 能保護消費者、使用者或第三人的合法權益。產品責任法在規定了生產者、消費者責任的同時，為消費者、使用者或第三人的損害賠償提供了法律依據和保障。

### 三、產品責任法的沿革

產品責任法的沿革可以以美國產品責任法的發展為代表。

產品責任法的出現可以追溯到普通法系的判例。1842年，英國上訴法院判決的溫特伯特姆訴賴特案是關於產品責任方面最古老的案例。該案案情為：被告向郵局提供馬車，並負責馬車的修理，原告則受雇於郵局。由於馬車的內在缺陷和疏於修理，原告在駕駛馬車時因馬車毀壞而受傷。原告訴被告賠償，法院以雙方沒有直接合同關係而駁回了原告的訴請。但該案所確立的產品責任訴訟的基礎是合同關係，即缺陷產品的受害人與責任人之間需要有直接的合同關係，如果沒有合同關係，受害人就不能要求生產者或銷售者承擔賠償責任，即所謂「無合同，無責任」。該判例在普通法系國家奉行了近百年。雖然該判例對於消費者權益的保護有一定的作用，但由於受到合同關係的限制，消費者的合法權益並沒有得到有利的保護。

隨著社會經濟的向前發展，買賣關係的天平開始由「買主當心」（Caveat Emptor）向「賣主當心」（Caveat Venditor）傾斜，消費者的權益逐漸開始受到重視。從20世紀20年代開始，在普通法系國家尤其是美國，疏忽責任理論開始在產品責任訴訟中占據主導地位。疏忽責任理論屬於侵權歸責理論的範疇，該理論的納入擺棄了產品責任訴訟附屬於合同關係的限制，使產品責任真正開始進入侵權責任的領域。消費者即使與生產者或銷售者之間不存在合同關係，但如果能夠證明產品的缺陷是出於生產者或銷售者的疏忽，其權利請求就可能獲得支持。到了20世紀60年，隨著新判例的產生，以及美國法學會（the American Law Institute，ALI）《侵權法重述（第二版）》的出版，嚴格責任理論逐漸被美國各州的立法和司法判例所採納。由於嚴格責任理論要求生產者或銷售者對產品缺陷所導致的損害承擔的是一種無過錯責任，因此其更有利於消費者權益的保護。嚴格責任理論也是目前世界上大多數國家在產品責任立法上所採納的主要歸責原則。進入20世紀90年代，美國法學會頒布的《侵權法重述（第三版）：產品責任》標誌著美國產品責任理論的發展進入一個新的階段，主要體現了美國法學界對嚴格責任理論法律適用的反思和建議；其頒布必將對此後的美國各州乃至世界各國的產品責任立法和司法工作產生深遠的影響。

在各國產品責任立法發展的同時，為協調各國的產品責任法律制度，產品責任的國際立法亦應運而生。其中，歐盟的區域性國際立法工作尤為突出。1985年，歐洲經濟共同體《產品責任指令》頒布，代表著歐盟在協調統一各成員國產品責任法律制度上的重大成果。

### 四、中國產品責任法

**（一）中國產品責任法概述**

中國的產品責任法起步較晚。1986年全國人民代表大會制定的《民法通則》中的相關規定，可以視做中華人民共和國在產品責任立法上的正式開端。《民法通則》第122條規定：「因產品質量不合格造成他人財產、人身損害的，產品製造者、銷售者應

當依法承擔民事責任。」由於該規定比較簡潔，不能應對中國日益複雜的產品責任問題，因此於 1993 年 2 月 22 日，中國第七屆全國人民代表大會常務委員會第三十次會議制定通過了《中華人民共和國產品質量法》（以下簡稱《產品質量法》）。中國的《產品質量法》並非嚴格意義上的關於產品責任的單獨立法，其內容包括中國政府對產品質量進行監督管理的規定，但同時也包含了大量有關產品責任的規定。

《產品質量法》的施行，對於遏制假冒偽劣產品泛濫、保護消費者的合法權益起到了一定的作用，但中國所面臨的產品質量和安全問題依舊嚴峻。2000 年 7 月 8 日，第九屆全國人民代表大會常務委員會第十六次會議通過了《關於修改〈產品質量法〉的決定》，該決定主要強化了產品質量的行政管理和行政責任，並適當擴大了產品責任中關於人身傷害的賠償範圍。《產品質量法》是中國目前關於產品責任的最主要的法律淵源，此外關於產品責任的規定還可散見於各相關法律法規中，如《中華人民共和國消費者權益保護法》和《中華人民共和國食品衛生法》等。

(二) 產品質量法的主要內容

1. 產品的概念

《產品質量法》第 2 條規定：「本法所稱產品是指經過加工、製作，用於銷售的產品。建設工程不適用本法規定；但是，建設工程使用的建築材料、建築構配件和設備，屬於前款規定的產品範圍的，適用本法規定。」根據上述規定，可以看到中國對產品的範圍界定比較狹窄，主要是指加工過的、用於銷售的動產，不動產和原始農產品並不包含在內。此外，對於一些特殊的產品，如電、輸血用的血液等，是否包含在上述的產品定義中，中國《產品質量法》並未作明確的規定。如：1999 年，河南省南陽市中級人民法院在一個輸血感染愛滋病的案件中，認定輸血用血液不符合《產品質量法》第 2 條的產品定義，因此不是「產品」。[①]

2. 缺陷的定義

《產品質量法》第 46 條規定：「本法所稱缺陷，是指產品存在危及人身、他人財產安全的不合理的危險；產品有保障人體健康和人身、財產安全的國家標準、行業標準的，是指不符合該標準。」中國對產品缺陷的定義採用雙重標準：前一標準，即產品缺陷是指產品含有不合理的危險；后一標準，即在有國家標準或行業標準的前提下，缺陷是指產品不符合該標準。前一標準的規定基本與歐美國家的缺陷定義相同，但對於后一標準，歐美國家在其缺陷定義中基本沒有規定。在歐盟的《產品責任指令》中，產品執行國家強行性法律規定是作為產品責任的免責理由之一。

3. 責任主體和歸責原則

中國《產品質量法》將產品責任的承擔者限定在產品的生產者和銷售者。在產品責任的認定上，《產品質量法》對生產者和銷售者採用了不同的歸責原則。根據《產品質量法》第 41 條和第 42 條的規定，產品生產者對於缺陷產品所造成的損害承擔嚴格責任，而產品銷售者則承擔過錯責任，即如果產品的缺陷是因為銷售者的過錯所致，銷

---

① 梁慧星．中國產品責任法——兼論假冒偽劣之根源和對策 [J]．法學，2001 (6)．

售者應承擔賠償責任。但是，如果銷售者不能指明缺陷產品的生產者也不能指明缺陷產品的提供者，即使銷售者對產品缺陷沒有過錯，也應當承擔賠償責任。雖然生產者和銷售者的歸責原則不同，但兩者對消費者因缺陷產品所遭受的損失須承擔連帶責任，也就是說銷售者即使對產品缺陷沒有過錯，消費者亦可以要求銷售者賠償，只不過銷售者可以就支付的賠償向生產者進行追償。《產品質量法》如此規定，有利於充分保護消費者的利益。

4. 損害賠償的範圍

根據《產品質量法》第44條的規定，損害賠償的範圍包括財產損失和人身傷害。對於因產品存在缺陷造成受害人財產損失的，侵害人應當恢復原狀或者折價賠償；如果受害人因此還遭受其他重大損失的，侵害人亦應當賠償損失。其他重大損失主要是指受害人因財物毀損所導致的經濟損失，應該包括「可得利益」的損失。對於人身傷害賠償，應當包括醫療費、治療期間的護理費、因誤工減少的收入等費用的賠償；如果造成受害人殘疾的，還應當支付殘疾者生活自助具費、生活補助費、殘疾賠償金以及由其扶養的人所必需的生活費等費用；如果造成受害人死亡的，並應當支付喪葬費、死亡賠償金以及由死者生前扶養的人所必需的生活費等費用。上述賠償費用中，殘疾賠償金和死亡賠償金在中國屬於精神損害賠償的範疇。① 但對於缺陷產品給受害人造成的其他精神損害是否給予賠償，《產品質量法》沒有作明確的規定。此外需要明確的是，在損害賠償的原則上，《產品質量法》採用的是補償原則，沒有設定懲罰性賠償。

5. 免責事項

《產品質量法》第41條規定：生產者能夠證明有下列情形之一的，不承擔賠償責任：

（1）未將產品投入流通的；
（2）產品投入流通時，引起損害的缺陷尚不存在的；
（3）將產品投入流通時的科學技術水平尚不能發現缺陷的存在的。

該規定與歐盟《產品責任指令》規定的免責事項基本相同。

6. 訴訟時效

產品責任損害賠償請求權的訴訟時效期間與中國民法規定的普通訴訟時效期間相同，即為2年，自當事人知道或者應當知道其權益受到損害時起算。

## 第二節 美國產品責任法

美國產品責任法的淵源分為習慣法和成文法兩部分。習慣法中包括產品責任的三大規則理論。與產品責任有關的成文法有：1952年美國《統一商法典》（Uniform Commercial Code）（1990年第12次修訂）、美國1906年《統一買賣法》（Uniform Sale of

---

① 最高人民法院於2001年發布的《關於確定民事侵權精神損害賠償責任若干問題的解釋》（法釋2001年7號）。

Goods Act, 1906)、1979 年《統一產品責任法草案》（Draft Uniform Product Liability Law, 1979)、1974 年《麥格納森摩斯法案》（Magnuson – Moss Warranty Act, 1974)、《統一消費者買賣實務法案》等。

## 一、美國的產品責任立法

美國是聯邦制國家，由於聯邦憲法對聯邦政府立法權的限制，美國的產品責任法的正式法律淵源主要表現為美國各州的普通法判例，以及各州的相關制定法。

為了統一各州的產品責任法，美國商務部於 1979 年公布了《統一產品責任示範法》（The Model Uniform Product Liability Act，以下簡稱《統一示範法》或 MUPLA），以供各州採納適用，但至今只有極少數幾個州全部採納[1]。相反，對美國各州立法和司法判例具有重大影響的則是美國法學會編纂的《法律重述》。1965 年，美國法學會頒布了《侵權法重述（第二版）》[Restatement (Second) of Torts，以下簡稱《重述二》或 Restatement Second]。《重述二》中關於產品責任的核心條款是第 402A 條款，該條款徹底否定了產品責任訴訟的契約原則，同時確定了產品責任的歸責原則為嚴格責任。《重述二》確定的嚴格責任理論迅速在美國各州流行，並為絕大部分州所採納，成為產品責任歸責理論的主導。嚴格責任對消費者權益的保護非常有利，但在隨後的發展中，嚴格責任逐漸向低效率的絕對責任發展[2]，對產品生產者或銷售者的責任要求越來越嚴格，抗辯的理由也越來越狹窄，從而導致企業生產成本的增加和經營風險的加重。

到了 20 世紀 90 年代，對《重述二》第 402A 條款修改的呼聲日益突出。1997 年 5 月，美國法學會頒布了《侵權法重述（第三版）：產品責任》[Restatement (Third) of Torts: Products Liability，以下簡稱《重述三》或 Restatement Third]。《重述三》的報告人為 James A. Henderson 和 Aaron D. Twerski。《重述三》包括四章共二十一條。《重述三》對《重述二》第 402A 條款所確立的嚴格責任原則作了重大的修改，限制了嚴格責任適用的範圍，並力圖對產品責任的相關主要問題作出清晰的整理和闡釋。本節亦主要結合《重述三》的規定展開對美國產品責任法的介紹。

## 二、產品責任的主要概念

### （一）產品

由於產品責任涉及嚴格責任的適用，因此對於產品的概念和範圍的界定，是產品責任法中的一個首要問題。美國《統一示範法》第 102 條（C）項規定：「『產品』是指具有內在價值的，為進入市場而生產的，能夠作為組裝整件或作為零部件而交付的物品。但人體的組織器官包括血液及其組成成分除外。」此外，《重述三》亦對產品作了定義，其第 1~9 條規定：「為本《重述》之目的：（a）產品是經過商業性銷售以供使用或消費的有形動產。其他項目如不動產和電，當它們的銷售及使用與有形動產的

---

[1] 羅伯特·考特，托馬斯·尤倫. 法和經濟學 [M]. 上海：上海人民出版社，1994：623 – 624.
[2] 羅伯特·考特，托馬斯·尤倫. 法和經濟學 [M]. 上海：上海人民出版社，1994：594.

銷售及使用足夠類似時，也是產品，適用本《重述》所述規則是適當的。（b）服務，即使是商業性提供的，也不是產品。（c）人體血液及人體組織器官，即使是商業性提供的，也不受本《重述》規則的約束。」①

依據上述文件的定義以及美國各州的立法和司法判例，美國產品責任法中的產品範圍，除了普通的有形動產外，還可以延伸到下列財產，諸如：（1）天然產品，如原材料、原始農產品以及染病的動物等；例如寵物店出售的患狂犬病的臭鼬導致對寵物主人的傷害構成產品責任。（2）無形動產，如電和信息類產品。前者主要是指因電壓不穩定而致損害；后者諸如書籍、地圖、航行圖等，因其中提供的信息錯誤而致損害；對於信息類產品，美國法院的觀點比較複雜，一般認為書籍中的信息錯誤屬觀點錯誤，因此不應包括在產品的範疇之中，例如蘑菇愛好者因信賴《蘑菇百科》一書的信息，採摘並食用蘑菇后中毒；但地圖和航行圖中的信息錯誤類似於「一個破裂的指南針或不精確的高度計」，屬產品的範疇，例如飛機因航空圖標示地形有誤而墜毀。（3）不動產，如出售和出租的房屋，尤其是批量生產的房屋。同時需要注意的是，雖然上述產品的範圍非常廣泛，但美國各州法院在部分案例上的判決和觀點並非一致。此外，《重述三》亦指出，產品不包含服務。但服務中提供的商品應屬於產品的範圍，如在航空運輸中，航空公司提供給乘客的食品。最後，《重述三》將人體血液和人體組織排除在產品責任的適用範圍之外，基本代表了美國目前各州立法和司法實踐的普遍觀點。② 把人體血液和人體組織排除在產品的範圍之外，主要是出於公共政策考慮，認為上述物品的供應所帶來的公共利益比它們本身所含有的風險更為重要。

（二）缺陷

缺陷是產品責任中的核心概念。如果產品沒有缺陷，那麼就不會產生相應的產品責任。對於缺陷，美國立法和司法實踐中同樣沒有一個統一的概念。但《重述二》第402A條的規定代表了美國對產品缺陷定義的普遍觀點，該條第1款規定：「凡銷售的缺陷產品對使用者或消費者或其財產具有不合理的危險，那麼銷售者應對最終使用者或消費者或其財產因此而遭受的實際損害承擔責任。」可見，《重述二》把產品的缺陷定義為「不合理的危險」（Unreasonable Danger）。對於產品缺陷的定義，《統一示範法》第104條的表述為「不合理的不安全」（Unreasonably Unsafe）；《重述三》則在其第2條「產品缺陷的分類」所作的「報告人註釋」中引入並推薦「非合理的安全」（Not Reasonably Safe）這一概念，即缺陷產品是指產品不具有合理的安全性。③從理論上而言，任何產品都有危險，但要構成產品責任法上的缺陷產品，是指產品含有不合理的危險。

---

① 美國法學會. 侵權法重述：產品責任［M］. 3版. 肖永平，龔樂凡，汪雪飛，譯. 北京：法律出版社，2006.

② 美國法學會. 侵權法重述：產品責任［M］. 3版. 肖永平，龔樂凡，汪雪飛，譯. 北京：法律出版社，2006：392-394.

③ 美國法學會. 侵權法重述：產品責任［M］. 3版. 肖永平，龔樂凡，汪雪飛，譯. 北京：法律出版社，2006：108-110.

然而如何界定產品是否含有不合理的危險，無論在美國的理論界還是司法實務界，始終是一個複雜而難解的問題。早期，美國各州法院多採用「消費者期望標準」（Consumer Expectations Test）作為判斷產品缺陷的標準，即產品是否滿足普通消費者對產品合理的安全期望。該標準的適用，對於提高美國產品的安全水準起到了非常重要的作用。但該標準本身就含有一個費解的問題，即消費者安全期望的合理值又在哪裡？這個問題的性質和難度與界定危險是否合理的問題其實是一樣的。由於消費者期望標準在司法實踐中難以準確地把握，因而導致類似的案例在各州的法院出現判決迥異的情況。並且在部分案件中，由於法院偏袒消費者權益的保護，過分滿足部分消費者的安全期望，從而造成生產者和消費者之間的利益失衡，不合理地加大了生產者的責任，對美國產業的發展造成不利影響，而這最終也會導致消費者整體利益的受損。為此，進入20世紀80年代，美國法律界開始對消費者期望標準的適用進行反思。《重述三》的頒布即體現了這一反思的成果，也反應了美國產品責任法今後的發展方向。

《重述三》在對產品缺陷進行分類的基礎上，對於產品缺陷的認定，把「風險—效用比較標準」（Risk-utility Test）作為判斷的主要標準，而消費者期望標準則只是作為判斷的輔助標準，並不構成判斷缺陷的獨立標準。《重述三》在對第2條「產品缺陷的分類」所作的評註中針對產品的設計缺陷和警告缺陷，採用「風險—效用比較標準」，其目的「重點在於使製造商在產品的設計和營銷方面達到最合適的安全水準」，並進一步闡述道：「過分安全的產品，社會並不一定因之得益，例如汽車的時速設計在每小時20英里（1英里＝1.609千米）的低速，雖然事故的可能性大大減低，但社會卻因為低效率遭受更大的損失。當達到合適的或者最佳的安全水準的時候，社會才受益最多。從公平的角度出發，要求個人使用者和消費者承擔適當的合理使用產品的責任，有利於防止那些謹慎仔細的使用者和消費者去補貼那些草率粗心的產品使用者和消費者——因為后者的事故賠償金採源於前者對產品不得不作的更高的價格支付。」[1] 因此，當一個產品存在風險或危險時，通過「風險—效用比較標準」的分析，如果產品的實際效用明顯高於產品存在的危險，而且該危險不能通過合理的方式以合理的成本予以降低或消除的話，那麼產品依然是安全的，是沒有缺陷的。

對於產品缺陷的種類，美國產品責任法主要包括以下三種：

1. 產品的製造缺陷

產品的製造缺陷是指產品存在與該產品的設計意圖相背離的物理狀況，從而使產品含有不合理的危險。例如，一聽罐裝食品中混雜有一顆小石子，導致消費者在食用時受傷，而小石子的混入並非生產者的意圖。產品的製造缺陷往往是生產者在產品的生產或管理過程中的疏忽所致，但也不能排除生產者已經盡了合理注意義務，產品依舊存在製造缺陷。產品的製造缺陷一般只涉及整批產品中的個別產品。

2. 產品的設計缺陷

產品的設計缺陷是指產品雖然符合產品的設計意圖，但該設計本身含有不合理的

---

[1] 美國法學會. 侵權法重述：產品責任 [M]. 3版. 肖永平，龔樂凡，汪雪飛，譯. 北京：法律出版社，2006：18.

危險。例如，一種新奇的「爆炸雪茄」，在點燃時能產生輕微爆炸並帶巨響和冒菸的惡作劇效果，購買者在給使用者使用時，導致使用者在點燃時因雪茄爆炸燃著他的絡腮鬍子而受傷。① 該案的雪茄符合生產者的設計意圖，但該產品的設計顯然含有不合理的危險，因為產品的危險性高於產品的實際效用。產品的設計缺陷不僅影響個別產品的安全性，而且會導致該設計下的整批產品存在缺陷。

3. 產品的警告缺陷

產品的警告缺陷，是指產品存在可以合理預見的危險，但產品的生產者或銷售者沒有提供必要和充分的產品使用說明或警告以降低或避免產品存在的危險。例如，生產者沒有對殺蟑噴霧劑的使用安全提出充分警告，從而導致使用者在使用該產品時因靠近火源而爆炸。產品的警告缺陷與產品的設計缺陷相類似，其同樣會影響整批產品的安全性。

對於生產者承擔產品危險警告義務的範圍，《重述三》作了比較詳細的闡釋。一般原則是，生產者或銷售者應對產品使用中可以合理預見的危險作出充分的說明和警告，但並非針對一切可能的危險。比如：其一，對於不可預見的產品使用方式及危險，尤其是因為產品的濫用而產生的危險，生產者沒有義務作出警告；其二，對於顯而易見的危險，生產者亦沒有義務作出警告；其三，對於消費者使用藥品而產生的不良過敏或特異體質反應，如果有相當數量的人群會對藥品使用產生不良反應，那麼生產者必須對此提出警告，但是如果產生不良反應的情況或人非常罕見，那麼不應苛責生產者的警告義務。同時，不良反應所造成傷害的嚴重程度應當作為判斷生產者是否應當作出警告的重要參考因素。總之，過分詳盡的說明或警告，不但不能增加產品的安全性，有時反而會降低警告總體上的有效性，消費者可能因此而忽視那些應當值得重視的警告。

另外，需要注意的是，單純的警告並不能免除生產者應當承擔的其他產品責任義務。比如，一個產品存在不合理的危險，而該不合理的危險可以通過更安全的設計予以降低或消除，那麼生產者就不應將自己的義務僅僅停留在警告上。警告的作用是有限的，警告「並不能代替一個具有合理安全性的設計」②。

(三) 責任主體

從產品製造的分工合作，到產品的批發和零售，產品最終到消費者手裡需要經過很多環節，這意味著在其中的各個環節的產品經營者都有可能成為產品責任的承擔者。根據《統一示範法》第102條至第105條的規定，產品責任的承擔者包括兩類：

其一是產品的製造者，是指在產品出售給使用者或消費者之前，設計、生產、組裝或加工產品或產品零部件的自然人或組織，亦包括非產品製造者但自稱是製造者的人，此外還包括主要經營產品批發、零售的銷售者，但這些銷售者須在銷售前從事產

---

① 美國法學會. 侵權法重述：產品責任 [M]. 3版. 肖永平, 龔樂凡, 汪雪飛, 譯. 北京：法律出版社, 2006：26.

② 美國法學會. 侵權法重述：產品責任 [M]. 3版. 肖永平, 龔樂凡, 汪雪飛, 譯. 北京：法律出版社, 2006：39.

品設計、生產、組裝或加工等活動；

其二是產品的銷售者，即指從事產品銷售業務的自然人或組織。

此外，《重述三》亦對產品責任承擔者的範圍作出了相類似的規定。根據《重述三》第1條和第20條的規定，產品責任承擔者可分為兩類：

其一是生產性銷售商，主要是指產品的生產者，需要注意的是，在美國的產品責任法中，產品責任的承擔者一般可以統稱為銷售者；

其二是非生產性銷售商和其他類型的產品分銷者，主要是指從事產品銷售或分銷的銷售者，包括產品的批發、分銷和零售業者，此外還可包括從事產品出租的經營者、在銷售—服務混合經營中提供產品的經營者以及提供產品寄托的經營者。提供產品寄托的經營者，諸如自助洗衣店的經營者，其應對因自助洗衣機的缺陷所造成的損害承擔產品責任。《重述三》強調銷售應為商業性銷售，不包括非商業性銷售或分銷。銷售的產品包括商業活動中的贈品。

雖然美國的產品責任法中責任主體的範圍較廣，但各州法律對不同的責任主體所施加的責任基礎並不相同，所有責任主體並非一律對產品的缺陷承擔嚴格責任。在《統一示範法》中，要求產品製造者承擔的是嚴格責任，而對於產品銷售者要求承擔的是疏忽責任。根據《統一示範法》第195條的規定，消費者只有證明產品缺陷所導致的損害是因為銷售者沒有盡到合理注意義務所致，才可以要求銷售者承擔產品責任。當然，《統一示範法》規定了一些例外情況，如銷售者對產品所作的明示擔保，或者產品製造者被法院宣告破產，以及判決對產品製造者難以強制執行等，銷售者在上述情況下應承擔與產品製造者相同的嚴格責任。對於上述問題，《重述三》主張，產品的銷售者應該與生產者就產品的製造缺陷承擔同樣的嚴格責任，因為銷售者比消費者具有更強的分擔風險的能力，而且在大多數情況下，銷售者可以將承擔產品責任所負擔的損失向產品的生產者進行追索。[①]《重述三》在第1條評註c中提到一個例證（例證2）：生產商生產的香檳本身沒有缺陷，銷售商將其放在貨架上後，由於其他消費者的不當處理，香檳產生缺陷，最后導致購買者因香檳爆炸而受傷。其結論是生產商不承擔產品責任，但銷售商即使已經盡了合理的謹慎，仍需承擔產品責任。這意味著銷售商承擔的是嚴格責任。

(四) 權利請求者

在美國產品責任法中沒有對產品責任的權利請求者作出統一的界定。但依美國各州的司法實踐，在產品責任案件中，凡是其人身或財產因產品缺陷遭受損害的受害者，都有權向產品的生產者或銷售者提出產品責任的權利請求，無論前者與後者是否有合同關係，因此亦包括可以合理預見的旁觀者。

### 三、產品責任的歸責理論

產品責任的歸責理論是指缺陷產品的生產者或銷售者承擔責任的責任基礎；從裁

---

[①] 美國法學會. 侵權法重述：產品責任 [M]. 3版. 肖永平，龔樂凡，汪雪飛，譯. 北京：法律出版社，2006：17.

判的角度而言，也就是指法官以何種責任理論來認定缺陷產品提供者的法律責任。產品責任的歸責理論是產品責任法中的核心制度。相比較世界上的其他國家，美國的產品責任歸責理論最具代表性，其主要包含以下三種，即疏忽責任理論、擔保責任理論和嚴格責任理論。

(一) 疏忽責任理論

疏忽責任，是指產品的生產者或銷售者因其在產品生產或銷售過程中存有疏忽導致產品存在缺陷，從而應對消費者所遭受的損失承擔產品責任。

美國早期的產品責任理論受到英國判例的影響。溫特伯特姆訴賴特案要求產品責任訴訟的當事人必須要有合同關係。合同關係理論對於美國早期工業的發展起到了促進作用，但其對消費者權益的保護顯然有其不利之處，如果受到缺陷產品損害的消費者不能證明其與產品的生產者或銷售者之間有合同關係，那麼即使消費者能夠證明后者對產品缺陷存有疏忽，其權利請求依然不能得到支持。合同關係理論在美國的影響持續了七十多年，雖然其間在產品責任的個別領域突破了合同關係限制，如食品，但合同關係理論的真正突破要等到美國1916年麥克弗森訴別克汽車公司一案的出現。該案的基本案情是，被告別克公司將生產的汽車賣給零售商，零售商又將其賣給原告麥克弗森，之後因為輪子的缺陷，導致汽車傾覆，並致原告受傷。被告主要提出兩項抗辯：一是原被告之間無合同關係，二是輪子並非由被告生產。但該案法官首先否決了產品責任訴訟須有合同關係的限制，並認為被告作為成品生產商有義務檢驗產品零部件的質量，應當發現其中的缺陷，因此認定被告疏忽責任成立。麥克弗森訴別克汽車公司一案確立了產品生產者的疏忽責任，並排除了合同關係的要求，由此將產品責任正式導入到侵權責任領域，為消費者的產品責任訴訟敞開了大門。

疏忽責任是一種侵權責任，若以疏忽為由進行訴訟時，不需要原被告之間有直接的合同關係，但原告必須證明：被告沒有盡到「合理注意」，即疏忽；由於被告的疏忽直接造成了原告的損失。

原告以疏忽為由起訴被告時，可以從不同的方面證明被告有疏忽，如：被告違反了有關規章、法令；被告在生產時未盡「合理注意」義務；被告在設計時未盡「合理注意」義務；被告在檢驗時未盡「合理注意」義務；被告對產品的危險性為給予警告，從而未盡「合理注意」義務等。但是，在現代化大生產條件下，要證明被告有疏忽往往很困難。

(二) 擔保責任理論

擔保責任理論，是指產品的生產者或銷售者違反對產品的品質擔保義務而承擔的責任。擔保責任來源於合同法，銷售者有義務保證出售產品的品質。擔保可以分為明示擔保和默示擔保。明示擔保是銷售者通過合同、廣告、產品的說明、標籤等明示的形式擔保產品具有一定的品質。默示擔保主要是指銷售者擔保產品具有可商銷性，即產品符合產品的一般使用用途。（默示擔保還可包括擔保產品符合消費者對產品的特別使用用途。如未作特別說明，本文所指的「默示擔保」即指產品的可商銷性。）默示擔保其實質是銷售者對產品所承擔的法定義務，保證產品具有起碼的品質和效用。

為了保護消費者的利益，早在 19 世紀后期，美國許多州的法院通過對銷售者施加默示擔保的義務來改變「買主當心」的規則。進入 20 世紀，尤其是隨著《美國統一商法典》（Uniform Commercial Code，UCC）在五六十年代的起草和通過，默示擔保被美國各州的立法所採納。[1] 對於產品責任案件，消費者基於擔保責任理論提起訴訟，除證明產品缺陷外，如能證明銷售者違反擔保即可要求賠償，而無須證明銷售者存在疏忽，因此擔保責任相當於一種嚴格責任。[2] 儘管如此，由於擔保責任歸屬於合同責任，擔保責任的認定因此亦受制於合同法上的各種抗辯，如合同關係要求、明示的棄權條款，以及消費者及時通知產品缺陷及損害的義務等。這些抗辯限制或削弱了擔保責任在產品責任訴訟中的作用；但在司法實踐中，美國法院又逐步突破了這些抗辯限制，其中有兩個代表性的案例。其一是 1932 年的巴克斯特訴福特汽車公司案。該案基本案情是：原告巴克斯特從一汽車經銷商那裡購得一輛被告福特公司生產的汽車。在該汽車的使用手冊上，被告宣稱汽車的擋風玻璃具有超強的防碎保護，能夠經受最猛烈的打擊。但原告在駕駛過程中，一顆石子擊碎了擋風玻璃，導致原告眼睛受傷。原告以被告違反擔保為由提起訴訟，被告以原被告之間沒有直接的合同關係作為抗辯。該案針對於明示擔保。法院的判決認為，儘管原被告之間沒有合同關係，但原告有理由信賴被告所作的擔保；而且法院進一步認為，生產者對產品所作的明示擔保，其受眾對象並非只是具有合同關係的買方，而是一般的公眾，因此合同關係不能成為該案訴訟的障礙。其二是 1960 年的海寧森訴布魯姆費爾德案。該案基本案情是：原告海寧森從被告布魯姆費爾德公司（汽車經銷商）購得一輛由另一被告克萊斯勒公司生產的汽車。海寧森將汽車作為「母親節」的禮物送給妻子海寧森夫人——該案另一原告。由於汽車駕駛系統存有缺陷，在汽車交付 10 日后、行駛里程達到 468 英里（1 英里＝1.609 千米）時，汽車發生事故，導致海寧森夫人受傷。原告主要基於被告違反默示擔保提起訴請，被告的抗辯理由主要包括兩點：一是受害人海寧森夫人與二被告均沒有合同關係；二是被告布魯姆費爾德公司與海寧森簽訂的銷售合同中有明示的免責條款，即被告只承擔汽車缺陷零部件的修理和更換的責任，但不負具其他經濟損失及人身傷害賠償。該案法院判決首先排除了合同關係要求，擔保責任覆蓋可以合理預見的使用者；其次，合同中作為格式條款的消費者棄權條款，無論在其訂立上還是在結果上，都明顯不公平，而且與生產者或銷售者的默示擔保義務相違背，損害了公共利益，因而判定該條款無效。上述判例逐步突破了擔保責任的合同抗辯限制，將擔保責任延伸至侵權責任領域，豐富了產品責任訴訟的基礎。

在判例發展的同時，立法上的進展主要體現在美國《統一商法典》。《統一商法典》在 1966 年修訂時，對於擔保責任訴訟，提出了三個方案供各州立法採納：方案 A，銷售者的擔保，無論是明示或暗示的擔保，其範圍不僅涵蓋合同的買方，還包括買方的各家庭成員以及其他可以合理預見的使用、消費產品或受產品影響的客人；方案 B，銷售者的擔保延伸至可以合理預見的使用、消費產品或受產品影響的任何個人；方

---

[1] David Owen. American Products Liability Law Restated [J]. Consumer Law Journal, 1998：163－164.
[2] 史蒂文・L. 依曼紐爾. 侵權法 [M]. 影印本. 北京：中信出版社，2003：335.

案C,銷售者的擔保延伸至可以合理預見的使用、消費產品或受產品影響的任何人,並且銷售者不能將責任僅局限於人身傷害賠償。方案C意味著法人也可以成為擔保責任訴訟的原告,並且如果受害人只是遭受財產損害也可以提出訴請。① 對於上述三個方案,美國大多數州的立法採納了方案A,亦有相當數量的州立法採納了方案B,少數幾個州的立法採納了方案C。②

在以擔保責任為由起訴時,採用舉證責任轉換原則,原告無須證明被告有疏忽,只需證明產品確有缺陷和有損害事實,就可以要求被告賠償。但擔保責任理論也無法完全保護消費者。

(三) 嚴格責任理論

嚴格責任又稱無過失責任,是指對於產品存在的缺陷,即使產品的生產者或銷售者不存在任何過錯,也應當對缺陷產品所造成的損失承擔賠償責任。嚴格責任是一種無過錯責任。雖然目前美國對嚴格責任的理解有不同的分歧,但普遍的觀點還是主張嚴格責任是一種無過錯責任。因此在該責任下,消費者證明的核心在於產品的缺陷,而無須證明產品的缺陷是否由於生產者或銷售者的疏忽所致。

嚴格責任理論的發展和確立亦是一個漸進的過程。1944年,在埃斯科拉訴可口可樂瓶裝公司(Escola v. Coca-Cola Bottling Co. of Fresno)一案中,原告是一名餐館服務員,將可口可樂瓶放入冰箱時,其中一個瓶子爆炸導致原告受傷。雖然原告不能證明被告對產品的缺陷是否存有過失,但法院支持原告引用「事實不言自明」原則,即所謂「事實本身說明一切」(The Thing Speaks Itself) 原則,從而推定被告存在過失。「事實不言自明」原則雖然還是在過錯責任的範疇內,但其通過過錯推定的方式,從而減輕了消費者的舉證責任,使產品責任向嚴格責任的方向發展。值得注意的是,在埃斯科拉訴可口可樂瓶裝公司案中,參與審理的特雷諾法官在讚同判決結果的同時,提出了自己不同的判決理由。他認為:「當產品投入市場時,生產者明知產品將不經檢驗而使用,那麼他就應當對產品缺陷所造成的損害承擔絕對責任。」1960年,海寧森訴布魯姆費爾德一案中所確認的默示擔保理論亦對嚴格責任的產生發揮了重要的影響。1963年,格林曼訴尤巴電機公司案(Greenman v. Yuba Power Products, Inc.)標誌著嚴格責任的正式確立。該案的基本案情是,原告委託他的妻子從零售商那裡購得被告生產的一種家用電動機床,原告在使用該機床鋸木頭時,一塊木屑從機床裡飛出砸傷了原告的頭部。事後證明該機床存在缺陷。該案由於原告沒有就損害事實及時通知被告,因此原告如依違反默示擔保起訴被告,將受到默示擔保相關抗辯的限制。③ 該案法官引用了埃斯科拉訴可口可樂瓶裝公司一案中特雷諾法官的觀點,即「當產品投入市場時,生產者明知產品將不經檢驗而使用,那麼他就應當對產品缺陷所造成的損害承擔嚴格責任」,因為相比較於消費者,生產者更有能力瞭解和控制產品缺陷所帶來的風險。此案兩年后,即在1965年,《重述二》第402A條正式在立法上確立了嚴格責任。該條第

---

① 史蒂文·L.依曼紐爾. 侵權法 [M]. 影印本. 北京:中信出版社,2003:338.
② 屈廣清,等. 國際商法學 [M]. 北京:法律出版社,2003:331.
③ 史蒂文·L.依曼紐爾. 侵權法 [M]. 影印本. 北京:中信出版社,2003:341.

2款規定：「儘管有下列情況，銷售者依然承擔責任：在制備或銷售產品時，銷售者已經盡到了一切可能的注意；使用者或消費者沒有從銷售者手中購買產品或與銷售者沒有任何合同關係。」「盡到了一切可能的注意」意味著，即使生產者或銷售者對產品缺陷不存在任何過錯依然要承擔產品責任。《重述二》第402A條頒布后迅速被美國各州的立法和司法所採納。

嚴格責任理論對於消費者提起產品責任訴訟非常有利，但這並不意味著疏忽責任理論和擔保責任理論的消失。相反，在美國產品責任訴訟中，還是有相當數量的案件，消費者選擇疏忽責任或擔保責任作為訴訟的責任基礎，但毫無疑問的是，大多數的案件消費者選擇的是嚴格責任。[①]

以嚴格責任為由進行起訴，對原告最為有利，因為嚴格責任不需要原被告之存在合同關係，凡產品的受害人，不論其是買主，還是其他第三人，都可以追究產品生產者、銷售者的責任；同時，原告起訴時，不負有證明被告有疏忽的舉證責任，他只需證明：產品確實存在缺陷或不合理的危險；產品缺陷與使用者或消費者的損害有因果關係；產品在投入市場時缺陷已經存在。

(四) 嚴格責任和《重述三》的發展

嚴格責任理論為消費者的產品責任訴訟提供了非常有利的條件，但這也對美國產業的發展乃至相關的公共利益產生了重大的影響。嚴格責任理論在其後沿著兩個方向發展：一方面，嚴格責任朝著更有利於保護消費者的方向發展，比如「市場份額責任理論」(Doctrine of Market Share Liability)，是指對於缺陷產品造成的損害，如果無法確定產品的生產者，那麼該產品的所有生產者按各自產品所占市場份額的比例承擔責任。[②] 又如，對「業內技術發展水平」(State of The Art) 抗辯的限制。此理論認為基於嚴格責任，只要產品存在不合理的危險，無論該危險是否可以預知，生產者都應承擔責任。例如 Beshada v. Johns – Manville Products Corp. 一案。該案是一個龐大的集團訴訟，眾原告在沒有相應警告和防護的情況下，因長期在被告的工廠內接觸含有石棉的產品而身染多種職業病。對於原告的訴訟，被告提出依當時的科學技術水平無法發現石棉含有的潛在危險，因此要求免責。法院否決了該抗辯，認為基於嚴格責任，只要產品存在不合理的危險，無論該危險是否可以預知，生產者都應承擔責任。這一切，在為消費者提供更充分救濟的同時，也加重了生產者的責任。正如有學者指出，嚴格責任正朝著絕對責任的方向發展。因此，在另一方面，美國法律界開始考慮對嚴格責任的適用作出適當的限制，從而更為公平地分配生產者與消費者之間對產品危險的風險分擔，在整體上促進社會公共利益的發展。《重述三》對嚴格責任的重述代表了這一發展方向。

《重述三》第2條對產品缺陷的界定與嚴格責任的適用具有直接的關係。該條把產品缺陷分為三類，即製造缺陷、設計缺陷和警告缺陷。對於製造缺陷，該條 (a) 項規

---

[①] 張騏. 中美產品責任的歸責原則比較 [J]. 中外法學, 1998 (4).
[②] 羅伯特·考特, 托馬斯·尤倫. 法和經濟學 [M]. 施少華, 姜建強, 譯. 上海：上海財經大學出版社, 2003：624.

定：對於產品背離設計意圖，即便在制備或銷售產品過程中，（銷售者）已經盡到了一切可能的注意，該產品也存在製造缺陷。但對於產品的設計缺陷和警告缺陷，該條規定：（b）對於產品存在的可以合理預見的損害風險，如果銷售者或其他分銷者，或者他們在產業銷售環節中的前手，可以通過採用合理的替代設計減少或避免該風險的話，而他們疏於採用該替代設計以致產品不具有合理的安全性，那麼該產品即存在設計缺陷；（c）對於產品存在的可以合理預見的損害風險，如果銷售者或其他分銷者，或者他們在產業銷售環節中的前手，可以採用合理的說明或警告減少或避免該風險的話，而他們疏於採用該說明或警告以致產品不具有合理的安全性，那麼該產品因缺乏適當的說明或警告而存在缺陷。

由此可見，《重述三》對於產品的製造缺陷採用的是嚴格責任，這與《重述二》的規定是相同的。但對於產品的設計缺陷和警告缺陷，消費者需通過證明產品存在更合理的替代設計或警告以減少或消除現存的危險，方可證明產品確有缺陷，進而方可要求生產者或銷售者承擔責任。《重述三》認為，以合理替代設計來證明產品缺陷並非絕對，比如有些產品設計明顯不合理，產品危險性高但效用低下，那麼即使不存在合理的替代設計，仍可認定產品存在缺陷，例如本節前文所舉的「爆炸雪茄」一例。[1] 也就是說，對於產品應有的合理替代設計或警告，生產者或銷售者是應當採用而沒有採用，故而應承擔責任。採用替代設計還存在一個前提，即產品的危險是可以合理預見的。對於不可預見的危險，生產者或銷售者當然不可能採取相應的措施來減少危險。這也就意味著，「業內技術發展水平」可以成為產品責任的抗辯理由。[2] 同時，與此相適應的是，對於產品缺陷的界定標準，《重述三》擯棄了「消費者期望標準」作為獨立的判斷標準，取而代之的是「風險—效用比較標準」。因此在判斷何為合理的替代設計時，需要考慮替代設計能否以合理的成本有效地降低產品含有的危險。更安全的設計並不等於更合理的替代設計，因為有時候，更安全的設計所花費的成本可能遠遠超過其降低風險所帶來的效益，也就是說，有些所謂的更安全設計不具有實用性或可行性。

總而言之，對於產品的設計缺陷和警告缺陷，《重述三》規則設置的目的「和基於過失的侵權責任達到的目的是相同的」，[3]這意味著生產者或銷售者對此承擔的是過錯責任，而非嚴格責任。這一點是《重述三》對《重述二》的最大修改。

## 四、產品責任的抗辯

產品責任的抗辯，是指產品責任人主張減輕或免除責任的理由。由於美國各州之間的法律差異，產品責任的抗辯亦不存在統一的規定，一般都由各州的法院根據具體的案件事實、產品的缺陷以及原告的權利主張等因素確定具體適用的抗辯事由。同時

---

[1] 美國法學會. 侵權法重述：產品責任 [M]. 3 版. 肖永平，龔樂凡，汪雪飛，譯. 北京：法律出版社，2006：20.
[2] （美）史蒂文·L. 依曼紐爾. 侵權法 [M]. 影印本. 北京：中信出版社，2003：346.
[3] 美國法學會. 侵權法重述：產品責任 [M]. 3 版. 肖永平，龔樂凡，汪雪飛，譯. 北京：法律出版社，2006：18.

在產品責任中，許多抗辯事由的認定亦與產品缺陷的認定有著非常緊密的聯繫，畢竟對於生產者或銷售者而言，「產品沒有缺陷」才是最根本的抗辯。在美國立法和司法實踐中，常見的抗辯主要有以下幾種

(一) 不可預見性

不可預見性，是指產品含有不可預見的危險。在20世紀80年代中期以前，由於《重述二》第402A條款所確立的嚴格責任原則，美國法院一般不認可不可預見的危險作為產品責任的抗辯。[1] 但隨著嚴格責任適用範圍的縮小，尤其是《重述三》的頒布，不可預見的危險成為一項非常重要的抗辯，特別是針對於產品的設計缺陷和警告缺陷。因為《重述三》以及眾多法院的司法判決已經在實質上把上述兩種產品缺陷所產生的產品責任界定為是一種過錯責任。

(二) 業內技術發展水平

業內技術發展水平，往往是指產品的設計代表了產品投入流通時的業內最高水平。從產品缺陷的角度而言，「業內技術發展水平」意味著，當產品投入流通時，依當時的科學技術水平難以發現產品存在的缺陷。對此抗辯，多數法院持肯定態度。《重述三》中「合理替代設計」概念的引入，也意味著「業內技術發展水平」可以作為產品責任的抗辯。但《重述三》亦指出，由於這個概念具有一定模糊性，因此該項抗辯能否成立，最根本的標準還是在於是否存在更合理的替代設計。[2]

(三) 顯而易見的危險

顯而易見的危險，或稱為眾所周知的危險。對於該類危險，「幾乎所有的法院都認為產品的生產者沒有義務對此提出警告」。[3] 正如前文所述，如果要求對顯而易見的危險提出警告，會降低警告總體上的有效性。但需要注意的是，「風險的顯而易見性並不必然排除生產者提供更安全設計的義務」，[4] 因為即使危險顯而易見，即使警告足夠充分，但消費者還是可能因為產品設計的不安全性而不可避免地捲入到危險之中。

(四) 產品固有的危險

很多產品含有天生的或固有的危險，該危險不可避免，比如一把刀或含有天然副作用的藥品。消除該產品的固有危險可能會根本上改變產品的性質和功能。產品固有的危險能否作為一項成功的抗辯，與產品缺陷的判斷標準有密切聯繫。依產品缺陷的「風險—效用比較標準」，該項抗辯能夠成立的產品往往是因為產品的實際效用明顯高於產品的固有危險；反之，如果危險高於效用，那麼該項抗辯不能成立，而且其後果往往是該產品被逐出市場。

---

[1] David Owen. American Products Liability Law Restated [J]. Consumer Law Journal, 1998：177.
[2] 美國法學會. 侵權法重述：產品責任 [M]. 3版. 肖永平, 龔樂凡, 汪雪飛, 譯. 北京：法律出版社, 2006：22、23.
[3] David Owen. American Products Liability Law Restated [J]. Consumer Law Journal, 1998：178.
[4] 美國法學會. 侵權法重述：產品責任 [M]. 3版. 肖永平, 龔樂凡, 汪雪飛, 譯. 北京：法律出版社, 2006：40.

### (五) 產品的誤用和改造

消費者對產品的誤用和改造並非罕見，因此而造成的損害，生產者能否免責，關鍵在於產品的誤用和改造是否可以合理預見。一般而言，美國法院認為生產者有義務採取措施防止可以合理預見的誤用和改造所造成的危險，比如採用更合理的設計或更充分的警告。但對於不可預見的誤用和改造，生產者沒有義務採取防護措施，因此而導致的損害往往是因為消費者自身嚴重的過失。

### (六) 合同中的免責或限制責任條款

因為關涉公共利益和消費者權益的保護，美國法院不允許生產者或銷售者通過在合同中訂立免除責任或限制責任的條款來減免自身的責任。不過《重述三》允許一個有限的例外，即當消費者在獲取充分信息和具備充分實力的條件下，承認減免責任條款的效力。①

### (七) 原告的過錯

對於原告的過錯行為能否成為生產者或銷售者的抗辯理由，《重述二》主要考慮了以下兩種情況：

第一，共同過失。根據《重述二》第463條的定義，共同過失是指原告遭受的損害是由於原告沒有盡到注意義務與被告的過失所共同造成的。由於《重述二》第402A條確立的是嚴格責任，因此《重述二》主張共同過失不能作為嚴格責任的抗辯，尤其是當消費者沒有發現產品缺陷的情況下。② 也就是說，共同過失不能作為生產者或銷售者免除其責任甚至減輕其責任的理由。

第二，自擔風險。自擔風險是指原告明知產品存在危險，但仍自願且不合理地將自己置於產品的危險之中。根據《重述二》第496A條的規定，原告如自擔風險則不能主張賠償的權利。同時，自擔風險亦是嚴格責任的完全抗辯。

《重述二》的上述主張在其頒布後的最初十年，基本上被美國各法院所接受。但隨著對嚴格責任態度的改變，上述兩個概念逐漸被「比較過錯」（Comparative Fault）所代替，③ 原告的過失可以成為產品責任的抗辯理由。《重述三》第17條亦認為：「原告因產品缺陷所導致的損害，如果同時亦緣於原告沒有盡到適當的注意義務，那麼將減少原告的賠償請求。」目前美國絕大多數州在產品責任訴訟中採用比較過錯原則來確定責任的分擔，只是有些州採用的是純比較過錯原則，即責任的劃分純粹按照雙方過錯所占的比例；而有些州採用的是經過改造的比較過錯原則，比如多數州規定，如果原告負有超過50%的過錯，那麼他的賠償請求將完全被禁止。④

---

① 美國法學會. 侵權法重述：產品責任 [M]. 3版. 肖永平，龔樂凡，汪雪飛，譯. 北京：法律出版社，2006：375-376.
② 史蒂文·L. 依曼紐爾. 侵權法 [M]. 影印本. 北京：中信出版社，2003：377.
③ 史蒂文·L. 依曼紐爾. 侵權法 [M]. 影印本. 北京：中信出版社，2003：377.
④ 美國法學會. 侵權法重述：產品責任 [M]. 3版. 肖永平，龔樂凡，汪雪飛，譯. 北京：法律出版社，2006：364.

### 五、損害賠償

美國產品責任法中的損害賠償範圍主要由美國各州的判例法所決定，因此損害賠償的具體內容非常繁雜。美國產品責任訴訟判決的賠償金額相當高昂，普通案件動輒幾十萬乃至上百萬美元，個別案件甚至高達上百億美元。2000 年，在一起幾乎包含所有佛羅裡達州吸菸者的集團訴訟中，案件一審中陪審團裁決的懲罰性賠償金高達 l 450 億美元。這也是美國歷史上裁決的最高賠償金額。[①] 有時一個案件的判決足以構成對涉案生產企業的致命打擊，甚至對整個產業產生重大影響。

美國產品責任法中的賠償範圍一般包括：

（一）人身傷害賠償

人身傷害賠償一般包括：

（1）受害人已花費的和將來花費的必要的醫療費用；

（2）因人身傷害而導致的間接經濟損失，如收入損失及因收入能力的減退而導致的經濟損失；

（3）肉體痛苦和精神傷害，該項賠償在全部賠償金額中往往占很大的比例，這也是美國產品責任賠償的一個特點；

（4）受害人死亡后，其近親屬因此而遭受的損失，如撫養費、精神損害等。

（二）財產損害賠償

該項賠償的對象是缺陷產品以外的財產損失，不包括缺陷產品本身的損失以及因缺陷產品本身的損害所導致的間接損失。《重述三》第 21 條評註 d 和 e 中談到兩個例證，如裝配線上的傳輸帶因缺陷而斷裂，導致裝配線停產，進而導致停產的利潤損失，《重述三》認為這不屬於產品責任的賠償範圍，可以通過合同法解決，因為這屬於缺陷產品本身所導致的損失。但如果是因為一輛有缺陷的叉車失控撞毀傳輸帶，進而導致停產的利潤損失，《重述三》則認為這屬於產品責任的賠償範圍，因為這屬於缺陷產品以外的財產損害導致的間接損失。

對於財產損害所導致的間接損失的賠償問題，美國侵權法的規定比較複雜，需考慮該損失的可預見性、近因性、確定性等因素。一般情況下，美國法院支持該賠償請求。

（三）懲罰性賠償

所謂懲罰性賠償，是指侵權行為人實施侵權行為出於惡意或存有重大過失，因而法院在判令支付補償性賠償金的基礎上，再要求侵權行為人向受害者支付額外的賠償金。懲罰性賠償是對侵權行為人的懲罰，從而達到抑制該類侵權行為的目的。懲罰性賠償是美國產品責任法的一個重要制度。《統一示範法》第 120 條規定：「如果原告通過清晰且信服的證據證明，產品消費者、使用者或其他人所遭受的損害是因為銷售者

---

① 史蒂文・L. 依曼紐爾. 侵權法 [M]. 影印本. 北京：中信出版社，2003：349.

對產品安全所採取的輕率漠視的態度所致,那麼原告將獲得懲罰性賠償。」懲罰性賠償在美國產品責任案件中被廣泛應用,但法院在具體判決中一般需考慮下列因素:
(1) 銷售者不當行為導致嚴重損害的可能性;
(2) 銷售者對上述可能性的認知程度;
(3) 銷售者因不當行為所能獲得的非法利益;
(4) 銷售者不當行為的持續時間和隱瞞程度;
(5) 銷售者發現不當行為后所採取的態度,以及不當行為是否已經終止;
(6) 銷售者的經濟狀況;
(7) 對銷售者已經施加的或可能施加的其他懲罰措施的總體效果;
(8) 原告所遭受的損害是否緣於原告本身對產品安全的輕率漠視。

## 第三節　歐盟產品責任法

歐盟是目前世界上最具代表性的區域性國際經濟、政治合作組織。為了加強各成員國之間的經濟合作,促進貿易發展,減少自由貿易的障礙,歐盟自1952年歐洲煤鋼共同體成立以來,頒布了一系列的條例、指令和決議,要求各成員國遵守和採納。其中指令(Directive)雖然不具有直接適用的效力,但各成員國有義務在一定期限內將指令的內容轉化為其國內法。在產品責任立法方面,歐洲共同體理事會於1985年頒布的《產品責任指令》和於1992年頒布的《通用產品安全指令》是其主要的法律文件。此外,歐盟的產品責任立法還包括歐洲理事會於1977年通過的《斯特拉斯堡公約》,全稱為《關於造成人身傷害與死亡的產品責任歐洲公約》(European Convention on Products Liability in Regard to Personal Injury and Death)。該公約由歐洲理事會(Council of Europe)於1977年1月27日在斯特拉斯堡通過,然后供各成員國簽約批准加入。該公約第13條規定:「本公約自第三份批准書、接受書或認可書交存之日起六個月后的第一月的第一天生效。」截至2007年5月,該公約只有法國、比利時、盧森堡和奧地利四個簽約國,但上述四國均未提交批准書,因此該公約尚未生效。①

### 一、《產品責任指令》(Directive on Product Liability)

歐共體理事會為了協調統一各成員國之間的產品責任法律,於1973年組織專家委員會起草制定一部歐共體各成員國統一的產品責任法。經過多年努力,歐共體理事會於1985年7月25日通過了歐洲經濟共同體《產品責任指令》。該指令全稱為《使各成員國產品責任法律相互接近的理事會指令》(Council Directive 85/374/EEC on the Approximation of the Laws, Regulations and Administrative Provisions of the Member States Concerning Liability for Defective Products, 英文縮略為 Directive 85/374/EEC, 以下简稱為《指令1985》)。根據《指令1985》第19條的規定,各成員國有義務在《指令

---

① http://conventions.coe.int.

1985》頒布后三年內將指令的內容轉化為國內法。《指令1985》的頒布為歐盟各國的產品責任立法制定了相對統一的標準。

《指令1985》實施后，為了進一步提高產品責任的保護水準，應對部分領域的產品安全危機，歐盟議會和理事會於1999年5月10日通過了《修訂指令85/374/EEC的指令1999/34/EC》（Directive 1999/34/EC of the European Parliament and of the Council Amending Council Directive 85/374/EEC on the Approximation of the Laws, Regulations and Administrative Provisions of the Member States Concerning Liability for Defective Products，以下簡稱為《指令1999》）。《指令1999》共4條，內容圍繞對《指令1985》第2條的修訂，擴大了產品責任的適用範圍。

（一）產品

根據《指令1985》第2條的規定，產品是指所有的動產，包括組裝在其他動產或不動產中的動產，此外包含電。但《指令1985》強調動產不包括初級農產品和狩獵物。初級農產品是指未經過初步加工的種植業產品、畜牧業產品和漁業產品。狩獵物一般是指捕獲的野生動物。同時，《指令1985》的前言指出，加工是指經過工業性質的加工，也就是所謂工業加工。此外，《指令1985》不適用於因核事故所引發的損害，此類損害賠償由歐盟的相關公約解決。總之，《指令1985》的產品範圍涵蓋經過工業加工的動產，排除了不動產和未經過加工的天然農產品。同時需要注意的是，對於產品範圍是否應包含初級農產品的問題，《指令1985》採取了靈活的態度，其第1~5條規定允許各成員國作出與指令不同的規定。因此在《指令1999》通過前，已經有一些成員國在其國內法中將初級農產品納入到產品責任的適用範圍，如法國、盧森堡等。而且《指令1985》之前的《斯特拉斯堡公約》就已經將天然動產納入到產品責任的調整範圍。

到了20世紀90年代，隨著瘋牛病危機的發生，農產品安全成為歐盟各成員國關注的突出問題。為了讓消費者重拾對農產品安全的信賴，進一步統一各成員國的法律，歐盟修訂的《指令1999》第1條明確規定，產品包含所有的動產，而沒有任何的例外規定。這也意味著把初級農產品和獰獵物納入到「產品」的範圍，並且不允許各成員國對此提出保留或排除適用。初級農產品的納入，亦將農產品的生產者置於與其他產品生產者相同的法律地位，同時也消除了自《指令1985》實施以來關於如何界定「初步加工」或「工業加工」的爭議。

（二）缺陷

根據《指令1985》第6條的規定，如果一個產品不能提供人們有權期待的安全性，產品即為有缺陷。產品的缺陷不在於產品是否適合使用，而在於產品是否滿足一般大眾對產品的安全期待。在界定產品是否具有缺陷的問題上，《指令1985》同時指出，應將所有相關因素考慮在內，包括：

(1) 產品的使用說明；
(2) 可以合理預見的產品使用狀況；
(3) 產品投入流通的時間。

此外，《指令 1985》前言指出，在缺陷的認定上應排除消費者對產品不合理的誤用，這意味著產品的合理誤用所產生的危險應作為認定產品缺陷的考慮因素之一。《指令 1985》並且強調，不能單純以產品投入流通後有更好的產品出現作為產品存在缺陷的理由。

### (三) 責任主體

根據《指令 1985》第 3 條的規定，產品責任的承擔者是指產品的生產者。生產者具體又包括：

(1) 成品生產者；

(2) 原料生產者或零部件生產者；

(3) 通過在產品上標明其姓名、商標或其他可辨識的特徵，表明其為生產者的任何人；

(4) 在不減損產品生產者責任的情況下，任何將產品輸入到歐共體市場用於銷售、租用、出租或任何形態之商業銷售者，都將被認為本指令意義上的生產者，並將承擔與生產者相同之責任（本項規定旨在更好地保護消費者的權益，從而把非歐盟生產商生產的產品進入歐盟市場的第一進口商視做是產品的生產者，使消費者在歐盟領域內更為便利地展開產品責任訴訟。當然在發生產品責任的情況下，歐盟的消費者亦有權選擇非歐盟的生產商作為產品責任的承擔者）；

(5) 如果生產者不能被確認，產品的供應商將被視做生產者，除非在合理的時間內，其能夠向消費者告知生產者或向其提供產品的供應商的身分。此規定同樣適用於上述 (4) 情況中的進口產品，即使在產品上標有生產者，但如果供應商不能向消費者提供產品進口商或向其提供產品的供應商的身分，其將被視做生產者。

此外，根據《指令 1985》前言所述，對於缺陷產品給消費者造成的損害，如果有兩個以上的責任承擔者，他們將承擔連帶責任。

### (四) 歸責原則

《指令 1985》規定產品責任的歸責原則為無過錯責任。受害者提出賠償請求，只需證明產品存在缺陷、缺陷產品所造成的損害以及兩者之間的因果關係，而無須證明生產者是否存有過錯。

### (五) 責任的免除或減輕

為了合理地分配產品風險的承擔，達到生產者與消費者之間的利益均衡，《指令 1985》規定了產品生產者相應的減免責任的情形。根據《指令 1985》第 7 條的規定，如果生產者能夠證明存在下列情況，則不承擔責任：

(1) 生產者尚未將產品投入流通。

(2) 根據情況表明，造成損害的缺陷很可能是在產品投入流通時並不存在或者是在產品投入流通後形成的。

(3) 產品並非用於銷售或以經濟為目的的任何形式之分銷，也並非由生產者在商業經營過程中製造或分銷。

（4）產品的缺陷是由於執行政府的強制性法規所致。

（5）依產品投入流通時的科學或技術水平無法發現缺陷的存在。此規定即所謂產品的發展缺陷，可以作為生產者免責的抗辯理由，此項抗辯旨在鼓勵產品的創新和發展。但鑒於各成員國不同的法律規定，《指令1985》允許各成員國在其國內法中對此作出不同的規定。

（6）對於零部件生產者，零部件產品缺陷因為須符合成品之設計或依照成品生產者的指示所致，此產品缺陷其實並非產品零部件之缺陷，而是成品存在缺陷，因此零部件生產者無須承擔產品責任。

《指令1985》同時指出，產品存在缺陷造成損害，產品生產者的責任不能因為損害的造成部分是由於第三人的行為或疏忽所致而受影響或減輕；但是依情況考慮，如果損害的造成亦可歸因於受害人自身的過錯，生產者的責任可以相應地減輕甚至免除。此外，根據《指令1985》第12條規定，生產者對受害人應承擔的責任不能依據任何免除或限制生產者責任的條款而減輕或免除。該條規定主要針對於生產者利用不合理的格式條款規避法定的責任從而損害消費者的合法權益。

（六）損害賠償

根據《指令1985》第9條的規定，損害包括人身傷害和財產損害。

對於人身傷害，其具體的賠償項目，《指令1985》沒有作出規定，只是特別提到本指令不影響各成員國規定受害者可以提出精神損害賠償。此外，鑒於各成員國不同的法律傳統，《指令1985》沒有對賠償的最高限額作出規定，允許各成員國自行決定。但《指令1985》第16條指出，對於同類產品的相同缺陷所導致的損害，各成員國規定的賠償限額不得低於7,000萬歐洲貨幣單位（ECU）。

對於財產損害，《指令1985》規定財產損害不包括缺陷產品本身，並對缺陷產品以外的其他財產的損害規定了賠償的門檻，即該財產損害不得低於500歐洲貨幣單位。該規定主要在於避免過多的產品責任訴訟。但需要注意的是，上述財產損害，消費者的賠償請求可以考慮通過其他法律途徑解決，如合同責任。《指令1985》亦指出，損害的財產須是消費者用於私人使用或消費的產品。

（七）訴訟時效

根據《指令1985》第10條的規定，原告提起賠償請求的訴訟時效為3年，從原告知道或應當知道損害、缺陷和生產者的身分之日起計算。但是如果自缺陷產品投入流通後10年內，受害者沒有提起訴訟請求，那麼受害者將不再享有此權利。

## 二、《通用產品安全指令》(Directive on General Product Safety)

為了確保投放於市場的產品足夠安全，從而保護消費者的合法權益和公共健康，並促進歐盟市場內部法律規則的統一，消除歐盟市場內部自由貿易的障礙及對競爭的扭曲現象，歐共體理事會於1992年6月29日頒布了《通用產品安全指令》(Council Directive 92/59/EEC on General Product Safety)。該指令實施後，為了進一步提高對消費者權益的保護水準，加強各成員國之間執行指令義務的協調與合作，歐盟議會和理事

會於 2001 年 12 月 3 日頒布了修訂后的《通用產品安全指令》（Directive 2001/95/EC of the European Parliament and of the Council on General Product Safety，以下簡稱為《指令 2001》），該指令於 2002 年 1 月 15 日生效，2004 年 1 月 15 日正式實施。《指令 2001》的實施不僅提高了歐盟各成員國的產品安全水準，同時亦對非歐盟國家進入歐盟市場的產品提出了更高的安全要求。例如，在 2002 年，歐洲標準化委員會公布打火機的 CR（Child Resistant）標準，打火機 CR 標準即指打火機需要加裝防止兒童開啟的裝置，該標準針對售價 2 歐元以下的廉價打火機。該標準一旦正式實施，將對中國的打火機出口造成不小的衝擊。通過磋商，2003 年年底，歐盟委員會決定暫不將打火機 CR 標準作為歐盟《通用產品安全指令》的參考標準。但在 2006 年 5 月 11 日，歐盟委員會公布決議，要求各成員國採取措施確保只有加裝防止兒童開啟裝置的打火機才能進入歐盟市場。

《指令 2001》包括前言、正文（共 7 章 24 條）和附件。內容主要包括指令的適用範圍、生產者和銷售者的產品安全義務和各成員國執行產品安全措施的相關義務和相關職權等。特別需要注意的是，《指令 2001》並非是一部直接規範產品責任的法律。指令中，生產者和銷售者承擔的是確保產品安全的義務，但他們對該項義務的違反因此需承擔何種民事責任，《指令 2001》沒有明確規定，但《指令 2001》規定了成員國政府可以採取的相關行政措施，如對危險產品的撤回和銷毀。因此，《指令 2001》是一部具有公法性質的法律，其目的是確保產品安全，預防和消除危險產品的市場進入。而且產品生產者和銷售者所承擔的產品安全責任並非單純的民事侵權意義上的產品責任。儘管如此，《指令 2001》所規定的生產者和銷售者的產品安全義務和責任，對於產品缺陷以及生產者產品責任的認定具有密切的聯繫和重要的參考意義，並為將來歐盟產品責任法的拓展鋪墊基礎。基於本章要求，本文只介紹《指令 2001》中與產品責任相聯繫的內容。

（一）《指令 2001》的適用範圍

《指令 2001》的適用範圍主要涉及對產品、安全產品、生產者和銷售者的定義。

1. 產品

根據《指令 2001》第 2 條（a）項的規定，產品包括任何產品，如果產品是通過商業活動意圖提供給消費者使用，或者並非意圖提供給消費者，但在可以合理預見的情況下使消費者獲取使用的產品，而且不論消費者獲取產品是否支付對價，也不論產品是否是新的、使用過的或修理過的。《指令 2001》對產品範圍的界定是非常廣泛的，但其對兩種「產品」作了特別規定。

其一，關於二手產品。《指令 2001》的適用包含二手產品，但如果二手產品是作為古董而提供的，或者供應商明確告知消費者該二手產品在使用前是需要經過修理的，那麼《指令 2001》不適用於該二手產品。

其二，關於服務。對於這個問題，歐盟內部的爭論比較激烈，目前的《指令 2001》並沒有將服務納入產品的範疇。但是《指令 2001》前言指出，服務過程中提供的產品應屬於本指令所指的產品，如美容服務商提供的美容產品，但對於服務過程中使用的

設備本指令不包含，尤其是那些由服務提供者操作供消費者乘坐或旅行的設備，如汽車、飛機等，因為該設備的安全與服務提供者所提供的服務安全是相關聯的。由此可見，歐盟目前將產品安全和服務安全是分別考慮的。

2. 安全產品

根據《指令2001》第2條（b）項的規定，安全產品是指產品在正常使用或可以合理預見的使用情況下，不構成任何危險或只構成最低程度的危險。所謂最低程度的危險，是指該危險是與產品的使用相共存的，並且是可以被接受的，同時亦與對公眾安全與健康的高水準保護的要求是相一致的。而不符合安全產品定義的產品，即可稱之為「危險產品」。在認定產品是否安全的問題上，除了上述的定義，《指令2001》認為需特別考慮下列因素：

（1）產品的性質，包括產品的成分、包裝、產品的安裝與維護說明等；
（2）在可以合理預見的情況下，產品與其他產品混合使用所產生的效果；
（3）與產品相關的指示和信息，如產品的描述、標籤、警告、使用和處置的說明等；
（4）因使用產品而處於危險的消費者的類別，特別是老人和兒童。

但《指令2001》亦指出，不能以有更安全產品的存在而作為認定產品存在危險的理由。

3. 生產者

《指令2001》所指的生產者包括：

（1）在歐共體內設立的產品製造商；任何通過在產品上加貼名稱、商標或其他顯著性標記，表明其為產品製造商的人；或者修理產品的人。
（2）如果產品製造商並非在歐共體內設立，那麼其代表機構作為生產者；如果其在歐共體內沒有設立代表機構的，那麼進口商作為生產者。
（3）在產品流通環節中的其他執業者，只要他們的行為可能會影響到產品的安全性能。

可以看到，相比較《產品責任指令》而言，《指令2001》所涵蓋的生產者的範圍要廣泛得多，除了產品的實際生產者和名義上的生產者外，還包括影響產品安全性能的任何經營者，如產品的修理者、運輸者等。

4. 銷售者

《指令2001》所指的銷售者是指在產品流通環節中對產品安全性能不構成影響的任何執業者。需要注意的是，《指令2001》對於生產者與銷售者的區別，關鍵在於他們的經營行為是否會構成對產品安全性能的影響。[1] 因此，一個傳統意義上的銷售商，如果其銷售行為改變了產品的安全性能，如通過改變產品的使用說明等，那麼其將被視做《指令2001》概念上的生產者。

（二）生產者和銷售者的產品安全義務

生產者和銷售者的基本義務是確保只將安全產品投放市場。同時，《指令2001》第

---

[1] 杜志華. 歐盟通用產品安全法律制度初探［J］. 現代法學, 2003（6）.

5 條又分別規定了生產者和銷售者的其他義務。

1. 生產者的義務

（1）生產者提供信息的義務。生產者應向消費者提供相關信息，以便讓消費者在合理的時間內對於產品的固有危險作出評價並採取相關的預防措施。

（2）生產者對產品安全實施監督的義務。此項義務的實施，首先要求生產者應該建立一個暢通的信息渠道，以便讓生產者能夠被告知產品可能引發的危險，比如在產品或產品包裝上，標示生產者和產品的詳細信息，以及生產者對已經投放市場的產品進行抽樣檢測、調查、建立消費者投訴登記制度等；其次，根據產品的性質和危險，生產者應採取適當的措施避免危險的發生，包括從市場撤回產品，或對消費者作出充分有效的警告，或者召回產品。根據《指令2001》的規定，撤回和召回的主要區別是，撤回所涉及的危險產品已經進入市場，但還未被消費者獲取；但召回所涉及的危險產品已經進入消費者手中。《指令2001》亦指出，召回是作為生產者防範危險的最終手段，也就是當其他措施不足以防範危險的發生時，生產者方才自願或依政府的命令召回產品。

此外，《指令2001》強調，單純的警告並不能免除生產者依本指令所應承擔的其他義務。

2. 銷售者的義務

《指令2001》所規定的銷售者的安全義務主要是一種輔助義務。銷售者應該盡合理的注意義務確保產品安全，特別是不應銷售其已經知道或應當知道的不符合安全要求的產品，並積極參與對市場產品的安全監控，傳遞產品危險的相關信息等。

此外，《指令2001》要求生產者和銷售者應該與各成員國有關機構就產品安全互通信息、積極合作。總之，《指令2001》對生產者和銷售者各項義務的規定，旨在確保歐盟市場產品的安全，防止危險產品的進入，並通過各種措施以便能迅速有效地將危險產品清除出歐盟市場。

## 第四節　產品責任的國際立法

隨著產品生產和銷售的國際化，國際間不同國家當事人之間的產品責任案件頻繁發生。但由於各國在產品責任立法方面的差異，從而產生跨國產品責任確認和承擔的不可預期性，對國際商品流通和國際自由貿易的發展帶來不利的影響。因此國際社會意圖制定統一的產品責任法來解決這一問題。但由於各國在經濟發展水平和法律制度方面的巨大差異，目前在產品責任實體法方面，除了歐盟的區域性立法外，還有海牙國際私法會議制定的《產品責任法律適用公約》，在解決產品責任的國際衝突方面，發揮了重要的作用。

《產品責任法律適用公約》（Convention on the Law Applicable to Products Liability，本節簡稱為《海牙公約》），由海牙國際私法會議於1973年10月2日制定通過。海牙國際私法會議（Hague Conference on Private International Law，HCCH）為政府間國際組

織，共有六十多個成員國，包括中國。《海牙公約》自 1977 年 10 月 1 日起生效。截至 2006 年 7 月共有 11 個國家成為《海牙公約》的締約國。

《海牙公約》雖然只是一部產品責任的衝突法公約，但在統一的實體法公約難以建立的情況下，《海牙公約》通過制定產品責任準據法適用的衝突法規則，能夠在一定程度上減少跨國產品責任訴訟的不確定因素，有利於跨國產品責任案件的最終解決。本節對《海牙公約》作簡要評介。

## 一、《海牙公約》的適用範圍

《海牙公約》的前言指出，公約意圖對產品責任的國際訴訟建立普遍的準據法適用規則。因此，對於《海牙公約》內容的理解，尤其是對於《海牙公約》適用範圍部分的理解，必須注意和把握的是，「公約只是關涉法律的選擇，並不意圖對產品責任的實體法規則施加任何的影響」。也就是說，《海牙公約》對產品責任的界定以及一些相關術語的定義，如「產品」「損害」等，並非從產品責任實體法的角度來考慮，而是從擴大《海牙公約》的適用範圍、確定準據法適用的角度來考慮的。

《海牙公約》的適用範圍規定在公約的第 1 條至第 3 條。根據《海牙公約》第 1 條的規定，公約適用於產品責任準據法的確定，產品責任的範疇系指產品生產者或其他人對於產品所造成的損害，包括因為產品的錯誤描述以及對於產品質量、性質或使用方法缺乏充分的警示而致損害所產生的責任。但是如果產品的所有權或使用權是由責任人直接轉讓給受害者的話，那麼它們之間的責任不適用《海牙公約》。由此可見，《海牙公約》不適用於具有合同關係的生產者與消費者之間產生的產品責任，儘管從產品責任實體法的角度，他們之間的責任亦屬於產品責任的範疇。《海牙公約》對具有合同關係的產品責任的適用排除，主要在於避免與現有的規範合同關係的衝突法規則之間的衝突，從而有利於《海牙公約》的接受和推廣。

《海牙公約》第 2 條主要對「產品」和「損害」作出了定義。出於《海牙公約》的立法目的，產品是指一切產品，包括天然產品和工業產品，製成品或非製成品，以及動產或不動產。《海牙公約》的產品範圍非常廣泛，但其主要目的還是在於意圖擴大《海牙公約》的適用範圍。《海牙公約》所指的損害包括人身傷害和財產損害以及相應的經濟損失。對於產品本身的損失以及因此而導致的間接損失，《海牙公約》不適用，但是如果上述損失與其他損失相關聯的話，《海牙公約》適用於該損失。例如，某人駕駛一輛汽車去簽訂合同，途中汽車因產品缺陷而報廢，從而導致汽車本身的損失和合同利益的損失，對此損失即屬《海牙公約》所指的產品本身的損失和因此所致的間接損失，《海牙公約》不適用；但是如果此間駕駛者本人亦遭受到了人身傷害，哪怕是輕微的人身傷害，因此受害者提出的賠償請求包含上述所有的損失，那麼《海牙公約》適用於上述損失，因為此時汽車損失和合同損失與其他損失（人身傷害）產生了關聯。同樣需要注意的是，上述損失能否得到賠償是準據法所解決的問題，《海牙公約》只是確定上述訴訟是否屬於《海牙公約》衝突法規則調整的範疇。

《海牙公約》第 3 條界定了產品責任主體的範圍，責任主體既包括法人，也包括自然人，具體包括：

（1）成品生產者和零部件生產者；
（2）天然產品的生產者；
（3）產品供應商；
（4）產品修理者、保管者，以及在產品制備和銷售的商業流通環節中的其他人。
此外，上述人員的代理人和雇員亦屬於《海牙公約》的調整範圍。

## 二、準據法的確定

《海牙公約》的第4條至第7條規定了確定產品責任準據法的規則。在這個問題上，《海牙公約》設計的衝突法規則有一個明顯的特點，即由兩個以上的連結點來確定適用的準據法，單獨的連結點不具有決定性的作用，以此保證所適用的準據法與案件有較為密切的聯繫，防止偏頗。

《海牙公約》在確定準據法時，主要設置了以下四項規則：

（1）根據《海牙公約》第4條的規定，準據法為損害地所在國的國內法，如果該損害地所在國同時又是下列所在地之一：
①直接受害人的經常居住地；
②被控責任人的主要營業地；
③直接受害人的產品獲取地。

（2）根據《海牙公約》第5條規定，準據法為直接受害人經常居住地所在國的國內法，如果該所在國同時又是下列所在地之一：
①被控責任人的主要營業地；
②直接受害人的產品獲取地。

上述兩項規則，在設置上有先後順序，《海牙公約》首選考慮的準據法是損害地法。但是《海牙公約》亦賦予了受害人一定的選擇權，即在滿足條件的情況下，例如損害地和產品獲取地為同一國家，而受害人經常居住地和責任人主要營業地又同在另一國家，受害人可以在損害地法和受害人經常居住地法之間進行選擇。同時，上述兩項規則基本涵蓋了絕大多數的案件，但也難保發生例外，如四個連結點分處於四個不同的國家。

（3）根據《海牙公約》第6條的規定，在上述（1）、（2）兩項不能適用的情況下，準據法為被控責任人主要營業地所在國的國內法，除非權利請求人提出的權利請求是基於損害地所在國的國內法。這項規定對於受害人而言，在準據法的選擇上還是存有一定的餘地，即他可以在責任人主要營業地法與損害地法之間進行選擇。

（4）根據《海牙公約》第7條的規定，即使按照《海牙公約》第4~6條的規定本應適用損害地所在國法或受害人經常居住地所在國法的情況下，如果被控責任人能夠證明他不可能合理地預見產品會經由商業渠道進入上述國家，那麼上述國家的國內法將不被適用。本條規定給了責任人一個有條件地排除適用損害地法或受害人經常居住地法的機會，如果排除適用能夠成立的話，那麼責任人主要營業地所在國的國內法將被適用。

此外，《海牙公約》對於準據法的選擇和適用還有一些其他規則。如《海牙公約》

第 10 條規定，如果確定的準據法與本國的公共政策相違背的話，法院有權拒絕適用該準據法。

### 三、準據法的適用範圍

《海牙公約》第 8 條列舉了準據法的適用範圍，即準據法所能解決的問題，具體包括：

（1）責任的條件和範圍。
（2）免除責任、限制責任和責任劃分的理由。
（3）可予賠償的損害種類。
（4）賠償的形式和範圍。
（5）損害賠償的權利是否可以轉讓或繼承的問題。
（6）依自己的權利可以要求損害賠償的人。比如，受害人死亡後，其家屬遭受損失而導致的求償權利問題。
（7）委託人對其代理人的行為或雇主對其雇員的行為承擔責任的問題。
（8）舉證責任。
（9）關於時效的規定，以及關於時效起算、中斷和中止的規定。

《海牙公約》規定的準據法解決事項的範圍比較廣泛，但亦有一些事項沒有涵蓋，如管轄問題，受害人與責任人之間的法律選擇是否有效的問題等。

## 復習思考題：

1. 什麼是產品責任？產品責任的構成要件是什麼？
2. 簡述美國產品責任理論的沿革和發展。
3. 簡述歐盟《產品責任指令》中產品責任的抗辯事由。
4. 簡要評述中國產品責任法與歐美產品責任法的主要區別。
5. 根據美國產品責任法的相關理論，簡要評析菸草製品的產品安全問題。

# 第八章　國際貨物運輸與保險法

**本章要點：**

- 瞭解海上貨物運輸合同的概念與種類。
- 掌握提單的基本知識及有關提單的國際公約和國際慣例。
- 掌握海上保險與海上保險法的概念。
- 熟悉海上保險的保險人承保風險的範圍。
- 把握代位權與委付的概念及其成立要件。
- 瞭解中國的海上保險的法律制度。

## 第一節　國際海上貨物運輸法

### 一、國際海上貨物運輸概述

國際海上貨物運輸，是指承運人經由海路，將貨物從一國港口運至另一國港口的行為。調整國際海上運輸的法律制度主要是國際慣例、國際公約及各國國內法的相關規定。

海上貨物運輸在國際貨物運輸中佔有相當重要的地位與作用。與陸路運輸、航空運輸相比，海上運輸具有運輸數量大、運輸費用低等優點。國際貨物運輸中約有 2/3 是由海上運輸完成的，中國對外貿易總量的 80% 左右也是通過海上運輸實現的。但是，海上貨物運輸也有難以克服的缺陷，主要表現為運輸時間長，易受地理、氣候等自然條件的影響，因而海上貨物運輸的風險也相對較大。

下面介紹與國際海上貨物運輸有關的內容。

（一）國際海上貨物運輸合同

《聯合國海上貨物運輸公約》第 1 條第 6 款給國際海上貨物運輸合同下的定義為：「指承運人收取運費，據以承擔由海上將貨物從一港運至另一港的任何合同。」在國際海上貨物運輸合同中，有兩方當事人，一方是承運人，另一方是托運人。在國際貿易實踐中，國際海上運輸有兩種方式：一種是班輪運輸，一種是租船運輸。

（二）國際海上貨物運輸合同的種類

國際海上貨物運輸合同一般可以分為以下三種：

1. 班輪運輸合同

班輪運輸合同是指托運人與承運人就班輪運輸貨物所達成的契約，即是指承運人按照固定航線、掛靠固定港口、固定船期、按照固定費率，用指定船舶將托運人的貨物，從指定的裝運港運往預定的目的港的運輸合同。

在班輪運輸中，通常採用船長簽發提單的方式，班輪的承運人受有關提單運輸的法律和國際公約約束。

2. 租船合同

租船合同包括航次租船合同和定期租船合同，但是在實踐中，租船合同主要指航次租船合同。航次租船合同是不定期運輸，承運人不是按照固定的航線，固定的港口運輸貨物的，而是依據有關的租船合同的要求運送貨物。在租船運輸中，各國一般都允許當事人自由訂立租約，不受有關提單運輸的法律或國際公約的調整。但是在海運實踐中，由於貿易的需要，各國法律中都承認租船人可以簽發提單。例如中國《海商法》第72條就規定了貨物由承運人接收或裝船后，應托運人的要求，承運人應當簽發提單。《海牙規則》《漢堡規則》中也都有類似規定。此時承運人和提單都適用有關提單的法律規定。

3. 貨運協議、貨運總合同或貨運數量合同

此種合同一般適用於大宗貨物運輸，在這類合同中，由托運人或貨主與承運人或船東訂立貨運協議，約定在一定時期內，由承運人負責承運托運人交運的貨物。根據雙方的協議，雙方制定具體的運輸安排，在具體完成每一次裝船任務後再簽發提單作為運輸合同的證明或者簽訂航次租船合同。

(三) 國際海上貨物運輸合同的成立

1. 國際海上貨物運輸合同的訂立

(1) 國際海上貨物運輸合同的當事人。在提單運輸中，國際海上貨物運輸合同的當事人一方是承運人，另一方是與承運人簽訂運輸合同的托運人或發貨人，也可能是收貨人。具體的權利義務關係，依據提單內容確定。正如中國《海商法》第78條指出的，「承運人同收貨人、提單持有人之間的權利、義務關係，依據提單的規定確定。」

在租船合同中，航次租船合同的當事人是承租人和出租人。在貨運協議中，合同當事人是托運人和承運人。

(2) 合同的訂立。海上貨物運輸合同一般採取書面形式訂立，承運人或者托運人可以要求書面確認海上貨物運輸合同的成立。但是，航次租船合同應當書面訂立。中國法律還規定，電報、電傳和傳真具有書面效力。

海上貨物運輸合同一旦成立，就具有法律效力，對當事各方具有約束力。任何一方均有義務履行合同項下的義務。

2. 海上貨物運輸合同的法律適用

對於海上貨物運輸合同，各國法律中一般都允許當事人意思自治。中國法律中就明確規定，合同當事人可以選擇處理合同爭議所適用的法律。當事人沒有選擇的，適用與合同有最密切聯繫的國家的法律。

### (四) 調整國際海上貨物運輸合同的立法

1. 國內立法

各國都制定了相應的國內立法或者通過相關的判例來調整有關海上運輸的法律關係。例如中國《海商法》中就具體規定了海上貨物運輸的法律關係，各方的權利與義務等。

2. 國際公約

有關國際海上貨物運輸的國際公約包括：

（1）1924年《海牙規則》（Hague Rules）。《海牙規則》是《關於統一提單若干規則的國際公約》的簡稱。為了統一各國有關提單運輸的法律規則，國際法協會於1921年在荷蘭召開會議，並於1924年在布魯塞爾通過了該規則。該規則目前是有關調整提單運輸的重要的國際公約。

（2）1967年的《維斯比規則》（Visby Rules）。《維斯比規則》是《修改統一提單若干法律規定的國際公約議定書》（Protocol to Amend the International Convention for the Unification of Certain Rules of Law Relating to Bills of Lading）的簡稱。

隨著科技的發展，集裝箱運輸方式的出現和迅猛發展，國際海上運輸方式發生了重大變革，《海牙規則》的內容已不適應新形勢發展的需要。到了20世紀50年代末，要求修改《海牙規則》的呼聲日漸強烈。國際海事委員會於1968年6月23日在布魯塞爾外交會議上通過了該規則，規則自1977年6月23日生效。《維斯比規則》是《海牙規則》的修改和補充，故常與《海牙規則》一起，稱為《海牙——維斯比規則》。

（3）《漢堡規則》（Hamburg Rules）。《漢堡規則》是《聯合國海上貨物運輸公約》（United Nations Convention of the Carriage of Goods by Sea, 1978）的簡稱。隨著國際貿易和海運的發展，要求修改海牙規則的呼聲不斷。1978年3月在德國漢堡召開的有78個國家代表參加的《聯合國海上貨物運輸公約》外交會議上，聯合國國際貿易法委員會擬定了草案，通過了該公約，公約於1992年11月1日生效。

## 二、班輪運輸中的相關法律問題

無論是在班輪運輸中，還是在租船合同中，當事人一般都要通過提單確定當事各方的法律關係，因此研究班輪運輸和租船運輸，都必須要掌握提單的相關內容。這裡主要結合班輪運輸的內容，討論提單的法律問題。

### (一) 提單的概念及作用

1. 提單的定義

《海牙規則》和《維斯比規則》都沒有對提單作出明確規定。《漢堡規則》和中國《海商法》中則指出，提單是用以證明海上運輸合同和貨物已經由承運人接收並裝船，以及承運人保證據以交付貨物的單證。提單中載明的由記名人交付貨物，或者按照指示人的指示交付貨物，或者向提單持有人交付貨物的條款，構成承運人據以交付貨物的保證。

2. 提單的作用

根據上述定義，一般認為提單具有以下三個作用：

（1）提單是海上貨物運輸合同的證明。對於托運人來說，提單本身並不是海上貨物運輸合同，提單僅是海上貨物運輸合同最有力的證明。如果沒有海上運輸合同，就沒有提單。但是一旦提單被轉讓或背書給第三人，按照有些國家的法律規定，提單就不僅是海上貨物運輸合同的證明，而且也是海上貨物運輸合同。中國法律中就指出，承運人與收貨人、提單持有人之間的權利、義務關係，依據提單規定確定。

（2）提單是貨物收據。托運人將貨物交給承運人以後，承運人簽發提單，證明貨物已經交給承運人，承運人將按照提單上的內容向提單持有人交付貨物。一般來講，提單上應當寫明下列內容：為辨認貨物所需要的主要嘜頭，貨物的包數或件數，貨物的表面狀況等。相對於托運人來說，提單僅是承運人按照提單所記載的內容收到貨物的初步證據，但對於提單受讓人來說，提單就是最終證據，承運人應當按照提單所記載的內容向提單持有人交付貨物。如果承運人所交付的貨物與提單內容不符的話，承運人應當承擔責任，除非承運人能證明其免除責任。

（3）提單是物權憑證。在國際商事交易中，貨物通常需要一定的時間才能到達目的地，這就不利於買方轉賣貨物或利用貨物融資，因此在實踐中就發展出提單是物權憑證的功能，貨主通過轉讓提單來轉讓貨物，誰擁有提單，誰就擁有貨物。提單是物權憑證，是由商人們總結實踐經驗的基礎上創立的游戲規則。在兩百多年前，英國法院通過判例確定了提單的物權憑證的性質，並在1855年的提單法中確立。現在，各國的成文立法或判例法都已經確認了提單具有物權憑證的作用。這樣，提單持有人既可以通過轉讓提單來轉移貨物的所有權，也可以將提單質押，實現資金融通。

在實踐中，還有一類單據被稱為海運單。海運單僅僅是證明海上貨物運輸合同的單證，是證明承運人接收貨物的單證，但是海運單不具有物權憑證的作用，因此不能轉讓。在貿易實踐中，承運人一般只簽發一份正本海運單，如果承運人簽發了海運單，則不再簽發提單。

(二) 提單的種類

1. 已裝船提單（On Board B/L）和收貨待運提單（Received for Shipment B/L）

根據提單簽發時貨物是否已經裝船，分為已裝船提單和收貨待運提單。

已裝船提單，是指貨物在裝上船以後由承運人簽發的提單，一般在提單上註明「貨物已裝船」的字樣或註明裝運的船舶以及裝船日期。收貨待運提單是指承運人在接管貨物後，在貨物裝船以前由承運人應托運人的要求簽發的提單，一般只寫明承運人接管貨物，但是不能確定貨物裝上了那一艘船。該種提單主要是在集裝箱運輸中廣泛使用。

在目前的商業習慣中，銀行對待這兩種提單的態度是不同的。一般來講，銀行更傾向於接受已裝船提單，正如《跟單信用證統一慣例——2007年修訂本，國際商會第600號出版物》（簡稱UCP600）中指出的，如果信用證要求港至港運輸提單，除非信用證另有規定，則銀行將接受下述單據，無論其稱謂如何，……其顯示出貨物已經裝

船或裝具名船只。在已裝船提單中，必須註明船名和裝船日期，提單僅僅寫上貨物將裝上指定的船只是不夠的。

2. 清潔提單（Clean B/L）和不清潔提單（Unclean B/L）

根據提單上是否有批註，分為清潔提單和不清潔提單。

如果承運人或其代理人認為貨物表面狀況良好，在提單上對貨物的表面狀況未加批註，則承運人簽發的提單就是清潔提單。如果認為貨物的表面狀況不好，例如貨物有銹損、包裝不固、破包等，則承運人簽發不清潔提單。在國際貿易實踐中，尤其是在使用跟單信用證結算方式的情況下，買方一般不願意接受不清潔提單，銀行也拒絕接受不清潔提單，因此，一般都要求賣方提供已裝船的清潔提單。

如果承運人知道或者有合理的根據懷疑提單記載的貨物的品名、標誌、包數或者件數、重量或者體積與實際接收的貨物不符，在簽發已裝船提單的情況下懷疑與已裝船的貨物不符，或者沒有適當的方法核對提單記載的，可以在提單上批註，說明不符之處、懷疑的根據或者說明無法核對。對於貨物表面狀況的批註對於提單的受讓人或第三方來說是主要的證據，因為其不可能檢查貨物，因此只能依據提單上的批註來確定貨物的表面狀況。因此，如果在卸貨時，貨物表面狀況不良好的話，第一假設就是貨物的損害發生在運輸途中，承運人沒有盡到管貨的責任，因此承運人應當對提單持有人承擔責任。

在散裝貨物運輸中，貨物表面狀況是指船方在簽發提單時根據通常的觀察方法以及通常應具備的知識用肉眼或者其他通常的、合理的檢驗方法，僅從外表所能觀察到和發現的貨物狀況。對於貨物內在的品質問題，則不涉及。

3. 運費已付提單和運費到付提單

根據運費是否已經支付，分為運費已付提單和運費到付提單。

運費已付提單是托運人托運貨物時即支付運費，由承運人簽發的運費付訖的提單。運費到付提單是在貨物運到目的港后由提貨人支付運費的提單。

4. 直達提單（Direct B/L）和轉船提單（Transshipment B/L）、多式聯運提單（Multimodal Transport B/L）

根據貨物運輸方式的不同，分為直達提單、轉船提單和多式聯運提單。

直達提單是由承運人簽發的，貨物直接由起運港運往目的港的提單，實踐中銀行在結匯時要求必須使用直達提單。轉船提單是由承運人簽發的，但貨物需要在中途換船的提單。由於轉船過程中容易造成貨損貨差，因此銀行一般不接受轉船提單。多式聯運提單是隨著集裝箱運輸方式的發展而出現的一種提單，承運人在這種運輸方式下將海運和其他運輸方式結合在一起運輸貨物，簽發的就是多式聯運提單。

5. 記名提單（Named B/L; Straight B/L）、不記名提單（Blank B/L）和指示提單（Order B/L）

根據提單上所列收貨人不同，分為以下三種：

第一種是記名提單，即列明收貨人姓名的提單。在記名提單下，承運人必須向提單載明的收貨人交付貨物，除法定程序外，記名提單不得轉讓。一般在國際貿易實踐中不使用記名提單。

第二種是不記名提單，即在提單收貨人一欄不列明姓名或列明來人，只填寫「持有人」字樣。這類提單無須背書即可轉讓，承運人憑單放貨。由於此種提單對收貨人沒有特別保護，因此國際貿易中很少採用。

第三種是指示提單，即在提單內載明按指示人的指示交付貨物的提單。指示提單是國際貿易中使用最廣泛的提單。指示提單須經背書轉讓，這類提單又可以分為按記名人的指示或按指示交付的提單。

依據背書方式的不同，提單的背書分為空白背書和記名背書兩種。

空白背書是提單的背書人在提單背面簽字蓋章，但不註明被背書人的名稱。經過空白背書的提單，其合法持有人有權向承運人提貨，也可以在市場上轉讓提單，還可以向銀行抵押。記名背書是提單的背書人在提單背面簽字蓋章，同時註明被背書人的名稱。其中記名背書又分為受讓人指示背書和無指示的記名背書。受讓人指示背書可以表現為「Please delivery to the order of X X X」，經過這種背書的提單，受讓人可以繼續背書。無指示的記名背書是「Please delivery to X X X」，這種提單不能再行背書，只能由受讓人在目的港提貨。

此外，依據提單效力不同，可以分為正本提單和副本提單；依據提單格式不同，可以分為全式提單和簡式提單等。一般來講，從提單的適用情況看，銀行一般接受的提單是已裝船提單、清潔提單、指示提單、直達提單、正本提單等；銀行一般不接受備運提單、記名或者不記名提單、轉船提單等。

(三) 提單的內容

提單並沒有統一的格式，其具體內容是由各個航運公司自己制定的。但是一般來講，提單正面都包括下列內容：

(1) 貨物的品名、標誌、包數或者件數、重量或者體積，以及運輸危險貨物時對危險性質的說明；

(2) 承運人的名稱和主營業所；

(3) 船舶名稱；

(4) 托運人的名稱；

(5) 收貨人的名稱；

(6) 裝貨港和在裝貨港接收貨物的日期；

(7) 卸貨港；

(8) 多式聯運提單增列接收貨物地點和交付貨物地點；

(9) 提單的簽發日期、地點和份數；

(10) 運費的支付；

(11) 承運人或者其代表的簽字。提單缺少上述一項或者幾項內容，不影響提單的性質。

提單的背面條款主要是規定承運人和托運人之間的權利義務關係，包括承運人的責任、免責條款、索賠時效等內容。這些內容是貨方與船方發生糾紛時重要的法律依據。

## (四) 與提單有關的保函問題

通常，保函既可以是托運人出具的，也可以是收貨人出具的。托運人出具保函的目的是為了向承運人換取清潔提單，或者是為了讓承運人倒簽提單或預借提單；收貨人出具保函的目的是為了向承運人主張無單放貨。對於保函，過去是不承認其效力的，但是《漢堡規則》第一次在一定範圍內開始承認保函的效力，公約規定托運人為了換取清潔提單可向承運人出具保函，但保函只在托運人與承運人之間生效。如保函有詐欺意圖，則保函無效，承運人應賠償第三者的損失，且不能享受責任限制。中國《海商法》中並沒有規定保函的問題。但從中國司法實踐看，實際是參考了《漢堡規則》的內容，確立了這麼幾點內容：善意保函有效；惡意保函無效；有效的保函只在托運人與承運人之間，或在提貨人與承運人之間有效，不能對抗第三人。

### 1. 以保函換取清潔提單

在國際海上貨物運輸中，托運人應在指定港口將貨交承運人，如果承運人或其代理人認為貨物表面狀況良好，就簽發清潔提單，如果認為貨物的表面狀況不好，例如貨物有銹損、包裝不固、破包等，則承運人簽發不清潔提單。

在信用證機制中，銀行議付要求的是清潔提單，一般不接受不清潔提單。托運人為了達到順利議付的目的，就出具保函，要求承運人簽發清潔提單。這就是所謂的以保函換清潔提單。在這種情況下，如果保函是善意的話，則保函是有效的，但也只在承運人和托運人之間有效，並不能對抗第三人。但是如果保函是惡意的話，則保函是無效的。

### 2. 倒簽提單（Antedated B/L）、預借提單（Advanced D/L）

在國際貿易中，賣方的交貨日期是十分重要的，因為這涉及賣方的履約責任。各國法律都規定，如果當事人在國際貨物買賣合同中約定了交貨時間的話，賣方就必須按照合同規定的時間交貨，否則，賣方延遲交貨，就構成了違約，賣方應對此承擔責任。對於賣方延遲交貨，買方有權拒收貨物，並提出索賠。尤其是在採用信用證方式結算時，要求提單的簽發日期與信用證規定的日期完全一致，否則銀行就會以單證不符為由，拒絕付款。

但在實踐中，由於種種原因，發貨人可能會沒有及時將貨物裝船。這種情況下，賣方為了順利結匯，就會通過出具保函的方式請求船方將提單的日期倒簽，即提單上填寫的日期早於實際裝船的日期，這被稱為倒簽提單或者在信用證將要過期的情況下，貨物還沒有裝上指定的船只，此時托運人就會出具保函，請求承運人簽發貨物已經裝船的提單，從而達到順利結匯的目的，這被稱為預借提單。承運人倒簽提單、預借提單的行為，實際上使收貨人喪失了拒收貨物的權利。

從法律上講，倒簽提單、預借提單是很危險的，因為承運人是在明知賣方違約的情況下，還倒簽提單、預借提單，實質上是和賣方一起詐欺買方。這樣，一旦被收貨人發現，承運人就要承擔收貨人控告索賠全部貨價的風險，即使有保函也無濟於事。

### 3. 無單放貨

實踐中無單放貨大體上有如下幾種情況：

（1）記名提單的收貨人憑副本提單或提單複印件加擔保提貨；或不提供任何擔保提取貨物；

（2）指示提單的通知人憑副本提單或提單複印件加擔保提貨；或僅憑副本提單提貨；

（3）其他人憑副本提單或提單複印件加擔保提貨；

（4）提貨人偽造或變造提單提貨。

在國際貿易實踐中，之所以出現為提貨而出具保函的情況，是因為以下幾點原因：

一是賣方由於種種原因並沒有結匯，例如單據與信用證不符，或者信用證有「軟」條款等等，此時提單還在貨方的控制之下，但買方為了取得貨物，就出具保函提走了貨物。這種情況下買方很有可能提走貨也不付款，從而造成貨方錢財兩空的局面。

二是可能賣方已經順利取得了貨款，全套單據已經在開證行手裡，銀行也通知買方付款贖單，但由於某種原因買方沒有去付款贖單，卻出具保函把貨提走；有時是由於提單被盜，或遺失、滅失，收貨人也只得採取擔保提貨方式。

三是由於現代科技的發展，航運的速度已經大大加快，這就造成貨物比單證早到目的地港的情況。據估計，在國際貨物買賣中，大約有50%的交易是貨物比單證早到目的港。這時，由於銀行還沒有處理完單證，因此買方不能付款贖單，船方也不能卸貨交貨。這對於買方來講，就影響了其轉賣獲得差價的可能性，而對於船方來說，即使船東可以取得滯期費，但也可能不足以彌補其由於耽誤下一個航程而造成的損失。在這種情況下，如果船方為了早些離港，直接放貨，就可能發生交貨錯誤，把貨交錯了人，或者即使交對了人，但由於正本提單還未收回，以後正本提單人仍然可以憑正本提單請求權利，從而使船方處於不利的地位。為了防止這種情況的發生，在實踐中就出現了保函，即由沒有正本提單的提貨人出具由銀行或大公司簽發的保函，保證其對將來出現的問題承擔責任。事實上船東也願意接受保函，這樣就在貿易中造成大量無單放貨的情況。

儘管無單放貨的原因是多種多樣的，但最根本的一點是如果承運人無單放貨，就可能使提單持有人不能收到貨物，使提單物權憑證的作用喪失，或者使賣方在將貨物付運後，得不到貨款，從而動搖信用證機制。因此在海事法律和實踐中，一個根本的原則仍是承運人應該向正本提單持有人交貨，使用保函無單放貨是一個例外。

在許多國家的實踐中，已經默認了通過提供保函而允許在無正本提單的情況下放貨這一做法。中國在司法實踐中也以區別善意保函和惡意保函來處理此類問題。即善意保函是有效的，惡意保函無效。善意保函只在承運人和提貨人之間有效，對正本提單持有人無效。但是這種做法並不能改變憑正本提單交貨的航運慣例，只是在善意保函情況下，承運人在對收貨人承擔責任後可以通過保函從提貨人處得到補償。

關於無單放貨的性質，中國學術界認為有侵權說、違約責任說，也有人提出無單放貨行為的性質是違約責任與侵權責任的競合，正本提單合法持有人有權選擇訴因。在司法實踐中，中國最高人民法院在「粵海電子有限公司訴招商局倉碼運輸有限公司等無單放貨糾紛」一案的再審判決中，就認定該案中的無單放貨責任屬於承運人的違約責任。

(五) 關於海事詐欺問題

國際海事局在《海事詐欺防治指南》中將海事詐欺定義為：一項國際貿易涉及多個當事人——買方、賣方、船東、租船人、船長或船員、保險人、銀行、經紀人或代理人，當其中一人成功地利用不正當手段或非法手段從該人表面上對其負有特定貿易、運輸和融資義務的其他人處獲取金錢或貨物時，海事詐欺就發生了。

在實踐中，海事詐欺有多種表現形式，主要包括：

(1) 賣方進行的詐欺，這主要表現為賣方通過偽造單據（主要是提單），或者通過實際裝船的貨物數量和提單上的貨物數量的差異來詐騙；

(2) 賣方和船東共謀的詐欺，主要表現為倒簽提單和預借提單以及憑保函換取清潔提單；還包括憑保函加副本提單提貨；

(3) 買方通過偽造提單進行的詐欺；

(4) 船東進行的詐欺，故意損害船舶以詐欺保險人等；

(5) 租船人進行的詐欺等。

其中買方通過偽造提單進行詐騙有幾個原因：一個是可以通過勾結他人用偽造的提單提貨後，再以種種理由拒付信用證項下的款項，這樣可以不付款而得到一批貨。另一種原因還可能是買方用偽造的提單提貨後，再以正本提單的持有人身分索取貨物，等等。

### 三、調整提單運輸的三個國際公約

(一)《海牙規則》的主要內容

《海牙規則》目前是調整提單運輸的最重要的公約，其主要內容包括：

1. 承運人最低限度的義務

(1) 承運人應提供適航的船舶。這是指承運人在開航前或開航時應妥善處理，使船舶適航。具體何謂「適航」，公約中列明包括以下幾點：使船舶適於航行；適當地配備船員、裝備船舶和供應船舶；使貨艙、冷藏艙和該船其他載貨處所能適宜和安全地收受、運送和保管貨物。

這裡所指的適航義務，是指船舶在開航前和開航時保證適航，還要適貨。只有在開航前和開航時謹慎處理使船舶適航，船東才能享有公約中規定的免責。例如在 Maxine Footwear v. Canada Coverament Merchant Marine (1959) 案中，一艘名為「Maurienne」的船舶在加拿大 Halifax 港裝貨，在裝貨過程中，船員發現船舶的排污水管因天冷而被冰封，船長就雇傭了岸上的工人去解凍。工人用噴燈燒污水管時，因污水管的軟木部分著火而釀成火災，最后不得不將船舶在港內鑿沉來滅火。在該案中，法院就認為船舶在開航前不適航，因此不能援引公約中的火災免責事項。

至於什麼是謹慎處理，公約中並沒有特別寫明，而是要結合各國的判例和案例，結合貿易實踐來判斷。例如，在 1961 年的「The Muncaster Castle」案中，法院就認為船方沒有盡到謹慎處理使船舶適航的義務，因此不能享有免責。

(2) 承運人應適當和謹慎地裝卸、搬運、配載、運送、保管、照料和卸載所運貨

物。這就是承運人的所謂「管貨」責任。

在承運的期間內，承運人對於貨物必須盡到適當和謹慎的管理責任。何謂適當和謹慎，需要結合具體案例來判斷。從實踐看，一般認為適當和謹慎要求承運人不僅具有照看處理貨物的技術水平，還要有良好的制度來保證對貨物的管理。

（3）承運人應當簽發提單。承運人或船長或承運人的代理人在收受貨物歸其照管后，經托運人的請求，應當向托運人簽發提單，提單上一般載明下列事項：

①與開始裝貨前由托運人書面提供者相同的、為辨認貨物所需的主要嘜頭，如果這項嘜頭是以印戳或其他方式標示在不帶包裝的貨物上，或在其中裝有貨物的箱子或包裝物上，該項嘜頭通常應在航程終了時仍能保持清晰可認。

②托運人用書面提供的包數或件數，數量或重量。

③貨物的表面狀況。對貨物表面狀況是否作出批註，決定了承運人簽發的是清潔提單還是不清潔提單。

但是，承運人、船長或承運人的代理人，如果有合理根據懷疑提單不能正確代表實際收到的貨物，或無適當方法進行核對的話，不一定必須將任何貨物的嘜頭、號碼、數量或重量表明或標示在提單上。

（4）承運人不得不合理繞航。承運人不得不合理繞航，除非是為救助或企圖救助海上人命或財產而發生的繞航，或任何合理繞航。至於什麼是合理繞航，必須要結合具體的航程來判斷，也有專家指出，判斷是否是合理繞航要考慮所有涉及該航次的當事人的利益，包括船東、貨方以及保險人等。例如，為了共同的利益，繞航以避開壞天氣，可能就算是合理繞航。

（5）將貨物運送到指定地點。在目的港，承運人要將貨物交給提單持有人，不能無單放貨。如果收貨人在合理時間內沒有收受貨物，則承運人有權將貨物放置在倉庫中，費用由收貨人負擔。

2. 承運人的免責事項

鑒於《海牙規則》訂立的歷史背景，公約中對船東給予了更多的保護，其中比較具有代表性的就是公約規定，承運人對下列十七種情況引起的貨物損失，可以主張免除責任：

（1）船長、船員、引水員或承運人的雇傭人員，在航行或管理船舶中的行為、疏忽或不履行義務。這就是所謂的「航行過失免責」，即船長、船員、引水員或承運人的雇傭人員由於管理船舶而引起的任何貨損，都可以主張免責。此處注意要區分管船責任與管貨責任。按照公約規定，船方具有管貨的責任，如果沒有盡到管貨責任，船方不能免責。因此，在實踐中的難題是如何區分管船責任和管貨責任。例如，在 Gosse Millerd v. Canadian Government Merchant Marine（1928）案中，法院就認定船舶在修理時沒有蓋好艙蓋而導致貨物遭受雨淋而造成貨損，屬於管貨的疏忽，而不是管船問題，因此不能主張免責。

（2）火災，但由於承運人的實際過失或私謀所引起的除外。一般情況下，由於船上發生火災導致貨損，船方可以主張免責，但是如果火災是由於船東或者承運人錯誤或者過失造成的，或者是由於船舶開航前、開航時不適航導致的，則不能主張免責。

（3）海上或其他能航水域的災難、危險和意外事故。所謂的海難，一般認為必須是不可預見的，不能避免的。一般的壞天氣導致的貨損，並不能主張海難免責。

（4）天災。在英國法中，將天災解釋為必須具備三個要素：一是外界因素；二是不可預見；三是不可避免。

（5）戰爭行為。

（6）公敵行為。在國際商務實踐中，最常見的公敵行為是海盜。據報導，在2008年1月至10月，索馬里海域已經發生了87起海盜襲船事件，占全球同期海盜襲擊事件總數的40%以上。到2008年年底，仍然有11艘船只和200多名船員被扣在索馬里海域。國際海事局將索馬里海域與馬六甲海峽以及尼日利亞沿海並稱為全球三大危險海域。

（7）當權者或人民的扣留或管制，或依法扣押。

（8）檢疫限制。由於各國檢疫限制，可能導致交貨延遲或者貨物損害，在這種情況下，船方可以據此主張免責。

（9）托運人或貨主、其代理人或代表的行為或不行為。

（10）不論由於任何原因所引起的局部或全面罷工、關廠停止或限制工作。

（11）暴動和騷亂。

（12）救助或企圖救助海上人命或財產。

（13）由於貨物的固有缺點、性質或缺陷引起的體積或重量虧損，或任何其他滅失或損壞。在國際商務實踐中，有些貨物存在固有的缺陷，例如農產品會有水分蒸發導致的重量減少現象，魚粉會自燃，皮革會生蟲等，這些都是貨物本身的特性造成的，對此引起的貨損，船方可以以此條款主張免責。

（14）包裝不善。

（15）嘜頭不清或不當。

（16）雖恪盡職責亦不能發現的潛在缺點。

（17）非由於承運人的實際過失或私謀，或者承運人的代理人，或雇傭人員的過失或疏忽所引起的其他任何原因；但是要求引用這條免責利益的人負責舉證，證明有關的滅失或損壞既非由於承運人的實際過失或私謀，亦非承運人的代理人或雇傭人員的過失或疏忽所造成。

該條款是一個兜底條款，可以作寬泛解釋。

3. 承運人的責任期間

承運人對所運貨物的責任期間，是從貨物裝到船上時起，至貨物從船上卸下時止的這段期間。在使用船舶吊杆裝卸貨物時為「鉤至鉤」期間，即從貨物掛上船舶吊杆的吊鉤開始受力時起至貨物脫離吊鉤時止。如果使用岸吊或者起重機裝卸，則從貨物越過船舷起算，這被稱為「舷至舷」期間。

4. 承運人的責任限制

對於海牙規則的締約國採說，海牙規則是強制適用的，即運輸合同中的任何條款、約定或協議，凡是解除或減輕承運人或船舶對由於疏忽、過失或未履行本條規定的責任和義務的，一律無效。除非貨物的損害或滅失發生在裝船前或卸貨以後。也就是說，

海牙規則中所確立的責任制度是不得減損的。

但是，為了保護承運人的利益，海牙規則對承運人確立了單位賠償限額制度。即承運人在任何情況下對貨物或與貨物有關的滅失或損害，其賠償限額以每件或每計費單位不超過一百英鎊為限；但是托運人在裝貨前已就該項貨物的性質和價值提出聲明，並已在提單中註明的，不在此限。該項聲明如經載入提單，即作為初步證據，但它對承運人並不具有約束力或最終效力。

此外，經承運人、船長或承運人的代理人與托運人雙方協議，可規定不同於上述規定的另一最高限額，但該最高限額不得低於上述數額。如承運人在提單中，故意謊報貨物性質或價值，則在任何情況下，承運人或是船舶，對貨物或與貨物有關的滅失或損害，都不負責。

5. 托運人的義務

（1）交貨的義務。托運人應在合同約定的時間、地點，按照合同規定的號碼、數量、重量等將貨物交給承運人，否則就違反了合同，甚至在某些情況下，即使沒有托運貨物還應支付全部的運費。

（2）提供準確信息的義務。托運人在裝船時向承運人保證，由他提供的貨物的嘜頭、號碼、數量和重量均正確無誤，並應賠償給承運人由於這些項目不正確所引致的一切滅失、損壞和費用。並且，如果托運人未能在裝船前聲明貨物的性質或價值，或者在提單中故意謊報貨物性質或價值，承運人對貨物或與貨物有關的滅失或損害，都不負責。

（3）對於危險貨物或有害貨物說明義務。對於易燃、易爆和危險貨物，托運人應當如實申報。對於由易燃、易爆和危險貨物引起的損失或費用，托運人也應當承擔賠償責任。同時，承運人可以將貨物卸在任何地點或將其銷毀，不承擔任何責任。

（4）支付運費的義務。托運人還應當支付承運人運費，除非運輸合同中規定的是運費到付，在運費到付的情況下，承運人只有在把貨物安全的運到目的港的情況下，才能取得運費。如果貨物在運輸途中滅失，即使滅失的原因是屬於除外責任造成的，承運人也不得主張運費。但貨物只是損害或者短量的話，則不能免除托運人支付運費的責任。

（5）收取貨物的義務。如果托運人仍持有貨物的提單，其有義務在目的港接收貨物，如果其未能在合理時間內提取貨物的話，承運人有權將貨物存放在倉庫裡，由此發生的費用由托運人承擔。

6. 索賠與訴訟時效

貨物如果有損害或者滅失，則收貨人在接收貨物之前或當時，將貨物的滅失和損害的一般情況用書面通知承運人或其代理人。否則這種移交應被認為是承運人已按照提單規定交付貨物的初步證據。如果滅失或損壞不明顯，則收貨人應在交付貨物之日起的三天內提交書面通知。如果貨物狀況在收受時已經進行聯合檢驗或檢查，就無須再提交書面通知。

《海牙規則》還規定了一年的訴訟時效期間。公約規定，對於貨物滅失或損害的訴訟時效期間為一年，自貨物交付之日或應交付之日起算。如果沒有在貨物交付之日或

應交付之日起一年內提出訴訟的，則承運人和船舶在任何情況下都免除對滅失或損害所負的一切責任。

7. 適用範圍

《海牙規則》適用於在任何締約國內簽發的一切提單。如果不是在締約國內簽發的提單，則海牙規則不適用。

(二)《維斯比規則》的主要內容

《維斯比規則》是對《海牙規則》的修訂，但是由於各方意見不統一，《維斯比規則》對《海牙規則》的修改很不徹底，主要表現在以下幾個方面：

1. 關於提單的證據效力

在《海牙規則》中規定，提單是初步證據，不是最終證據。這個規定對國際貿易中的提單善意受讓人是非常不利的，因此在《維斯比規則》中各締約國同意對該條款作出修改，指出當提單已經轉給善意行事的第三者時，就是最終證據。也就是說，對於善意受讓提單的當事人來說，提單上所載明的事項就是最終證據，除非承運人有相反的證據。

2. 延長了訴訟時效期間

《海牙規則》確立的訴訟時效期間是一年，期間比較短，不利於維護貨方的利益。在制定《維斯比規則》時，各方同意延長訴訟時效期間，規定當事人應當從貨物交付之日或應交付之日起一年內提出訴訟，但是，訴訟事由提出後，如經當事方同意，該期限可以延長。該規則還規定，即使在前款規定的年限期滿後，如果在受理該案的法院的法律准許的時間內，仍可以對第三者提出賠償訴訟。但是，准許的時間不得少於三個月，自提出這種賠償訴訟的人已經解決了對他本人的索賠或者從起訴傳票送達他本人之日起算。

3. 增加了賠償限額

《海牙規則》規定的賠償限額較低，不能適應國際航運事業的要求，在這種情況下，各締約方同意提高單位賠償限額。《維斯比規則》規定，將每件或每單位的賠償責任限額提高到10,000金法郎或者滅失或受損貨物毛重計，每千克為30金法郎，以二者中高者為準。也就是說，這一規定不僅提高了單位賠償限額，同時也確立了雙重限額方法。後來隨著金本位制的取消，在1979年的外交會議上又制定了修改《維斯比規則》的議定書，該議定書中將每件或每單位的賠償限額修改為666.67特別提款權或者每千克2特區債券，以二者中高者為準。

對於件數的計算，公約中還規定，以集裝箱、貨盤集裝的貨物，以提單所載該集裝箱或貨盤內所載貨物件數作為計算賠償限額的件數，如果不在提單上註明件數，則以集裝箱或者貨盤為一件計算。

4. 對於承運人的抗辯和責任限制

《維斯比規則》應適用於就運輸合同所涉及的有關貨物的滅失或損害對承運人所提起的任何訴訟，不論該訴訟是以合同為根據還是以侵權行為為根據。也就是說，侵權行為之訴訟也要適用就運輸合同提起的訴訟，以避免貨方以侵權行為起訴而繞過運輸

合同的規定。另外，如果訴訟是對承運人的雇傭人或者代理人提起的，這些人仍然有權援引各種抗辯或者責任限制。

之所以在《維斯比規則》中確立上述內容，是基於「喜馬拉雅條款」的內容要求而訂立的，並且得到了許多國家的認可。

5. 適用範圍

公約各項規定應適用於兩個不同國家的港口之間有關的貨物運輸的每一份提單，如果提單在一個締約國簽發，或從一個締約國的港口起運，或提單載有的或由提單證明的契約的規定，該契約應受本公約的各項規則約束或應受本公約生效的任何國家的立法約束，不論船舶、承運人、托運人、收貨人或任何其他有關人的國籍如何。

(三)《漢堡規則》的主要內容

《漢堡規則》對《海牙規則》作出了較多的修改，主要表現在以下幾個方面：

1. 承運人的責任基礎發生變化

《漢堡規則》刪除了《海牙規則》中的航行過失免責條款，並且將不完全過失責任改為完全的過失責任。即如果引起該項滅失、損壞或延遲交付的事故，是在承運人掌管期間發生的，除非承運人證明他本人、其受雇人或代理人為避免該事故發生及其后果已採取了一切所能的合理要求的措施，否則承運人應對因貨物滅失或損壞或延遲交貨所造成的損失負賠償責任。

2. 承運人對火災所引起的貨物的滅失、損壞或延遲交付負賠償責任

如果索賠人證明火災是由承運人、其受雇人或代理人的過失或疏忽引起的；或者經索賠人證明是由於承運人、其受雇人或代理人在採取可以合理要求的撲滅火災和避免或減輕其后果的一切措施中的過失或疏忽所造成的貨物的滅失、損壞或延遲交付。

3. 確立了遲延交貨的責任

如果貨物未能在明確議定的時間內，在海上運輸合同所規定的卸貨港交貨，即為延遲交付。如果延遲交付達到60天，則視為貨物已經滅失，可以向承運人提出索賠。承運人對延遲交付的賠償責任，以相當於該延遲交付貨物應支付運費的2.5倍的數額為限，但不得超過海上貨物運輸合同規定的應付運費總額。

4. 擴大了承運人的責任期間

《漢堡規則》將承運人的責任期間，從裝船至卸船改為「港至港」。承運人對貨物的責任期間包括在裝貨港，在運輸途中以及在卸貨港，即貨物在承運人掌管的全部期間。在下列情況下承運人應視為已掌管貨物：

(1) 自承運人從以下各方接管貨物時起。

①托運人或代其行事的人；

②根據裝貨港適用的法律或規章，貨物必須交其裝運的當局或其他第三方。

(2) 至承運人將貨物交付以下各方時止。

①將貨物交付收貨人；

②遇有收貨人不向承運人提貨時，則依照合同或卸貨港適用的法律或特定的貿易慣例，將貨物置於收貨人支配之下；

③根據在卸貨港適用的法律或規章將貨物交給必須交付的當局或其他第三方。

5. 承運人的責任限額

《漢堡規則》中提高了承運人的責任限額。承運人對貨物滅失或損壞造成的損失所負的賠償責任，以滅失或損壞的貨物每件或每其他貨運單位相當於835特別提款權或毛重每千克2.5特別提款權的數額為限，兩者中以較高的數額為準。

6. 增加了實際承運人的概念

公約規定了實際承運人的概念，所謂實際承運人是指受承運人委託執行貨物運輸或部分貨物運輸的任何人，包括受委託執行這項運輸的其他任何人。公約規定的內容也適用於實際承運人。

7. 承認了保函的效力

公約第一次承認了保函的效力。按照公約的規定，托運人為取得清潔提單而出具的任何保函，只在承運人和托運人之間有效，但對包括收貨人在內的受讓提單的任何第三方，均屬無效。

8. 貨物的適用範圍

《海牙規則》不適用於艙面貨和活動物。但《漢堡規則》規定，「貨物」包括活動物，凡貨物拼裝在集裝箱、貨盤或類似的運輸器具內，或者貨物是包裝的，而這種運輸器具或包裝是由托運人提供的，則「貨物」包括它們在內。

對於艙面貨，公約規定承運人只有按照同托運人的協議或符合特定的貿易慣例，或依據法規的規章要求，才有權在艙面上載運貨物。否則承運人仍須對僅由於在艙面上載運而造成的貨物滅失或損壞以及延遲交付負賠償責任。

對於活動物，公約規定承運人對此類運輸固有的任何特殊風險所造成的滅失、損傷或延遲交付不負賠償責任。如果承運人能證明他是按照托運人特別指示行事的，並證明根據實際情況，滅失、損傷或延遲交付可以歸之於這種風險時，則應推定滅失、損傷或延遲交付就是這樣引起的，除非證明滅失、損傷或延遲交付的全部或部分是由承運人、其受雇人或代理人的過失或疏忽所造成的。

9. 索賠通知與訴訟時效

收貨人收到貨物以后第一個工作日內將滅失或損壞的書面通知送交承運人，敘明滅失或損壞的一般性質；如果貨物滅失或損害不明顯的，在貨物交付收貨人之日後連續十五天內送交書面通知；如貨物的狀況在交付收貨人時，已經由當事各方聯合檢查或檢驗，則無須就檢查或檢驗中所查明的滅失或損壞送交書面通知。

在延遲交貨的情況下，在貨物交給收貨人之日後連續六十天之內書面通知承運人，否則對延遲交付造成的損失不予賠償。

公約規定訴訟時效期間為兩年，自承運人交付貨物或部分貨物之日開始，如未交付貨物，則自貨物應該交付的最后一日開始，時效期限開始之日不計算在期限內。被要求賠償的人，可以在時效期限內的任何時間，向索賠人提出書面說明，延長時效期限。該期限還可以用另一次或多次聲明再度延長。

10. 擴大了公約的適用範圍

公約的各項規定適用於兩個不同國家間的所有海上運輸合同，如果海上運輸合同

所規定的裝貨港位於一個締約國內,或者海上運輸合同所規定的卸貨港位於一個締約國內,或者海上運輸合同所規定的備選卸貨港之一為實際卸貨港,並且該港位於一個締約國內,或者提單或證明海上運輸合同的其他單證是在一個締約國內簽發的,或者提單或證明海上運輸合同的其他單證規定,本公約各項規定或實行本公約的任何國家的立法,應約束該合同。

## 四、租船合同中的法律問題

在國際海上運輸中,除了定期班輪運輸以外,還有不定期航線的租船運輸,包括航次租船、定期租船以及光船租賃。

（一）航次租船合同

航次租船合同,是指船舶出租人向承擔人提供船舶或者船舶的部分艙位,裝運約定的貨物,從一港運至另一港,由承租人支付約定運費的合同。在航次租船合同中,出租保留船舶的所有權和佔有權,並由其雇用船長和船員,船舶由出租人負責經營管理,由出租人承擔船員工資、港口使用費、船用燃料、港口代理費等費用。

1. 航次租船合同的標準格式

航次租船合同一般都是標準合同格式,常用的合同格式包括：波羅的海國際航運公會制定的《統一雜貨租船合同》,簡稱「金康合同」/GENCON；《澳大利亞穀物租船合同》；油輪租船合同/EXXONVOY；1962 年鐵礦石租船合同/1962 SCANORECON；1973 年波羅的海木材租船合同/1973 NUBALTWOOD 等。

2. 航次租船合同的條款

航次租船合同因當事各方約定的內容不同而有所不同,但是通常包括以下內容：

（1）船舶說明條款。主要是規定船舶的名稱、國籍、種類、船級與噸位、船舶的載重量等內容。此條規定主要是使船舶特定化,使該船舶成為履行租船合同的特定船舶。按照這一規定,出租人應當提供約定的船舶；只有經承租人同意,出租人才可以更換船舶。如果提供的船舶或者更換的船舶不符合合同的約定的,承租人有權拒絕或者解除合同。因出租人過失未提供約定的船舶致使承租人遭受損失的,出租人應當負賠償責任。

（2）船舶到達裝貨港的日期。航次租船合同中一般都規定船舶到達裝貨港的最遲日期,這一日期被稱為解約日。也就是說,如果船舶遲於解約日到達裝貨港,或者雖然已經到達裝貨港,但是如果不能在各方面做好裝貨的準備工作的話,承租人有權解除合同。

在航次租船合同下,裝卸貨是由租船人安排的,而裝卸貨時間直接關係到船東的利益,因此在航次租船合同中一般都要明確裝卸貨時間。如果承租人未能在規定的裝卸貨時間內裝完貨或卸完貨的話,則應向船東支付滯期費。提前完成裝貨、卸貨的,由船東支付速遣費。

（3）裝貨港口地點和卸貨港口地點。出租人應當在合同約定的裝卸貨港裝卸貨物。合同訂有承租人選擇卸貨港條款的,在承租人未按照合同約定及時通知確定的卸貨港

時，船長可以從約定的選卸港中自行選定一港卸貨。承租人未按照合同約定及時通知確定的卸貨港致使出租人遭受損失的，應當負賠償責任。出租人未按照合同約定，擅自選定港口卸貨致使承租人遭受損失的，應當負賠償責任。

船方為了保證船舶的安全，在合同中規定，船舶只駛往安全的裝貨港和卸貨港裝卸貨物。所謂的安全包括地理上安全和政治上安全兩層意思，地理上安全是指港口適合船在空載時駛入，在裝貨以后能安全駛出的港口；政治上安全是指船舶在港口不會遭到扣押、沒收或拿捕的港口。

（4）貨物條款。承租人應當提供約定的貨物；經出租人同意，可以更換貨物。但是，更換的貨物對出租人不利的，出租人有權拒絕或者解除合同。因未提供約定的貨物致使出租人遭受損失的，承租人應當負賠償責任。

（5）船舶所有人責任條款。對於由於貨物積載不當或疏忽，或者是由於船舶所有人或經理人本身未盡適當謹慎責任使船舶各方面適航，或由於船舶所有人或其經理人本身的行為或不履行職責造成貨物的滅失、損壞或延遲交付的，船舶所有人應當承擔責任。

（6）此外，一般航次租船合同中還規定了「繞航條款」「留置權條款」「解約條款」「共同海損」「普通罷工條款」「戰爭風險條款」，以及「普通冰凍條款」等。

(二) 定期租船合同

1. 定期租船合同的概念

定期租船合同，是指船舶出租人向承租人提供約定的由出租人配備船員的船舶，由承租人在約定的期間內按照約定的用途使用，並支付租金的合同。在定期租船合同下，承租人有權就船舶的營運向船長發出指示，但是不得違反定期租船合同的約定。

定期租船合同和航次租船合同在許多方面有不同之處：首先，在營運成本上，在航次租船合同中由船方負擔的航次成本在定期租船下轉由租船人承擔，因而在定期租船合同中有關於燃油消耗量、航速的規定。其次，在時間損失上，航次租船合同的時間損失由船方承擔，因此，在航次租船合同中有關於裝卸時間的規定；而在定期租船合同中，時間損失由租船人承擔，因此，定期租船合同中有關於停租的規定。再次，在經營權上，航次租船合同中由船舶所有人負責經營，而在定期租船合同下，船舶的經營權轉歸租船人，船舶所有人為了保證其船舶的安全，就會在合同中加入有關航區、可裝運貨物範圍等航次租船合同中沒有的規定。

2. 格式

國際上常用的定期租船合同包括紐約物產交易所制定的《定期租船合同》、波羅的海國際航運公會制定的《統一定期租船合同》等。

3. 定期租船合同的主要內容：

（1）船舶說明條款。主要規定船名、船籍、船級、噸位、容積、船速、燃料消耗等內容。船東應當提供合同約定的船舶。出租人應當按照合同約定的時間交付船舶。否則，承租人有權解除合同。

此外，出租人交付船舶時，應當做到謹慎處理，使船舶適航。交付的船舶應當適

於約定的用途。否則承租人有權解除合同，並有權要求賠償因此遭受的損失。如果船舶在租期內不符合約定的適航狀態或者其他狀態，出租人應當採取可能採取的合同措施，使之盡快恢復。船舶不符合約定的適航狀態或者其他狀態而不能正常營運連續滿24小時的，因此而損失的營運時間，承租人不付租金，但是上述狀態是由承租人造成的除外。

（2）航區條款。合同中一般要規定航區條款，船東要求承租人應當保證船舶在約定航區內的安全港口或者地點之間從事約定的海上運輸。否則出租人有權解除合同，並有權要求賠償因此遭受的損失。

（3）運送合法貨物條款。承租人應當保證船舶用於運輸的約定的合法的貨物。承租人將船舶用於運輸活動物或者危險貨物的，應當事先徵得出租人的同意。承租人違反上述內容致使出租人遭受損失的，應當負賠償責任。

（4）轉租條款。承租人可以將租用的船舶轉租，但是應當將轉租的情況及時通知出租人。租用船舶轉租后，原租船合同約定的權利和義務不受影響。船舶所有人轉讓已經租出的船舶的所有權，定期租船合同約定的當事人的權利和義務不受影響，但是應當及時通知承租人。船舶所有權轉讓后，原租船合同由受讓人和承租人繼續履行。

（5）租金條款。承租人應當按照合同約定支付租金。承租人未按照合同約定支付租金的，出租人有權解除合同，並有權要求賠償因此遭受的損失。承租人未向出租人支付租金或者合同的約定的其他款項的，出租人對船上屬於承租人的貨物和財產以及轉租船舶的收入有留置權。

經合理計算，雙方可在合同中約定還船日期，如果租船人超過合同約定的還船日期，租船人有權超期用船以完成該航次。超期期間，承租人應當按照合同約定的租金率支付租金；市場的租金率高於合同約定的租金率的，承租人應當按照市場租金率支付租金。

（6）停租條款。租船合同通常都規定停租條款，允許承租人在一定情況下，有權停止支付租金，例如船東違反船舶規範與適航義務以及其他租約義務，導致停工和時間延誤的；或者船舶或貨物遇到海損事故以及維修造成延誤；或者船長、船員或水手罷工、拒航或失職等。

（7）還船條款。承租人向出租人交還船舶時，該船舶應當具有與出租人交船時相同的良好狀態，但是船舶本身的自然磨損除外。船舶未能保持與交船時相同的良好狀態的，承租人應當負責修復或者給予賠償。

此外，定期租船合同中還可以約定法律適用和仲裁條款，共同海損和新杰森條款，戰爭、冰凍條款，海上救助報酬分享等條款。

(三) 光船租賃合同

光船租賃合同，是指船舶出租人向承租人提供不配備船員的船舶，在約定的期間內由承租人佔有、使用和營運，並向出租人支付租金的合同。光船租賃合同和航次租船合同、定期租船合同不同，其本身屬於財產租賃性質的合同，因此在國際運輸中採用較少。一般來講，光船租賃合同的內容，主要包括出租人和承租人的名稱、船名、

船籍、船級、噸位、容積、航區、用途、租船期間、交船和還船的時間和地點以及條件、船舶檢驗、船舶的保養維修、租金及其支付、船舶保險、合同解除的時間和條件，以及其他有關事項。

## 第二節　國際航空運輸法

### 一、國際航空運輸的法律調整

國際航空運輸由於運輸速度快捷、安全而受到較為廣泛的應用。國際航空運輸主要由國際公約調整，包括兩個體系：一個是芝加哥公約體系；一個是華沙公約體系。其中，芝加哥公約體系確立了國際航空運輸管理體制，使國際民用航空得以安全有序的發展。華沙公約體系則規定了國際民用航空中的責任制度，確立了國際民用航空中的賠償責任制度。本節主要介紹華沙公約體系的內容。

華沙公約體系主要由以下公約組成：

（1）《統一國際航空運輸某些規則的公約》（the Convention for the Unification of Certain Rules relating to International Carriage by Air），簡稱《華沙公約》（the Warsaw Convention），1929年在華沙簽訂，1933年2月生效，中國於1958年加入該公約。

（2）《修改1929年統一國際航空運輸某些規則的公約議定書》（the Hague Protocol to Amend the Convention for the Unification of Certain Rules relating to International Carriage by Air），簡稱《海牙議定書》（the Hague Protocol 1955），1963年8月1日生效，中國於1975年加入。

（3）《統一非締約承運人所辦國際航空運輸某些規則的補充華沙公約的公約》（the Convention Supplementary to the Warsaw Convention, for the Unification of Certain Rules relating to International Carriage by Air performed by a Person other than the Contracting Carrier），簡稱《瓜達拉哈拉公約》（The Guadalajara Convention 1961），1964年1月生效，中國尚未加入該公約。

（4）《蒙特利爾附加議定書》。1975年，國際民航組織在蒙特利爾召開會議，簽訂了四個《蒙特利爾議定書》，修改了《華沙公約》的部分內容。

上述公約內容上互相關聯，但是在法律上各自獨立。一個國家可以加入其中一個公約，也可以同時加入兩個或者三個公約，或者選擇參加其中一個蒙特利爾議定書，也可以不參加。各國有權決定其選擇參加的公約及其議定書，但是一旦加入，就受其加入的公約的約束。

### 二、國際航空貨物運輸合同

航空貨運單是當事各方訂立國際航空貨物運輸合同的證明。

#### （一）航空貨運單的簽發

華沙公約規定貨物承運人有權要求托運人填寫航空貨運單，托運人有權要求承運

人接受航空貨運單。托運人填寫航空貨運單正本一式三份，連同貨物交給承運人。其中第一份註明「交承運人」，由托運人簽字；第二份註明「交收貨人」，由托運人和承運人簽字，並附在貨物上；第三份由承運人在接受貨物后簽字，交給托運人。

(二) 航空貨運單的性質

在沒有相反的證據時，航空貨運單是訂立契約、接受貨物和承運條件的證明。但是航空貨運單不具有物權憑證的作用，因此不具有流通性，不可轉讓。這一點是航空貨運單和提單的最大差別。

(三) 航空貨運單的內容

一般來講，航空貨運單上應該包括以下各項：
(1) 航空貨運單的填寫地點和日期；
(2) 起運地和目的地；
(3) 如起運和目的地地點均在同一締約國領土內，而在另一個國家有一個或數個約定的經停地點時，註明至少一個此種經停地點；
(4) 托運人的名稱和地址；
(5) 第一承運人的名稱和地址；
(6) 必要時應寫明收貨人的名稱和地址；
(7) 貨物的性質；
(8) 包裝件數、包裝方式、特殊標誌或號數；
(9) 貨物的重量、數量、體積或尺寸；
(10) 貨物和包裝的外表情況；
(11) 如果運費已經議定，應寫明運費金額、付費日期和地點以及付費人；如果是貨到付款，應寫明貨物的價格，必要時還應寫明應付的費用。

## 三、托運人的責任

托運人應保證航空貨運單上所填寫的關於貨物的各項說明和聲明的正確性。因托運人所提供的說明及聲明不合規定、不正確或不完全而導致的一切損害，應由托運人負責賠償。

托運人有權在起運地航空站或目的地航空站將貨物提回，或在途中經停時中止運輸，或在目的地或運輸途中交給非航空貨運單上所指定的收貨人，或要求將貨物退回起運地航空站，但不得因為行使這種權利而使承運人或其他托運人遭受損害，並且應該償付由此產生的一切費用。

托運人應該提供各種必需的資料，以便在貨物交付收貨人以前完成海關、稅務或公安手續，並且應將必需的有關證件附在航空貨運單後面。

## 四、承運人的責任

(一) 責任期間

對於任何已登記貨物因毀滅、遺失或損壞以及延遲而產生的損失，如果造成這種

損失的事故是發生在航空運輸期間，包括貨物在承運人保管下的期間，不論是在航空站內、在航空器上或在航空站外降落的任何地點，承運人都應承擔責任。

### （二）承運人的責任限額

在載運貨物時，承運人的責任以每千克250法郎為限，除非托運人在交運包件時，曾特別聲明在目的地交付時的利益並繳付必要的附加費。在後一種情況下，除非承運人證明托運人聲明的金額是高於托運人在目的地交付時的實際利益，承運人應在不超過聲明金額的範圍內負賠償責任。

### （三）責任豁免

在下列情況下，承運人可以要求免除其對貨物損害或滅失等的責任：

（1）承運人如果證明自己和他的代理人為了避免損失的發生，已經採取一切必要的措施，或不可能採取這種措施時，就不負責任。

（2）在運輸貨物和行李時，如果承運人證明損失的發生是由於駕駛上、航空器的操作上或領航上的過失，而在其他一切方面，承運人和他的代理人已經採取一切必要的措施以避免損失時，就不負責任。但該條款後來被海牙議定書刪除。

（3）如果承運人證明損失的發生是由於受害人的過失所引起或助成，法院可以按照本國法律規定，免除或減輕承運人的責任。

（4）遺失或損壞是由於所運貨物的屬性或本身質量缺陷所造成的。

## 五、索賠通知和訴訟

### （一）索賠通知

如果貨物有損壞，收件人應該在發現損壞後，立即向承運人提出異議，最遲應該在收到貨物後14天內提出。如果有延遲，最遲應該在貨物交由收件人處置之日起21天內提出異議。

由幾個連續承運人辦理的運輸，托運人有向第一承運人提出訴訟的權利，有權提取貨物的收貨人也有向最后承運人提出訴訟的權利。此外，托運人和收貨人都可以對發生毀滅、遺失、損壞或延遲的一段運輸的承運人提出訴訟。這些承運人應該對托運人和收貨人負連帶責任。

### （二）訴訟時效期間

訴訟應該在航空器到達目的地之日起，或應該到達之日起，或從運輸停止之日起兩年內提出，否則就喪失追訴權。

### （三）管轄法院

有關賠償的訴訟，貨主可以根據自己的意願選擇以下締約國的法院提出訴訟請求：承運人的住所地；承運人的總管理處所在地；簽訂合同的機構所在地；目的地。訴訟程序應根據受理法院的法律規定辦理。

## 第三節　國際鐵路貨物運輸法

　　國際鐵路運輸是一種僅次於國際海洋運輸的主要運輸方式，與其他運輸方式相比，國際鐵路運輸具有如下特點：一是運輸量大，因此鐵路運輸非常適合大宗貨物的運輸；二是運輸速度快，成本低，因此適合體積大、價值低、路途長的貨物運輸；三是準確性高，受天氣影響小。

　　目前，調整國際鐵路運輸的國際公約有兩個，一個是《關於鐵路貨物運輸的國際公約》，簡稱《國際貨約》（CLM），1961 年在伯爾尼簽訂，1975 年生效，其主要成員都是歐洲國家。另外一個是《國際鐵路貨物聯合運輸協定》，簡稱《國際貨協》（CMIC），1951 年在華沙簽訂，其主要成員都是前蘇聯、東歐國家，以及朝鮮、越南等國，該公約 1974 年 7 月 1 日生效。中國於 1953 年加入《國際貨協》。

　　在實踐中，參加《國際貨協》的部分成員國同時也是《國際貨約》的成員國，這就為國際鐵路貨物聯運的發展提供了便利的條件。所謂的國際鐵路貨物聯運是指經由兩個或兩個以上的國家的鐵路貨物運輸，運送人使用一份統一的單據，並承擔連帶責任。實踐中，散雜貨運輸都可以採取國際鐵路貨物聯運的方式進行。

　　考慮到中國是《國際貨協》的成員國，這裡主要介紹該協定的主要內容。

### 一、協定的適用範圍

　　協定適用於各締約國間的鐵路運輸，對鐵路、發貨人和收貨人都有拘束力。但是協定不適用於以下情況：發、到站都在一國境內，而用發送國的列車只通過另一國家過境運送時；兩國車站間，用發送國或到達國列車通過第三國過境運送時；兩鄰國車站間，全程都用某一方鐵路的列車，並按照該國的國內規章辦理貨運的。

### 二、運輸合同的訂立

　　發貨人在托運貨物的同時，應對每批貨物按規定的格式填寫運單和運單副本，由發貨人簽字后向車站提出。從始發站承運貨物（連同運單）時起，運輸合同成立。在發貨人提交全部貨物和付清其所負擔的一切費用后，貨物的承運以運單上加蓋戳記為憑，證明貨物已經承運，運輸合同已經締結。

　　運單是運輸合同的憑證，同時也是鐵路在終點站向收貨人核收運雜費用和點交貨物的依據，但運單和海運中的提單不同，運單不是物權憑證，不能轉讓。

### 三、對運單中記載事項的責任

　　發貨人應對其在運單中所填報和聲明事項的正確性負責。由於記載和聲明事項的不正確、不確切或不完備，以及由於未將應填報事項記入運單相應欄內而發生的一切后果，均由發貨人負責。

　　鐵路有權檢查發貨人在運單中所記載的事項是否正確，但鐵路一般不得在途中檢

查貨物的內容。

### 四、有關運費的計算、貨物的交付和拒收

在協定中，規定了運費的計算方法以及各國鐵路之間的清算辦法，同時還規定了貨物的交付和拒收，以及鐵路對貨物的留置權。

按照協定的規定，貨物運抵到達站，在收貨人付清運單所載的一切應付的運送費用后，鐵路必須將貨物連同運單一起交給收貨人；收貨人則應付清運送費用並領取貨物。

收貨人只有在貨物因毀損或腐壞而使質量發生變化，致使部分全部或部分貨物不能按原有用途使用時，才可以拒絕領取貨物。即使運單中所載的貨物部分短少時，也應按運單向鐵路支付全部款額。

如果鐵路在貨物運到期限期滿后 30 天內，未將貨物交付收貨人或未交由收貨人處理時，收貨人可不提出證據，即認為貨物已經滅失。但是如果貨物在上述期限屆滿后運抵到達站時，則到達站應將此事通知收貨人。如果貨物在運到期限屆滿后 4 個月到達時，收貨人應當領取，並將鐵路所支付的貨物滅失賠款和運送費用退還給鐵路。但收貨人保留提出賠償請求的權利。

### 五、承運人的責任

（一）承運人的基本責任

（1）按運單承運貨物的鐵路，應對貨物負連帶責任。

（2）鐵路還應對發貨人在運單內所記載並填附的文件，由於鐵路的過失而遺失的后果負責，並應對由於鐵路的過失未能執行有關要求變更運輸合同的申請書的后果負責。

（二）鐵路的免責事項

如果承運的貨物由於鐵路不能預防和不能消除的情況；或者是由於發貨人或收貨人的過失或由於其要求，而不能歸咎於鐵路的；或者鐵路的特殊自然性質，以致引起自燃、損壞、生鏽、內部腐壞和類似的后果等情況下造成全部或部分滅失、減量或毀損時，鐵路不負責任。

（三）鐵路的賠償限額

鐵路對貨物賠償損失的金額，在任何情況下，都不得超過貨物全部滅失時的金額。如果貨物發生全部或部分滅失時，鐵路的賠償金額應按外國售貨者在帳單上所開列的價格計算；如果發貨人對貨物的價格另有聲明時，鐵路應按聲明的價格予以賠償。如果貨物遭受毀損時，鐵路應賠付相當於貨物價格減損時的款額，不賠償其他損失。如果貨物運到逾期時，鐵路應以所收運費為限，按超逾期限的長短，向收貨人支付規定的逾期罰款。

## 六、賠償請求

發貨人和收貨人有權根據運輸合同提出賠償請求。在提出賠償請求時，應附有相應根據並註明款額，以書面方式由發貨人向發貨站提出，或由收貨人向到達站提出。

## 七、訴訟時效

有關當事人依據運輸合同向鐵路提出的賠償請求和訴訟，以及鐵路對發貨人和收貨人關於支付運送費用、罰款和賠償損失的要求和訴訟，應在9個月期間內提出；但關於貨物運到逾期的賠償請求和訴訟，應在2個月期間內提出。

## 八、管轄權

凡有權向鐵路提出賠償請求的人，只有在提出賠償請求后，才可以向受理賠償請求的鐵路所屬國家有管轄權的法院提起訴訟。

# 第四節　國際貨物多式聯運相關法律制度

由於集裝箱、滾裝船等運輸方式大大降低了國際貨物運輸的成本，減少了國際貨物運輸中的風險，因此在今年來得到廣泛的發展，同時其中貫徹的門到門的概念促進了國際貨物多式聯運的發展。儘管國際多式聯運經營人原則上依據合同對貨物的權利人承擔責任，無論貨物損失發生在海上還是發生在陸上，但是國際多式聯運也提出了一些法律問題，其中比較典型的問題是：

第一，在國際貨物多式聯運合同中，如何適用法律。由於不同的運輸模式適用不同的公約或法律規則，例如海上運輸適用《海牙規則》《維斯比規則》《漢堡規則》，航空運輸適用《華沙規則》，鐵路運輸適用《國際貨約》等。如果貨物在運輸階段發生貨損，則應適用哪一個公約，又如何確定當事人的權利義務、責任免除以及責任限制呢？如果要依據貨物運輸時處於哪一個運輸階段來適用法律，確定責任的話，則國際貨物多式聯運就失去了意義。

第二，關於運輸單據的法律性質。傳統上只有承運人簽發的提單才是貨物的物權憑證，而航空貨運和鐵路運單並不是貨物的物權憑證，在貨物裝船前簽發的貨物收據或其他多式聯運單據也不是貨物的物權憑證，這樣就使得國際貨物多式聯運單據的法律性質處於不確定狀態，不能解決國際貨物運輸中的法律問題。

為了解決上述問題，國際社會希望達成一個統一的公約，制定統一的法律。但是無論是國際私法統一會議的 TCM 還是國際商會制定的統一規則都沒能有效地解決上述問題。到了20世紀70年代以後，由於發展中國家的興起，最終促成了聯合國貿易和發展會議制定通過了1980年《聯合國國際貨物多式聯運公約》。該公約是發展中國家和發達國家之間協調的產物，也反應了《漢堡規則》對其制定的影響。目前公約還未生效。

## 一、聯合國國際貨物多式聯運公約

### (一) 國際貨物多式聯運的定義

所謂的國際貨物多式聯運是指按照多式聯運合同，以至少兩種不同的運輸方式，由多式聯運經營人將貨物從一國境內接管貨物的地點運到另一國境內指定交付貨物的地點。公約的各項規定適用於兩國境內各地之間的所有多式聯運合同，如果：多式聯運合同規定的多式聯運經營人接管貨物的地點是在一個締約國境內；或多式聯運合同規定的多式聯運經營人交付貨物的地點是在一個締約國境內。

為履行單一方式運輸合同而進行的該合同所規定的貨物接送業務，不應視為國際多式聯運。

### (二) 國際貨物多式聯運單據

多式聯運單據是指證明多式聯運合同以及證明多式聯運經營人接管貨物並負責按照合同條款交付貨物的單據。多式聯運單據應由多式聯運經營人或經他授權的人簽字，多式聯運經營人接管貨物時，應簽發一項多式聯運單據，該單據應依發貨人的選擇，或為可轉讓單據或為不可轉讓單據。

所謂的可轉讓的多式聯運單據，是指多式聯運單據以可轉讓的方式簽發時：
(1) 應列明按指示或向持票人交付；
(2) 如列明按指示交付，須經背書後轉讓；
(3) 如列明向持票人交付，無須背書即可轉讓；
(4) 如簽發一套一份以上的正本，應註明正本份數；
(5) 如簽發任何副本，每份副本均應註明「不可轉讓副本」字樣。

只有交出可轉讓多式聯運單據，並在必要時經正式背書，才能向多式聯運經營人或其代表提取貨物。如簽發一套一份以上的可轉讓多式聯運單據正本，而多式聯運經營人或其代表已正當地按照其中一份正本交貨，該多式聯運經營人便已履行其交貨責任。

所謂的不可轉讓的多式聯運單據，是指多式聯運單據以不可轉讓的方式簽發時，應指明記名的收貨人。多式聯運經營人將貨物交給此種不可轉讓的多式聯運單據所指明的記名收貨人或經收貨人通常以書面正式指定的其他人後，該多式聯運經營人即已履行其交貨責任。

多式聯運單據應是該單據所載明的貨物由多式聯運經營人接管的初步證據。如果多式聯運單據以可轉讓方式簽發，而且已轉讓給正當地信賴該單據所載明的貨物狀況的、包括收貨人在內的第三方，則多式聯運經營人提出的反證不予接受。

### (三) 多式聯運單據的記載內容

一般來講，多式聯運單據應當載明下列事項：貨物品類、識別貨物所必需的主要標誌，如屬危險貨物，其危險特性的明確聲明、包數或件數、貨物的毛重或其他方式表示的數量；貨物外表狀況；多式聯運經營人的名稱和主要營業所；發貨人名稱，如

經發貨人指定的收貨人的名稱；多式聯運經營人接管貨物的地點和日期；交貨地點；關於遵守公約的聲明等。多式聯運單據記載事項的缺少，並不影響該單據作為多式聯運單據的法律性質。

(四) 多式聯運經營人的賠償責任

1. 責任期間

多式聯運經營人對於貨物的責任期間，自其接管貨物之時起到交付貨物時為止。

2. 責任承擔

多式聯運經營人為他的受雇人、代理人和其他人負賠償責任。多式聯運經營人應對他的受雇人或代理人在其受雇範圍內行事時的行為或不行為負賠償責任，或對他為履行多式聯運合同而使用其服務的任何其他人在履行合同的範圍內行事時的行為或不行為負賠償責任。

3. 賠償責任的基礎

多式聯運經營人對於發生於其掌管期間的貨物的滅失、損壞和延遲交付所引起的損失承擔完全過失責任，除非多式聯運經營人證明其本人、受雇人或代理人等為避免事故的發生及其后果已採取一切所能合理要求的措施。

如果貨物的滅失、損壞或延遲交付是由於多式聯運經營人、其受雇人或代理人或任何其他人的過失或疏忽與另一原因結合而產生，多式聯運經營人僅對滅失、損壞或延遲交貨可以歸之於此種過失或疏忽的限度內負賠償責任。

4. 賠償責任限制

如果多式聯運經營人對貨物的滅失或損壞造成的損失負有賠償責任，其賠償責任按滅失或損壞的貨物的每包或其他貨運單位計不得超過920特別提款權，或按毛重每千克計不得超過2.75特別提款權，以較高者為準。國際多式聯運如果根據合同不包括海上或內河運輸，則多式聯運經營人的賠償責任按滅失或損壞貨物毛重每千克不得超過8.33特別提款權。

多式聯運經營人對延遲交貨造成損失所負的賠償責任限額，相當於對延遲交付的貨物應付運費的兩倍半，但不得超過多式聯運合同規定的應付運費的總額。

多式聯運經營人賠償責任的總和不得超過貨物全部滅失的賠償責任限額，但經多式聯運經營人和發貨人之間協商，多式聯運單據中可規定公約所定的賠償限額。

5. 賠償責任限制權利的喪失

如果能證明，貨物的滅失、損壞或延遲交付是由於多式聯運經營人有意造成或明知可能造成而毫不在意的行為或不行為所引起，或者是由於多式聯運經營人的受雇人或代理人或為履行多式聯運合同而使用其服務的其他人有意造成或明知可能造成而毫不在意的行為或不行為所引起，則多式聯運經營人、該受雇人、代理人或其他人無權享受公約所規定的賠償責任限制。

(五) 索賠與訴訟時效

1. 通知義務

收貨人應在貨物交給他的下一工作日，將說明此種滅失或損壞的一般性質的滅失

或損壞書面通知送交多式聯運經營人。對於延遲交貨,應在貨物交付收貨人之日後連續60日內,或者在收貨人得到通知,向多式聯運經營人送交書面通知,否則承運人對延遲交貨所造成的損失無須給予賠償。多式聯運經營人應在滅失或損壞發生后連續90日內,或在交付貨物后連續90日內,以其較遲者為準,將說明此種滅失或損壞的一般性質的滅失或損壞書面通知送交發貨人,否則,未送交這種通知即為多式聯運經營人未由於發貨人、其受雇人或代理人的過失或疏忽而遭受任何滅失或損失的初步證據。

2. 訴訟時效

有關國際多式聯運的任何訴訟,時效期間是兩年。但是,如果在貨物交付之日後6個月內,或於貨物未交付時,在應當交付之日後6個月內,沒有提出書面索賠通知,說明索賠的性質和主要事項,則在此期限屆滿後即超過時效。但是當事人可以向索賠人提出書面聲明,延長時效期間。

(六) 管轄法院

根據公約,原告可以選擇法院提起有關國際多式聯運的訴訟。選擇的範圍包括:被告主要營業所地法院,如無主要營業所,被告的經常居所地法院;多式聯運合同訂立地法院,而且合同是通過被告在該地的營業所、分支或代理機構訂立;接管貨物或交付貨物所在地法院;或者合同中載明的任何其他地點法院。

(七) 仲裁

當事各方可以協議用書面形式將任何爭議交付仲裁。

此外,公約還規定了危險貨物條款、托運人的責任條款、公約與其他公約的關係等條款。公約雖然沒有能解決國際貨物多式聯運中的所有問題,但也代表了國際貨物多式聯運立法的突破和發展,對於未來國際貨物多式聯運法律規則的發展起到了重要的推動和促進作用。

# 第五節　國際貨物運輸保險法

## 一、國際海上貨物運輸保險合同的性質

保險合同是投保人與保險人約定保險權利義務關係的協議,其中投保人是指與保險人訂立保險合同,並按照保險合同負有支付保險費義務的人;保險人是指與投保人訂立保險合同,並承擔賠償或者給付保險金責任的保險公司。

保險合同是一種補償合同,是射幸合同,其目的是當保險標的發生承保範圍內的風險而遭受損失時,由保險人負責賠償約定的保險金額,從而使被保險人的損失能夠減少到最少。就海上貨物運輸保險合同而言,是指保險人按照約定,對被保險人遭受保險事故造成保險標的損失和產生的責任負責賠償,而由被保險人支付保險費的合同。這裡所指的保險事故,是指保險人與被保險人約定的任何海上事故,包括與海上航行有關的發生於內河或者陸上的事故。海上保險合同必須承保的是由於海上風險而導致

的損失，這既可能是遭受海上風險的船舶或貨物的損失，也可能是和遭受海上風險的財產有關期待收入的損失，或者是遭受海上風險的財產所有權人對任何第三方的責任。這裡的海上風險指的是在海上運輸過程中遭受的海上的自然災害、意外事故、火災、戰爭、海盜、投棄、偷竊、捕獲、航運限制、船長和船員的不法行為等風險。

## 二、訂立海上貨物運輸保險合同的基本原則

按照中國法律規定，投保人和保險人訂立保險合同，應當遵循公平互利、協商一致、自願訂立的原則，不得損害社會公共利益。具體來講，包括如下內容：

(一) 保險利益原則

根據中國《保險法》的規定，投保人對保險標的要具有保險利益，投保人不具有保險利益的，保險合同無效。對於什麼是海上保險利益，中國《保險法》沒有作出具體規定。按照《英國1906年海上保險法》第5條的規定，保險利益是指被保險人對海上風險或任何可保財產的法律關係，因可保財產之安全或適時到達目的地而獲益，因其毀損或發生責任而受害。因此，保險利益就是指投保人，尤其是被保險人，對保險標的具有法律承認的利益。此外，《英國1906年海上保險法》第6條第1款還規定，被保險人在保險合同生效時，對保險標的可以不具有利害關係，但在保險標的發生損失時，被保險人對保險標的必須具有利害公司。也就是說，保險利益不是必須是訂立保險合同時具有保險利益，而是被保險人在損失發生時對保險標的物具有保險利益。

在國際慣例和有關的立法中，一般都認為，凡是與海上保險有利害關係的人都具有保險利益。保險利益包括現有利益、期待利益和責任利益。「只要有任何一項利益的人士都有『可投保利益』，它包括：①有貨物/財產；②對貨物佔有導致有託管的責任；③有風險；④已支付貨款。」從中國的司法實踐看，一般認為海上保險利益即可保利益，是指投保人對保險標的具有的法律上承認的利益。船舶所有人、船舶抵押權人、船舶保險人，貨物的買方、賣方、承運人、貨物保險人和提單質權人等均可以作為具有保險利益的人。

(二) 最大誠信原則

保險合同訂立前，被保險人應當將其知道的或在通常業務中應當知道的有關影響保險人據以確定保險費率或者確定是否同意承保的重要情況，如實告知保險人。保險人知道或者在通常業務中應當知道的情況，保險人沒有詢問的，被保險人無須告知。由於被保險人的故意，未將有關的重要情況如實告知保險人的，保險人有權解除合同，並不退還保險費。合同解除前發生保險事故造成損失的，保險人不負賠償責任。

同時，海上保險的保險人有義務將保險單中免除其責任的條款特別告知投保人。未盡此項義務的，保險單中的免責條款不具有法律效力；保險人在其向被保險人提供的保險單中聲明的保險條款和免除責任條款，一經投保人簽字確認，視為保險人履行特別告知義務。

此外，在海上保險合同中，被保險人不得違反其所作的擔保。被保險人違反合同約定的保證條款時，應當立即書面通知保險人。保險人收到通知后，可以解除合同，

也可以要求修改承保條件、增加保險費。

（三）補償責任原則

保險合同是補償合同，當發生了保險人承保範圍內的風險，並給貨物造成損失或損害時，保險人要按照保險合同的規定補償被保險人，但這並不意味著投保人總能得到全額補償，具體補償的內容要看投保人投保的險別和金額等。保險金額由保險人與被保險人約定。保險金額不得超過保險價值；超過保險價值的，超過部分無效。

（四）因果關係原則

保險人只對承保範圍內的風險造成的貨物損失承擔責任，即風險和損失之間要有因果關係，否則保險人不予補償。

## 三、海上貨物運輸保險合同的訂立與解除

（一）海上貨物運輸保險合同的訂立

1. 訂立的方式

投保人提出保險要求，經保險人同意承保，並就海上保險合同的條款達成協議後，合同成立。

在實踐中，英美等國家一般都通過保險經紀人投保，具體的程序是：由被保險人提出投保申請，並在經紀人提供的表格上寫明保險標的、投保險別等內容。經紀人在一定的保險費率範圍內投保，並把投保內容填寫在一張承保單上，將其交給保險公司。保險公司在承保單上簽字，則保險合同成立。

2. 合同的內容

保險人應當及時向被保險人簽發保險單或者其他保險單證，並在保險單或者其他保險單證中載明當事人雙方約定的合同內容。一般來講，海上保險合同包括如下內容：保險人名稱和住所；被保險人名稱和住所；保險標的；保險責任和責任免除；保險期間和保險責任開始時間；保險價值；保險金額；保險費以及支付辦法等，此外，投保人和保險人還可以就與保險有關的其他事項作出約定。

3. 被保險人的義務

除合同另外約定外，被保險人應當在合同訂立後立即支付保險費；被保險人支付保險費前，保險人可以拒絕簽發保險單證。訂立合同時，被保險人已經知道或者應當知道保險標的已經因保險事故而遭受損失的，保險人不負賠償責任，但是有權收取保險費；保險人已經知道或者應當知道保險標的已經不可能因發生保險事故而遭受損失的，被保險人有權收回已經支付的保險費。

保險責任開始前，被保險人可以要求解除合同，但是應當向保險人支付手續費，保險人應當退還保險費。貨物運輸的保險責任開始後，被保險人不得要求解除合同。

海上貨物運輸保險合同可以由被保險人背書或者以其他方式轉讓，合同的權利、義務隨之轉移。合同轉讓時尚未支付保險費的，被保險人和合同受讓人負連帶支付責任。

### 4. 保險單據

保險單據是保險人與被保險人之間訂立保險合同的證明，是保險人的承保證明，也是保險索賠和理賠的依據。在實踐中，保險單據主要包括以下幾種：

（1）保險單。這是使用最廣泛的一種保險單據。貨運保險單是承保一個指定航程內某票貨物的運輸保險，因此其主要內容包括：當事人的名稱和地址；保險標的的名稱、數量和重量、嘜頭；運輸工具；保險險別；保險責任起訖時間、地點和保險期限；保險金額；保險費；雙方約定的其他事項等內容。保險單背面則載明了保險人與被保險人之間的權利和義務關係。保險單的內容對保險雙方都具有法律約束力。

（2）預約保單。這是一種長期性質的保險單，目的是簡化保險手續，使得貨物一經裝運就能取得保障。在這類保單中，保險人與被保險人在保險合同中約定，在一定時期內保險人統一承保約定的貨物種類範圍內的保險。投保人在將貨物裝運後，就通知保險人有關貨物的具體情況，保險人就自動承保。保險費按照事先約定的費率標準定期支付。

（3）保險批單。在保險單出立後，如果投保人需要修改或補充其內容，可以根據保險公司的規定，向保險公司提出申請，經過保險公司同意後，出具另一種憑證，註明修改或補充的內容。保險批單的效力優先於保單。

（4）保險憑證。這是一種簡化的保險單據，現在已經廢棄。

（5）聯合憑證。這是一種將保險單和發票相結合，比保險憑證更為簡化的保險單據，目前已經很少使用。

### 四、保險險別

海上貨物運輸保險的險別，是指保險人在保險單中列明的保險人對所承保的海運貨物遭受損失時的責任範圍，一般分為主險、附加險、專門險等大類，其中主險是指可以單獨承保的風險，附加險是不能單獨承保的風險。按照中國人民保險公司（以下簡稱「人保」）1981年修訂的《海上運輸貨物保險條款》的規定，中國人保所承保的海上風險包括如下內容：

（一）主險：平安險、水漬險、一切險

按照「人保」的保險條款，主險分為平安險、水漬險及一切險三種。當被保險貨物遭受損失時，保險人按照保險單上訂明承保險別的條款規定，負賠償責任。

根據保險法的原理，保險人在風險發生後，並不必然承擔賠償責任，而是在下列條件下才承擔賠償責任：一是保險人只對海上保險合同承保範圍內的保險事故造成的損失承擔賠償責任，例如投保人投保的是平安險，則保險人對於在海上運輸過程中由於外來原因造成的貨物損害就不承擔賠償責任；二是保險人只對海上保險合同中承保的標的承擔賠償責任；三是只對保險期限內發生保險事故承擔責任；四是只在約定的保險金額內承擔責任。

#### 1. 平安險

平安險的意思是「單獨海損不賠」，即對由於自然災害造成的單獨海損不賠。其責

任範圍為：

（1）被保險貨物在運輸過程中由於惡劣氣候、雷電、海嘯、地震、洪水等自然災害造成整批貨物的全部損失或推定損失；

（2）由於運輸工具遭受擱淺、觸礁、沉沒、互撞、與流水或其他物體碰撞以及失火、爆炸意外事故造成貨物的全部損失或部分損失；（3）在運輸工具已經發生擱淺、觸礁、沉沒、焚毀意外事故的情況下，貨物在此后又在海上遭受惡劣氣候、雷電、海嘯等自然災害所造成的部分損失；

（4）在裝卸或轉運時由於一件或數件整件貨物落海造成的全部或部分損失；

（5）共同海損的犧牲、分攤和救助費用；

（6）運輸工具遭遇海難后，在避難港由於卸貨引起的損失以及在中途港、避難港由於卸貨、存倉以及運送貨物所產生的特別費用；

（7）被保險人對在承保範圍內的貨物採取搶救、防止或減少貨物損失的措施而支付的合理費用，但以不超過該批被救貨物的保險金額為限。

此外，運輸合同中訂有「船舶互撞責任」條款，根據該條款應由貨方償還船方的損失。

2. 水漬險

水漬險的意思是單獨海損包括在內，其責任範圍除了包括上述平安險的責任範圍外，還包括被保險貨物由於惡劣氣候、雷電、海嘯、地震、洪水等自然災害所造成的部分損失。

3. 一切險

一切險的責任範圍除了包括水漬險的範圍外，還包括被保險貨物由於外來原因所造成的全部或部分損失。所謂的外來原因主要是指一般附加險所承保的責任，主要包括：偷竊提貨不著險、淡水雨淋險、短量險、沾污險、滲漏險、碰損破碎險、串味險、受潮受熱險、鉤損險、包裝破裂險、銹損險等。

（二）附加險險別

附加險是不能單獨承保的風險，只能在投保了主險的情況下，投保人才能投保附加險。根據投保的風險不同，附加險又分為一般附加險、特別附加險、特殊附加險。

1. 一般附加險

一般附加險主要包括：

（1）偷竊提貨不著險（Theft Pilferage and Non-delivery, T. P. N. D.），包括偷竊行為所導致的損失以及整件貨物提貨不著。

（2）淡水雨淋險（Fresh Water and /or Rain Damage, P. W. R. D.），包括被保險貨物由於直接遭受雨淋或淡水所導致的損失。

（3）短量險（Risk of Shortage），包括被保險貨物在運輸過程中，由於外包裝破裂或散裝貨物發生數量散失和實際重量短缺的損失，但正常的損耗除外。

（4）混雜、沾污險（Risk of Intermixture and Contamination），包括被保險貨物在運輸途中，由於混雜、沾污所導致的損失。

（5）滲漏險（Risk of Leakage），包括被保險貨物在運輸過程中，由於容器損壞而引起的滲漏損失，或者用液體儲藏的貨物因為液體的滲漏而引起的貨物腐敗等損失。

（6）碰損破碎險（Clash and Breakage），包括被保險貨物在運輸途中由於震動、碰撞、受壓造成的破碎和碰撞損失。

（7）串味險（Taint of odor），包括被保險食用物品、中藥材、化妝品原料等貨物在運輸過程中，由於受到其他物品的影響而引起的串味損失。

（8）受潮受熱險（Damage Caused by Sweating and Heating），包括被保險貨物在運輸途中由於氣溫突然變化或由於船上通風設備失靈致使船艙內水汽凝結、發潮或發熱所造成的損失。

（9）鈎損險（Risk of Rust），包括被保險貨物在裝卸過程中因遭受鈎損而引起的損失，以及對包裝進行修補或調換所支付的費用。

（10）包裝破裂險（Breakage of Packing），包括對被保險貨物在運輸過程中因為搬運或裝卸不慎，包裝破裂所造成的損失，以及為繼續安全運輸所需要對包裝進行修補或調換所支付的費用。

（11）銹損險（Hook Damage），對被保險貨物在運輸過程中發生鏽損的，保險公司進行賠償。

一般附加險包括在一切險的範圍內，被保險人在投保了一切險的情況下，就不用再投保一般附加險了。但被保險人在投保平安險和水漬險的情況下，可以根據情況選擇所要投保的一般附加險。

2. 特別附加險

特別附加險和特殊附加險都不包括在一切險之內，投保人必須與保險人約定，並經過保險人特別同意後，才能將特別附加險列在承保範圍之內。

按照「人保」條款的內容，特別附加險主要包括交貨不到險（Failure to Delivery）、進口關稅險（Import Duty Risk）、艙面險（On Deck Risk）、拒收險（Rejection Risk）、黃曲霉素險（Afiatoxin Risk）、出口到中國香港、中國澳門的存倉火險（Fire Risk Extension Clause，P. R. E. C.— for Storage of Cargo at Destination Hongkong, including Kowloon, or Macao）、賣方利益險等。

3. 特殊附加險

特殊附加險是指戰爭險（War Risk）、罷工險（Strike Risk）等。其中，戰爭險條款中，保險人的責任包括：由於戰爭、敵對行為或武裝衝突以及由此引起的拘留、扣押、沒收或封鎖所造成的損失，各種常規武器所造成的損失，以及由於上述原因所引起的共同海損犧牲、分攤和救助費用，但是對於原子彈、氫彈等核武器造成的損失不負賠償責任。

罷工險是指由於罷工、被迫停工、工潮、暴動等所引起的損失，由保險人根據有關的保險條款負責賠償。在實踐中，如果投保人投保了戰爭險，僅需在保單上註明包括罷工險，並粘貼罷工險條款即可。

## 五、倫敦保險協會的《協會貨物條款》

英國倫敦保險協會所制定的《協會保險條款》是國際上重要的保險條款，是許多國家的保險公司制定保險條款的樣本，因此，瞭解該條款在實踐中具有極為重要的意義。按照目前現行的倫敦保險協會《協會貨物條款》的規定，協會的保險險別有以下幾種：

（一）協會（A）險條款 [Institute Cargo Clauses A, ICC（A）]

該條款保險承保的責任範圍較大，除了除外責任以外的一切風險所造成的保險標的損失，都在該險別之內。其除外責任包括：

1. 一般除外責任

一般除外責任包括：被保險人故意行為所造成的損失和費用；保險標的之自然滲漏，重量或容量的自然損耗，或自然磨損；由於保險標的包裝及準備不足或不當造成的損失或費用（本條所謂之「包裝」，包括用集裝箱或海運集裝箱裝載的，但該項裝載以本保險開始生效前或由被保險人或其受雇人完成為限）；由於保險標的本質缺陷或特性所造成的損失和費用；直接由延遲引起的損失或費用，即使延遲是由承保風險所引起的（上述第2條可以賠付的費用除外）；由於船舶所有人、經理人、租船人或經營人破產，或不履行債務造成的損失或費用；由任何個人或數人非法行動故意損壞或故意破壞保險標的或其任何部分；由於使用任何原子或核裂變和（或）聚變或其他類似反應或放射性作用或放射性物質的戰爭武器造成的損失或費用。

2. 不適航與不適貨除外責任

不適航與不適貨除外責任主要是指由於被保險人在保險標的裝船時已經知道船舶不適航，或者船舶、運輸工具等不適貨。

3. 戰爭除外責任條款

戰爭除外責任包括由於戰爭、內戰、革命、叛亂、造反或由此引起的內亂，或交戰國針對交戰國的任何敵對行為；捕獲、逮捕、禁制或拘留，以及這種行為的后果或這方面的企圖；遺棄的水雷、魚雷、炸彈或其他遺棄的戰爭武器等造成的貨物損失或費用。

4. 罷工除外責任

包括罷工者、被迫停工工人或參與工潮、暴動或民變人員；罷工、被迫停工、工潮、暴動或民變；恐怖主義分子或任何人出於政治目的採取的行動等造成的貨損或者費用。

（二）協會貨物（B）險條款 [Institute Cargo Clauses B, ICC（B）]

該條款列明了風險，即凡是屬於承保責任範圍內的損失，無論是全損還是部分損失，保險人均負責賠償。

只要保險標的物的損失可合理歸因於：火災或爆炸；船舶或駁船遭受擱淺、觸礁、沉沒或傾覆；陸上運輸工具的傾覆或出軌；船舶、駁船或其他運輸工具同除水以外的任何外界物體碰撞或接觸；在避難港卸貨；地震、火山爆發或雷電，或者由於下列原

因引起的保險標的之損失；共同海損的犧牲和救助費用；拋貨或浪擊落海；海水、湖水或河水進入船舶、駁船、其他運輸工具、集裝箱或海運集裝箱貯存處所。貨物在船舶或駁船裝卸時落海或跌落造成任何整件的全損，保險人均承擔賠償責任。

至於該條款下的除外責任，除了對海盜行為和惡意損害險不負責任外，其余與 A 險條款相同。

（三）協會貨物（C）險條款 [Institute Cargo Clauses, ICC（C）]

該條款僅對重大意外事故所造成的貨損負責，對非重大意外事故或者自然災害所導致的貨損不負責任。

該條款承保的風險包括：火災或爆炸；船舶或駁船遭受擱淺、觸礁、沉沒或傾覆；陸上運輸工具的傾覆或出軌；船舶、駁船或其他運輸工具同除水以外的任何外界物體碰撞或接觸；在避難港卸貨；共同海損的犧牲；拋貨等。

該條款下的除外責任與 B 險條款相同。

（四）協會戰爭險條款（Institute War Clauses–Cargo）

該條款主要承保由於下列原因造成的貨物損失：由於戰爭、內戰、革命、叛亂、造反或由此引起的內亂，或交戰國針對交戰國的任何敵對行為；捕獲、逮捕、禁制或拘留，以及這種行為的后果或這方面的企圖；遺棄的水雷、魚雷、炸彈或其他遺棄的戰爭武器。該條款下的除外責任與 A 險條款的一般除外責任，不適航、不適貨除外責任大體相同。

（五）協會罷工險條款（Institute Strike Clauses–Cargo）

該條款主要承保由於下列原因造成的貨物損失：罷工者、被迫停工工人或參與工潮、暴動或民變人員；罷工、被迫停工、工潮、暴動或民變；恐怖主義分子或任何人出於政治目的採取的行動等造成的貨損或者費用。

該條款下的除外責任與 A 險條款的一般除外責任，不適航、不適貨除外責任大體相同。

（六）惡意損害險條款（Malicious Damage Clauses）

該條款承保被保險人以外的其他人的故意破壞行為所導致的被保險貨物的滅失或損壞。但是，處於政治動機的人的行為除外。該險別屬於附加險，包含在 A 險條款中，只有在投保 B 險條款或者 C 險條款的情況下，才能投保該條款。

## 六、委付與代位求償

（一）承保的損失與費用

保險事故發生後，保險人應當賠償被保險人的損失。在實踐中，被保險人的損失被分為以下幾種：

1. 實際全損

保險標的發生保險事故后滅失，或者受到嚴重損壞完全失去原有形體、效用，或

者不能再歸被保險人所擁有的，為實際全損。

2. 推定全損

貨物發生保險事故后，認為實際全損已經不可避免，或者為避免發生實際全損所需支付的費用與繼續將貨物運抵目的地的費用之和超過保險價值的，為推定全損。

3. 部分損失

不屬於實際全損和推定全損的損失，為部分損失。部分損失包括共同海損的損失、單獨海損的損失以及單獨費用。

被保險人對同一保險標的就同一保險事故向幾個保險人重複訂立合同，而使該保險標的的保險金額總和超過保險標的的價值的，除合同另有約定外，被保險人可以向任何保險人提出賠償請求。被保險人獲得的賠償金額總和不得超過保險標的的受損價值。各保險人按照其承保的保險金額同保險金額總和的比例承擔賠償責任。任何一個保險人支付的賠償金額超過其應當承擔的賠償責任的，有權向未按照其應當承擔的賠償責任支付賠償金額的保險人追償。

(二) 保險人的賠償責任

保險標的發生保險事故造成損失后，保險人應當及時向被保險人支付保險賠償。保險人賠償保險事故造成的損失，以保險金額為限。保險金額低於保險價值的，在保險標的發生部分損失時，保險人按照保險金額與保險價值的比例負賠償責任。

一旦保險事故發生，被保險人應當立即通知保險人，並採取必要的合理措施，防止或者減少損失。被保險人收到保險人發出的有關採取防止或者減少損失的合理措施的特別通知的，應當按照保險人通知的要求處理。對於被保險人違反前款規定所造成的擴大的損失，保險人不負賠償責任。

保險人支付保險賠償時，可以從應支付的賠償額中相應扣減被保險人已經從第二人取得的賠償。保險人從第三人取得的賠償，超過其支付的保險賠償的，超過部分應當退還給被保險人。發生保險事故后，保險人有權放棄對保險標的的權利，全額支付合同約定的保險賠償，以解除對保險標的的義務。保險人行使前款規定的權利，應當自收到被保險人有關賠償損失的通知之日起七日內通知被保險人；被保險人在收到通知前，為避免或者減少損失而支付的必要的合理費用，仍然應當由保險人償還。

(三) 委付

在保險標的發生推定全損的情況下，被保險人可以選擇是按全部損失賠償還是按照部分損失賠償。如果被保險人要求保險人按照全部損失賠償的，就應當向保險人委付保險標的。保險人可以接受委付，也可以不接受委付，但是應當在合理的時間內將接受委付或者不接受委付的決定通知被保險人，委付不得附帶任何條件。委付一經保險人接受，就不得撤回。保險人接受委付的，被保險人對委付財產的全部權利和義務轉移給保險人。

(四) 代位求償權

在保險標的發生保險責任範圍內的損失是由於第三方的過失或疏忽所造成的時候，

在保險人依保險合同向被保險人支付了約定的賠償后，就取得了由被保險人轉讓的對第三者的損害賠償求償權，即代位求償權。此時，被保險人應當向保險人提供必要的文件和其所需要知道的情況，並盡力協助保險人向第三人追償。被保險人未經保險人同意放棄向第三人要求賠償的權利，或者由於過失致使保險人不能行使追償權利的，保險人可以相應扣減保險賠償。

這是由於保險合同是一種補償合同，被保險人不得以保險作為牟取不當利益的手段。因此被保險人不得在向保險人取得賠償后，又向有過失的第三方索賠，從而獲得超過其損失的賠償金額。保險人在行使代位請求賠償權利時，應當依照法律的有關規定，向受理案件的海事法院提交其已經按照保險合同的約定支付給被保險人賠償金的證明，而無須提交被保險人簽署的權益轉讓書。否則，保險人僅提交被保險人簽署的權益轉讓書但未提交該證明的，其代位行使請求賠償的權利不能得到支持。同時，保險人超出保險責任範圍給付保險賠償的，在第三人提出明確而有效抗辯時，對超出保險責任範圍的賠付，保險人不能行使代位請求賠償的權利。

代位求償權和委付雖然都是為了不讓被保險人獲得雙倍賠償而創立的一種制度，但二者是不同的。委付是在發生推定全損的情況下，被保險人可以選擇按部分賠償，也可以選擇按全部賠償，如果被保險人選擇後者，被保險人將保險標的殘骸所有權利和義務轉讓給保險人，而由保險人賠付全部的保險金額。這種轉讓保險標的的權利的做法被稱為委付。委付發生在推定全損的情況下，而代位求償權可以發生在全損的情況下，也可以發生在部分損失的情況下。委付是一種法律行為，其必須向保險人發出通知，而保險人可以接受也可以不接受；而代位求償權是一種法律權利，只要在作出賠付后保險人就自動地取得向第三方索賠的權利。超出其賠償範圍的索賠應歸被保險人。

## 七、保險的除外責任

關於除外責任，又被稱為「不保事項」，指的是根據法律或保險合同的約定，保險人不予承保的風險。除外責任包括法定除外責任和約定除外責任。

英國1982年《協會貨物保險條款》A條款中規定的除外責任條款包括普通除外責任條款、不適航和不適貨例外條款、戰爭除外條款以及罷工除外條款。其中普通的除外責任條款規定，本保險不承保：

(1) 可歸咎於被保險人的蓄意惡行的損失、損害或費用；
(2) 保險標的通常滲漏、通常重量或體積損失或通常磨損；
(3) 保險標的的包裝或準備不足或不當引起的損失、損害或費用；
(4) 保險標的固有的缺陷或性質引起的損失、損害或費用；
(5) 遲延直接造成的損失、損害或費用，即使該遲延是由承保風險引起的；
(6) 因船舶的所有人、經理人、承租人或經營人的破產或經濟困境產生的損失、損害或費用；
(7) 因使用原子或核裂變和聚變或其他類似反應或放射性力量或物質所製造的戰爭武器產生的損失、損害或費用。

其中的前五款是重申英國 1906 年海上保險法的內容。

中國《海商法》規定了保險人對下列損失不負賠償責任：

（1）對於被保險人故意造成的損失，保險人不負賠償責任；

（2）對因航行遲延、交貨遲延或者行市變化，或貨物的自然損耗、本身的缺陷和自然屬性，或包裝不當造成的貨物損失，除非合同另有約定外，保險人一般不負賠償責任；

（3）對因船舶開航時不適航，或船舶自然磨損或者銹蝕造成的保險船舶損失，除非合同另有約定外，保險人不負賠償責任。

中國人民保險公司海洋運輸貨物保險的除外責任包括：

（1）被保險人的故意行為或過失所造成的損失；

（2）屬於發貨人責任引起的損失；

（3）在保險責任開始前，被保險貨物已存在的品質不良或數量短差所造成的損失；

（4）被保險貨物的自然損耗、本質缺陷、特性以及市價跌落、運輸延遲引起的損失和費用；

（5）海洋運輸貨物戰爭險條款和罷工險條款規定的責任範圍和除外責任。

被保險人應按照以下規定的應盡義務辦理有關事項，如因未履行規定的義務而影響保險人利益時，保險公司對有關損失，有權拒絕賠償。

（1）當被保險貨物運抵保險單所載明的目的港（地）以後，被保險人應及時提貨，當發現被保險貨物遭受任何損失，應即向保險單上所載明的檢驗、理賠代理人申請檢驗，如發現被保險貨物整件短少或有明顯殘損痕跡應即向承運人、受託人或有關當局（海關、港務當局等）索取貨損貨差證明。如果貨損貨差是由於承運人、受託人或其他有關方面的責任所造成，並應以書面方式向他們提出索賠，必要時還須取得延長時效的認證。

（2）對遭受承保責任內危險的貨物，被保險人和本公司都可迅速採取合理的搶救措施，防止或減少貨物的損失，被保險人採取此項措施，不應視為放棄委付的表示，本公司採取此項措施，也不得視為接受委付的表示。

## 八、保險的責任期間

對於海上貨物保險的責任期間，通常都採用「倉至倉」條款。所謂的「倉至倉」，是指自被保險貨物運離保險單所載明的起運地倉庫或儲存處所開始運輸時生效，包括正常運輸過程中的海上、陸上、內河和駁船運輸在內，直至該項貨物到達保險單所載明目的地收貨人的最后倉庫或儲存處所或被保險人用作分配、分派或非正常運輸的其他儲存處所為止。如果未抵達上述倉庫或儲存處所，則以貨物在最后卸載港全部卸離海輪后滿 60 天為止。如果是在上述 60 天內貨物被轉運至保單所載目的地以外地點，則保險責任從貨物開始轉運時終止。

如果由於被保險人無法控制的運輸遲延、繞航、被迫卸貨、轉載或承運人運用運輸合同所賦予的權限所作出的任何航程變更，致使貨物在按照保險單規定交到目的地以前，航程即告終止時，則在被保險人及時將上述情況通知保險人，並加付保險費的

情況下，保險人繼續負責，直到被保險貨物在保險單所記載的目的地出售時，保險責任終止，但最長不超過貨物在卸貨港卸離海輪起 60 天，二者以先發生的為準。如果被保險貨物在上述 60 天內繼續運往保險單所載的目的港或其他目的地時，則保險人的保險責任仍按照「倉至倉」條款的規定處理。這被稱為「擴展責任條款」。

上述責任期限適用於平安險、水漬險和一切險，但不適用於戰爭險。

### 九、時效期間

從被保險貨物在最后卸貨港全部卸離運輸工具后起算，最多不超過兩年。

## 第六節　國際航空運輸保險法

按照中國人民保險公司制定的航空運輸保險條款的規定，介紹一下國際航空運輸保險的基本內容。

### 一、責任範圍

航空運輸貨物保險分為航空運輸險和航空運輸一切險兩種。

（一）航空運輸險

航空運輸險承保如下風險：

（1）被保險貨物在運輸途中遭受雷電、火災、爆炸或由於飛機遭受惡劣氣候或其他危難事故而被拋棄，或由於飛機遭受碰撞、傾覆、墜落或失蹤等意外事故所造成的全部或部分損失；

（2）被保險人對遭受承保範圍內危險的貨物採取搶救、防止或減少貨損的措施而支出的合理費用，但以不超過該批被救貨物的保險金額為限。

（二）航空運輸一切險

除了包括上述航空運輸險的責任外，還包括被保險貨物由於外來原因所導致的全部或部分損失。

### 二、除外責任

保險公司對下列損失，不負賠償責任：

（1）被保險人的故意行為或過失所造成的損失。
（2）屬於發貨人責任所引起的損失。
（3）保險責任開始前，被保險貨物已存在的品質不良或數量短差所造成的損失。
（4）被保險貨物的自然損耗、本質缺陷、特性以及市價跌落、運輸延遲所引起的損失或費用。
（5）航空運輸貨物戰爭險條款和貨物運輸罷工險條款規定的責任範圍和除外責任。

### 三、責任期間

航空運輸貨物保險適用「倉至倉」責任期間，自被保險貨物遠離保險單所載明啓運地倉庫或儲存處所開始運輸時生效，包括正常運輸過程中的運輸工具在內，直到該批貨物到達保險單所載明目的地收貨人的最后倉庫或儲存處所或被保險人用作分配、分派或非正常運輸的其他儲存處所為止。

### 四、被保險人的義務

（1）當被保險貨物運抵保險單所載目的地以后，被保險人應及時提貨，當發現被保險貨物遭受任何損失，應即向保險單上所載明的檢驗、理賠代理人申請檢驗。如發現被保險貨物整件短少或有明顯殘損痕跡，應即向承運人、受託人或有關當局索取貨損貨差證明，如果貨損貨差是由承運人、受託人或其他有關方面的責任所造成，應以書面方式向他們提出索賠，必要時還須取得延長時效的認證。

（2）對遭受承保責任內危險的貨物，應迅速採取合理的搶救措施，防止或減少貨物損失。

（3）在向保險人索賠時，必須提供下列單證：保險單正本、提單、發票、裝箱單、磅碼單、貨損貨差證明、檢驗報告及索賠清單，如涉及第三者責任還須提供向責任方追償的有關函電及其他必要單證或文件。

### 五、索賠期限

從被保險貨物在最后卸載地卸離飛機后起計算，最多不超過兩年。

## 第七節　國際陸上貨物運輸保險法

根據中國人民保險公司制定的陸上貨物運輸保險條款的規定，分為陸運險和陸運一切險兩種。被保險貨物遭受損失時，保險公司按保險單上訂明承保險別的條款規定負賠償責任。

### 一、承保的險別

（一）陸運險

（1）被保險貨物在運輸途中遭受暴風、雷電、洪水、地震等自然災害。

（2）運輸工具遭受碰撞、傾覆、出軌；或在駁運過程中因駁運工具遭受擱淺、沉沒；或由於遭受隧道坍塌、崖崩或失火、爆炸等意外事故所遭受的全部或部分損失。

（3）被保險人對遭受承保範圍內危險的貨物採取搶救、防止或減少貨損的措施而支付的合理費用，但以不超過該批被救貨物的保險金額為限。

(二) 陸運一切險

除了包括上述陸運險的責任外，還包括被保險貨物在運輸途中由於外來原因所導致的貨物全部或部分損失。

## 二、責任期間

陸運貨物保險條款下，保險人的責任期間適用「倉至倉」條款。自被保險貨物運離保險單所載明的起運地倉庫或儲存處所開始運輸時生效，包括正常運輸過程中的陸上和與其有關的水上駁運在內，直至該項貨物運達保險單所載目的地收貨人的最後倉庫或儲存處所或被保險人用作分配、分派的其他儲存處所為止，如果未運抵目的地倉庫或儲存處所，則以被保險貨物運抵最后卸載的車站滿60天為止。

## 三、被保險人義務

（1）被保險貨物運抵目的地以后，被保險人應及時提貨，當發現保險貨物遭受任何損失，應即向保險單上所載明的檢驗、理賠代理人申請檢驗。如果發現被保險貨物整件短少或有明顯殘損痕跡，立即向承運人、受託人或有關當局索取貨損貨差證明。如貨損貨差是由於承運人、受託人或有關方面責任造成的，則應以書面方式向他們提出索賠，必要時須取得延長時效的認證。

（2）對遭受承保責任範圍內危險的貨物，被保險人應迅速採取合理的搶救措施，防止或減少貨物的損失。

（3）在向保險人索賠時，須提供下列單證：保險單正本、運單、發票、裝箱單、磅碼單、貨損貨差證明、檢驗報告及索賠清單。涉及第三者責任時，還須提供向第三者追償的有關函電及其他必要單證或文件。

## 四、除外責任

保險公司對由於下列原因造成的貨物損失，不負賠償責任：
（1）被保險人的故意或過失造成的損失；
（2）屬於發貨人責任引起的損失；
（3）在保險責任開始前，被保險貨物存在的品質不良或數量短差造成的損失；
（4）被保險貨物的自然損耗、本質缺陷、特性以及市價跌落、運輸延誤造成的損失和費用；
（5）戰爭險條款和罷工險條款規定的責任範圍以及除外責任。

## 五、訴訟時效期間

自被保險貨物在最后目的地車站全部卸離車輛后計算，最多不超過兩年。

## 復習思考題：

1. 提單的作用有哪些？提單的作用和跟單信用證機制有什麼關係？
2. 《海牙規則》中規定了承運人的責任事項有哪些？
3. 比較《海牙規則》《維斯比規則》以及《漢堡規則》的內容。
4. 航次租船合同和定期租船合同有哪些異同？
5. 結合中國的司法實踐，談一談如何認識國際海上貨物運輸中的保函性質。
6. 國際航空運輸中承運人的責任原則是什麼？
7. 國際多式聯運公約中確定的承運人責任有哪些？
8. 訂立海上保險合同的基本原則是什麼？
9. 如何理解保險利益？
10. 什麼是委付？委付和代位求償權有無區別？
11. 國際海上運輸保險的主險和附加險有哪些？
12. 國際航空運輸保險中的除外責任有哪些？

# 第九章　票據法

**本章要點：**

- ●理解和掌握票據和票據法的概念，票據的法律特徵。
- ●掌握票據的分類，票據法律關係和票據行為的概念、分類。
- ●票據權利的概念、票據權利的行使和保全。
- ●掌握匯票的出票、背書、承兌、保證、付款等制度。
- ●瞭解票據使用中的票據偽造、票據變造、票據抗辯、票據喪失與救濟的相關法律規定。
- ●掌握匯票、本票和支票的概念及其區別。

## 第一節　票據與票據法概述

### 一、票據的概念及其法律特徵

（一）票據的概念

票據是商品交換的產物，是指一種使用其代替現金，具有融通資金、起流通手段和支付手段作用的來結算債權債務的信用工具。具體來說，是指由出票人依法簽發的，委託他人或由自己在見票時或約定的將來某一日期無條件支付一定金額給收款人或持票人的一種有價證券。這裡的票據包括匯票、本票和支票。這裡所講的票據不同於我們日常經濟生活中統稱的票據。日常生活中所指的票據泛指在經濟生活中用文字記載一定事項或者表彰一定權利的書面憑證。如提單、倉單、股票、債券、車船票等。

票據是隨著商業的興起而發展起來的。從西方國家來看，票據最早萌芽於古希臘羅馬時代，當時稱為「自書證書」，這種證書的持有人在要求債務人償還債務時，必須提示證書，並於債務清償后將證書退還債務人，這是票據的雛形。中國唐代的「飛錢」和帖子，就是匯票與支票的萌芽，南宋時代使用的「交子」就是本票的雛形。[①]

（二）票據的法律特徵

票據作為一種有價證券，除具有有價證券共同的特徵外，依據票據法原理，還具

---

① 林光祖，劉經華. 國際商法［M］. 廈門：廈門大學出版社，2003：393-394.

有其自身的特徵：

1. 票據是設權證券

票據的製作目的並非證明某種已存在的權利，而是創設某一種權利，只有在票據簽發后才產生相應的票據權利。沒有票據就沒有票據權利，票據不像股票、債券、提單、倉單等是用於證明已存在的權利。

2. 票據是債權證券

票據權利屬債權性質，區別於物權及社員權證券。票據權利是指正當持票人擁有的確定的票面金額的付款請求權及追索權，故票據是一種金錢債權證券。

3. 票據是完全有價證券

各種有價證券根據證券與權利的結合緊密程度，可分為完全有價證券和不完全有價證券。證券與證券權利不可以分離，為完全有價證券，也稱絕對的有價證券，如：匯票、本票、支票。證券與證券權利在一定情況下可以分離，為不完全有價證券，也稱相對有價證券，如：股票、債券、提單、倉單等。

票據作為完全有價證券，是指其權利與票據融為一體，不可分離。票據權利的發生，須作成票據；票據權利的轉讓，須交付票據；票據權利的行使，須佔有、提示票據。即票據權利的發生、轉移、行使均須依票據才能行使。

4. 票據是無因證券

票據的簽發或轉讓均有其各自的原因，可以是支付買賣合同的貨款、提供信用、提供擔保等，但票據在流通過程中，持票人轉讓票據或行使票據權利，均無須向對方說明票據簽發及其取得票據的原因，亦即不管票據產生的原因有效與否，與票據權利的存在也無關。票據無因性這一特點，是為了保護善意持票人的安全，用以促進票據的廣泛流通。

5. 票據是要式證券

票據的做成必須在書面上具備法定格式，票據的記載事項及記載款式均須按票據法規定進行，否則可能會影響票據的效力。如：欠缺絕對應記載事項將使票據無效。票據的要式性，主要是因為票據作為一種流通證券，其權利義務關係，全憑票據上的文義來確定，若票據的效力受到影響，票據的流通性也會受到影響。

6. 票據是文義證券

票據上的權利義務及相關事項完全以票據上記載的文義為準，即不得以票據之外的任何證據來證明或解釋票據上的權利義務，即便是因疏忽等原因使票據上文義所表示意思與當事人的真實意思不一致，也只能依票據文義解釋票據權利及義務。

7. 票據是流通證券

所謂流通，是指票據權利可以依背書或交付方式轉讓於他人。票據流通，與民法中的債權讓與有顯著區別：大陸法系國家民法上的債權讓與須以通知債務人為讓與合同對債務人生效的要件；而票據上債權的移轉，對於無記名票據或記名票據，分別僅依交付票據或背書並交付票據即可完成，無須通知票據債務人，除非票據上有出票人記載的「禁止轉讓」等字樣。在西方國家，票據制度強調票據的「流通性」，如英美

國家就以「流通證券」（Negotiable Instrument）來形容票據。[1]

8. 票據是提示返還證券

持票人行使票據權利，不論是請求付款承兌，還是付款，或是對前手行使追索權，都必須在票據載明的到期日或法定到期日向票據債務人提示付款或提示承兌，以佔有票據之事實證明其權利。票據債權人在票據債權獲得滿足后，須將所持有票據歸票據債務人，否則，票據債務人可以拒付票據金額而不負票據責任。

## 二、票據的種類及其經濟功能

### （一）票據的種類

票據一詞的概念在國際上並無統一解釋。關於票據的種類，各國通常有法律規定，但具體包括的票據種類有所不同。德國、法國，以及 1930 年和 1931 年的《日內瓦統一票據法》中的票據，僅指匯票和本票，支票則另以單行法規規定。在學說上，這種票據法的立法例稱為「分離主義」。而日本商法的票據編則明確規定票據包括匯票、本票和支票。英國 1883 年《票據法》規定票據包括匯票、本票與支票三種。[2] 美國現行《統一商法典》規定的「商業證券」（Commercial Paper 亦譯為「商業票據」），包括匯票、本票、支票和存款單四種。相對於德、法等國票據立法，這種票據法的立法例稱為「包括主義」。無論採用「分離主義」還是「包括主義」，國際上一般均認為票據應包括匯票、本票和支票。

1. 匯票

匯票是出票人簽發的，委託付款人在見票時或者在指定日期無條件支付確定的金額給收款人或者持票人的票據。匯票還可分為銀行匯票和商業匯票。[3] 匯票有三方當事人，即出票人、收款人和付款人。

2. 本票

本票是出票人簽發的，承諾自己在見票時無條件支付確定金額給收款人或者持票人的票據。[4] 本票有兩方當事人，即出票人和收款人。本票的出票人本身就是付款人。

3. 支票

支票是出票人簽發的，委託辦理支票存款業務的銀行或者其他金融機構在見票時無條件支付確定的金額給收款人或者持票人的票據。[5] 支票有三方當事人，即出票人、收款人和付款人。

### （二）票據的經濟功能

1. 支付功能

票據最原始最簡單的功能是作為支付工具，代替現金使用。以票據作為支付工具，

---

[1] 陶凱元．國際商法 [M]．廣州：暨南大學出版社，2002：256．
[2] 陶凱元．國際商法 [M]．廣州：暨南大學出版社，2002：256．
[3] 《中華人民共和國票據法》第 19 條．
[4] 《中華人民共和國票據法》第 73 條．
[5] 《中華人民共和國票據法》第 82 條．

可以節省通貨，減少貨幣發行量；還可以減少不必要的攜帶和點檢大量現金的麻煩，達到資金運轉安全、迅速、準確的目的，提高資金的使用效率。

2. 匯兌功能

在商業交易中，交易雙方往往分處兩地或異國，在此情況下，若交易均須輸送現金用以支付，則必然浪費大量的人力、物力，並且還面臨較大風險。票據的匯兌功能正是為了克服這些問題，促進交易的擴大而出現的。票據的出現大大降低了交易的風險。

3. 信用功能

票據的信用功能主要體現在匯票和本票遠期支付的情況下，支票一般均為見票即付，故不具有該項功能。信用功能，即是當事人之間可以用票據約定期限付款，在票據到期之間，票據的持有人可以利用出票人和承兌人的信用不停地轉讓票據。這時，持票人實際上是取得了一定時期的信用關係。取得票據的人，如果在到期日之前急需現金，可以將未到期的票據送去銀行貼現；持票人如果在到期日之前急需履行某一債務，也可以通過背書方式將票據轉讓給債權人，達到履行該債務的目的。而票據的背書制度，客觀上增強了票據的信用功能。票據的背書次數越多，說明該票據的信用越強，因為每一次背書的背書人，都對票據權利的實現負有擔保責任。

4. 融資功能

這是票據的一項新功能，其基礎是票據的信用功能，票據持有人可將其持有的未到期票據通過貼現，轉讓給開展票據貼現業務的銀行等金融機構，並由後者扣除未到期的貼現利息，將剩餘款項支付給持票人，到期時再向付款人收款，從而減輕持票人的資金壓力。銀行的行為實際上是向持票人提供資金，起到了融資的功能。此外，西方國家的一些大公司也通過發行票據來籌措資金。

## 三、票據法與票據立法概況

(一) 票據法的概念與特徵

1. 票據法的概念

票據法是指關於票據行為的法律規範，它規定了票據的種類、形式、格式、內容、轉讓和有關票據運作中當事人權利義務等法律規範的總稱。

票據法可分為廣義的票據法和狹義的票據法。廣義的票據法，是指各法律部門中有關票據規定的總和。除包括狹義的票據法外，還包括民法中有關法律行為、代理等規定，刑法中有關偽造證券罪的規定，民事訴訟法中有關票據訴訟及公示催告除權判決的規定，破產法中有關票據當事人受破產宣告的規定，公證法中有關公正機關製作拒絕證書的規定，稅法中有關票據印花稅的規定等等。狹義的票據法，則僅指關於票據的單行專門立法，即被稱為「票據法」的法律，如《英國票據法》《美國統一流通證券法》和《中華人民共和國票據法》。本章所論述的是狹義的票據法。

2. 票據法的特徵

(1) 強行性。票據關係雖屬於債權債務關係，但是票據又不同於一般的債權職務

關係。一般的債權債務若按傳統民法之規定，應受契約自由原則支配而多採用任意性規範。但是，在票據關係中，為使票據的權利義務確定，保證票據的信用，維護票據交易安全，票據法中的規定大都帶有一定的強行性。這主要體現在：

①票據種類由法律規定，當事人不得任意創設。如中國《票據法》第二條明確規定票據種類為匯票、本票和支票三種。

②票據為嚴格要式證券，而且各種票據行為也是嚴格要式行為，而民法中的法律行為則不以要式為原則，票據形式及當事人的各種票據行為都必須嚴格遵照法律規定，否則將影響票據行為的效力。

（2）技術性。票據法的技術性是由票據的專業性這一特點決定的。票據是在總結商事交易，尤其是金融、銀行等相關經濟活動的習慣和經驗的基礎上制定出來的，為了確保在法定期間和特定地點支付金額，以及在票據金額得不到支付時，權利人能獲得簡便有效的救濟，票據法對票據制度的規定就具有較強的技術性。票據法原則上不以反應倫理道德的規則為主，更多的則是關於票據交易的技術性規定，以確保票據交易的安全有序。

（3）國際統一性。票據法屬於國內法，但包含著國際性。票據是一種金錢證券，是信用工具和流通工具，隨著國際貿易的不斷發展，使得作為其主要結算工具的票據也頻繁地在國際間流通。這樣，不同國家的票據法為方便當事人實現支付結算的票據功能，都盡可能地趨向國際統一。由於票據是一種技術性規範，具有抽象性的運作程序，較少受各國意識形態以及風俗習慣的影響，使得票據法的國際統一性成為可能。

由此可見，制定票據法的目的在於使票據的各種功能得以充分發揮。而制定票據法的意義，則在於設立票據制度，規範票據運作規則，保障票據功能的實現，以促進和穩定國際市場經濟的運行和發展。

(二) 西方國家的票據立法

資本主義各國的票據法在本質上是相同的，但在某些具體法律制度方面也存在著不少的分歧和差異，在《日內瓦統一票據法》制定之前，大致可以分為以下幾個法系：

1. 法國法系

又稱拉丁法系，指法國及仿效法國的各國票據法的統稱。最早於1673年法國商事條例中就有關於票據的規定，后經修訂編入1807年的商法典中。法國法系的主要特點是僅以票據作為代替現金輸送的工具，即只強調和體現票據的匯兌功能，因此未將票據基礎關係與票據關係相分離。

法國的票據法對歐洲大陸各國的票據法曾一度產生過重大的影響。歐洲各國早期的票據法許多都是仿效法國法制定的。但隨著經濟的發展，《法國票據法》的某些規則已很難適應商業交易的需求，之後各國紛紛轉而效仿德國，法國也於1936年頒布根據1930年《日內瓦統一票據法》修訂的新的票據法。

2. 日耳曼法系

又稱德國法系，除德國外，瑞士、瑞典、奧地利、荷蘭、丹麥、挪威、葡萄牙、義大利、西班牙、比利時、日本及臺灣地區等也屬於該法系。《德國票據法》於1871

年4月16日公布施行。其內容包括匯票與支票兩種；支票法則於1908年另行制定。《德國票據法》的主要特點是：注重票據的信用功能和流通功能，因此強調票據關係與基礎關係相分離，並對票據形式作出嚴格規定，票據形式不符則不產生票據法上的效力，從而使票據成為典型的不要因而要式的有價證券。《德國票據法》亦採「分離主義」，1871年頒布了包括匯票和本票的票據法，1908年頒布了支票法。1933年參照《日內瓦統一票據法》修改制定了《德國票據法》和《德國支票法》沿用至今，並從此消除了與法國票據法系的對立，共同形成了新的日內瓦統一票據法系。

3. 英國法系

也稱英美票據法系，包括英、美及受英美普通法傳統影響的國家。《英國票據法》頒布於1882年，它是由英國學者查爾姆（Chalmer）在總結過去法院判例的基礎上起草的。由於《英國票據法》的制定比較晚，當時票據的流通已經相當普遍，票據作為流通手段和信用工具的作用已經十分明顯，因此，《英國票據法》的立法宗旨與《法國票據法》有明顯差別，與德國法則比較接近。[①] 英國票據法系的特點是：強調了票據的信用功能及流通功能，故也突出了票據的無因性和要式性，但對於票據形式的要求不像德國票據法那樣嚴格，更注重實際，較為靈活。在立法體例上採「包括主義」，英國於1957年對支票立法進行補充，又頒布了《支票法》。美國的票據法是指1952年修訂的《美國統一商法典》的第三編商業證券，包括匯票、本票、支票及存款單的相關規定。

（三）票據法的國際統一

票據已成為國際貿易中最重要的結算工具，但如前所述，票據法不僅存在著法國、德國和英國三個不同的法系，而且在同一法系的各個國家之家，其票據法的某些規定也有差異，這種狀況勢必影響票據的國際流通，進而影響國際貿易的正常發展。為此，國際上曾先後有三次影響較大的統一國際票據立法的運動。

（1）1910年和1912年由荷蘭政府倡導的海牙統一票據法會議提出了統一票據法草案，並影響了幾個國家後來的票據立法，后因第一次世界大戰爆發而中止。

（2）1930年和1931年，在國際聯盟的主持下，先後在日內瓦召開了兩次關於票據法的國際統一會議，通過了四項票據法的國際公約，這就是：《1930年關於統一匯票和本票法公約》《1930年關於解決匯票本票若干法律衝突的公約》《1931年關於統一支票法的日內瓦公約》《1931年關於解決支票若干法律衝突的公約》。此外，還通過了關於統一匯票、本票以及支票印花稅公約。

日內瓦統一票據法各項公約主要以德國票據法為基礎，此后各大陸法系國家，如德國、法國、瑞士、日本等均先后根據該公約修訂本國票據法，但英美法系絕大部分國家未在公約上簽字，仍保持其原有的票據法體系，故自此以后票據法的三大法系變為兩大法系，即：日內瓦統一票據法系和英美票據法系。

（3）1971年，聯合國國際貿易法委員會，為了進一步解決由於票據立法的不統一

---

[①] 沈四寶，王軍．國際商法［M］．北京：對外經濟貿易大學出版社，2003：303．

而影響國際貿易的問題，開始著手起草國際票據統一法草案。1988年12月通過了《聯合國國際匯票本票公約》，該公約不同於日內瓦統一票據法公約，僅適用於「國際票據」而不涉及締約國國內票據立法。此外，該公約也不具有強制性法律效力。該公約需10個國家批准才能生效。

(四) 中國票據立法

中國早在唐代出現的「飛錢」和「帖子」，被視為匯票和支票的雛形，而南宋時四川境內使用的「交子」即是本票的雛形。中國古代票據的盛行誘發了紙幣的發行，紙幣的發行又推動了票據和證券的使用，如「錢引」「茶引」「二鹽引」和「莊票」等。明清時代中國不同地區之間的商業清算多依賴於「鏢局」運送現銀了結，也利用在各地設有分支機構的商號辦理匯兌。匯兌較鏢運安全而收費又少，故至清嘉慶年間匯兌業務發展迅速，逐漸由兼營匯兌的一般商號發展成專營匯兌的機構。自明末山西票號（票莊、匯兌莊）崛起以後，匯票制度逐漸完備。莊票分即期與遠期兩種。上海開埠後，歐美商人經商所辦的洋行，在中外貿易中，為了加速和擴大洋貨的銷售量，洋行就開始接受莊票進行貿易，到19世紀60年代成了比較普遍的現象。19世紀60年代後期，上海外國銀行也開始接受莊票作為抵押，向錢莊提供信用貸款（當時稱為拆款）。

票據是商品經濟不斷發展的產物，封建時期的自然經濟、新中國成立後改革開放前的計劃經濟都難以形成票據大範圍流通的環境，自然也無票據立法的必要。1928年，國民黨南京政府制定並公布了票據法，後為臺灣地區沿用。1988年6月上海市政府發布了新中國第一個地方性票據法規《上海市票據暫行規定》，同年12月中國人民銀行頒發了《銀行結算辦法》，規定在全國範圍內推行銀行匯票、商業匯票、銀行本票及支票，並允許個人使用支票。中國第一部全國性票據立法開始於1990年底，由中國人民銀行票據法小組起草，最終於1995年5月10日通過，自1996年1月1日起施行。

# 第二節　票據的基本法律原理

## 一、票據上的法律關係與票據基礎關係

票據從簽發到退出流通，涉及的當事人眾多，彼此之間的關係較為複雜。但總的來說，在票據使用中，當事人之間所發生的法律關係大致可分為兩類：一類是票據法上的關係，即因票據簽發流通而產生的由票據法所調整和規範的權利義務關係。它又包括票據關係和票據法上的非票據關係。另一類是票據關係的基礎關係，這一類關係非票據法調整和規範，一般直接適用於民法的相關規定，由民法調整，但卻是票據簽發的基礎。下面我們逐一介紹這些與票據相關的法律關係。

(一) 票據關係

1. 票據關係的概念

票據關係又稱票據法律關係，是指基於票據行為而在票據當事人之間產生的票據

法上的債權債務關係。換言之，票據關係是基於出票、背書等票據行為所發生的票據上的債權債務關係，比如：因出票產生的出票人與收款人之間的法律關係，因背書而產生的背書人與被背書人之間的法律關係，因保證、承兌與參加承兌等票據行為而在當事人之間產生的相應法律關係。

2. 票據關係的特徵

票據關係具有如下特徵：

（1）票據關係是由票據法律規範規定和調整的一種社會關係。票據關係的形成和存在以票據法律規範的存在為前提，沒有票據法律規範，也就無所謂票據關係。不受票據法律規範調整和制約的社會關係，不是票據關係。

（2）票據關係是基於票據行為而發生的一種社會關係。票據上的權利義務的成立，必須基於票據行為，票據行為是票據關係產生的唯一基礎。

（3）票據關係是一種票據上的權利義務關係。票據關係是一種法律關係，法律關係包括權利和義務兩部分，因而票據關係也是一種權利義務關係，只不過這種權利義務關係是基於票據行為而產生的票據上的權利義務關係。對票據行為人而言為票據義務，對票據行為的相對人而言則是票據權利。

3. 票據當事人

票據當事人，是指參與票據行為，從而享有票據權利或承擔票據債務的法律關係的主體。票據當事人可分為基本當事人和非基本當事人。

基本當事人，是指票據發行時就已存在的當事人。對於匯票和支票來說，基本當事人有出票人（發票人）、收款人（受款人）、付款人（受票人）；對於本票來說，基本當事人則有出票人（付款人）和收款人（受款人或受票人）。

非基本當事人，是指票據發行后通過各種票據行為而加入票據關係成為票據當事人的人，包括背書人、被背書人、保證人、預備付款人等。有時，同一當事人有不同的稱謂，如：匯票的承兌人通常就是付款人，第一次背書的被背書人即為第二次背書的背書人等。

在上述所說的各種票據關係中，出票行為產生的法律關係為基礎票據關係，其他票據行為產生的法律關係為附屬票據關係。票據關係本質是一種債權債務關係，持有票據的人即為票據債權人，在票據上簽章為某種票據行為的人即為票據債務人。所以，若出票人簽發票據給收款人，收款人不轉讓票據，則收款人即為債權人，但若將票據背書轉讓與他人，則原先的收款人也隨之成為票據債務人，而票據受讓人即持票人為債權人。票據上的債務人有第一和第二債務人之分。以匯票為例，原則上即期匯票的出票人即第一債務人或主債務人，其他票據債務人則為第二或次債務人；遠期匯票承兌前後債務人的地位有所區別，承兌前，與即期匯票相同，承兌后，承兌人為第一債務人，出票人和其他債務人同為第二債務人。

（二）票據法上的非票據關係

非票據關係有廣義與狹義兩種，廣義的非票據關係是指與票據和票據行為有密切關係，但不是基於票據行為而產生的債權債務關係，包括票據法上的非票據關係和票

據基礎關係。而狹義的非票據關係，僅指票據法上的非票據關係，亦即由票據法規定，與票據行為有聯繫但不是由票據行為本身所產生的法律關係。票據法之所以要規定非票據關係，目的是要保護票據債權人的利益，當其在某種原因下喪失票據上的權利時，基於這些法律規定可予債權人以補救。

票據法上的非票據關係和票據關係的區別，主要在於前者直接由票據法規定而發生，而后者則因當事人的票據行為所引起；前者權利的行使不以持有票據為必要，而后者則須以持有票據為前提。

票據法上的非票據關係，主要有以下幾種：

（1）真正權利人對於因惡意或重大過失而取得票據持票人的請求返還票據權的關係；

（2）依票據法規定因時效或手續欠缺而喪失票據權利的持票人，對於出票人或承兌人在其所受利益限度內的請求返還權的關係；

（3）匯票持票人對於匯票收票人發給復本的請求權的關係；

（4）匯票復本持有人請求匯票復本接受人返還復本的關係；

（5）匯票的謄本持有人請求匯票原本接受人返還原本的關係；

（6）付款人付款后請求交出票據的權利的關係。

(三) 票據基礎關係

票據基礎關係，或稱民法上的非票據關係，是指民法上與票據有關但非基於票據行為產生的法律關係。這類關係不是票據法律關係的一種，而是作為產生票據法律關係的事實和前提條件存在於票據法律關係之外的一種關係。因其為產生票據法律關係的前提和基礎，故稱為票據基礎關係。從票據法的角度看，這些關係不屬於票據關係的範圍，因而不是票據法規範的對象，而由民法加以調整，因而稱之為民法上的非票據關係。這些非票據關係大體可分為三種：即票據原因關係、票據預約關係和票據資金關係。

1. 票據的原因關係

票據的原因關係，是指票據的當事人之間簽發票據的原因。票據作為一種金錢債權證券，一旦簽發或轉讓，出票人或出讓人即應承擔相應債務，所以簽發或轉讓票據總有一定的經濟原因，比如：因購貨，買方向賣方簽發或轉讓票據作為替代現金的支付手段；因欠款，債務人向債權人簽發或轉讓票據用於償債；或者因為提供信用；提供擔保以及贈與等等。因為這些原因關係常常都是有對價的，所以也有人稱之為對價關係。票據的簽發雖然都以一定的原因關係為基礎，但如果這種關係一直與票據關係相聯繫，即意味著任一持票人或受讓人在決定是否接受票據前都要出於安全考慮而去考察票據簽發、轉讓的每個環節的原因是否真實存在、有否缺陷等等，這樣一來，將沒人願意接受票據作為支付工具，這必將阻礙交易的擴大，影響經濟發展。所以，正如前面所提及的，自《德國票據法》以來，各國票據法及日內瓦統一票據法均確認了票據的無因性原則。即票據雖因特定原因簽發或轉讓，但一旦這個行為完成，即應與票據關係相分離，不論原因關係是否存在、是否有效都不影響票據效力。持票人在行

使票據權利時，不必證明票據原因，僅憑佔有票據和票據上的文字記載，即可要求票據上的債務人支付票據規定的金額。這一原理使票據表現為一種要式不要因的文義性證券，其目的旨在促進票據流通，提高交易效率。

前段所述為票據原因關係和票據關係的一般關係，但在特殊情況下，為了保障票據流通的安全性，各國法律也作了例外規定，即所謂「票據關係與原因關係相牽連」，主要有下列三種情況：

(1) 在直接當事人之間，票據關係和原因關係相牽連。例如甲為購物向乙簽發本票，若日後乙不交貨或交貨與當初約定不符，則甲可以主張不向其付款，在此，因為甲和乙為直接當事人，所以甲的抗辯是合法的。但若乙將本票轉讓給丙，丙已支付對價且不知甲和乙之間的抗辯事由，此時，甲就不得再向丙拒絕付款。

(2) 未付對價或未付相當對價的持票人，其權利不得優於其前手，例如，甲將拾得或盜竊的票據贈送或低價轉讓給乙，此時乙的權利受其前手的權利的限制，因其前手甲不享有票據權利，故乙也不享有。

(3) 雖支付對價，但非善意獲得票據的人，其權利也不得優於前手，如上例中，假設乙知道甲的惡意取得事實，仍支付對價獲取票據，則乙仍然不享有票據權利。

2. 票據的資金關係

票據的資金關係，是指票據（匯票和支票）的付款人與出票人之間的資金補償關係。本票因出票人即是付款人，自無資金關係可言。付款人之所以願為出票人付款，其原因可能是出票人已經或承諾將來向付款人提供資金，比如：出票人是付款人的債權人或出票人提供資金給付款人，委託其代為付款，或者是兩者之間訂有信用合同等。原則上，資金關係與票據關係也應分離：

(1) 無論是否存在資金關係，票據權利均不受影響。支票如無資金關係，仍然有效，但出票人可能要受到處罰。

(2) 付款人雖受有資金，但無必須承兌的義務，如不承兌，須對出票人承擔違約責任等民法上的責任。

(3) 付款人經承兌后，不得再以資金關係缺陷不承擔票據債務。

(4) 出票人不得以已向付款人提供資金為由，拒絕承擔持票人遭拒付后向其追索的債務。

3. 票據預約

票據關係雖然以票據原因為基礎，但僅有票據原因，票據行為的內容尚不能確定，還需就簽發的票據有所約定，即對票據的種類、金額、到期日、付款地等達成合意，這種合意稱為「票據預約」。票據預約原則上也與票據關係相分離。

由此可見，票據預約是溝通票據原因與票據行為的橋樑。當事人間若不履行票據預約乃是民法上的違約問題，與票據的效力無關。

## 二、票據行為

(一) 票據行為的類型

票據行為有廣義與狹義之分。廣義的票據行為是指以發生、變更或消滅票據關係

為目的的法律行為或準法律行為，包括出票、背書、承兌、參加承兌、保證、保付、改寫、塗消、畫線等。狹義的票據行為是指以負擔票據債務為意思表示內容的法律行為，包括出票、背書、保證、承兌與參加承兌（匯票）五種。

出票即出票人簽發票據並交付給收款人的行為，出票為主票據行為或基礎票據行為，票據上的一切權利和義務均由出票而創設，其他幾種均為附屬票據行為；背書，即持票人（背書人）在票據背面，或粘單上簽章，註明背書日期，將票據權利轉讓給受讓人（被背書人）的行為；保證是由票據債務人以外的第三人，以擔保票據債務為目的所作的從票據行為；承兌，是付款人在匯票上簽名承諾到期付款的行為；參加承兌，是指當匯票不獲承兌時，為了防止追索權的行使而由付款人以外的第三人替付款人作出承兌的行為。

(二) 票據行為的要件

票據行為要具備法律效力，須滿足相應的法定要件，主要有：

1. 實質要件

票據行為的實質要件，主要指票據行為人的權利能力、行為能力以及意思表示等，一般均依民法的規定。

2. 形式要件

票據行為的形式要件包括票據行為必須採取書面形式，行為人必須簽名（中國規定為簽章）以及記載事項符合法律規定。票據的記載事項根據其效力等級可分為絕對應記載事項、相對應記載事項、可記載事項和不得記載事項。絕對應記載事項如不記載，將影響票據行為的效力；相對應記載事項如不記載，依法律上相應的補充規定，票據不因欠缺此類事項而無效；任意記載事項若記載則產生票據法上的效力，不記載也不影響票據效力，也稱記載事項或記載無害事項；不得記載事項如果記載，將影響票據效力。

3. 交付

票據依法記載完成后，原則上必須由票據行為人將票據交付給持票人或收款人，票據行為才算完成。

(三) 票據行為的特徵

1. 要式性

票據的要式性即由票據行為的要式性所體現，票據行為必須具備法定形式才能生效，包括簽名，簽名的款式以及記載事項等，必須符合法律規定。另外，因票據為文義證券，票據債權債務主要依據票據上的記載內容而定，所以票據的要式性比一般民法上的要式法律行為更為嚴格。

2. 獨立性

有效票據上所作出的各個票據行為之間相互獨立、互不影響，各自依其作出行為時記載的文義獨立發生效力，票據上某一行為的無效不會導致同一票據上其他行為的無效。票據行為獨立性主要體現為：

(1) 票據上無行為能力人或限制行為能力人的簽名，僅對其自己的行為效力有影

響，而不影響同一票據上其他票據行為的效力；

（2）票據的偽造或票據簽名的偽造，不影響同一票據上其他真實簽名的效力；

（3）保證人一經完成保證行為，即應對持票人承擔票據債務，而不受其與被保證人之間債權債務關係的影響。

3. 無因性

票據行為的作出通常有一定的基礎關係，但一旦完成，則與基礎關係相分離，亦即票據行為的效力不受其賴以作出的基礎關係的影響。票據的無因性也主要由其行為的無因性所體現。

4. 文義性

票據行為的內容完全以票據上的文字記載為準，即使記載與實際情況不符，仍以記載為準，而不得以票據上票據行為記載內容之外的證據解釋。票據行為人所承擔的票據債務或票據責任也以其記載為準。

5. 協同性

協同性也稱連帶性，是指票據行為雖然相互獨立，但行為人對於持票人（票據債權人）須承擔連帶責任，票據行為人須對同一票據債務共同負責。票據行為的協同性主要表現在：票據的出票人、背書人、保證人、承兌人等所有票據債務人，對持票人負連帶責任。

（四）票據行為代理

票據行為可由代理人完成，民法關於代理的一般規定適用於票據代理，但票據代理還有其特殊規定：即票據代理為嚴格顯名代理，代理人在代理票據行為時，必須明確寫明本人（被代理人）姓名或名稱及為本人進行代理票據行為的意思。如未載明為本人代理的意思，票據責任由代理人承擔；另外，無權代理人以代理人名義在票據上簽名應負責任，代理人超越代理權，則應就超越權限部分承擔責任。

## 三、票據權利

（一）票據權利的概念

票據權利，是指持票人向票據債務人請求支付票據金額的權利。票據權利是一種金錢債權，它是為直接達到支付票據金額而設立的權利，包括付款請求權和追索權。付款請求權，是指持票人向票據主債務人或其他付款義務人請示按照票據上所記載的金額付款的權利，又稱票據上的第一次請求權。追索權，是指持票人行使付款請求權遭到拒絕或有其他法定原因時，向其前手請求償還票據金額及其他法定款項的權利，故追索權又稱票據上的第二次權利。

票據權利具有二重性，即持票人應先向付款人請求付款，在遭付款人拒絕後才可以向出票人、背書人、保證人等第二債務人行使追索權。需要注意的是：並不是票據法上規定的所有權利都是票據權利，如前文所述，票據權利僅指付款請求和追索權，但票據法上的權利還有：票據返還請求權、利益返還請求權、票據的更改權、空白票據（支票）的補記權及票據債務人的抗辯權等。與票據權利相對應的是票據義務，即

票據債務人向持票人支付票據金額的義務，也稱票據責任。

(二) 票據權利的取得

票據權利的取得，即指依一定的法律事實而享有票據權利。票據為完全有價證券，證券與其所表彰的權利密不可分，所以原則上合法取得票據就合法享有票據權利。依票據權利的取得途徑，可將其分為原始取得與繼受取得。

1. 原始取得

原始取得是出票人作成票據並交付於收款人后，收款人成為票據的關係人而成為原始取得。原始取得包括發行（創設）取得和善意取得兩種。

（1）發行取得。發行取得即指因出票人簽發票據而使持票人享有票據權利，即指票據的收款人或第一次背書的背書人從出票人手中取得票據權利的方式。因出票為創設票據權利的基礎票據行為，所以也稱創設取得。

（2）善意取得。票據的善意取得，是指善意而支付了相當對價從無正當票據處分權利的人處取得票據權利。善意取得票據而享有票據權利須具備以下四個條件：

①必須是從無正當票據處分權利的人手中取得票據。

②取得票據權利須無重大過失。明知出讓人非法取得票據而仍接受票據之人和因過失未發現出讓人無處分權而獲得票據之人，不享有票據權利。

③須支付相當的對價。

④須依交付或背書交付的轉讓方式取得票據。以其他方式，如：繼承、遺贈等方式取得票據要受其前手權利瑕疵的影響。

2. 繼受取得

繼受取得，是指持票人依票據法相關規定，正當地從有權處分票據的人手中取得票據權利的方法。比如：持票人因前手背書轉讓而取得票據權利；被追索人（出票人、背書人、保證人等）因履行完償付義務而取得票據權利；參加付款人付款後取得票據權利等。

(三) 票據權利的行使和保全

票據權利的行使，是指票據債權人對票據債務人提示票據，請求履行票據債務的行為。如請求承兌、付款、行使追索權。票據權利的保全，是指票據權利人為防止票據權利的喪失而請求作成拒絕證書等。票據權利的行使行為多為票據權利的保全行為，因而各國票據法多將二者相提並論。

持票人在行使票據權利時必須依據票據載明的地點、時間提示，未載明時則根據有關法律規定進行。因票據為完全有價證券，故行使票據權利須以持有票據並提示為前提。另外，票據的流通性使得票據債權人不確定，持票人在行使票據權利時，還必須按期在債務人的住所或營業所向債務人提示票據，若到期不提示，則債務人可不負延遲之責。所以，票據權利的行使常常伴隨著票據權利的保全，如果持票人不依期提示，則喪失對其前手的追索權。票據權利保全的方式主要有：

（1）保全追索權：依期向債務人提示；依法要求付款遭到拒付（拒絕承兌或拒絕付款）時，及時由法定機關作成拒絕證書，有時是債務人的退票理由書。

283

（2）保全付款請求權：主要是在票據權利將因消滅時效的完成而歸於消滅時，依一定的行為使時效中斷，如：向法院提起訴訟，提示票據並催告履行，向前手通知提起訴訟等。

## 四、票據瑕疵

（一）票據偽造

票據偽造，是指假冒他人名義而進行的出票或出票以外的其他違法的票據行為，一般分為偽造票據和偽造簽章兩種。偽造票據指假冒他人之名簽發票據，偽造簽章指在已簽發的票據之上假冒他人之名進行出票之外的其他票據行為，如冒用他人之名進行背書、承兌、保證等。

對於偽造票據的處理，票據法的一般原理是：被偽造者與偽造者均不負票據責任，因為被偽造者並未真正出票或在票據上簽章，不需承擔票據責任，而票據乃文義證券，偽造者未在票據上留有自己的簽章，所以也無須承擔票據責任，但票據偽造者須承擔其他法律規定的有關法律責任，如刑事責任和損害賠償責任等。另外，票據上雖有偽造簽章，但不影響真實簽章的效力，即真正在票據上簽章的當事人仍應負有票據責任。

（二）票據變造

所謂票據變造，是指無權變更票據記載事項的人對有效票據上除簽章以外的內容進行更改的行為。票據變造不同於票據的更改，票據的更改是出票人或經出票人授權的人對票據上的記載事項進行更改，以影響票據權利義務關係的行為。票據變造不影響票據本身的效力，但是票據變造之前作出票據行為的當事人，按變造之前的事項承擔票據責任，變造之后的票據行為人，按變造后的事項承擔票據責任。不能認定票據行為作出時間在票據變造之前或者之后的，推定為變造之前完成票據行為。

（三）票據的喪失與救濟

1. 票據喪失

票據喪失也稱失票，指非因持票人本意而使其喪失對票據的佔有，如票據被毀或被盜等。票據喪失又分為絕對喪失和相對喪失。絕對喪失就是指票據因某種原因被毀滅而使其作為表彰權利的紙質證券或文件已不復存在，也就是物質形態的毀滅。因絕對喪失后，任何人均不可能再佔有此票據，也就不再有票據權利之爭，自無救濟之必要。相對喪失，指票據脫離真正持票人的佔有，此時，因票據的完全有價證券性質，若為其他人得到則引發票據權利的歸屬問題。由於票據是完全證券，行使票據權利以佔有和提示票據為必要，票據的喪失使票據權利人無法行使票據權利，並有可能為他人取得，因此應採取相應的措施進行保全。

2. 失票救濟

失票救濟，是指票據相對喪失時，失票人可依據有關法律規定進行補救，各國法律對於票據喪失后可採取的救濟方法所作出的規定有較大差異。

（1）德國票據法。失票人可請求法院進行公示催告，在催告期限屆滿后若無人申

報權利即可申請除權判決，如有人申報權利，則由雙方按民事訴訟有關規定處理，公示催告與除權判決均屬程序法範疇。

(2) 中國《票據法》的規定。中國法律規定的失票救濟方法與德國法類似，不同之處是由於傳統的原因，中國還有掛失止付制度。《中華人民共和國票據法》第 15 條第 3 款規定：失票人應當在通知掛失止付後 3 日內，也可以在票據喪失後，依法向人民法院申請公示催告，或者向人民法院提起訴訟。掛失止付並非必須程序，而且掛失止付後付款人止付的期限比起付款人在收到法院止付通知（公示催告程序開始後一定時間）後的止付期限要短得多。另外，掛失不能恢復失票人的權利。

(3) 法國商法的規定。失票人可以提供擔保，請求法院作出命令交付的裁判。

(4) 英國票據法的規定。失票人在提供擔保後，可向出票人提出簽發新票據的請求。

(四) 票據抗辯

票據抗辯，是指票據上的債務人在票據上的債權人行使其權利時，可依法提出的抗辯。票據法為了促進票據流通，作出了許多保護債權人權利的規定，票據抗辯可視為票據法對於票據債務人的權利的保障。

票據抗辯可分為絕對抗辯、相對抗辯和惡意抗辯三種。絕對抗辯也稱客觀抗辯，指債務人可對一切債權人主張的抗辯，大多是因票據本身而使債務人可主張的抗辯。如：因出票欠缺絕對應記載事項而使票據無效的抗辯；因更改不可更改事項，而使票據無效的抗辯；票據權利已消滅的抗辯；欠缺票據行為能力的抗辯；無權、越權代理的抗辯；票據偽造後，被偽造人可以主張的抗辯；票據時效屆滿的抗辯；背書不連續的抗辯等等。

相對抗辯，也稱主觀抗辯、對人抗辯，只能對特定的債權人主張，主要產生於特定票據當事人之間的關係。例如：欠缺對價的抗辯，直接當事人之間因原因關係而產生的抗辯等。

惡意抗辯，是指以偷盜、脅迫、詐欺、拾遺等方式取得票據者，票據債務人可對其權利主張提出抗辯。另外，對於明知前手通過以上方式取得票據仍然受讓票據之人，債務人也可主張此項抗辯。票據抗辯產生於票據在各當事人之間的流通轉讓中，就此而言，與民法中的債權轉讓後債務人的抗辯權延續有一定相似之處，但票據畢竟是流通證券，尤其是對人抗辯，若不加限制，勢必影響票據的正常流通。故在規定票據抗辯的同時，為了保護善意持票人，票據法還對某些情況下票據抗辯進行限制，票據抗辯的限制也被稱為「票據對人抗辯的切斷」原理。前述票據為無因證券及票據行為的無因性即通過這一原理得以表現，這一原理的內容包括：

(1) 票據債務人不得以自己與出票人之間所存在的抗辯事由，對抗持票人。例如：A 簽發一張遠期匯票給 B，註明 C 為付款人，B 如期向 C 提示承兌並獲得承兌。當 B 向 C 提示付款時，C 不得以 A 未向其提供資金為由拒絕付款。A、C 間的關係為資金關係，不能影響 B、C 間的票據關係。這正體現了票據的無因證券性質。

(2) 票據債務人不得以自己與持票人的前手之間所存在的抗辯事由對抗持票人。

例如：A 向 B 訂購貨物，簽發本票給 B，用於支付貨款，B 將本票轉讓於 C，C 於到期日提示 A 付款，此時，A 不得以 B 未向其供貨或所供貨物有缺陷為由拒絕向 C 付款。A、B 間的原因關係不得影響 B、C 間的票據關係，這也體現了票據的無因性特徵。

## 第三節　匯票

### 一、匯票及其種類

匯票是由出票人簽發的，委託付款人於見票時或指定的到期日支付確定金額給收款人或持票人的票據。由此可知，首先，匯票是一種委託他人付款的證券，這是匯票與本票的主要區別，即匯票為委付證券，而本票為自付證券，出票人自己就是付款人；其次，匯票的基本當事人有三個，即出票人、收款人和付款人，這一點同支票類似，但支票的付款人通常只能是出票人開立有支票帳戶或存有存款的金融機構，且支票一般為即期，不能作為信用工具。本票則只有兩個基本當事人，出票人同時就是付款人，所以本票不需承兌。

可從不同角度將匯票分為多種，常見的有：

（一）依據出票人的不同可分為商業匯票和銀行匯票

商業匯票由工商企業開立，指定另一人（可能是法人或自然人）付款。商業匯票按承兌人的不同，分為銀行承兌匯票和商業承兌匯票。銀行承兌匯票的承兌人是銀行。商業承兌匯票的承兌人是銀行之外的商事主體，通常是由債權債務關係中的收款人簽發。

銀行匯票是指由匯款人將款項交給某一銀行，由該銀行簽發給匯款人持往異地辦理轉帳結算或支付現金的票據，此種匯票出票人為銀行，付款人為異地兌付銀行。

（二）依據付款時期不同，可將匯票分為即期匯票和遠期匯票

（1）即期匯票（Sight Bill），指見票即付的匯票。另外，按中國《票據法》規定，未寫明到期日的匯票亦視做即期匯票。在中國，銀行匯票是即期匯票，商業匯票一般為遠期匯票。

（2）遠期匯票（Time Bill），指付款人於匯票載明的到期日付款的匯票，依據其到期日規定方法不同，還可分為：

①板期匯票（Fixed Date），即在匯票上具體指明到期日的遠期匯票，如，見票於某日付款。

②計期匯票（After Sight），指出票日后一定時間付款的遠期匯票。如，at 90 days after date（於出票后 90 天付款）。

③註期匯票（After Sight），指見票后定期付款的遠期匯票，此種匯票的付款日期取決於持票人提示匯票的日期，故應及時提示以便確定付款日期，如，at 2 months after sight（於見票后 2 個月付款）。

（三）依據匯票上收款人一欄的不同記載，可分為記名式匯票，指示式匯票和不記名式匯票

（1）記名式匯票（Special Bill），指出票人載明收款人姓名或名稱的匯票，出票人將匯票交給收款人後，後者可以進行背書轉讓。

（2）指示式匯票（Assign Bill），指出票人在匯票上不僅記載收款人姓名或名稱，而且附加「或其指定人」字樣的匯票。這種匯票也須經背書方可轉讓。

（3）不記名式匯票（Blank Bill），指出票人不記載收款人姓名或名稱，凡持有票據之人均可要求付款人付款。這種匯票目前主要存在於英美票據法系國家，日內瓦公約和中國票據法均規定，未記載收款人姓名的匯票無效。此種匯票可以僅憑交付轉讓，但持票人也可將自己名稱填寫於收款人一欄，使之變成為上述兩種匯票進行背書並交付轉讓。

（四）依據匯票當事人是否重疊可分為一般匯票和變式匯票

一般匯票的三個基本當事人分別由不同的人擔任，變式匯票中有的當事人發生了重合。

變式匯票最常見的有兩種：指己匯票是以出票人自己為收款人的匯票，對己匯票指以出票人自己為付款人的匯票。另外，還有付受匯票，即付款人和收款人同為一人。己受己付匯票，即出票人、付款人、收款人同為一人的匯票。

此外，還可以根據匯票簽發與支付地點不同將其分為國內匯票和國外匯票。

## 二、匯票的票據行為

嚴格來說，匯票的票據行為只包括出票、背書、承兌和保證，但從票據實務角度出發，匯票在使用中還要涉及提示（包括提示承兌和提示付款）、付款、拒付與追索權等問題，故在此也將其納入匯票票據行為一併講述。

（一）出票

出票也稱為發票，即簽發匯票，是指出票人按照票據法規定，作成匯票並交付給收款人。出票是主票據行為，票據權利始創於票據的簽發，但要注意出票一詞包括的兩個動作：出票和交付，缺一不可。出票是指出票人依照法律規定，將應當記載事項記載於票據上並簽章；交付則是指出票人基於自己的意志使匯票脫離自己而為他人佔有。此外，票據為嚴格要式證券，因此，各國票據法對於製作匯票時應記載的事項均有明確規定：不符合相關法律規定的票據，可能自始無效。

根據日內瓦公約的規定，匯票的應記載事項有：

1. 必須標明「匯票」字樣

日內瓦公約及中國《票據法》均有此項規定，但英國票據法卻對此並無嚴格要求。

2. 匯票必須是無條件的支付命令

票據是流通證券，為保證交易安全，匯票上的金額必須無條件支付，不得附帶任何條件阻礙票據的流通。各國票據法及日內瓦公約均明確此項規定，若匯票款項的支

付附加條件則匯票無效。

### 3. 確定的金額

匯票為金錢有價證券或金錢債權證券，所以匯票必須載明確定的金額。匯票的金額記載一般同時採用文字和數字（即大、小寫）兩種方式，當兩種記載不一致時，按日內瓦公約和英美票據法的規定，應以文字記載為準，而中國《票據法》於此情形則視票據為無效。

### 4. 付款人姓名或名稱

付款人姓名或名稱是指對匯票上的金額負有到期支付責任的人。各國票據法都要求匯票必須載明付款人的姓名或商號，匯票的付款人一般為一個，但也可以是一個以上，若匯票載明一個以上付款人，則任一付款人均須承擔支付全部匯票金額的責任，不能僅就金額的一部分負責，任一付款人付清款項後，其餘付款人才可免除付款責任。如果出票人以自己為付款人時，則成為「對己匯票」，日內瓦《統一匯票本票法》則認為它是變式匯票。①

### 5. 收款人姓名或名稱

日內瓦公約和中國《票據法》都要求匯票必須註明此項內容，否則無效，但英國票據法允許不記名匯票，規定未註明收款人時，持票人即為收款人。

### 6. 出票日與出票地點

日內瓦公約原則上將出票日期和地點均視為匯票的絕對應記載事項，但出票地點未註明時，可以出票人姓名旁記載的地方作為出票地，若無該地點則匯票無效。英國票據法則不將其視為絕對應記載事項。中國《票據法》規定出票日期為匯票必備事項，未記載則匯票無效，但對出票地點的規定與英國法相同，即可以出票人的營業地、居住地、常住地為出票地點。

匯票上出票日期的意義在於：可以確定出票人在出票時是否具有行為能力；對於出票后定日付款的匯票可以確定付款日期；見票后定日付款的匯票可以確定提示期限。出票地點的作用主要是決定國際匯票的法律適用，按照中國及西方某些國家的法律規定，有關國際匯票的出票形式及有關國際匯票的追索權的行使期限和保全票據權利的程序等，一般都應以出票地法律為準據法。

### 7. 付款日期與付款地

日內瓦公約及各國票據法均未將付款日期（到期日）列為匯票的絕對應記載事項，如未記載，可將其視為見票即付的即期匯票處理。匯票的付款地一般決定持票人應於何地向付款人請求付款及匯票遭遇拒付時，應由何地的公證機構作成拒絕證書。日內瓦公約要求匯票上應記載付款地，若未記載，則匯票無效，但「受票人姓名旁記載的地點視為付款地」。英國票據法對於付款地記載與否未作要求，只要持票人能找到付款人，就可以向付款人要求按匯票記載付款。中國《票據法》規定：匯票上應當清楚、明確地記載付款地，若未記載付款地的，以付款人的營業所、住所或經常居住地為付款地。

---

① 陶凱元．國際商法［M］．廣州：暨南大學出版社，2002：275．

8. 出票人的簽名

票據是文義證券，只有在票據上簽名的人，才承擔票據責任，而出票行為對於出票人的法律效力在於：出票人必須擔保其所簽發的匯票獲得承兌和付款，因此，各國法律及日內瓦公約都規定匯票上出票人的簽名為絕對應記載事項，若沒有出票人簽名，則票據無效。

(二) 背書

1. 背書的概念、效力及要件

匯票的背書，是指持票人在匯票背面或粘單上簽名並註明背書日期后，把該匯票交付給受讓人的票據行為。簽名背書的人稱為背書人，接受經背書的匯票的人稱為被背書人。除不記名式匯票可直接交付轉讓外，記名式和抬頭式匯票都必須以背書方式轉讓。

背書由背書人簽章並記載背書日期，背書不得附加條件，附加條件的所附條件無效，但背書仍然有效，並且不得部分背書，即只能背書轉讓票據金額的全部，否則背書無效。各國票據法對此均有類似規定。背書應當連續，即在票據背書轉讓中，前一次背書的被背書人應是后一次背書的背書人，第一次背書的背書人為收款人，最後一次背書的被書人即最終持票人。

背書的法律效力，是指票據因背書行為所帶來的法律后果，主要體現在三方面：

(1) 權利證明效力。通過背書轉讓方式的票據受讓人，可憑藉票據及背書記載內容證明其享有票據權利。持票人欲行使票據權利，只要提示票據債務人，以背書形式上的連續證明其為形式上的權利人，不需要其他證據，即被視為票據權利人。

(2) 權利轉移效力。它是指票據上的權利因背書而由背書人轉移給被背書人。被背書人因背書而受讓票據后，同時取得票據所有權及票據上的一切權利。轉移票據權利的效力只因轉讓背書而產生，其他背書如委任取款背書，則不發生權利轉移的效力。

(3) 權利擔保效力。它是指背書人以負擔票據債務的意思為背書，對其后手有擔保承兌及付款的責任。如果承兌人不承兌或付款人拒絕付款，背書人均有責任清償。票據背書的次數越多，擔保的效力就越大，而票據的信用也就越牢固。

2. 背書的方式

轉讓背書以轉讓票據權利為目的，具體方式有：

(1) 記名背書。記名背書又稱完全背書，是指背書人在背書轉讓票據時，在票據背面或粘單上寫明背書人名稱或加上「或其指定人」等字樣。背書人可以通過背書方式再次轉讓票據。

關於背書時是否必須載明背書的年月日的問題，各國法律有不同的規定。法國、比利時、義大利、荷蘭的法律認為，背書必須載明日期；英美等國認為，載明日期並不是背書的必要條件。[1]

(2) 空白背書。空白背書也稱不記名背書、不完全背書或略式背書，是指背書人

---

[1] 沈四寶，王軍. 國際商法 [M]. 北京：對外經濟貿易大學出版社，2003：311.

僅在票據或粘單上簽上自己名稱，而不註明被背書人名稱。空白背書可以僅憑交付轉讓，空白背書也可以由持票人以記名背書方式轉讓，而記名背書也可以由持票人以空白背書方式轉讓。

現在，世界各國票據法都承認空白背書是有效的。法國早期的票據法禁止採用空白背書，但從 18 世紀以後已承認空白背書有效。

3. 背書的種類

依據背書是否以轉讓票據權利為目的可以將其分為兩大類：

（1）轉讓背書。轉讓背書，是指以轉讓票據權利為目的的背書。被背書人（票據的受讓人）可獲得相應票據權利，我們通常所說的背書就是此類。轉讓背書中除一般轉讓背書（記名背書和空白背書）外，還有特殊轉讓背書，通常有：

①禁止轉讓背書，是指背書人在背書轉讓時，註明被背書人不得再進行背書轉讓的背書方式。如：背書記載中註明「不得轉讓」等字樣時，受讓人不得再進行背書。

②限制背書人責任的背書，是指背書人背書轉讓時附加某些限制條件，常見的是背書人加列「免予追索」等字樣，從而免除其票據責任。對於匯票背書列有此類條件的，各票據法均視為無記載。

（2）非轉讓背書。非轉讓背書，是指不以轉讓票據權利為目的的背書，常見的這類背書有：

①委託取款背書。背書人在背書時註明其背書的目的是委託被背書人代為收取款項，而非轉讓票據權利。如背書時加註「為收款用」、「委託代收」或「委託收款」等字樣。

②設質背書，是指以設定質權為目的的背書。這種背書的被背書人可以質權人的資格行使票據權利。

（三）提示

提示，是指持票人向付款人出示匯票，請求其承兌或付款的行為。這是持票人為行使或保全票據權利所必須作出的一種行為。提示可分為承兌提示和付款提示。一般來說，遠期匯票都應先向付款人作承兌提示，然后再於到期時作付款提示。特別是見票后定期付款的遠期匯票更須及時向付款人作承兌提示，以便從承兌之日計算付款到期日。即使是出票后定期付款的匯票，通常也要向付款人提示，以便確定其付款義務，因為付款人只有在其承兌匯票之後才成為該匯票的主債務人，承擔到期付款的責任。但即期匯票只需作付款提示，而無須作承兌提示。

另外，無論是承兌提示或是付款提示，都必須在法定期限內進行，或按票據上記載的辦理，否則，持票人將喪失對出票人及其前手的追索權，只能要求付款人付款，付款提示也應在一定期限內完成，否則喪失匯票權利。

（四）承兌

承兌，是匯票付款人在匯票上明確表示願意支付匯票金額的一種附屬的票據行為。承兌是匯票所特有的制度。它是基於出票人的出票行為而產生的。

一旦付款人作出承兌，該承兌匯票的主債務人即為承兌人，也就是說，將來持票

人應首先向承兌人行使付款請求權，承兌人拒付時，方可向前手及出票人行使追索權。當然，若付款人拒絕承兌，持票人可直接向其前手和出票人行使追索權。只有遠期匯票需要承兌，即期匯票則無須承兌。

票據行為均有嚴格要式性，承兌也是要式法律行為。持票人須於法定提示承兌期限內在付款人所在地向付款人提示承兌，付款人應於一定期限內作出承兌，付款人有權選擇是否作出承兌，若作出承兌，則應於匯票正面書寫「承兌」字樣，簽上自己的名字，並註明承兌日期。「承兌」字樣、承兌人簽名、承兌日期為承兌這一票據行為的應記載事項，但各國票據法規定有所差異。如：英國票據法認為，只有承兌人簽名為必須，而日內瓦公約則規定必須寫明「承兌」字樣並加註承兌人簽名，中國《票據法》也作出了這樣的規定，並規定未記載承兌日期的視為付款到期日前承兌，但見票後定期付款的匯票必須註明承兌日期以便確定付款日期。

中國《票據法》未規定參加承兌，但國外票據法有參加承兌制度。所謂參加承兌，是指當匯票不獲承兌或付款人、承兌人死亡、逃匿或其他原因無法向其作承兌提示，或付款人、承兌人被宣告破產時，為了防止追索權的行使，由第三人以參加承兌人的身分加入票據關係的行為。所以，參加承兌行為須以匯票不獲承兌，並作成拒絕證書為前提。參加承兌制度的目的在於防止持票人在匯票到期日前因不獲承兌而行使追索權，以維護出票人和背書人的信譽。但參加承兌人只是匯票的第二債務人，只有在付款人拒絕付款時才承擔付款義務，而承兌人則是匯票的主債務人，承擔絕對的付款義務。另外，參加承兌人的付款，只是代被參加承兌人償還了債務，並未消滅票據債務，參加承兌人仍可作為持票人，要求被參加承兌人及前手予以償還；而承兌人的付款則可以使票據債務最終消滅，票據退出流通。

(五) 保證

匯票的保證，是指由匯票債務人以外的第三人，以擔保票據債務為目的所作出的附屬票據行為。作出保證行為的人稱為保證人，而被保證人可以是匯票上的所有債務人，如：出票人、背書人、承兌人等。匯票的保證為要式法律行為，一般應註明保證人姓名、住所、保證文句、被保證人名稱及保證日期。對此，各國票據法規定略有不同，但保證人簽名是必不可少的記載事項。未記載被保證人姓名的，視為為出票人提供保證。匯票保證為獨立法律行為，即保證人作出保證後，不因被保證債務無效而使保證無效，這與民法上「主債務無效，擔保債務也無效」的純粹附屬性有所不同。另外，匯票的保證為連帶責任保證，保證人不得享有先訴抗辯權，即持票人在匯票到期日得不到付款人的付款時，有權向保證人請求付款，保證人須足額支付，這也是不同於民法上的保證。保證人清償債務后，即成為持票人而享有票據權利。

(六) 付款

付款，是指持票人於匯票到期日向付款人提示付款時，付款人或承兌人依照票據文義，向持票人或收款人支付匯票金額的行為。付款人清償完匯票金額並收回匯票后，由匯票所產生的債權債務關係即告消滅，匯票上所有債務人的債務也得以解除。持票人必須在提示付款期限內向付款人作付款提示以保全票據權利，否則持票人將喪失對

其前手的追索權。對於持票人提示付款后,付款人應於何時付款,英國票據法規定即期匯票應於提示當日付款,遠期匯票有三天的優惠日,日內瓦公約和中國《票據法》都沒有優惠日的規定,即期匯票和遠期匯票都應於提示付款當日付清全額票款。但若到期日為休息日或法定假日,付款日期可相應順延。持票人應在付清票款後在匯票上記載「收訖」字樣,加上簽名將匯票交還給付款人。另外,付款人在付款時還應對各項票據行為的形式是否合法、匯票背書是否連續及匯票是否已到期等事項進行審查,這是付款人的一項法定義務,若因惡意或重大過失付款造成其他當事人損失的,則應負責賠償。

當付款人或承兌人不向持票人付款時,由付款人以外的人代為進行的付款稱為參加付款。中國《票據法》無此制度,但英國票據法和日內瓦公約均有相關規定。參加付款和參加承兌都是為了保全票據債務人的信用,防止持票人行使追索權。不同的是:參加付款是為了防止到期追索,而參加承兌是為了防止期前追索。參加付款人可以是參加承兌人、預備付款人或任何第三人。按英國票據法和日內瓦公約的規定,持票人不得拒絕參加付款,否則將喪失對被參加付款人及其后手背書人的追索權。參加付款應在持票人得以行使追索權時進行,但最遲不得在作成拒絕證書期限屆滿的次日進行。另外,參加付款人的付款不能向付款人那樣使票據債權債務因付款而得以消滅,參加付款人付款后,取得票據,享有票據權利,可向被參加付款人及其前手要求償還,但不得再將該匯票背書轉讓。參加付款只能使被參加付款人的后手背書人解除票據責任,因此應該註明被參加付款人,如未註明,則以出票人為被參加付款人。

(七) 拒付與追索權

1. 拒付

拒付包括拒絕付款和拒絕承兌。付款人對遠期匯票拒絕承兌時,持票人也可立即行使追索權。另外,付款人逃避、死亡或宣告破產等情況,導致付款人事實上不能付款也視為拒付。

2. 追索權

當匯票遭到拒付時,為了保護持票人的利益,各國法律都認為持票人有權向前手背書人以及匯票的出票人請求償還匯票款項,此項權利就稱為追索權。行使追索權的可以是持票人即追索權人,也可以是因清償而取得票據權利的人即再追索權人,如:背書人、保證人等。匯票到期日前,如出現匯票被拒絕承兌、承兌人或付款人死亡、逃匿,或被宣告破產,或付款到期日提示付款遭拒絕等,持票人都可以行使追索權,請求被追索人支付遭拒付的匯票金額、法定利息、取得有關拒絕證明和發出通知的費用。但持票人在行使追索權之前,必須進行行使或保全匯票權利的行為,如按期提示承兌,按期作成拒絕證書等,否則喪失追索權。

拒絕證書是一種由付款地的公證處或法院、銀行公會等有權作出此種證書的機構所作成的,證明付款人拒付的文件。日內瓦公約規定匯票遭到拒付時都必須作成拒絕證書;英國票據法僅對國外匯票作出此項要求;在這一點上,中國《票據法》的規定與日內瓦公約相同。持票人還必須在匯票遭拒付后的法定期間內將拒付事實通知其前

手，也可同時通知其他匯票債務人，然后請求其中一人或數人或全部債務人償付匯票金額，因票據債務人間負連帶清償責任，被追索人清償后就取得代位追索（追償）權。再追索權人除請求已向追索人支付的總金額外，還可另加法定利息和通知費用。

## 第四節　本票和支票

### 一、本票

（一）本票的概念

本票，是指由出票人簽發的允諾在該票據的到期日，由自己無條件支付確定的金額給收款人或持票人的票據。本票與匯票最根本的區別在於：本票只有兩個基本當事人，即：出票人，收款人，出票人出票后即成為付款人，因此，本票無承兌和參加承兌制度。由於出票人本身即為付款人，所以本票的主債務人始終是出票人，而不像遠期匯票承兌前出票人為主債務人，承兌后承兌人（付款人）為主債務人，而出票人為從債務人。

根據日內瓦公約的規定，本票應當記載下列事項：

（1）寫有「本票」字樣；
（2）無條件支付一定金額的承諾；
（3）付款日期（未載明付款日期的，視為見票即付）；
（4）票據的付款地（未載明付款地的，出票地視為付款地）；
（5）收款人或制定人；
（6）出票日期和出票地點（未載明出票地點的，出票人姓名上的地點視為出票地點）；
（7）出票人簽名。

上述七項均為必要記載事項，欠缺其中一項，本票無效。

（二）本票的種類

按照不同的標準，本票可以分為以下幾類：

1. 根據本票出票人的不同，將本票分為銀行本票和商業本票

銀行本票是指銀行簽發的本票；商業本票是指由銀行以外的企業、公司、商號或個人簽發的本票。

本票多由銀行發行，中國《票據法》則規定本票只能由銀行簽發。

2. 根據本票使用和流通領域的不同，將本票分為國內本票和國際本票

國內本票是出票地和收款人所在地均在一國之內，且其流通也在該國內的本票；國際本票是出票地和收款人所在地不在同一國內的本票。

3. 根據權利人的記載方式，將本票分為記名本票、指示本票和無記名本票

記名本票又稱抬頭本票，本票上載明收款人的姓名或名稱，持票人轉讓記名本票

應當以背書的方式進行。

指示本票，即不僅在本票上記載收款人的姓名或名稱，並且附加「或其指定人」字樣的本票。出票人簽發指示本票時，不得禁止持票人背書轉讓，否者與該種本票的性質相矛盾。

無記名本票，又稱來人本票，是出票人未記載收款人名稱或僅記載「來人」字樣的本票。持票人可以自行記載或以他人為收款人，將無記名的本票變為記名本票。無記名本票可以依交付轉讓他人。

4. 依制定到期日方式不同，將本票分為即期本票、定期本票、計期本票和註期本票

即期本票指見票即付的本票，持票人在本票的法定付款期內可以隨時請求付款，出票人都應無條件地支付本票金額。

定期本票是指出票人在簽發本票時，在票面記載一定日期為到期日的本票，即定日付款本票。

計期本票是指出票時並未指定到期日，而是以出票日起算經過一定期間而計算到期日的本票，即出票後定期付款的本票。

註期本票是指出票時並未指定到期日，而是以見票日起算經過一定期間而計算到期日的本票，即見票後定期付款的本票。見票後定期付款的本票，持票人應向出票人提示，在票面上簽章，並記載「見票」字樣和日期，但本票的這種提示僅為確定付款到期日，而匯票的提示承兌是為了確定付款人的付款義務。

本票是流通票據的一種，它和匯票必然有許多共同之處，比如：票據法關於匯票出票、背書、付款以及追索權的行使均可適用於本票。

(三) 本票的作用

本票是出票人對自己付款的承諾，所以出票人簽發本票就是自己承擔債務。因此，在經濟上，本票常被債務人承擔債務。有時債務人借入資金就簽發本票給債權人。由於本票是依票據法作成並交付，嚴格依票據法產生特定的權利義務關係，對債權實現更有保障，且本票具有流通性，因而本票比普通債權文書更為債權人樂意接受。有時，債務人為籌集短期資金也採用發行本票的方式，所以，本票成為融通證券和信用證券。

(四) 本票與匯票的區別

本票與匯票都是流通票據，它們有許多相同之處。如匯票法中關於出票、背書、付款、拒絕證書以及追索權等規定，基本上都適用於本票。因此，世界各國除個別國家的票據法是以本票為中心外，絕大多數國家均以匯票為中心，它們在票據法中對匯票作了相當詳細的規定，而對本票則只有幾條特別規定，其餘應適用匯票的規定。

本票與匯票的區別主要有兩點：

(1) 匯票有三個當事人，即出票人、付款人與收款人，因此，匯票上必須載明付款人的姓名或名稱；本票則只有兩個當事人，即出票人與收款人，出票人本身就是付款人，所以本票上無須記載付款人。

(2) 匯票必須經過承兌，才能確定付款人對匯票的責任；而本票的出票人始終處

於主債務人的地位，他是本票的當然的主債務人，自負到期償付的義務，無須辦理承兌。雖然對於見票后定期付款的本票，持票人仍須向出票人作見票提示，否則就無法確定該本票的付款日期，但這種提示同匯票的承兌提示在法律效用上是不同的，前者是為了確定付款日期，后者是為了確定付款義務人。所以，即使本票的持票人沒有作見票提示，出票人對其本票的義務是確定無疑的。匯票如果沒有經過提示承兌，則付款人對匯票的付款義務尚不能確定。

## 二、支票

（一）支票的概念

支票是由出票人簽發的，委託辦理支票存款業務的銀行或其他金融機構在見票時無條件支付給收款人或持票人確定金額的票據。出票人必須在銀行有足夠的存款，或與銀行訂有透支協議。沒有存款或超過存款數額或透支額而簽發的支票為空頭支票，簽發空頭支票為法律所禁止。支票都是見票即付，所以對於票據的信用功能，支票是一例外。英國票據法把支票作為匯票的一種，認為支票是以銀行為付款人的即期付款的匯票。

支票與匯票一樣，具有三個當事人：出票人、付款人與收款人。支票的出票人是支票的債務人。

根據日內瓦公約的規定，支票應當記載下列事項：

（1）應有「支票」字樣；
（2）支付一定金額的無條件委託；
（3）付款人的姓名（即持有出票人存款的銀行）；
（4）付款地（未記載付款地的，付款人所在地視為付款地）；
（5）出票地點及出票日期（未載明出票地點的，出票人名稱旁的地點視為出票地點）；
（6）出票人的簽名。

上述事項缺一不可，否則票據無效。支票的收款人名稱、金額可以空白，授權他人補記。

（二）支票的種類

支票一般可以分為普通支票、保付支票和劃線支票。

1. 普通支票

普通支票，是指對付款既無特殊保障，也無特殊限制的支票，又稱開放支票。普通支票的持票人可以依支票委託銀行代收轉帳，也可憑票自行提取現金。

2. 保付支票

保付支票，是指經付款銀行在支票上簽名並記載保付字樣的支票。普通支票經過銀行保付后，即成為保付支票，付款銀行成為票據的主債務人，銀行承擔絕對的付款責任，出票人和背書人均可免除受追索的義務，持票人也可不受付款提示期限的限制，即便超過了提示期限，仍可請求銀行付款。如果銀行拒付，持票人無須作成拒絕證書，

可直接向法院起訴，請求銀行付款。

3. 劃線支票

劃線支票，是由出票人、背書人或持票人在支票正面劃上兩條平行線的支票。此種支票的持票人不能提取現金，只能委託銀行收款入帳。

劃線支票的作用主要是為了減少支票遺失、被竊的風險，防止他人冒領票款，保護支票真正權利人的利益。因為，劃線支票實際上是銀行之間的收付，即使萬一發生冒領，也比較容易追查。

(三) 支票、匯票、本票的區別

三種票據都具有票據的一般特性，但也有明顯的區別：

1. 當事人不同

匯票和支票均有三個基本當事人，即出票人、付款人和收款人；而本票的基本當事人有兩個，即出票人和收款人，出票人和付款人是同一人。

2. 票據的性質不同

支票和匯票屬於委託他人付款的票據；而本票屬於自負的票據。

3. 到期日不同

支票為見票即付，而匯票和本票除見票即付外，還有不同的到期記載。

4. 是否需要承兌不同

遠期匯票需要付款人履行承兌手續；本票由於是出票人自負，無須承兌。但見票后定期付款的本票必須經出票人見票才能確定到期日，又有提示見票的必要；支票均為即期，無須承兌。

5. 出票人與付款人的關係不同

匯票的出票人對付款人沒有法律上的約束，付款人是否願意承兌或付款，是付款人的獨立行為；但一經承兌，承兌人就應當承擔到期付款的責任。本票的付款人即是出票人，一經出票，出票人即應承擔付款責任。支票的付款人只有在出票人在付款人處有足以支付支票金額的存款的條件下，才負有付款義務。


# 復習思考題：

1. 什麼是票據？什麼是票據法？票據有哪些基本特徵？
2. 票據既然是完全有價證券，是否可以認為凡是持票人均享有票據權利？為什麼？
3. 在行使票據追索權時應注意哪些問題？
4. 匯票、本票與支票三者有何區別？
5. 什麼是票據行為？其特點如何？
6. 什麼是匯票的背書？

# 第十章　國際商事仲裁法

**本章要點：**

- 掌握仲裁的定義、分類和特點。
- 瞭解國際商事仲裁的概念、法律框架及仲裁機構。
- 掌握仲裁協議的概念、特點和內容。
- 掌握仲裁協議的有效要件。
- 瞭解國際商事仲裁程序。

## 第一節　國際商事仲裁法概述

### 一、仲裁的起源及其發展

　　商事仲裁是具有古老傳統的法律制度，作為一種與訴訟並行的處理當事人之間的民商事糾紛的爭議解決方式，有著悠久的歷史。遠在公元前6世紀的希臘，城邦國家已經開始利用仲裁解決爭議。古羅馬著名法學家保羅視仲裁與訴訟為並行的兩種糾紛解決方式，他表示：「為解決爭議，正如可以進行訴訟一樣，也可以進行仲裁。」在11～14世紀的中世紀，為了適應生產力的發展尤其是商品經濟發展的需要，歐洲的仲裁制度較為盛行。14世紀義大利出現了國際商事仲裁。1347年，英國法開始有了有關仲裁的明確規定。14世紀中葉，瑞典確認仲裁是解決民商事糾紛的有效制度，14世紀末，瑞典地方法典對仲裁制度賦予了法律地位。16～17世紀，某些從事對外貿易的公司，如英國東印度公司在其章程中已經訂有仲裁條款，規定可以通過仲裁方式解決公司成員之間發生的糾紛。第一部仲裁法則產生於1889年的英國，緊隨其後頒布仲裁法的國家是瑞典。受到英國和瑞典等國仲裁立法的影響，歐洲的其他一些國家，諸如法國和德國等亦開始採用仲裁制度並使其在本國內獲得發展。美國的最高法院是在1854年認可仲裁裁決的拘束力，並於1925年頒布了《聯邦仲裁法》。這一時期的仲裁主要是解決國內民商事糾紛的法律制度。

　　隨著經濟關係的國際化，經濟貿易糾紛帶有了跨國性，仲裁解決國際商事爭議的作用越來越為眾多國家所重視，仲裁逐步由一國國內的民商事仲裁擴展到國際經濟貿易仲裁、海事仲裁、解決國家間爭端的仲裁，許多國家開始建立仲裁制度，設立常設

性仲裁機構，締結國際性條約，訂立示範法。

從目前關於立法和司法的實踐來看，對於國際商事關係中所發生的各種爭議，一般都是採取協商和解、調節、仲裁、司法訴訟等方式解決。第二次世界大戰以後，隨著科技和經濟的迅速發展，各國之間的國際經濟貿易交往不斷擴大，利用仲裁方式解決國際商事爭議的案件越來越多，仲裁日益成為現代處理國際經濟貿易爭端的重要制度。各國法律亦鼓勵從事上述活動的當事人將可能發生的爭議或已經發生的爭議提交仲裁機構解決。

## 二、中國仲裁的起源及其發展

中國現代意義上的仲裁可以追溯到 1912 年北洋政府司法、工商兩部所頒行的《商事公斷處章程》以及同年 9 月頒訂的《商事公斷處辦事細則》。1921 年又頒布了《民事公斷行條例》，規定仲裁可適用於一般的民事爭議。1930 年國民黨政府頒布的《勞動爭議處理法》，經修改也規定了仲裁程序，其調整的對象是雇主與工人團體或者 15 名以上的工人發生的糾紛。1943 年晉察冀邊區頒布的《晉察冀邊區租佃債息條例》及其實施條例以及晉察冀邊區行政委員會頒布的《關於仲裁委員會工作指示》中對仲裁機構的性質、任務和權限作出了明確的規定。1949 年 3 月 15 日天津市人民政府公布的《天津市人民政府調解仲裁委員會暫行組織條例》，對仲裁機構設置、收案範圍和工作原則作了規定。

新中國成立后，中國分別建立了涉外和國內兩套仲裁制度。中國涉外仲裁始於 20 世紀 50 年代中期。1954 年中國政務院通過了《關於在中國國際貿易促進委員會內設立對外貿易仲裁委員會的決定》。根據決定，中國國際貿易促進委員會於 1956 年設立了對外貿易仲裁委員會，並制定了《中國國際貿易促進委員會對外貿易仲裁委員會仲裁程序章程暫行規定》。1958 年 11 月，中國國務院通過了《關於在中國國際貿易促進委員會內設立海事仲裁委員會的決定》，根據這一決定，中國國際貿易促進委員會於 1959 年正式設立了海事仲裁委員會，並制定了相應的仲裁規則。而在 1981 年頒布的《經濟合同法》以及之後頒布的一些法律，如《技術合同法》《著作權法》《消費者權益保護法》等，都規定了仲裁制度。1994 年 8 月 31 日《中華人民共和國仲裁法》正式公布，並於 1995 年 9 月 1 日起施行，中國終於有了一部專門的仲裁法。

## 三、仲裁概述

（一）仲裁的定義

仲裁，也稱公斷，是根據爭議的當事人事前或事后達成的仲裁協議，自願將爭議提交仲裁機構，由其按一定程序進行審理並作出裁決，該裁決對爭議雙方當事人均具有約束力的一種爭議解決方式。

（二）仲裁的分類

依不同標準，仲裁可分為以下幾種：

1. 臨時仲裁與機構仲裁

臨時仲裁又稱特別仲裁，是指無固定仲裁機構介入，而由當事人各方通過仲裁協議直接組織仲裁庭，並由其進行的仲裁。其特點在於仲裁庭是依據當事人的仲裁協議而設立，就當事人特定的案件進行審理，因而在程序上較為靈活，仲裁費用較低。

機構仲裁又稱制度仲裁，是指依照當事人雙方的協議將爭議交由一定的常設仲裁機構並依該機構所制定的現存仲裁規則進行仲裁。機構仲裁具有兩大優勢：一是它依據仲裁機構既定的仲裁規則進行仲裁，程序較為嚴格；二是它有現存的固定管理機構和合格可信的仲裁人員。機構仲裁已成為當前世界範圍內的主要仲裁方式。

2. 國內仲裁與國際仲裁

國內仲裁，是指仲裁所解決的糾紛在法律關係的三要素上均無涉外因素。

國際仲裁，是指一國仲裁機構對在法律關係上具有涉外因素的爭議所進行的仲裁。一般表現為爭議主體分屬於不同國家，或者爭議的內容涉不同國家，或者客體涉及外國，又稱為涉外仲裁。

3. 合法仲裁和衡平仲裁

合法仲裁又稱依法仲裁，是指仲裁人依據一定的法律對糾紛進行仲裁。在程序法上，適用仲裁法；在實體法上，允許當事人在涉外仲裁中選擇適用外國法。

衡平仲裁又稱友誼仲裁、友好仲裁，是指當事人經協商，授權仲裁庭不依據嚴格的法律規定而依據公平合理的原則和商業慣例進行裁決的仲裁。衡平仲裁的採用必須有當事人的授權，且不得違背公共秩序和其他強制性規定。

(三) 仲裁的特點

仲裁與其他爭議解決方式相比較，其優點在於：

1. 充分尊重當事人意思自治

仲裁採取自願原則，以當事人自願為前提，包括自願決定採用仲裁方式解決爭議、自願決定解決爭議的事項、選擇仲裁機構、指定仲裁員等。涉外仲裁的當事人雙方還可以自願約定採用哪些仲裁規則和適用的法律。

2. 管轄權穩定

在國際商事訴訟中，當事人可能會選擇對其最有利的法院起訴，而仲裁在一定程度上可以解決這個問題，因為雙方當事人有權利指定仲裁員。

3. 獨立仲裁

仲裁是由仲裁庭獨立進行的，任何機構和個人均不得干涉仲裁庭。這樣有利於保證仲裁裁決的公正性。

4. 專家斷案

仲裁委員會聘請的仲裁員都是公道正派的有名望的專家，由於經濟糾紛多涉及特殊知識領域，由專家斷案更有權威。

5. 不公開審理

大多數國家的仲裁法規定，仲裁不公開進行，此舉可防止洩露當事人不願公開的商業秘密。同時，當事人的商業信譽也不會受影響，雙方當事人在感情上容易接受，

有利於日后繼續生意上的往來。

6. 一裁終局

裁決一旦作出，就發生法律效力，並且當事人對仲裁裁決不服是不可以就同一糾紛再向仲裁委員會申請仲裁或向法院起訴的，仲裁也沒有二審、再審等程序。但在國際商事訴訟中則一般實行兩審終審制，只有二審判決或過了上訴期未上訴的一審判決才具有法律效力。

7. 裁決的國際執行力

仲裁裁決和法院判決一樣，同樣具有法律約束力，當事人必須嚴格履行。國際商事爭議經仲裁裁決，當事人向被執行人所在國的法院申請強制執行，基於各國所締結或參加的國際公約，該裁決較容易得到執行。

當然，仲裁同訴訟比較起來，也有一些局限性，主要是缺乏訴訟的強制性、嚴密性和統一性。比如，由於仲裁以當事人的協議為基礎，故缺少第三人程序，仲裁人無權強迫那些可以最終對裁決的執行承擔全部或部分責任的第三人加入仲裁程序，從而影響爭議最終有效的解決。

(四) 仲裁與訴訟的區別

仲裁與訴訟都是解決雙方當事人經濟糾紛的手段，都有保護當事人合法權益和促進國際經濟貿易發展的作用，並且已生效的仲裁裁決和法院判決一樣，都具有法律拘束力，當事人必須全面履行。但仲裁與訴訟因各具特色，又存在著明顯的區別。

1. 受理案件的依據不同

法院訴訟是強制管轄；而仲裁是協議管轄。法院訴訟無須一方當事人事先得到另一方的同意或雙方達成訴訟協議，只要一方當事人向有管轄權的法院起訴，法院就可依法受理，另一方就應當應訴；而仲裁機構必須依據當事人之間的仲裁協議和一方當事人的申請受理案件。仲裁機構的管轄權來自雙方當事人的自願和授權，這是仲裁與訴訟的根本區別。

2. 審理案件的組成人員不同

在法院的訴訟，當事人不能選定審判人員，審判人員是由人民法院依法指定或組成合議庭來審理案件；而仲裁的雙方當事人有權各自指定一名仲裁員，再共同指定或根據雙方同意的仲裁規則產生一名首席仲裁員組成仲裁庭審理案件。

3. 審理案件的方式不同

法院審理案件一般是公開審理；而仲裁機構審理案件一般是不公開進行，案情不公開，裁決也不公開，開庭時沒有旁聽，審理中仲裁庭或仲裁機構的秘書處不接受任何人採訪。

4. 審理結果不同

各國法院一般規定，一方當事人對人民法院的判決不服可以依法上訴；而仲裁裁決是終局的，不能上訴，也不允許再向任何機構提出變更裁決，敗訴方不自動執行裁決，另一方當事人可以向法院申請強制執行。有些仲裁機構的仲裁規則，如英國倫敦的專業性仲裁機構 Grain and Feed Trade Association（GAFTA）的規則規定，凡不滿意裁

決的當事人可以上訴到高一級的仲裁庭，如還不滿意，還可以上訴到英國倫敦的高等法院，法院的判決才是最終的。

5. 受理案件的機構性質不同

受理訴訟案件的機構是法院，是國家機器的一部分，具有鮮明的強制性；受理仲裁案件的機構一般是民間性的社會團體。

6. 判決和仲裁在境外的執行程序不同

法院的判決要到境外執行，需根據作出判決所在地國與申請執行的所在國之間所簽訂的司法協助條約或者互惠原則去處理。仲裁機構所作出的仲裁裁決要到境外執行，如果作出裁決所在地國與申請執行地所在國均為1958年聯合國《承認及執行外國仲裁裁決公約》的成員國，當事人可以向執行地國的主管法院提出承認及執行的申請；不是公約成員國的，則需要根據司法協助條約或者互惠原則處理。

此外，仲裁與訴訟相比較，仲裁還具有專業性、保密性與和諧性等特點。除這些規定外，還應當注意各國仲裁法或民商法的一條共同規定，即如果雙方當事人之間達成了仲裁協議，則排除了法院的管轄權。

**四、國際商事仲裁的概念**

關於國際商事仲裁的定義問題，各國立法和司法實踐存在較大的差異，並沒有統一的界定。一般而言，國際商事仲裁，是指在國際經濟貿易活動中，仲裁機構或仲裁員根據當事人事前或者事後達成的仲裁協議和當事人一方的仲裁申請，對其爭議進行審理並作出裁決的制度。

但由於各國政治經濟制度的不一，價值取向和法律文化的差異，在界定國際商事仲裁中的「國際」和「商事」問題上，各國國內法及有關國際條約仍然未能達成比較一致的看法。但縱觀國際條約及各國國內立法通常有以下認識：

(一) 對「國際」與「商事」這兩個概念的理解

1. 國際

一般而言，各國法律均給予國際商事仲裁以更多的自由和較少的司法干預。然而，對於「國際」一詞，各國國內仲裁立法和國際公約均未能作出一個明確的定義。而在各國的仲裁實踐中，已基本上形成了兩種主要的對「國際」的認定標準[1]：

一種是以爭議的實質或本質為標準。認定一項仲裁是否具有國際性，主要是分析爭議的實質或本質是否涉及國際商業利益。如法國在立法和判決中均對「國際」一詞作廣義之解釋。《法國民事訴訟法》第1492條規定：「如果包含國際商事利益，仲裁是國際性的。」

另一種標準是主體標準。該標準主要考察當事人的國籍、住所或習慣居所、仲裁地點、法人註冊地、管理中心地等因素是否具有涉外因素，亦即以當事人的身分去識別仲裁是否為國際仲裁。1961年《關於商事仲裁的歐洲公約》（簡稱《歐洲公約》）第

---

[1] 王瀚、李廣輝. 試論當代國際商事仲裁的若干新發展 [J]. 中國仲裁諮詢，2005 (1).

1 條的規定即是採用這一標準。1989 年《瑞士聯邦國際私法法規》第 176 條規定：國際仲裁僅指「仲裁庭所在地在瑞士並且在仲裁協議訂立時，當事人中至少有一方當事人在瑞士無住所或慣常居所而提起的仲裁」。聯合國國際貿易法委員會 1985 年制定的《聯合國國際貿易法委員會國際商事仲裁示範法》（UNCITRAL 示範法）第 1 條第（3）款則規定：「仲裁如有下列情況即為國際仲裁：（A）仲裁協議的當事各方在締結協議時，他們的營業地點位於不同的國家，或（B）下列地點之一位於當事各方營業地點所在國以外：（a）仲裁協議中確定的或根據仲裁協議而確定的仲裁地點，（b）履行商事關係的大部分義務的任何地點或與爭議標的關係最密切的地點；或（C）當事各方明確地同意，仲裁協議的標的與一個以上的國家有關。」

2. 商事

各國法律關於「商事」的解釋，對於裁決的承認和執行具有重要的意義。主要是因為有些國家法律規定只有商事合同的爭議方可進行仲裁，而有些國家則對此並無太多的限制性規定。根據 UNCITRAL 示範法，對國際商事仲裁的「商事」一詞解釋為：包括不論是契約性或非契約性的所有商事性質關係所發生的爭議。從其列舉的內容分析，商事仲裁的爭議可以是合同性質的，也可以是侵權性質的；可以是純貨物交易糾紛，也可以是海事糾紛或者其他類型的平等主體之間發生的糾紛。

（二）中國對「商事」與「國際」的界定

中國對「國際商事仲裁」尚無明確的規定和解釋。最高人民法院 1988 年《關於貫徹執行〈中華人民共和國民法通則〉若干問題的意見（試行）》第 178 條規定：凡民事關係的一方或者雙方當事人是外國人、無國籍人、外國法人的，民事關係的標的物在外國領域內的，產生、變更或者消滅民事權利義務關係的法律事實發生在外國的，均為涉外民事關係。最高人民法院 1992 年《關於適用〈中華人民共和國民事訴訟法〉若干問題的意見》第 304 條又規定：「當事人一方或雙方是外國人、無國籍人、外國企業或組織，或者當事人之間民事法律關係的設立、變更、終止的法律事實發生在外國，或者訴訟標的物在外國的民事案件，均為涉外民事案件。」從上述規定看，最高人民法院所理解的「涉外」為傳統國際私法上講的「涉外」，即法律關係的三要素至少有一個要素同外國有聯繫。但在中國仲裁界，有人主張借鑑《聯合國國際貿易法委員會國際商事仲裁示範法》中的「國際」定義，擴大「涉外」的內涵。還應注意的是，在仲裁實踐中，中國仲裁機構對涉及中國香港、澳門和臺灣地區的仲裁案件，比照涉外案件處理。

至於「商事」的含義，中國最高人民法院 1987 年《關於執行中國加入的〈承認及執行外國仲裁裁決公約〉的通知》第 2 條規定：「根據中國加入該公約時所作的商事保留聲明，中國僅對按照中國法律屬於契約性和非契約性商事法律關係所引起的爭議適用該公約。所謂『契約性和非契約性商事法律關係』，具體是指由於合同、侵權或者根據有關法律規定而產生的經濟上的權利義務關係，例如貨物買賣、財產租賃、工程承包、加工承攬、技術轉讓、合資經營、合作經營、勘探開發自然資源、保險、信貸、勞務、代理、諮詢服務和海上、民用航空、鐵路、公路的客貨運輸以及產品責任、環

境污染、海上事故和所有權爭議等，但不包括外國投資者與東道國政府之間的爭端。」

### 五、國際商事仲裁的法律框架

國際商事仲裁的法律框架，是指規範和調整國際商事仲裁的各種法律規範，主要包括：國際商事仲裁公約和條約；國際商事仲裁的國內立法；國際商事仲裁的示範法；國際商事仲裁的規則。

(一) 國際商事仲裁公約和條約

國際公約是重要的國際商事仲裁法的淵源，尤其是確保仲裁協議及仲裁裁決可執行性的多邊公約。當然，雙邊條約的作用也不可忽視，特別是在爭議雙方有一方並非多邊公約的締約國時。從 20 世紀初開始，國際社會先后簽署了三個國際公約：

(1) 1923 年 9 月 24 日，由國際聯盟主持制定，在日內瓦簽署的《關於仲裁條款議定書》，是第一個重要的國際商事仲裁公約，其主要目的是確保仲裁協議的國際執行，並確保仲裁裁決可為裁決地國所執行。

(2) 1927 年，由國際聯盟主持制定在日內瓦通過的《關於執行外國仲裁裁決公約》(即《日內瓦公約》)，是 1923 年日內瓦議定書的補充，其主要目的在於擴展日內瓦議定書的適用範圍，保證外國裁決的承認和執行，使得在一締約國作出的裁決除在該國（裁決作出國）外，還可在其他締約國執行。

(3) 1958 年 6 月，為了克服上述兩公約的缺陷，在聯合國經社理事會的主持下，來自 45 個國家或地區和有關機構的代表討論通過了《關於承認與執行外國仲裁裁決公約》（簡稱《紐約公約》）。目前，包括中國在內的 145 個國家或地區參加了此公約，是迄今為止最為成功的國際公約之一。

該公約已經取代了 1927 年的《關於執行外國仲裁裁決公約》。與 1927 年的《關於執行外國仲裁裁決公約》相比，《紐約公約》的適用範圍更廣，包括在一國領土內作出而在另一國領土內請求承認和執行的關於自然人和法人之間的仲裁裁決。可見，該公約的適用範圍，不以締結方領土為限，也未將可執行的仲裁裁決限定為商事仲裁裁決或依締約方國內法可交付仲裁的爭議的仲裁裁決。不過，該公約允許締約方於加入公約時聲明保留，將公約的適用範圍描述為以互惠條件或者限於以依其本國法為商事關係的裁決。在其他方面，《紐約公約》也比以前的有關公約有所進步，主要是放寬了仲裁裁決承認和執行的限制條件，並簡化了執行裁決的程序。

(4) 1965 年 3 月，在華盛頓簽署的《關於解決各國與他國的國民投資爭端的公約》，又稱《華盛頓公約》，也是一個比較有影響的多邊仲裁國際公約，以此公約為基礎，建立了「解決投資爭議的國際中心」仲裁體制。

(5) 聯合國國際貿易法委員會為了促進商事仲裁法的全球統一化，於 1985 年通過了《聯合國國際貿易法委員會國際商事仲裁示範法》(The UNCITRAL Model Law on International Commercial Arbitration，以下簡稱《示範法》)最終草案。

除了以上介紹的國際公約外，1966 年《規定統一仲裁法的歐洲公約》、1975 年《美洲國家間關於國際商事仲裁的公約》和《美洲國家間關於外國判決和仲裁裁決域外

效力的公約》等，也是國際商事仲裁領域較為重要的區域性公約。

(二) 國際商事仲裁的國內立法

各個國家都有自己本國的仲裁立法。由於各國法律環境和理念不同，因而仲裁法的內容也有所不同。仲裁立法一般有三種形式：單獨制定仲裁立法，如中國1995年的《仲裁法》；在民事訴訟法中專章規定，主要是大陸法系國家；仲裁與調解合併立法，如印度。

(三) 國際商事仲裁的示範法

示範法是供各國在制定本國仲裁法時作為參考自願採用，不具有強制性。例如《示範法》，1985年6月21日由聯合國國際貿易法委員會主持制定，1985年12月11日聯合國大會通過批准該示範法的決議，其宗旨是協調和統一世界各國調整國際商事仲裁的法律。建議各國從統一仲裁程序法的願望和國際商事仲裁實踐的特點出發，對該示範法予以適當的考慮。由於示範法的基本原則和制度符合國際仲裁發展趨勢，得到越採越多的國家的採納，許多國家或地區按照示範法的規定建立健全了仲裁法律制度，代替了原有的仲裁立法。目前，澳大利亞、加拿大和中國香港等十多個國家或地區基本採納了《示範法》。中國1994年8月31日通過的《仲裁法》也深受《示範法》的影響。

(四) 國際商事仲裁規則

仲裁規則，是指仲裁所應遵循和適用的程序規範。仲裁規則在解決當事人的爭議方面，發揮著重要的作用。仲裁規則不同於仲裁法，它可以由仲裁機構制定，有些內容還允許當事人自行約定。因此，仲裁規則是任意性較強的行為規範。但是仲裁規則不得違反仲裁法中的強制性規定。

國際常設仲裁機構都有自己的仲裁規則，如聯合國國際貿易法委員會於1976年頒布的仲裁規則。該規則在實踐中被廣泛地應用於臨時性的仲裁，同時，世界上多數常設仲裁機構的仲裁規則，也是參照該項規則制定的。中國國際經濟貿易仲裁委員會的仲裁規則也歷經數次修訂，現行的仲裁規則於2005年修訂，2005年5月1日起施行。

## 六、世界主要商事仲裁機構

目前，國際常設仲裁機構在地域範圍上已經遍布世界上所有國家，在業務上也已涉及國際商事法律關係的各個領域。下面主要就目前國際社會影響較大的幾個常設國際商事仲裁機構作簡要介紹。

(一) 國際性商事仲裁機構

1. 國際商會國際仲裁院（International Chamber of Commerce International Court of Arbitration，簡稱ICC國際仲裁院）

在國際商事仲裁領域，ICC國際仲裁院是最具影響的仲裁機構。其成立於1923年，屬於國際商會的一部分。主要職責是依據其仲裁規則，通過仲裁的方式解決國際性商事爭議，促進國際商業活動正常進行。與國際上的其他隸屬於某個國家的仲裁機構不

一樣，ICC 國際仲裁院獨立於任何一個國家，而審理的案件所涉及的當事人及審理案件的仲裁員卻可能來自任何一個國家，它是典型的國際性商事仲裁機構。

ICC 國際仲裁院由主席、副主席及委員和候補委員組成，工作由秘書處協助。其中主席一人，副主席若干人。秘書處由來自十多個國家的人員組成，由秘書長領導。直接負責每個案件進程管理的是顧問，首席顧問協助秘書長工作。每個顧問均有一名助手和秘書，協助辦理個案的有關事項。和大多數仲裁機構一樣，隨著仲裁理念和環境的變化，ICC 國際仲裁院也多次對其仲裁規則作出修訂。現行的仲裁規則是 1998 年 1 月 1 日生效的國際商會仲裁規則。該規則規定，當事人協議按照 ICC 仲裁規則提交仲裁的，除非雙方已經約定適用訂立仲裁協議時有效的仲裁規則，應視為事實上願意適用仲裁程序開始之日有效的仲裁規則。[①]

2. 解決國際投資爭議國際中心（International Center for the Settlement of Investment Disputes，簡稱 ICSID）

ICSID 是世界銀行下屬的一個獨立機構，1966 年 10 月 14 日，根據 1965 年 3 月在世界銀行主持下簽訂的《解決國家與他國國民間投資爭議的公約》（1965 年華盛頓公約）而成立，是專門處理國際投資爭議的全球性常設仲裁機構，總部設在美國華盛頓。ICSID 設立的宗旨在於：用調停和仲裁的方式，解決該公約締約國和其他締約國國民之間的投資爭議，促進和鼓勵私人資本的國際流動。與其他商事仲裁機構不同，ICSID 具有完全的國際法律人格；具有締結契約、取得和處理動產和不動產及起訴的能力；完成任務時在各締約國領土內享有公約所規定的特權和豁免權；ICSID 及其財產和資源享有豁免一切法律訴訟的權利；ICSID 的資產、財務和收入以及公約許可的業務活動和交易，應免除一切稅捐和關稅；ICSID 及其所有官員和工作人員，享有政府間國際組織及其人員所享有的特權和豁免權。依據公約，作為當事人、代理人、法律顧問、律師、證人或專家以及在仲裁中出席的人，在進行仲裁的往返途中或在仲裁地停留，也享有公約第 21 條規定的豁免權。ICSID 設有一個行政理事會、一個秘書處、一個調停人小組和一個仲裁員小組。行政理事會由締約國各派代表一人組成，每個成員享有一個投票權，行政理事會的任何會議的法定人數應為其成員的多數。ICSID 本身並不直接承擔調解和仲裁工作，主要是為各締約國和其他締約國國民之間發生的投資爭端，提供調解和仲裁的便利。

3. 世界知識產權組織仲裁與調解中心

世界知識產權組織仲裁和調解中心（The World Intellectual Property Organization Arbitration and Mediation Center，簡稱 WIPO 仲裁與調解中心），總部設在瑞士日內瓦。WIPO 仲裁與調解中心建於 1994 年，是 WIPO 國際局的一個行政單位。它利用知識產權領域的優勢，受理涉及知識產權爭議的仲裁案件，同時也受理當事人願意提交的其他民商事案件。近年來，WIPO 仲裁與調解中心受理的案件日益增多。該中心現有來自 70 多個國家廣泛的專業性調解員和仲裁員，他們按照組織編製的規則執行爭端解決程序。

WIPO 仲裁與調解中心已成為應對眾所周知的「域名搶註」的主要爭端解決服務提

---

① 林一飛. 國際商事仲裁法律與實務［M］. 北京：中信出版社，2005：51.

供者。僅2001年，該中心根據《統一域名爭端解決政策》（UDRP）就受理了1,506件通用頂級域（gTLDs）的案件，共涉及94個國家；並受理了54件國家代碼頂級域（ccTLDs）的案件。依據WIPO仲裁與調解中心的規則的規定，如仲裁協議約定依WIPO仲裁規則進行仲裁，則該規則構成仲裁協議的一部分，除非當事人另有約定，仲裁應依該規則進行。

(二) 各國常設商事仲裁機構

1. 美國仲裁協會（American Arbitration Association，簡稱AAA）

AAA是美國由1922年成立的美國仲裁會和1925年成立的美國仲裁基金會合併之後，於1926年正式成立。AAA是獨立的、非盈利性的民間組織，總部設在紐約，並在美國其他多個主要城市設有分支機構。AAA擁有一份包括6萬多人的仲裁員名單，雇傭了500多名專職人員，受理全美各地以及外國的各種當事人提交的除法律和公共政策禁止仲裁的事項外的任何爭議。AAA的目的在於，在法律許可的範圍內，通過仲裁、調解和替代性爭議解決方式解決國內及國際商事爭議。其受案範圍很廣泛，從國際經貿糾紛到勞動爭議、消費者爭議、證券糾紛，無所不包。與此相應，AAA有許多類型的仲裁規則，分別適用於不同類型的糾紛。

2. 倫敦國際仲裁院（London Court of International Arbitration，簡稱LCIA）

LCIA是世界上最古老的仲裁機構，成立於1892年。其前身是附設在倫敦市同業公會內的倫敦仲裁會。其原名為倫敦仲裁廳，1981年起使用現名。由倫敦市政府、倫敦商會和皇家特許仲裁員協會共同組成的聯合管理委員會管理。

該仲裁員的職能是為解決國際商事爭議提供各種服務和便利。該仲裁院備有仲裁員名單，除當事人有不同約定外，一般由一名獨立仲裁員進行仲裁。該院的一個特點是設有「應急委員會」，如遇有緊急案件時，該委員會有義務立即指定一名仲裁員對有關案件進行審理。LCIA在處理海上貨物運輸和保險爭議方面具有豐富經驗。

3. 斯德哥爾摩商會仲裁院（Arbitration Institute of Stockholm Chamber of Commerce，簡稱SCC）

SCC成立於1917年，屬於斯德哥爾摩商會的一個專門的仲裁機構，但在職能上是獨立的。設立的目的在於解決工業、貿易和運輸領域的爭議。它的總部設在瑞典的斯德哥爾摩，SCC解決國際爭議的優勢在於其國家的中立地位，特別以解決涉及遠東或中國的爭議而著稱。

4. 中國國際經濟貿易仲裁委員會（CIETAC）

1956年，中國國際貿易促進委員會設立對外貿易仲裁委員會，並制定了CIETAC仲裁程序暫行規定。1980年，對外貿易仲裁委員會更名為中國國際經濟貿易仲裁委員會（簡稱CIETAC）。自2000年10月1日起，CIETAC同時啟用「中國國際商會仲裁院」。總會設在北京，分別在上海和深圳設立了分會。CIETAC涉及的領域主要有外商投資爭議、國際貨物買賣爭議、金融爭議、擔保爭議、房地產爭議、證券爭議。CIETAC不僅受理國際商事爭議，而且也同時受理國內商事爭議，包括：國際的或涉外的爭議案件，涉及香港特別行政區、澳門特別行政區或臺灣地區的爭議案件，國內爭議案件。

其他比較有影響的外國仲裁機構，還有日本國際商事仲裁協會、瑞士蘇黎世商會仲裁院、義大利仲裁協會、澳大利亞國際商事仲裁中心等。

## 第二節　國際商事仲裁協議

### 一、仲裁協議的定義和特點

(一) 仲裁協議的概念

所謂仲裁協議，是指雙方當事人對他們之間已發生或者將來可能發生的爭議交付仲裁解決的協議。通常，國際上在仲裁立法中會對仲裁協議予以界定。如《UNCITRAL示範法》第7條第（1）項規定：「仲裁協議」是指當事各方同意將他們之間一項確定的契約性或非契約性的法律關係中已經發生或可能發生的一切爭議或某些爭議交付仲裁的協議。仲裁協議可以採取合同中的仲裁條款形式或單獨的協議形式。中國《仲裁法》第16條規定：「仲裁協議包括合同中訂立的仲裁條款和以其他書面方式在糾紛發生前或者糾紛發生后達成的請求仲裁的協議。」2005年修訂的《中國國際經濟貿易仲裁委員會仲裁規則》（簡稱《CIETAC仲裁規則》）第5條第（二）項規定：「仲裁協議系指當事人在合同中訂明的仲裁條款，或者以其他方式達成的提交仲裁的書面協議。」

(二) 仲裁協議的特點

仲裁協議具有如下特點：

1. 仲裁協議是仲裁庭或仲裁機構受理雙方當事人的爭議的依據

也就是說，仲裁庭或仲裁機構受理國際商事仲裁案件的權力來自當事人的仲裁協議。因此，仲裁庭或仲裁機構只能受理當事人根據仲裁協議所提交的案件，不能受理沒有仲裁協議的任何案件。中國《仲裁法》第21條規定，當事人申請仲裁應當符合法律規定的條件之一，就是要有仲裁協議。《CIETAC仲裁規則》第5條第（一）項規定：「仲裁委員會根據當事人在爭議發生之前或者在爭議發生之后達成的將爭議提交仲裁委員會仲裁的仲裁協議和一方當事人的書面申請，受理案件。」

2. 仲裁協議具有排除法院對有關爭議行使管轄權的效力

雙方當事人一旦達成仲裁協議，就應接受仲裁協議的約束。如果發生爭議，應提交仲裁解決，而不是向法院提起訴訟。中國《仲裁法》第5條規定：「當事人達成仲裁協議，一方向人民法院起訴的，人民法院不予受理，但仲裁協議無效的除外。」當然，假如當事人在事后達成協議解除仲裁協議，或者放棄仲裁權利，法院可行使管轄權。中國《仲裁法》第26條規定：「當事人達成仲裁協議，一方向人民法院起訴未聲明有仲裁協議，人民法院受理后，另一方在首次開庭前提交仲裁協議的，人民法院應當駁回起訴，但仲裁協議無效的除外；另一方在首次開庭前未對人民法院受理該案提出異議的，視為放棄仲裁協議，人民法院應當繼續審理。」《CIETAC仲裁規則》第8條亦規定：「一方當事人知道或者理應知道本規則或仲裁協議中規定的任何條款或情事未被遵

守，但仍參加仲裁程序或繼續進行仲裁程序而且不對此不遵守情況及時地、明示地提出書面異議的，視為放棄其提出異議的權利。」

3. 仲裁協議具有相對的獨立性

合同中的仲裁條款應視為與合同其他條款分離地、獨立地存在的條款，附屬於合同的仲裁協議也應視為與合同其他條款分離地、獨立地存在的一部分；合同的變更、解除、終止、失效或無效以及存在與否，均不影響仲裁條款或仲裁協議的效力。

4. 仲裁協議一般是一種書面協議

仲裁協議要麼是在合同中訂明的仲裁條款，要麼是以其他方式達成的提交仲裁的書面協議。但也有國家允許仲裁協議是口頭的。《CIETAC 仲裁規則》第 5 條第（三）項規定：「仲裁協議應當採取書面形式。書面形式包括合同書、信件、電報、電傳、傳真、電子數據交換和電子郵件等可以有形地表現所載內容的形式。在仲裁申請書和仲裁答辯書的交換中一方當事人聲稱有仲裁協議而另一方當事人不作否認表示的，視為存在書面仲裁協議。」

## 二、仲裁協議的分類

國際商事仲裁協議包括合同中訂立的仲裁條款和以其他書面方式在爭議發生前或者爭議發生後達成的請求仲裁的協議，主要分為三類：

（一）合同中的「仲裁條款」

在爭議發生之前，雙方當事人在合同中所訂立的將有關合同爭議交付仲裁的條款，是目前國際商事仲裁協議普遍採用的一種形式。常設仲裁機構一般都擬定有自己的示範仲裁條款，推薦給當事人訂立合同時採用。

仲裁條款都是在爭議發生前訂立，從而構成有關合同的一部分，但同時又具有與合同中的其他條款不同的特殊性質和效力。因而，即使合同的其他條款無效，仲裁條款並不一定隨之無效。

（二）仲裁協議書

仲裁協議書，是指在爭議發生之前或發生之後由雙方當事人訂立的表示同意將爭議交付仲裁的一種專門協議。從形式上看，仲裁協議書跟有關的合同是完全分開、彼此獨立的。在大多數情況下都是由於有關的國際商事合同中沒有規定仲裁條款，發生爭議後，雙方當事人為尋求仲裁解決而共同協商簽訂的仲裁協議書。有些是根本不存在合同關係的國際商事爭議發生後而訂立的。這種爭議的發生是當事人不能預見的，也不希望發生的，因此就不可能預先訂立仲裁條款，只能在爭議發生後，雙方經過充分的協商後訂立專門的仲裁協議。

（三）仲裁法規定的其他形式

此種文件通常是指雙方當事人針對有關合同關係或其他沒有簽訂合同的國際商事法律關係而相互往來的信函、電傳、電報以及其他書面材料。此種文件含有雙方當事人同意把他們的爭議提交仲裁的意思表示。這些文件從形式上看是多樣的。例如

《UNCITRAL 示範法》第 7 條規定，如協議載於往來的書信、電傳、電報或提供協議記錄的其他電訊手段中，即為書面協議。

### 三、仲裁協議的內容

在國際商事仲裁中，仲裁協議的內容涉及仲裁程序的各個方面，直接關係到日后爭議的公平合理地解決，具有極為重要的意義。根據各國有關仲裁的立法和各常設仲裁機構的規則，都在原則上承認雙方當事人可以自由商定仲裁協議的內容，但同時也都在不同的程度上對之進行限制。如仲裁協議的內容不得違反一國公共秩序，不准許把一國法律規定不屬於仲裁管轄的事項提交仲裁，不得在協議中規定將已提交仲裁的案件再向法院起訴等。因此，仲裁協議的內容不得違反仲裁地國或其他有關國家的禁止性規定。這是仲裁協議生效的法律前提之一。各國立法和有關國際條約對一項有效的仲裁協議應當包括哪些內容，規定得不盡相同。但是，為了使有關仲裁程序得以順利進行，並能獲得各方當事人所預期的效果，一項有效的仲裁協議的內容應當包括以下幾方面：

（一）仲裁事項

商事仲裁解決的商事爭議，對於「商事」的界定前文已作論述。與此同時，商事仲裁所解決的爭議必須具有「可仲裁性」，即某一爭議是否可以依據有關國家法律採用仲裁的方式加以解決。例如一個國家的法律規定，某些爭議不得通過仲裁解決，即使雙方當事人簽訂了仲裁協議，該爭議仍然無法提交仲裁，或者仲裁裁決在該國無法得到承認和執行。因此，商事仲裁事項的「可仲裁性」一方面涉及仲裁機構的管轄權範圍，另一方面也涉及仲裁裁決的承認和執行的問題。例如，《紐約公約》規定了允許各國在簽署、批准或加入該公約時作出「商事保留」。某國一旦作出了「商事保留」，該國就有權按照本國法律的規定對非商事性質的爭議作出的裁決不適用《紐約公約》。至於什麼是「商事」則由各國依照本國法採集定義。而根據《UNCITRAL 示範法》的規定，拒絕執行的理由有兩個：一是該國法律規定爭議標的不能通過仲裁解決；二是承認或執行該裁決將會違反該國的公共政策者。

中國《仲裁法》第 2 條規定：「平等主體的公民、法人和其他組織之間發生的合同糾紛和其他財產權益糾紛，可以仲裁。」第 3 條又從禁止的角度提出了不能仲裁的事宜：「下列糾紛不能仲裁：（1）婚姻、收養、監護、扶養、繼承糾紛；（2）依法應當由行政機關處理的行政爭議。」根據《CIETAC 仲裁規則》，CIETAC 仲裁委員會受理下列爭議案件：國際的或涉外的爭議案件；涉及香港特別行政區、澳門特別行政區或臺灣地區的爭議案件；國內爭議案件。以仲裁的方式，獨立、公正地解決契約性或非契約性的經濟貿易等爭議。

有些國家的法律明確規定，不規定仲裁事項的仲裁協議無效。如法國 1980 年頒布的《法蘭西共和國仲裁法令》第 8 條第 1 款明確規定：「仲裁協議應當確定爭議的標

的，否則無效。」①

（二）仲裁地點

仲裁地點，是指進行仲裁程序和作出仲裁裁決的所在地。仲裁地點是仲裁協議的主要內容之一，在國際商事仲裁中確定仲裁地點很重要。雙方當事人在訂立仲裁協議時，對仲裁地點都顯得很敏感，並力爭在本國進行仲裁。因為，當事人對本國的法律比較熟悉，而對外國的法律往往比較陌生。從深層來看，仲裁地點與仲裁所適用的程序法以及按照哪一國的衝突規則來確定合同的實體法，都有很密切的聯繫，而且仲裁地點也關係到仲裁協議是否有效和仲裁裁決的國籍，並影響到裁決能否得到承認和執行。

仲裁地點的確定規則是：當事人若選擇常設仲裁機構仲裁，在沒有其他約定情況下，通常以該仲裁機構所在地為仲裁地；但是，一些常設機構在不同地方設有分支機構，同時，仲裁機構並不禁止當事人選擇其機構所在地以外的地方作為仲裁地；而當事人若選擇臨時機構仲裁時，當事人必須在仲裁協議中明確仲裁地點。

在國際商事仲裁中，仲裁地的作用主要表現在以下幾個方面：首先，在確定仲裁協議效力時，除當事人有特別約定外，一般以仲裁地國家的法律來認定；其次，當事人沒有約定仲裁所適用的程序法時，一般適用仲裁地國家的法律，即使當事人約定了仲裁程序法，也不得違反仲裁地國家的強制性法律；再次，在當事人沒有就解決爭議所適用的實體法作出選擇的情況下，仲裁庭一般會按照仲裁地國家國際私法中衝突規範確定所應適用的實體法，或者直接適用仲裁地國家的實體法；最後，仲裁地決定了國際商事仲裁裁決作出的國家，若該裁決需要在其他國家執行，便產生了外國仲裁裁決的承認和執行問題。

（三）仲裁機構

在仲裁協議中明確規定仲裁機構或仲裁員，是各國仲裁立法和司法實踐的普遍要求。如當事人擬採取機構仲裁的方法，仲裁機構的約定必須具有確定性，否則可能會影響仲裁協議的效力。中國《仲裁法》第18條規定：「仲裁協議對仲裁事項或者仲裁委員會沒有約定或者約定不明確的，當事人可以協議補充；達不成補充協議的，仲裁協議無效。」如果當事人在仲裁協議中沒有指明仲裁機構的名稱，但可以推斷出明確的仲裁機構，也是可執行的，仲裁協議亦是有效的。《CIETAC仲裁規則》第4條第（三）項規定：「凡當事人約定按照本規則進行仲裁但未約定仲裁機構的，均視為同意將爭議提交仲裁委員會仲裁。」

（四）仲裁規則

仲裁規則，是指當事人和仲裁員在仲裁過程中必須遵守的操作規則。它包括仲裁申請的提出、仲裁員的選定、仲裁庭的組成、仲裁的審理、仲裁裁決的作出等內容。為確保仲裁程序的順利進行，當事人在簽訂仲裁協議時，應明確約定有關仲裁規則。

---

① 範劍虹，金彭年．澳門國際商法研究［M］．廣州：廣東人民出版社，2005：728．

基於仲裁自願性原則，大多數仲裁法或仲裁機構規則中都規定當事人可以對仲裁所適用的程序規則作出約定，既可以採用提交仲裁的仲裁機構的既定規則，也可以採用其他仲裁機構的規則，甚至當事人可以自行約定仲裁規則，但不得違反強制性法律規定。《CIETAC 仲裁規則》第 4 條第（二）項規定：「凡當事人同意將爭議提交仲裁委員會仲裁的，均視為同意按照本規則進行仲裁。當事人約定適用其他仲裁規則，或約定對本規則有關內容進行變更的，從其約定，但其約定無法實施或與仲裁地強制性法律規定相抵觸者除外。」

(五) 裁決的效力

裁決的效力，是指仲裁機構就有關爭議所作出的實質性裁決是否為終審裁決，對雙方當事人有無約束力，有關當事人是否有權向法院起訴請求變更或撤銷該項裁決。

關於仲裁裁決的效力問題，各國的仲裁立法和各常設仲裁機構及國際組織所制定的仲裁規則一般都有明確的規定。普遍認為，商事仲裁為一裁終審。除依法定程序提出撤銷和不予執行外，對於仲裁裁決不能提出其他異議。如 1965 年《解決各國和其他國家的國民之間投資爭端公約》第 53 條第 1 款規定：「裁決對雙方有約束力，不得進行任何上訴或採取任何其他除本公約外的補救方法。除依照本公約規定予以停止執行的情況外，每一方應遵守和履行裁決的規定。」中國《仲裁法》第 9 條也規定：「仲裁實行一裁終局的制度。裁決作出后，當事人就同一糾紛再申請仲裁或者向人民法院起訴的，仲裁委員會或者人民法院不予受理。」《CIETAC 仲裁規則》第 43 條第（1）項規定：「裁決是終局的，對雙方當事人均有約束力。任何一方當事人均不得向法院起訴，也不得向其他任何機構提出變更仲裁裁決的請求。」

當然，有些國家也規定可以對仲裁裁決提出上訴。如荷蘭規定，當事人同意，裁決可以向第二個仲裁庭上訴。① 英國 1996 年《仲裁法》中也確認了當事人對仲裁裁決通過上訴、復審程序提出異議的權利，仲裁裁決的終審效力「不影響任何人依據可利用的上訴或復審的程序或本編（即第一編）的規定，對裁決書提出異議的權利。」②

## 四、仲裁協議的有效要件

仲裁協議在具備形式要件和實質要件的前提下，即具有合法效力。

仲裁協議也是一種合同，因此仲裁協議成立有效必須符合一般合同成立有效的條件。但仲裁協議又是一種特殊的合同，它有自己的特殊性。

(一) 形式要件

各國商事仲裁立法和司法實踐以及有關仲裁的國際條約都要求商事仲裁協議採用書面形式。《UNCITRAL 示範法》第 7 條第（2）項規定：「仲裁協議應是書面的。協議如載於當事各方簽字的文件中，或載於往來的書信、電傳、電報或提供協議記錄的其他電訊手段中，或在申訴書和答辯書的交換中當事一方聲稱有協議而當事他方不否認

---

① 林一飛：國際商事仲裁法律與實務 [M]．北京：中信出版社，2005：83．
② 謝石松．商事仲裁法學 [M]．北京：高等教育出版社，2003：129．

即為書面協議。在合同中提出參照載有仲裁條款的一項文件即構成仲裁協議，如果該合同是書面的而且這種參照足以使該仲裁條款構成該合同的一部分。」

《CIETAC仲裁規則》第5條第（3）項規定：「書面形式包括合同書、信件、電報、電傳、傳真、電子數據交換和電子郵件等可以有形地表現所載內容的形式。在仲裁申請書和仲裁答辯書的交換中一方當事人聲稱有仲裁協議而另一方當事人不作否認表示的，視為存在書面仲裁協議。」司法和仲裁實踐中，對於書面協議的認定趨向寬鬆。

隨著信息技術的發展，出現了以電子方式達成的仲裁協議，因此電子形式是否屬於書面形式成為新的問題。1996年《聯合國國際貿易法委員會電子商務示範法》第5條規定：「數據電文的法律承認不得僅僅以某項信息採用數據電文形式為理由而否定其法律效力、有效性或可執行性。」第6條第（1）項規定：「如法律要求信息須採用書面形式，則假若一項數據電文所含信息可以調取以備日後查用，即滿足了該項要求。」中國《合同法》《仲裁法》及《CIETAC仲裁規則》也都承認「以數據電文有形地表現所載內容的形式」。

（二）實質要件

有效的仲裁協議通常應具備的實質要件有：仲裁協議的當事人具有的締約能力；爭議事項的可仲裁性；請求仲裁的真實意思表示；仲裁協議的內容合法。

1. 仲裁協議的當事人具有的締約能力

各國仲裁立法及國際條約等，對於仲裁協議當事人的民事行為能力都有嚴格規定。如根據《紐約公約》的規定，如能證明簽訂仲裁協議者依應適用於其的法律為無行為能力，則裁決可予拒絕承認和執行。《UNCITRAL示範法》第36條第（1）項規定，仲裁協議的當事一方欠缺行為能力的，可拒絕承認或執行，不論在何國作出的仲裁裁決。中國《仲裁法》第17條第（2）項規定，無民事行為能力人或者限制民事行為能力人訂立的仲裁協議無效。

2. 爭議事項的可仲裁性

可仲裁性問題往往涉及三個國家的法律：仲裁協議適用法律所在地國，仲裁程序進行地國及承認和執行仲裁裁決地國。若依此三國的法律不具有可仲裁性，則以仲裁方式解決爭議就沒有實際意義。

3. 請求仲裁的真實意思表示

當事人必須具有請求仲裁的一致的意思表示，這是商事仲裁協議的基本要素。同時，仲裁協議應當是當事人的真實意思表示。中國《仲裁法》規定，一方採取脅迫手段，迫使對方訂立仲裁協議的，仲裁協議無效。

4. 仲裁協議的內容合法

儘管當事人意思自治是一項普遍原則，但該原則還是要受到同等重要的一般法律原則以及公共政策的制約。之所以如此，完全是基於維護國家主權和社會公共利益的考慮。例如，英國1996年《仲裁法》規定，當事人對列於該法附錄一的強制性規定有相反約定者，不影響這些強制性規定的效力。

（三）仲裁協議的獨立性

相對於合同，仲裁協議獨立存在，就仲裁協議書和其他書面文件中包含的仲裁協議而言，從訂立的時間、內容、形式上看，都是獨立於主合同的。因此，各國仲裁立法都確認其有效性不受主合同效力的影響，即使主合同自始不存在或無效，仲裁機構仍可依據有效的仲裁協議行使對爭議案件的管轄權，並最終作出裁決。《UNCITRAL 示範法》第 16 條規定，仲裁條款應被視為獨立於合同其他條款的一項協議，仲裁庭作出的關於合同無效的決定，不應在法律上導致仲裁條款無效。《CIETAC 仲裁規則》第 5 條第（4）項規定：「合同中的仲裁條款應視為與合同其他條款分離地、獨立地存在的條款，附屬於合同的仲裁協議也應視為與合同其他條款分離地、獨立地存在的一個部分；合同的變更、解除、終止、轉讓、失效、無效、未生效、被撤銷以及成立與否，均不影響仲裁條款或仲裁協議的效力。」

## 第三節　國際商事仲裁程序

仲裁法本質上屬於程序法，因此，仲裁程序為國際商事仲裁非常重要的組成部分。原則上，當事人可以就爭議所適用的仲裁規則進行選擇。但許多仲裁機構規定，凡當事人同意將爭議提交該仲裁機構仲裁的，均視為同意按照其仲裁規則進行仲裁。下面主要介紹中國《仲裁法》和《CIETAC 仲裁規則》規定的仲裁程序。

**一、仲裁申請和受理**

（一）仲裁申請

仲裁申請是仲裁協議的一方當事人（申請人）請求將有關爭議交付仲裁解決的行為。提出仲裁申請是開始仲裁程序的最初的法律步驟。在機構仲裁的實踐中，仲裁申請一般通過申請人將書面的仲裁通知或仲裁請求直接送達給相關的仲裁機構。在國際上，這種書面的仲裁通知或仲裁請求與中國仲裁實踐中的「仲裁申請書」類似，類似於中國仲裁申請書的縮寫本。在提交仲裁請求的同時，可以不附帶證據。因為，在國際仲裁實踐中，證據的提交和披露通常由仲裁庭與當事人確定特別的程序來處理。

當事人申請仲裁應當符合下列條件：
（1）有仲裁協議；
（2）有具體的仲裁請求和事實、理由；
（3）屬於仲裁的受理範圍。仲裁程序自仲裁委員會或其分會發出仲裁通知之日開始。

申請人提出仲裁請求時應提交仲裁申請書，按照仲裁委員會制定的仲裁費用表的規定預繳仲裁費。仲裁申請書應寫明：申請人和被申請人的名稱和住所，包括郵政編碼、電話、電傳、傳真、電報號碼、電子郵件或其他電子通訊方式；申請仲裁所依據的仲裁協議；案情和爭議要點；申請人的仲裁請求；仲裁請求所依據的事實和理由。

中國的仲裁實踐中沒有單獨的仲裁通知或仲裁請求，而是直接向仲裁機構提交仲裁申請書。該申請書的內容包括國際上仲裁請求的全部內容，但要詳盡得多，類似於訴訟程序中的起訴書。在提交申請書的同時附帶主要的證據材料。

（二）仲裁的受理

仲裁的受理，是指仲裁機構接到當事人的仲裁請求後，依照當事人約定的仲裁規則確定該仲裁請求符合要求並正式立案，開始後續仲裁程序的行為。仲裁委員會收到申請人的仲裁申請書及其附件后，應在一定期限內進行審查，認為符合受理條件的，應當受理，並通知當事人；認為不符合受理條件的，應當書面通知當事人不予受理，並說明理由。仲裁委員會受理仲裁申請后，應當在仲裁規則規定的期限內將仲裁規則和仲裁員名冊送達申請人，並將仲裁申請書副本和仲裁規則、仲裁員名冊送達被申請人。

（三）答辯

被申請人應在收到仲裁通知之日起45天內向仲裁委員會秘書局提交答辯書和有關證明文件。仲裁機構收到答辯書后，應當在仲裁規則規定的期限內將答辯書副本和有關證明材料以及其他文件送達申請人。被申請人未提交書面答辯的，不影響仲裁程序的進行。仲裁庭有權決定是否接受逾期提交的答辯書。

（四）反請求

被申請人可以承認或者反駁仲裁請求，有權提出反請求。被申請人如有反請求，最遲應在收到仲裁通知之日起60天內以書面形式提交仲裁委員會。仲裁庭認為有正當理由的，可以適當延長此期限。被申請人提出反請求時，應在其書面反請求中寫明具體的反請求、反請求理由以及所依據的事實和證據，並附具有關的證明文件。被申請人提出反請求時，應當按照仲裁委員會的仲裁費用表的規定預繳仲裁費。申請人對被申請人的反請求未提出書面答辯的，也不影響仲裁程序的進行。

（五）仲裁代理

當事人可以委託仲裁代理人辦理有關的仲裁事項。接受委託的仲裁代理人，應向仲裁委員會提交授權委託書。中國公民和外國公民均可以接受委託，擔任仲裁代理人。

（六）財產保全和證據保全

一方當事人因另一方當事人的行為或者其他原因，可能使仲裁裁決不能執行或者難以執行的，可以申請財產保全。當事人申請財產保全，仲裁委員會應當將當事人的申請提交被申請人住所地或其財產所在地的中級人民法院作出裁定。申請有錯誤的，申請人應當賠償被申請人因財產保全所遭受的損失。

## 二、仲裁庭的組成

仲裁庭是由當事人選定，或者當事人授權其他有權機構並依照法律或仲裁規則的規定而指定仲裁員組成的，對仲裁爭議事項進行審理，並作出裁決的組織。仲裁庭的

組成一般有兩種類型：一是獨任仲裁庭，一名仲裁員進行仲裁；二是合議仲裁庭，一般是由三名仲裁員組成。

(一) 仲裁員的資格條件

作為一般資格條件，仲裁員應當具備完全民事行為能力，這是實施任何有效的民事行為的基本要求。作為特殊資格條件，仲裁員還應當具備品德及專業條件。中國《仲裁法》第13條規定：「仲裁委員會應當從公道正派的人員中聘任仲裁員。仲裁員應當符合下列條件之一：①從事仲裁工作滿八年的；②從事律師工作滿八年的；③曾任審判員滿八年的；④從事法律研究、教學工作並具有高級職稱的；⑤具有法律知識、從事經濟貿易等專業工作並具有高級職稱或者具有同等專業水平的。」CIETAC 仲裁員守則有更為具體的要求。

(二) 仲裁員的選定或指定

在 CIETAC 進行仲裁時，仲裁庭可以由三名仲裁員或者一名仲裁員組成。仲裁庭組成后，仲裁委員會應當將仲裁庭的組成情況書面通知當事人。

由三名仲裁員組成的仲裁庭應當由雙方當事人各自在仲裁委員會名冊中選定一名仲裁員或委託仲裁委員會主任指定。當事人未在規定期限內選定或委託仲裁委員會主任指定的，由仲裁委員會主任指定。雙方當事人可以在仲裁委員會仲裁員名冊中共同選定或共同委託仲裁委員會主任指定一名仲裁員作為獨任仲裁員，成立仲裁庭，單獨審理案件。但在規定期限內未能就獨任仲裁員的人選達成一致意見，則由仲裁委員會主任指定。

(三) 披露

被選定或者被指定的仲裁員應簽署聲明書，向仲裁委員會書面披露可能引起對其公正性和獨立性產生合理懷疑的任何事實或情況。仲裁委員會將仲裁員的聲明書或披露的信息轉交各方當事人。

(四) 仲裁員的迴避

當事人對被選定或被指定的仲裁員的公正性和獨立性具有正當理由的懷疑時，或以仲裁員披露的事實或情況為理由要求該仲裁員迴避，可以書面向仲裁委員會提出要求該仲裁員迴避的請求。中國《仲裁法》第34條規定：「仲裁員有下列情形之一的，必須迴避，當事人也有權提出迴避申請：（一）是本案當事人或者當事人、代理人的近親屬；（二）與本案有利害關係；（三）與本案當事人、代理人有其他關係，可能影響公正仲裁的；（四）私自會見當事人、代理人，或者接受當事人、代理人的請客送禮的。」

### 三、仲裁審理

仲裁審理是指仲裁庭以一定的方式和程序收集和審查證據、詢問證人、鑒定人，並對整個爭議事項的實質性問題進行全面審查的仲裁活動。仲裁審理在整個仲裁程序中佔有重要的地位。仲裁審理往往是影響案件裁決結果的關鍵因素。因為，有時雙方

當事人提供的大量材料，仲裁員不一定詳細瞭解每一材料的來龍去脈，特別是對一些複雜的案件，雙方當事人陳述的事實與提供的證據不一致時，往往只有通過開庭審理才能查清和確定。仲裁審理，一般涉及以下問題：

（一）開庭審理

開庭審理是各方當事人與仲裁庭共同集中於某個會議場所，在非公開的情況下，由當事人各方當面向仲裁庭陳述案情事實、發表法律意見、出示證據和進行質證的活動，是仲裁程序的一個高潮環節。

在 CIETAC 進行仲裁，一般應當開庭進行。但經雙方當事人申請或徵得雙方當事人同意，仲裁庭也認為不必開庭審理的，仲裁庭可以只依據書面文件進行審理並作出裁決。

（二）開庭通知

仲裁案件需要開庭審理的，當審理日期確定後，仲裁庭應當向雙方當事人發送開庭通知。

《CIETAC 仲裁規則》第 30 條規定，仲裁案件第一次開庭審理的日期，經仲裁庭決定後，由秘書局於開庭前 20 日通知雙方當事人。當事人有正當理由的，可以請求延期開庭，但必須在開庭前 10 日以書面形式向仲裁庭提出；是否延期，由仲裁庭決定。

（三）不公開審理

為了保護當事人的利益，仲裁庭開庭審理案件不公開進行。雙方當事人協議要求公開審理的，可以公開進行，但要由仲裁庭作出是否公開審理的決定。涉及國家秘密的仲裁案件，不得公開審理。

《CIETAC 仲裁規則》第 33 條規定，仲裁庭審理案件不公開進行。如果雙方當事人要求公開審理，由仲裁庭作出是否公開審理的決定；不公開審理的案件，雙方當事人及其仲裁代理人、證人、翻譯、仲裁員、仲裁庭諮詢的專家和指定的鑒定人、仲裁委員會秘書局的有關人員，均不得對外界透露案件實體和程序的有關情況。

（四）證據和舉證責任

證據是審理和裁決糾紛的關鍵。因此，當事人應當對其申請、答辯和反請求所依據的事實提供證據加以證明。國際商事仲裁的裁決是依據證明了的事實和應適用的法律作出的。但要想完全還原歷史是不可能的，只能盡可能地貼近歷史事實。因此，仲裁裁決原則上追求的是形式上的正義。

證據的出示和質證方式，在國際商事仲裁中沒有固定的模式，其依據是每個案件中當事人的約定和仲裁庭的要求。因此，仲裁庭可以規定當事人提交證據的期限。當事人應當在規定的期限內提交。逾期提交的，仲裁庭可以不予接受。當事人在舉證期限內提交證據材料確有困難的，可以在期限屆滿前申請延長舉證期限。是否延長，由仲裁庭決定。

（五）缺席審理

仲裁庭開庭審理時，一方當事人不出席，仲裁庭可以進行缺席審理和作出缺席

裁決。

《CIETAC 仲裁規則》第 34 條規定：①申請人無正當理由開庭時不到庭的，或在開庭審理時未經仲裁庭許可中途退庭的，可以視為撤回仲裁申請；如果被申請人提出了反請求，不影響仲裁庭就反請求進行審理，並作出裁決。②被申請人無正當理由開庭時不到庭的，或在開庭審理時未經仲裁庭許可中途退庭的，仲裁庭可以進行缺席審理，並作出裁決；如果被申請人提出了反請求，可以視為撤回反請求。」

（六）辯論

在仲裁過程中，當事人有權進行辯論。辯論終結時，首席仲裁員或者獨任仲裁員應當徵詢當事人最后的意見。

（七）和解與調解

當事人可以自行和解，也可以請求仲裁庭調解。

《CIETAC 仲裁規則》第 40 條規定：

（1）當事人在仲裁委員會之外通過協商或調解達成和解協議的，可以憑當事人達成的由仲裁委員會仲裁的仲裁協議和他們的和解協議，請求仲裁委員會組成仲裁庭，按照和解協議的內容作出仲裁裁決。除非當事人另有約定，仲裁委員會主任指定一名獨任仲裁員組成仲裁庭，按照仲裁庭認為適當的程序進行審理並作出裁決。具體程序和期限不受本規則其他條款限制。

（2）如果雙方當事人有調解願望，或一方當事人有調解願望並經仲裁庭徵得另一方當事人同意的，仲裁庭可以在仲裁程序進行過程中對其審理的案件進行調解。

（3）仲裁庭可以按照其認為適當的方式進行調解。

（4）仲裁庭在進行調解的過程中，任何一方當事人提出終止調解或仲裁庭認為已無調解成功的可能時，應停止調解。

（5）在仲裁庭進行調解的過程中，雙方當事人在仲裁庭之外達成和解的，應視為是在仲裁庭調解下達成的和解。

（6）經仲裁庭調解達成和解的，雙方當事人應簽訂書面和解協議；除非當事人另有約定，仲裁庭應當根據當事人書面和解協議的內容作出裁決書結案。

（7）如果調解不成功，仲裁庭應當繼續進行仲裁程序，並作出裁決。

（8）如果調解不成功，任何一方當事人均不得在其后的仲裁程序、司法程序和其他任何程序中援引對方當事人或仲裁庭在調解過程中曾發表的意見、提出的觀點、作出的陳述、表示認同或否定的建議或主張作為其請求、答辯或反請求的依據。

（八）異議的提出

一方當事人知道或理應知道《CIETAC 仲裁規則》或仲裁協議中規定的任何條款或情事未被遵守，但仍參加仲裁程序或繼續進行仲裁程序而且對此不遵守情況不及時、明示地提出書面異議的，視為放棄其提出異議的權利。

## 四、裁決

對在 CIETAC 進行仲裁的案件，仲裁庭應當根據事實，依照法律和合同規定，參考

國際慣例，並遵循公平合理原則，獨立公正地作出裁決。

(一) 仲裁庭作出裁決的期限

迅速解決爭議是仲裁的優越性之一。《CIETAC 仲裁規則》要求，仲裁庭應當在組庭之日起九個月內作出仲裁裁決書。但在仲裁庭的要求下，仲裁委員會秘書長認為確有必要和確有正當理由的，可以延長該期限。《CIETAC 仲裁規則》第42條規定，仲裁庭應當在組庭之日起六個月內作出裁決書。在仲裁庭的要求下，仲裁委員會主任認為確有正當理由和必要的，可以延長該期限。

(二) 仲裁裁決的作出

由三名仲裁員組成仲裁庭審理案件時，仲裁裁決依全體仲裁員或多數仲裁員的意見決定，少數仲裁員的意見可以作成記錄附卷。仲裁庭不能形成多數意見時，仲裁裁決依首席仲裁員的意見作出。仲裁庭在其作出的仲裁裁決中，應當寫明仲裁請求、爭議事實、裁決理由、裁決結果、仲裁費用的負擔、裁決的日期和地點。當事人協議不願寫明爭議事實和裁決理由的，以及按照雙方當事人和解協議的內容作出裁決的，可以不寫明爭議事實和裁決理由。除非仲裁裁決依首席仲裁員意見或獨任仲裁員意見作出，仲裁裁決應由多數仲裁員署名。持有不同意見的仲裁員可以在裁決書上署名，也可以不署名。

(三) 中間裁決和部分裁決

仲裁庭認為有必要或當事人提出經仲裁庭同意時，可以在仲裁過程中在最終仲裁裁決作出之前的任何時候，就案件的任何問題作出中間裁決或部分裁決。任何一方當事人不履行中間裁決，不影響仲裁程序的繼續進行，也不影響仲裁庭作出最終裁決。

(四) 仲裁費和其他費用

仲裁庭有權在仲裁裁決書中裁定雙方當事人最終向仲裁委員會支付的仲裁費和其他費用。仲裁庭有權在裁決書中裁定敗訴方應當補償勝訴方因為辦理案件所支出的部分合理的費用，但補償金額最多不得超過勝訴金額的10%。

(五) 仲裁裁決的生效

仲裁裁決是終局的，對雙方當事人均有約束力。任何一方當事人不得向法院起訴，也不得向其他任何機構提出變更仲裁裁決的請求。作出仲裁裁決書的日期，為仲裁裁決發生法律效力的日期。

## 五、裁決的撤銷

當事人提出證據證明裁決有下列情形之一的，可以向仲裁委員會所在地的中級人民法院申請撤銷裁決：

(1) 沒有仲裁協議的；
(2) 裁決的事項不屬於仲裁協議的範圍或者仲裁委員會無權仲裁的；
(3) 仲裁庭的組成或者仲裁的程序違反法定程序的；

（4）裁決所根據的證據是偽造的；
（5）對方當事人隱瞞了足以影響公正裁決的證據的；
（6）仲裁員在仲裁該案時有索賄受賄、徇私舞弊、枉法裁決行為的。

法院經組成合議庭審查核實裁決有前款規定情形之一的，應當裁定撤銷。法院認定該裁決違背社會公共利益的，應當裁定撤銷。當事人申請撤銷裁決的，應當自收到裁決書之日起六個月內提出。

## 六、簡易程序

在時間等於金錢的商界，當事人都希望在盡可能短的時間內通過仲裁解決爭議，因而各仲裁機構還規定了諸如「簡易仲裁」「快速仲裁」「速辦程序」「小額爭議仲裁」等做法，適用於案情較為簡單、爭議金額不大，而雙方當事人都希望縮短仲裁程序進行的時間的案件。

由於中國外貿事業的發展，貿易糾紛數量相應增多，仲裁工作量也在加大。為了提高仲裁效率、改進商事仲裁，參照國際上一些仲裁機構的做法，中國在《CIETAC 仲裁規則》中，增加了「簡易程序」一章，簡易程序的適用於：

（1）除非當事人另有約定，凡爭議金額不超過人民幣 50 萬元的，或爭議金額超過人民幣 50 萬元，經一方當事人書面申請並徵得另一方當事人書面同意的，適用本簡易程序。

（2）沒有爭議金額或者爭議金額不明確的，由仲裁委員會根據案件的複雜程度、涉及利益的大小以及其他有關因素綜合考慮決定是否適用本簡易程序。

簡易程序主要簡便在四個方面：

（1）仲裁庭由一名仲裁員獨任。
（2）縮短審理時間，被申請人應在收到仲裁通知之日起 30 日內提交答辯書及有關證明文件；提出反請求的也一樣。
（3）審理主要以書面形式進行。如要開庭審理，在開庭前 15 日通知當事人。
（4）縮短裁決時間。

書面審理的案件，應在仲裁庭成立之日起 90 日內作出裁決。開庭審理的案件，應在開庭審理或再次開庭審理之日起 90 日內作出裁決。開庭審理的案件，應在開庭審理或再次開庭審理之日起 30 日內作出裁決。

## 七、法律適用

國際商事仲裁所適用的實體法一般由當事人選擇確定，如果當事人未作選擇，則適用仲裁人認為合適的衝突規範所確定的實體法，或者仲裁地的衝突規範所確定的實體法，或者與案件有最密切聯繫的實體法。

對國際商事仲裁所適用的程序規則（即仲裁規則），一般來說，當事人也可以自主選擇。但是，常設仲裁機構可要求在其機構內仲裁的案件適用自己的程序規則。

## 第四節 國際商事仲裁裁決的承認和執行

### 一、仲裁裁決承認和執行的概述

（一）仲裁裁決承認和執行的含義

根據國際商事仲裁規則以及相關公約的規定，雙方當事人應當依照仲裁裁決寫明的期限自動履行裁決；仲裁裁決書未寫明期限的，應當立即履行。當事人不予履行的，則另一方當事人有權向有關法院申請強制執行。如果裁決作出地國與被申請執行承認和執行裁決地國不是同一個國家，便產生了仲裁裁決承認和執行的問題。

（二）裁決國籍的確定

一般情況下，如果一個國際商事仲裁是由某一常設仲裁機構作出的，是不會發生該裁決的國籍難以確定的問題的，仲裁機構所在地國就是仲裁裁決的國籍。但是，對於一個由臨時仲裁庭作出的裁決而言，就難以用某一因素作為判斷該裁決是內國裁決還是外國裁決。實際上，一直到現在，即使已經出現了許多承認和執行外國裁決的國際公約，可是對這個問題，仍未能得出一個明確的標準。

對於裁決國籍的確定，一般採用裁決作出地標準，即地域標準，但也有採用其他標準的，如仲裁程序適用法律標準。[1] 如德國在 1998 年修訂仲裁法前，即是採用仲裁程序適用法律的標準。

（三）仲裁裁決承認和執行的途徑

國際上對於外國仲裁裁決的承認和執行，主要設置了以下四種途徑：
（1）依專門的國際公約（如《紐約公約》）承認和執行；
（2）援引雙邊或多邊條約中有關承認和執行的規定；
（3）依互惠原則承認和執行；
（4）依國內法承認和執行。

而這幾種方式又可能交織在一起，如《紐約公約》締約國之間執行裁決，也不一定要適用《紐約公約》，而可能適用雙邊條約或國內法，但其法律依據卻又是《紐約公約》第 7 條所謂「更優惠條款」的規定。

### 二、關於承認和執行國際商事仲裁裁決的國際公約

為了統一各國承認和執行國際商事仲裁裁決的制度，國際上曾先后締結了三個有關承認和執行外國仲裁裁決的國際公約。第一個是 1923 年在國際聯盟主持下制定的《仲裁條款議定書》，第二個也是在國際聯盟主持下制定的 1927 年《關於執行外國仲裁

---

[1] 宋航. 國際商事仲裁裁決的承認與執行 [M]. 北京：法律出版社，2000：28-33.

裁決的公約》，第三個是 1958 年 6 月 10 日在聯合國主持下於紐約訂立的《承認及執行外國仲裁裁決公約》（又稱《紐約公約》）。此外，還有一些區域性的國際商事仲裁公約也對這個問題作了規定。現在，《紐約公約》實際上已取代了前兩個公約，成為目前國際上關於承認和執行外國仲裁裁決的最主要的公約。

中國於 1986 年 12 月 2 日由第六屆全國人民代表大會常務委員會第十八次會議決定加入《紐約公約》。該公約已於 1987 年 4 月 22 日對中國生效。中國在加入該公約時作了互惠保留和商事保留聲明。

《紐約公約》的主要規定如下：

（1）締約國相互承認仲裁裁決具有約束力，並應依照承認或執行地的程序規則予以執行。在承認或執行其他締約國的仲裁裁決時，不應在實質上比承認或執行本國的仲裁裁決規定更繁瑣的條件或更高昂的費用。

（2）申請承認與執行仲裁裁決的一方當事人，應該提供原裁決的正本或經過適當證明的副本，以及仲裁協議的正本或經適當證明的副本。必要時應附具經適當認證之譯本。

（3）該公約第 5 條規定了拒絕承認和執行外國仲裁裁決的條件。按照該條第 1 款規定，凡外國仲裁裁決有下列情況之一者，被請求執行的國家的主管機關可依被執行人的請求，拒絕予以承認和執行：

①簽訂仲裁協議的當事人，根據對他們適用的法律，當時是處於某種無行為能力的情況下；或者根據仲裁協議所選定的準據法，或在未選定準據法時依據裁決地法，該仲裁協議無效。

②被執行人未接到關於指派仲裁員或關於仲裁程序的適當通知，或者由於其他情況未能在案件中進行申辯。

③裁決所處理的事項，非為交付仲裁的事項，或者不包括在仲裁協議規定之內，或者超出仲裁協議範圍以外。

④仲裁庭的組成或仲裁程序同當事人間的協議不符，或者當事人間沒有這種協議時同仲裁地所在國家的法律不符。

⑤裁決對當事人還沒有拘束力，或者裁決已經由作出裁決的國家或據其法律作出裁決的國家的主管機關撤銷或停止執行。

按照該條第 2 款規定，如果被請求承認和執行仲裁裁決地所在國家的主管機關承認和執行仲裁裁決地所在國家的主管機關查明有下列情況之一者，也可以拒絕承認和執行：爭執和事項，依照這個國家的法律，不可以仲裁方法解決者；承認和執行該項裁決將與這個國家的公共秩序抵觸者。

## 二、中國法律關於承認和執行仲裁裁決的規定

若是國內的仲裁裁決，不存在承認和執行問題；但若是外國的仲裁裁決需要在內國執行或內國的仲裁裁決需要在外國執行，就出現了仲裁裁決的承認和執行的問題。仲裁裁決的承認和執行問題，主要有以下幾種情況：

(一) 中國國際商事仲裁機構仲裁裁決在中國的執行

按照中國《民事訴訟法》和《仲裁法》的有關規定，對中國的國際商事仲裁機構的裁決，一方當事人不履行的，對方當事人可以申請被申請人住所或財產所在地的中級人民法院執行。申請人向人民法院申請執行中國國際商事仲裁機構的裁決，須提出書面申請，並附裁決書正本。如申請人為外國一方當事人，其申請書須用中文本提出。對中國國際商事仲裁機構作出的裁決，被申請人提出證據證明仲裁裁決有下列情形之一的，經人民法院組成合議庭審查核實，裁定撤銷或不予執行：

（1）當事人在合同中沒有訂立仲裁條款或者事後沒有達成書面仲裁協議的；

（2）被申請人沒有得到指定仲裁員或者進行仲裁程序的通知，或者由於其他不屬於被申請人負責的原因未能陳述意見的；

（3）仲裁庭的組成或者仲裁的程序與仲裁規則不符的；

（4）裁決的事項不屬於仲裁協議的範圍或者仲裁機構無權仲裁的。

人民法院認定執行該裁決違背社會公共利益的，也應裁定不予執行。一方當事人申請執行裁決，另一方當事人申請撤銷裁決，人民法院應當裁定中止執行。按最高人民法院1992年《關於適用〈中華人民共和國民事訴訟法〉若干問題的意見》第315條，在這種情況下，被執行人應該提供財產擔保。人民法院裁定撤銷裁決的，應當裁定終結執行。撤銷裁決的申請被裁定駁回的，人民法院應當裁定恢復執行。仲裁裁決被人民法院裁定不予執行的，當事人可以根據雙方達成的書面仲裁協議重新申請仲裁，也可以向人民法院起訴。

(二) 中國國際商事仲裁機構仲裁裁決在外國的承認和執行

依照中國《民事訴訟法》第266條第2款和《仲裁法》第72條的規定，中國國際商事仲裁機構作出的發生法律效力的仲裁裁決，當事人請求執行的，如果被執行人或者其財產不在中國領域內，應當由當事人直接向有管轄權的外國法院申請承認和執行。由於中國現在已加入1958年《紐約公約》，當事人可依照公約規定直接到其他有關締約國申請承認和執行中國國際商事仲裁機構作出的裁決。

(三) 外國仲裁裁決在中國的承認和執行

按照中國《民事訴訟法》第269條的規定，國外仲裁機構的裁決需要中國人民法院承認和執行的，應當由當事人直接向被執行人住所地或其財產所在地的中級人民法院申請，人民法院應當依照中國締結或者參加的國際條約或者按照互惠原則辦理。

中國加入1958年《紐約公約》時，作出兩項保留聲明：

第一，中國只在互惠的基礎上對在另一締約國領土內作出的仲裁裁決的承認和執行適用該公約；

第二，中國只對根據中國法律認為屬於契約性和非契約性商事法律關係所引起的爭議適用該公約。

符合上述兩個條件的外國仲裁裁決，當事人可依照1958年《紐約公約》規定直接

向中國有管轄權的人民法院申請承認和執行。對於在非締約國領土內作出的仲裁裁決，需要中國法院承認和執行的，只能按互惠原則辦理。中國有管轄權的人民法院接到一方當事人的申請后，應對申請承認和執行的仲裁裁決進行審查，如果認為不違反中國締結或參加的國際公約的有關規定或《民事訴訟法》的有關規定，應當裁決其效力，並依照《民事訴訟法》規定的程序執行，否則，裁定駁回申請，拒絕承認及執行。如果當事人向中國有管轄權的人民法院申請承認和執行外國仲裁機構作出的發生法律效力的裁決，但該仲裁機構所在國與中國沒有締結或共同參加有關國際條約，也沒有互惠關係的，當事人應該以仲裁裁決為依據向人民法院起訴，由有管轄權的人民法院作出判決，予以執行。

## 復習思考題：

1. 簡述仲裁的概念和特徵。
2. 仲裁與訴訟的區別有哪些？
3. 什麼是臨時仲裁機構？什麼是常設仲裁機構？國際上有哪些著名的常設仲裁機構？
4. 一項有效的仲裁協議須具備哪幾方面的條件？
5. 仲裁協議對於仲裁機構和法院具有什麼效力？
6. 仲裁當事人主張撤銷仲裁裁決的理由有哪些？
7. 根據《紐約公約》第5條第1款的規定，被請求執行仲裁裁決的法院，在什麼條件下可以拒絕予以承認和執行？中國相關的法律規定如何？

國家圖書館出版品預行編目(CIP)資料

國際商法 / 施新華 主編. -- 第二版.
-- 臺北市：崧博出版：財經錢線文化發行，2018.10

面 ； 公分

ISBN 978-957-735-570-6(平裝)

1.國際商法

579.94　　107017083

書　名：國際商法
作　者：施新華 主編
發行人：黃振庭
出版者：崧博出版事業有限公司
發行者：財經錢線文化事業有限公司
E-mail：sonbookservice@gmail.com
粉絲頁　　　　　　　網　址：
地　址：台北市中正區延平南路六十一號五樓一室
8F.-815, No.61, Sec. 1, Chongqing S. Rd., Zhongzheng Dist., Taipei City 100, Taiwan (R.O.C.)
電　話：(02)2370-3310　傳　真：(02) 2370-3210
總經銷：紅螞蟻圖書有限公司
地　址：台北市內湖區舊宗路二段 121 巷 19 號
電　話：02-2795-3656　傳真：02-2795-4100　網址：
印　刷：京峯彩色印刷有限公司（京峰數位）

　　本書版權為西南財經大學出版社所有授權崧博出版事業有限公司獨家發行電子書及繁體書繁體版。若有其他相關權利及授權需求請與本公司聯繫。

定價：550元

發行日期：2018 年 10 月第二版

◎ 本書以POD印製發行